KB108212

| 한철학1 |
생명이냐 자살이냐

아버님께 이 책을 드립니다.

최동환

동국대학교 졸업.

저서로는 『천부경』, 『삼일신고』, 『366사(참전계경)』, 『한역』 등이 있다.

homepage : www.hanism.com

e-mail : webmaster@hanism.com

연락처 : 부천우체국 사서함 144호

한철학 1

생명이냐 자살이냐

초판발행 / 2004년 9월 25일

지은이 / 최동환

발행처 / 지혜의나무

발행인 / 이의성

등록번호 / 제1-2492호

주소 / 서울 종로구 관훈동 198-16 남도빌딩 3층

전화 / 02-730-2211, 팩스 02-730-2210

ISBN 89-89182-24-7

ⓒ 최동환 2004

이 책의 내용 및 도형은 국내 및 국제 저작권법의 보호를 받고 있습니다.

저자의 허락 없이 무단 복제·복사·인용을 금합니다.

더불어 사는 철학 '온' 이야기

| 한철학1 |
생명이냐 자살이냐

최동환 지음

우리민족 고유의 사상 한철학은 동·서양의 모든 철학을 포용한다.

이제는 경쟁과 자멸의 시대가 아닌 상생의 시대가 와야 한다.

이 책은 동·서양의 철학과 사상들을 조목조목 짚어 분석하고

모든 철학을 포용하는 한철학 사상으로 모두 함께 잘 살 수 있는

길을 제시한다. 이것이 한철학 '온' 이다.

온은 순수한 우리말로서 온 나라, 온 세상 등과 같이

전체라는 의미로 사용하는 용어이다.

단 한 글자의 우리말 '온' 안에는 모든 삶이 포함되어 있다.

한 철학은 모든 생명을 아우르는 '온' 의 철학이다.

지혜의 나무

차례

생명이냐 자살이냐 - 더불어사는 철학, 온 이야기

▌ 6장 · 온힘 10

▌ 7장 · 한Han 변증법

▌서장▐

한철학을 열며

1. '한'의 문을 여는 열쇠

"당신의 경쟁력은 무엇입니까?" 이 시대를 살아가는 한국인이라면 이러한 질문을 많이 들을 것이다. 이런 질문에 대하여 자신 있게 답변할 수 있도록 도움을 주기 위하여 이 책을 쓴다. 이 책을 읽는 과정에서 우리가 가지고 있는 상식으로도 충분히 이해할 수 있는 부분이 많이 있을 것이나 때로는 동서양의 여러 철학자들이 등장하여 어렵게 느껴지는 부분도 있을 것이다. 그러나 이 책을 끝까지 읽는다면 당신이 어느 분야에서 종사하든 그 분야에서 최고의 경쟁력을 가질 수 있게 해주는 경쟁력이 당신 자신 안에서 용솟음치고 있음을 발견할 수 있을 것이라고 확신한다.

대립과 갈등과 전쟁이라는 현상은 그것을 불가피하게 만드는 부정성의 변증법에서 이미 마련된 것이다. 그러나 우리 한국인들의 마음과 풍속에는 이러한 것이 없다. 우리 한국인들의 무의식 세계를 설명하는 한이라는 개념은 대립과 갈등과 전쟁이라는 자살의 논리를 대화와 타협과 화합과 통일이라는 생명의 논리로 이끌어준다. 다시 말해 부정성의 변증법을 야기하는 자살의 철학을 긍정성의 변증법을 이끄는 생명의 철학으로 전환시켜준다. 그것은 더불어 살자는 우리 한겨레의 상식이 철학으로 조직된 것이다.

철학은 인류차원의 주체와 세계차원의 객체를 하나로 융합하여 조직하는 생명체이어야 한다. 그러한 철학을 설명하는 용어로 우리말 '한'보다 더 적당한 말을 알지 못한다.

2. 한철학이 여는 세상

철학은 뿌리이다. 자연과학, 사회과학, 인문과학 등의 과학은 줄기이고 각종 기술과 문화는 열매이다. 철학은 뿌리로서 줄기와 열매의 모든 것을 결정하는 근원이다. 어떤 철학을 적용하는가 하는 문제는 어떤 자연과학과 사회과학, 인문과학 등을 갖게 되는가 하는 문제와 직결되며 어떤 기술과 문화를 갖게 되는가 하는 문제를 직접 결정한다.

한철학은 인류전체의 철학이지만 무엇보다도 우리 한겨레의 고유한 철학이다. 우리의 고유한 철학세계가 우리에게 뿌리를 내리지 못하면 남이 흉내 내기 어려운 우리만의 과학세계라는 줄기가 생겨나지 못하고 또한 우리만의 기술세계와 문화세계라는 열매는 영원히 생겨나지 못한다.

선진국을 기술과 문화로 따라잡는 길은 선진국이 가지고 있는 기술과 문화, 그리고 과학과 철학을 우리 것으로 만드는 일에 있음은 당연한 일이다. 그러나 그들을 압도하는 일과 그들을 따라잡는 일은 전혀 다른 접근이 필요하다.

서구의 선진사상을 받아들임으로써 선진국이 되자는 말은 오늘날과 같은 무한경쟁시대에는 더 이상 버티어내지 못할 정도로 고루한 생각이며 이루어지기 불가능한 허황된 구호에 불과한 것이다.

새로운 선진국이 되는 일은 기존의 선진국을 압도하는 일에서만이 가능하다. 그리고 기존의 선진국들을 압도하는 일은 그들이 도저히 가질 수 없는 우리만의 기술과 문화에 달려 있다. 그리고 그것은 우리만의 자연과학, 사회과학, 인문과학이 뒷받침되어야 하며 이들의 존재는 모두 우리만의 철학에 달려 있다는 사실에 대해 조금이라도 의심의 여지가 있을까?

그러나 우리 한겨레의 한철학을 아직도 외래학문과 외래정신을 위주로 설명하려는 그 구태의연하며 또한 거꾸로 뒤집어진 시도가 대신하고 있다면 정작 오늘날을 사는 우리가 해야 할 창조적이고 적극적인 사업은 단 한 가지도 하지 못하고 방치되는 것과 마찬가지인 것이다.

이미 신라 때 최 치원 선생은 우리의 고유한 정신이 유불선 삼교를 포함한다고 했다. 이 말을 우리의 고유한 정신이 유불선 삼교의 좋은 점을 골라 하나로 모은다는 말로 알아듣는다면 그것은 절망적인 생각이다. 이 말은 우리의 고유한 정신 안에 이미 유불선 삼교의 모든 원리가 포함한다는 말이며 이 모두를 포함하고 나서도 무궁무진한 여유가 남아 있다고 선언한 것이다.

오늘날 이 시대를 살고 있는 우리는 우리 한겨레의 고유한 한철학이 세계의 모든 사상과 철학을 포함하고도 무궁무진한 여유가 남아 있다고 세계와 역사를 향해 자신 있게 말할 수 있어야 한다.

우리 한겨레의 철학은 한문화권의 정신을 대표한다. 한문화권은 동양과 서양을 연결하는 교통과 문화와 문명의 중심지역으로서 한반도와 일본과 만주와 몽골 그리고 중앙아시아와 카스피해 연안 그리고 헝가리와 터키와 발칸반도에 이르는 평원지역을 말한다. 이 지역은 알타이어족이 창조한 가장 오래된 문화권이다.

우리 한겨레가 살고 있는 한반도는 단지 유라시아대륙의 한 구석의 극히 작은 부분에 지나지 않는다. 그러나 한겨레의 한철학은 알타이어족들이 만년간의 농경과 유목시대를 통해 유라시아대륙의 교통과 문명과 문화의 교차로에서 차곡차곡 축적한 알찬 지식을 가장 정당하게 계승하고 정당하게 대표한다.

우리는 동북아의 물류중심을 외치기 이전에 먼저 세계의 정신적 흐름의 중심을 회복할 필요가 있는 것이다. 세계사를 살펴보라! 정신적 흐름의 중심과 물질적 흐름의 중심은 따로따로가 아니라 항상 통합된 하나의 전체로써 존재해왔지 않은가?

철학이 살아서 움직이는 생명체로서 스스로 과정이 될 때 그 과정이 안고 있는 변화變化들과 혁신革新들 안에는 인류가 지금까지 사유해 온 모든 관념들을 모두 부분으로 받아들이고도 표가 나지 않을 만큼 무진장한 깊이와 넓이가 있다. 이러한 깊고도 넓은 조직으로서의 생명체 철학을 설명하는 말로 가장 알맞은 말이 한철학이라고 생각한다.

3. 집단자살과 생명의 창조력

우리나라는 오늘날 남북대립, 동서대립, 노사대립, 빈부대립, 남녀대립, 세대간의 대립 등 대립할 수 있는 모든 것이 대립하고 있다.

이 말을 한철학적 사유로 바꾸면 우리사회는 인류역사상 가장 거대하고 폭발적인 창조력이 철철 넘치는 역동적인 사회라는 말과 같다. 한철학적 관점으로 볼 때 우리 한겨레공동체에 치명적인 문제가 있다면 이 모든 대립과 갈등과 투쟁이 우리사회의 발전을 가로막고 경쟁력

10

을 파괴하고 있다고 주장하는 엄청난 무지無知이다.

우리 한겨레공동체를 자기죽음으로 이끄는 심각한 문제가 있다면 그것은 정치·사회·경제 등의 모든 분야의 대립과 갈등과 투쟁 속에서 터져 나오는 폭발적인 창조력을 생명체로서의 한겨레공동체의 활동으로 이끌지 못하게 가로막아 결국 공동체를 자살로 내몰고 마는 무시무시한 무능無能이다. 우리 한겨레공동체에 고질적인 악폐가 있다면 우리 한겨레가 출발하던 때부터 가지고 있는 긍정성의 위력을 활용하지 못하고 우리사회의 대립과 갈등과 투쟁 안에 존재하는 천재일우千載一遇의 놓칠 수 없는 기회를 최악의 집단적 자살 상황으로 몰아가는 절망적인 타성惰性과 나태懶怠이다.

세계철학사에서 긍정성의 철학은 지난 3천년간 존재하지 않았다. 그러나 우리 한겨레의 신성한 풍속과 마음속 깊은 곳에는 언제나 긍정성의 위력이 존재해왔다. 이 긍정성의 위력이야말로 인류전체를 자살로 내몰고 있는 부정성의 위력이 가진 모든 문제를 해결할 수 있는 유일한 희망이다. 따라서 우리 한겨레의 특성인 긍정성의 위력이 바탕이 된 한철학이 세계철학사에서 유일하게 조직화된 긍정성의 철학이라고 조금도 주저함 없이 말할 수 있다. 물론 우리는 한철학을 부정성의 철학으로 설명해온 기존의 접근방법에 동의하지 않는다.

대립과 갈등과 투쟁과 전쟁의 자살논리가 강하면 강할수록 더 강력하고 폭발적인 창조적 생명에너지가 그 안에서 꿈틀거리고 있다. 한철학의 긍정성의 위력은 모든 부정성의 변증법에서 발생한 대립과 갈등과 투쟁과 전쟁의 집단자살 논리를 폭발적인 창조적 생명에너지로 전화해주는 능력이 있다.

우리 한겨레가 가진 이 긍정성의 변증법이야말로 우리 한겨레가 그 오랜 역사 속에서 무수한 어려움을 견디어내고 성공적으로 역사를 운영한 그 비밀스러운 방법이다.

오늘날 우리 한겨레는 물론 인류전체가 첨예한 대립과 갈등과 투쟁과 전쟁이라는 부정성의 위력과 박멸의 의지를 견디지 못하고 집단자살로 갈 것인가, 아니면 대화와 타협과 화합과 사랑과 평화와 통일을 이끌 긍정성위력으로 살아 있는 생명체로서의 공동체를 창조할 것인가를 결정해야만 한다. 즉 생명이냐 아니면 자살이냐를 결정해야 하는 것이다. 특히 우리 한겨레공동체의 가장 중요한 현안인 남북관계는 지난 50년간 서로 다른 외래정신으로 서로에 대해 강력한 부정성의 위력으로 대치하며 박멸의 의미를 숨기지 않았었다.

오늘날 존재하는 모든 창조력 가운데 이보다 더 큰 창조력이 존재하는 곳을 발견하기는 어려울 것으로 생각한다. 그것은 폭발적인 생명력이다. 남북한이 서로 가지고 있는 이 강력한 부정성의 위력을 한겨레공동체의 구성원 모두의 마음속에 존재하는 긍정성의 위력으로 전환시킬 때 우리는 부정성의 위력이 지배해온 삼천 년간의 세계사에서 꿈도 꾸지 못한 강력한 생명력을 창조할 수 있는 것이다.

우리 한겨레의 통일과 통일 후에 이루어야 할 진정한 통일은 단지 남북한 차원의 단순한 민족적 테두리의 일이 결코 아니다. 이는 삼천 년이라는 세계사를 뒤로 하고 처음으로 발생하는 긍정성의 철학혁명의 주체로서 모든 분야의 대립과 갈등과 전쟁의 부정성을 긍정성의 위력으로 극복하고 생명체로서의 한겨레공동체의 창조를 말하는 것이다.

그리고 머지않은 미래에 우리 한겨레공동체가 이 세계사적인 성취의 절호絶好의 기회를 가지고 있다고 확신한다. 이 놓칠 수 없는, 놓쳐서는 안 되는 결정적인 기회가 지금 우리 한겨레공동체의 수중에 있다. 이 가슴 벅찬 사실을 우리 한겨레공동체의 구성원 모두가 인식하고 그것을 행동으로 옮길 때 우리가 성취하지 못할 어려움은 아무것도 없다는 사실에 조금이라도 의심의 여지가 있는 것일까?

12

4. 한마디의 말

생각해보면 현대 한국인들은 인식을 하든 안하든 서양과학의 세계와 어떤 형태로든 연관을 맺고 살고 있는 것이다. 그것은 또한 서양과학 그 자체인 서양철학의 흐름에 어떤 형태로든 발맞추어 살고 있는 것이다.

필자는 지난 1991년 이래 천부경과 삼일신고와 366사와 한역 등 한겨레 고유의 정신에 대한 책을 낸 바 있다. 그리고 우리나라에 있는 뛰어난 인재들과 특강이나 자유로운 대화를 통해 만날 수 있었다. 그들과의 만남을 통하여 그들이 우리의 고유한 정신을 알려고 하는 열의가 엄청나게 크다는 점을 충분히 느낄 수 있었다. 그러나 이 책들의 내용이 너무나 난해하다는 것이 중론이었고 필자가 전하려는 한철학의 전체적인 흐름은 거의 전해지지 않고 있었다.

다시 말하면 필자는 그동안 우리 한겨레의 고유한 경전의 세계가 현대 한국인들이 접하고 있는 과학과 철학의 세계와 어떠한 관계에 있는지에 대해 누구나 납득할 수 있는 구체적인 설명을 제시한 바가 거의 없는 것이다.

그러한 즉 어떻게 현대 한국인들이 필자가 제시한 한철학의 깊은 부분을 이해할 수 있었겠는가? 이 문제를 전면적으로 해결하지 못하는 한 한철학은 모처럼 어렵게 그 모습을 세상에 드러낸 보람이 거의 없는 것이다.

모르고 있었지만 이것이 오래 전부터 한철학에게 주어진 기초적인 과제였던 것이다. 문제가 무엇인지 정확하게 안다면 그 문제를 해결하는 일은 시간과 노력에 달려있을 뿐이다. 문제는 내 자신에게 있었다. 그리고 한철학에서 설명하는 살아 있는 생명체로서의 과정에 있어서 변화와 혁신을 가장 필요로 하는 사람도 다름 아닌 내 자신이었다.

이 사실을 아는 일이야말로 가장 어려운 일이었다.

이 일을 위해 그 이전까지 이루어내고 또 가지고 있던 모든 것을 바탕으로 하되 불필요한 모든 군더더기를 과감하게 버리고 시간이 얼마가 걸리든 처음부터 다시 시작하기로 결심했다.

막상 이 일에 뛰어든 자를 무엇보다도 어이없게 만드는 것은 이 일이 조금이라도 이루어질 보장이 그 어디에도 없다는 것이다. 또 우리 한겨레의 고유한 정신을 연구하는 일이 언제나 그러하듯 어디서부터 시작하여 어디를 어떻게 가야할지 조금도 알 수 없어 막막하기만 하다는 것이다. 이 길은 지난 천년 이상의 세월동안 길이 아닌 길이었기 때문이다. 세상에 존재하는 모험들 중에서 이보다 더 무모한 모험이 또 있을까? 그러나 그렇기 때문에 더 가고 싶고 더 가야하는 길이므로 조금도 주저함 없이 그 길을 갔다.

최근에는 우리나라에 있는 제조업체 중에서 세계 제1위의 제품을 생산하는 기업의 연구소에서 특강을 한바있고 또 지난 2년간 그들에게 컨설팅을 해왔다. 그들이 우리 한겨레의 고유한 정신을 그들의 전문분야에 적용하려는 열의는 남다르게 뜨거웠다.

세계 1위라는 자리는 그 분야가 어떤 것이든 남의 것을 베껴서는 더 이상 유지할 수 없는 자리이다. 때문에 세계 각국의 쟁쟁한 경쟁자들을 물리치고 1위 자리를 유지하는 방법은 그 경쟁자들이 갖지 못한 우리만의 경쟁력이 반드시 필요한 것이다. 필자가 컨설팅을 한 회사의 연구원들은 세계 각국의 경쟁자들에게 없는 우리만의 경쟁력을 확보할 수 있는 방법을 우리의 철학에서 얻어 와야 한다는 확실한 인식을 가지기 시작했다. 그리고 그들은 나와의 컨설팅을 통해 한철학의 원리를 도입함으로써 그들이 개선하려는 몇 가지 공정에서 놀랄만한 효율의 상승을 가져왔다.

그것은 공학 그 자체인 과학과 과학 그 자체인 서양철학의 문제와 한계가 무엇인지를 명확하게 파악하고 그 서양철학의 문제와 한계를 분명하게 극복할 새로운 철학이론을 제시함으로써 해결의 길이 열린다. 그런 다음 새로운 철학, 즉 한철학은 기존과학의 문제를 제거하고 또한 기존의 공학의 문제를 해결할 수 있는 것이다. 물론 이는 공학뿐 아니라 모든 분야의 모든 학문에도 마찬가지로 똑같이 적용된다는 사실이 무엇보다 중요한 것이다. 모든 분야의 학문 그 자체가 곧 철학이라는 사실에 누가 반대할 수 있겠는가?

물론 실제로 현장에서 이와 같은 문제해결의 과정을 당사자들이 완전히 납득하여 그들의 전문분야에서 한철학의 지식과 지혜를 활용함으로써 당면한 문제를 이해하고 해결할 수 있도록 이끄는 일은 결코 간단한 일이 아니었다.

필자는 이제 1991년 이래 설명해온 한겨레 고유의 정신세계가 현대인들이 쉽게 이해하고 응용할 수 있는 객관적 지식으로서의 한철학으로 전환되었다고 처음으로 말한다. 지난 삼 년간 이 말 한마디를 입 밖에 내기 전에 다른 말은 조금도 하고 싶지 않았다.

5. 상생과 상쟁

우리가 상생相生이라는 개념을 상생相生과 상극相剋이 만들어내는 이원론적 일원론의 개념으로만 보아야 할까? 만일 그렇다면 그것은 지난 3천년간 존재해온 이원론적 일원론의 선악대립의 끔찍하도록 지루한 생명력을 다시 한번 연장해주려는 시도에 지나지 않을 것이다.

그러나 상생相生을 상쟁相爭의 대립개념으로 본다면 그 시도는 기존의 부정성의 변증법이 주장하는 이원론과는 전혀 다른 차원의 테두리가 되는 것이다.

인간의 지식욕구가 호기심 수준일 때 우리는 그동안 당연하다고 생각해온 것에서 벗어나 이상하고 신비로운 일들에 대하여 관심을 가지게 된다. 그러나 인간의 지식욕구가 진지하게 철학을 조직화하는 수준에 이르렀다면 우리가 지금까지 우리의 행동을 결정해온 확고한 의식이나 관념들 중에는 조금도 당연하지 않은 것들이 있다는 사실을 알게 된다. 뿐만 아니라 그것들이야말로 놀랍도록 기이한 것이라는 사실에 도달하게 된다.

목숨은 누구에게나 가장 소중한 것이다. 어느 사회의 자살률이 증가한다는 것은 정치·경제·사회·교육 등의 환경이 모든 사람들에게 '너 죽고, 나 살자!'를 강요함으로써 어쩔 수 없는 최악의 선택을 할 수밖에 없도록 내몰리는 사람들이 증가하고 있다는 것을 말해주는 것이다. 그리고 그보다 더욱 무섭고도 중요한 것은 개인의 자살은 쉽게 눈에 띄지만 집단의 자살이 감지되는 경우는 세계사에서 거의 없었다는 사실이다.

긍정성의 변증법은 부정성의 위력을 긍정성의 위력으로 전환시킴으로써 대화와 타협과 화합과 사랑과 평화의 대상이 있을 뿐 싸워야 할 적을 조금도 필요로 하지 않는다. 즉 무적無敵의 철학이다. 부정성의 위력은 적이 존재할 때 내가 존재하며 악이 존재해주어야만 선이 존재할 수 있다. 긍정성의 위력은 일체 대상에 대해 평화와 사랑의 의지만 있을 뿐이다.

즉 '너와 나, 모두 함께 잘 살자!'가 긍정성의 철학의 바탕이다. 이 긍정성의 철학과 '너 죽고, 나 살자!'는 등의 부정성의 철학과의 차이는 살아 있는 생명과 죽은 생명이 가지고 있는 힘의 차이이다. 그것은 백배의 차이나 만 배의 차이로 말해질 수 없는 차이이다. 그것은 있음과 없음의 차이이며 삶과 죽음의 차이이다.

물고기의 눈을 생각해보자. 물고기의 눈은 아주 가까운 것을 보기가 어렵고 또 아주 먼 것을 보기도 어렵다. 또한 물고기의 눈이 가장 보기 어려운 것은 물이다. 그리고 물고기의 눈이 보기 불가능한 것은 물고기 자신의 눈이다.

마찬가지로 인간이 개인의 문제를 찾아내기는 어려운 일이다. 그러나 집단과 민족과 국가단위의 문제를 찾아내기는 더욱더 어려운 일이다. 왜냐하면 개인과 달리 집단 특히 민족과 국가의 문제는 상식의 궤를 벗어난 터무니없는 일이 부지기수로 일어나지만 그것이 문제였다는 사실이 드러나는 것은 항상 긴 시간이 흐른 다음이기 때문이다.

인류단위의 문제를 찾아내기는 극히 어려운 일이다. 왜냐하면 아무리 터무니없는 엉뚱한 이론이 고정관념이 되어 수천 년씩이나 흘렀다 해도 그것이 문제라는 것이 밝혀지기는 불가능에 가까운 것이기 때문이다.

그리고 인간이 끝까지 발견하기 어려운 대상은 개인이나 집단 그리고 국가나 민족 또는 인류가 아니라 인간 그 자체인 것이다.

7. 삼천 년간의 집단자살

과거 자본주의와 사회주의가 첨예하게 대립할 때에 자본주의는 사회주의에 대해 존재하기 불가능한 제도라고 주장했으며, 사회주의는 자본주의가 존재하기 불가능한 제도라고 주장했다. 오늘날은 신자유주의와 신사회주의가 그들의 선배들이 갔던 길을 다시 가고 있다.

이들 모두가 한결같이 맞서고 있는 상대방의 제도가 존재하기 불가능한 제도라고 말할 때 마치 자신이 지지하는 제도는 당연히 존재가 가능한 것이라고 말없이 단정하고 있는 것이다.

문제는 이들뿐 아니다. 지난 삼천 년간 수많은 이념이 대체로 이와 같은 유형의 가정을 하고 있다.

자본주의자가 사회주의자에 대해 사회주의란 존재할 수 없다고 주장하거나 아니면 사회주의자가 그 반대로 주장하는 방식 안에 숨어 있는 위험성에 대해 명확하게 인식하기는 어려운 일이다.

이러한 방식은 집단최면이다. 이 방식은 자본주의가 홀로 존재한 적이 있는가? 아니면 과연 사회주의는 홀로 존재한 적이 있는가? 아니면 이들이 앞으로 홀로 존재할 가능성이 있는가? 라는 방식으로는 생각하지도 물어보지도 못하도록 집단최면을 걸어 그 길을 원천적으로 차단함으로써 정상적인 사유를 결정적으로 교란시키는 것이다.

만일 누군가 필자에게 그것을 묻는다면 그 이념들은 그것들 혼자서는 단 일초도 존재한 적이 없으며 앞으로도 절대로 존재할 가능성이 없다고 단호하게 말할 것이다.

자본주의, 사회주의, 신자유주의, 신사회주의, 아나키즘, 파시즘, 국가주의, 민족주의 등 모든 이념들이 마찬가지인 것이다.

무엇보다도 지난 삼천 년간 존재한 모든 이론이 그들 혼자서는 존재한 적이 없으며 앞으로도 존재할 가능성이 없다. 모든 철학이론의 세계도 더불어 살기라는 한겨레의 상식이 조직하는 긍정성의 철학이 이미 확고하게 지배하고 있는 것이다.

지난 삼천 년간 이렇게 사유하거나 말한 사람이 한사람도 없었다는 사실은 조금도 중요한 것이 아니다. 앞으로는 모두가 이렇게 생각하고 말할 것이라는 점이 중요한 것이다.

8. 함께 만든 책

이 책의 글씨를 필자가 썼다면 이 책의 공백은 여러 사람들의 마음이 합쳐져 만들어진 것이다. 이른바 글씨와 공백이 하나가 되어 만들어내는 긍정성의 위력이 살아 있는 생명체로서 조직된 것이다.

1991년 천부경, 삼일신고를 처음 낼 때부터 이 책들을 저자 이상으로 자신이 쓴 책처럼 아끼고 사랑해준 독자들이 있었다. 그 독자들이 있었기에 그동안 이 일에만 전념할 수 있었다.

또한 나의 마음에 힘이 되어주는 분들이 있어서 힘겨웠던 연구는 어려운 가운데에서도 중단 없이 진행될 수 있었다.

이 책이 준비되는 동안 누군가의 결정적인 희생이 있었다면 그 희생은 주로 아내의 몫이었다. 오랜 세월 동안 결코 쉽지 않은 이 길을 함께 가면서 아이들을 키우며 모든 어려움을 꿋꿋하게 감내해온 아내가 없었다면 이 일은 이루어지기 어려웠을 것이다.

한국은행의 하근철 님은 회사일로 바쁜 기간이었음에도 불구하고 한걸음에 달려와 교정을 보아주었다.

무엇보다도 이 책은 우리 한겨레의 장대한 역사 속에서 축적된 지식과 지혜를 천부경, 삼일신고, 366사 등의 경전으로 다듬고 계승해온 우리 한겨레의 성인聖人들과 현철賢哲들의 음덕陰德으로 존재할 수 있었다. 또 이름조차 남기지 못한 수많은 의인義人들이 우리 한겨레 정신의 암흑시절 동안 이 경전들을 릴레이 하듯 후세에 전했기에 이 책은 시작될 수 있었다.

한철학 시리즈에 바탕을 마련하는 대단히 중요한 내용으로 과정을 전개하면서, 이 책은 말없는 가운데 이 모든 분들의 마음이 모여 하나의 생명체로 조직되었다. 이 모든 분들에게 깊이 감사한다.

단기 4337년 7월 1일
최 동 환

1장

온

온은 순수한 우리말로서 온 나라, 온 세상 등에서 전체라는 의미로 사용하는 용어이다. 지금은 잃어버렸지만 우리말 온은 100이 설명하는 정교한 수론체계와 천부도라는 도형을 자체적으로 내포한다. 이 온이라는 용어 안에 인류가 수십만 년 동안 수렵채집생활을 통해 얻은 통합적 사유체계와 우랄알타이어족의 신화에 담긴 추상력이 축약되어 들어 있다. 그리고 지난 삼천 년간 동양과 서양의 철학과 종교에서 사용해온 대립의 변증법을 모두 포함한다. 단 한글자의 우리 말 온이 가지고 있는 철학적 용량 안에 이 모든 것을 다 넣어도 조금도 표시가 나지 않는다. 그러나 우리는 이 순수한 우리 말 '온'을 한자어 백百이라는 말로 바꾸어 쓰면서 이 온이 가지고 있는 철학적 사유체계마저 모두 잃어버린 것이다.

1

수렵채집시대와 사건과 의미

우 리나라의 울산에는 선사시대의 조상들이 바위에 그림을 새
겨 넣은 국보 285호 반구대 암각화가 있다. 이 그림에는
많은 고래가 그려져 있으며 우리민족과 고래와의 관계가 매우 오래
전부터 깊다는 것을 알 수 있다.

이 그림은 우리 한겨레의 어머니들이 산후에 몸조리를 위해 미역을
먹는 식습관과 관계가 있다. 우리의 조상들은 고래가 새끼를 낳고
미역을 뜯어먹는 사건을 오래전부터 인식하고 있었다. 아마도 반구대
암각화를 새긴 시대의 고래사냥 때부터 고래를 관찰해온 조상들이
새끼를 낳은 고래가 미역을 뜯어먹는 반복되는 확률적사건을 관찰했
을 것이다. 그런데 누구인지 모를 어느 조상이 고래가 새끼를 낳고
미역을 뜯어먹는 사건에는 몸조리를 위한 것과 젖을 잘 나오게 하기
위해서라는 의미가 있다는 사실을 알게 되었다. 미역에 피를 깨끗이
하고 젖을 잘나오게 하는 영양소가 있다는 의미는 최근에야 이루어진
것이지만 우리는 이미 오래전부터 알고 있었던 것이다.

어느 이름모를 선사시대의 조상이 '고래가 미역을 뜯어먹는 사건'
에서 찾아낸 '미역은 산후 몸조리에 좋다는 의미'는 그 때 이후로 대대
손손 한국인 모두의 건강에 크나큰 기여를 해온 것이다.

이 미역에 관한 사건과 의미는 우리 한국인들이라면 대부분 아는

이야기이며 또한 그 이야기에서 사건과 의미가 하나의 전체로서 작용한다는 것을 철학적으로 설명은 못해도 누구나 이해하고는 있는 것이다.

사건과 의미에 관한 다른 이야기를 해보자. 아프리카의 보츠와나와 나미비아에 걸쳐 있는 칼라하리 사막에서 수렵채집을 하며 살아온 쿵산(Kung San)족은 인류가 수십만 년 동안 수렵채집 생활을 하며 살아온 생활의 원형을 가장 잘 보존하고 있는 종족이다. 그들의 생활인 사냥에 대하여 묘사한 다음의 짤막한 이야기 안에서 우리는 인류의 수렵채집 생활에 대한 전형적인 모습을 발견할 수 있을 것이다. 특히 이 사냥꾼들이 활용했던 발자국에 드러난 사건과 의미는 지금 우리가 사용하는 문자와 직접적인 관련이 있다. 즉 수렵채집 시대인의 지식과 현대인의 지식을 직접 연결하는 고리가 되어준다는 점에서 더욱 더 의미심장하다.

작은 사냥꾼 무리가 발자국과 다른 야생동물이 지나간 흔적을 쫓는다. 그들은 나무들로 가로막힌 곳에서 잠시 멈춰 섰다. 그들은 웅크리고 앉아 증거를 좀더 세밀하게 확인한다. 그들이 쫓는 발자국 흔적을, 또 다른 발자국이 가로지르고 있었다. 재빨리 그들은 이 동물이 무슨 동물인지, 몇 마리나 되는지, 나이와 성별은 어떻게 되는지, 그 중에 다친 것이 있는지, 얼마나 빠르게 이동하는지, 이곳을 지나간 지는 얼마나 되는지, 그 사냥감을 쫓고 있는 또 다른 사냥꾼이 있는지, 자신들이 사냥감을 따라 잡을 수 있을지 그리고 만일 그렇다면 시간이 얼마나 걸릴지에 대하여 의견의 일치를 보았다. 결정은 내려졌다. 그들은 자신들이 쫓을 흔적에서 손을 털고는 마치 바람소리처럼 나지막하게 조용한 소리를 내더니 벌떡 일어섰다. 활과 독이 묻은 화살을 짊어진 채로 그들은 몇 시간 동안을 마라톤 대회에 참가한 선수들처럼 쉬지 않고 뛰어갔다. 그들이 땅 위의 흔적에서 읽어내는 정보는 거의 언제나 정확했다. 영양 무리나 오카피 무리들은 그들이 있으리라 생각한 곳에 있었고, 그 수도 그들이 계산한 바와 같았으며 사냥감의 상태 또한 예측한 대로였다. 사냥은 성공적이었다. 그들은 임시숙소로 고기를 가져와서는 축제를 벌인다.[1]

쿵산족의 사냥꾼들은 동물이 남긴 발자국의 흔적이 나타내는 상태에서 모든 것을 시작하고 있다. 그들은 동물의 발자국이 남긴 흔적에서 그 동물이 어디에서 와서 어디에 가 있는가 알아내었다. 그리고 사냥꾼이 그 동물에게 도달하는 시간과 장소를 추리해내고 그 시간과 장소에 정확하게 도착함으로써 사냥에 성공할 수 있었다. 그들이 동물의 발자국에서 정보를 얻는 것은 우리가 문자에서 정보를 얻는 것과 기본적으로 차이가 없는 것이다.

그들은 움푹 들어가고 불쑥 튀어나온 흔적들을 자세하게 살핀다. 행동이 민첩하고 속도가 빠른 동물의 발자국은 그 대칭을 이루는 모양이 좀더 가늘고 길다. 다리를 조금 다친 동물은 상처 입은 다리의 고통을 덜기 위해 다친 다리에 무게를 덜 싣기 때문에 한 쪽에 아주 희미한 흔적만을 남긴다. 좀 묵직한 동물은 더 깊고 넓은 발자국을 남긴다. 이러한 상관함수가 사냥꾼의 머릿속에는 있는 것이다.

시간이 지나는 동안 발자국은 서서히 사라져간다. 움푹 팬 발자국의 가장자리들은 바스러지고, 바람에 날린 모래가 움푹 팬 발자국 안에 쌓인다. 어쩌면 나뭇잎이나 잔가지 또는 풀잎 조각들이 그 안으로 날아들 수도 있다. 시간이 흐를수록 땅 위에 남은 흔적은 점점 더 많이 사라지게 된다.[2]

---

1) 칼 세이건 『악령이 출몰하는 세상』 이상헌역 김영사 2001, 357쪽.
2) 칼 세이건 『악령이 출몰하는 세상』 이상헌역 김영사 2001, 357쪽.

사냥꾼들은 동물들이 남긴 발자국의 확률적 관계를 통해 그 발자국을 남기고 간 동물이 현재의 시공간에서 어떤 상태로 존재하는가를 정확히 읽어내는 것이다. 사냥꾼들은 발자국이 나타내는 그것이 누구의 것인지를 알아낼 수 있을 정도의 정확한 추리력을 가지고 있다.

집에서 수 마일을 떠나와 나머지 사람들과 헤어져 상처 입은 수사슴 한 마리를 쫓고 있던 닉수(Nxou)와 나는 어느 한순간 또 다른 종류의 흔적과 발자국이 우리가 쫓은 흔적과 겹쳐 있음을 발견하였다. 그는 만족스러운 듯 나지막한 신음소리를 내더니 그 흔적이 바우싸우(Bauxhau)의 발자국이며 생긴 지 몇 분밖에 되지 않았다고 말했다. 그는 바우싸우가 빨리 달리고 있으며, 우리는 곧 그와 그가 쫓아간 사냥감을 만나게 될 것이라고 단언했다. 우리는 앞쪽에 있는 모래 언덕위로 올라갔다. 그러자 바우싸우가 보였고 그는 이미 동물의 가죽을 벗기고 있었다.[3]

쿵산족과 함께 지낸 바 있던 리차드 리도 어떻게 사냥꾼들이 몇 가지 흔적들만을 간단히 조사한 후 '어, 이것 봐라, 투누(Tunu)가 처남과 함께 여기에 왔군, 그런데 그 아들은 어디에 있는 거지?'[4] 라고 말할 수 있는지에 대해 이야기하였다.

이들이 사용하는 방법은 미신이나 마법이 아니라 일어나는 사건이 나타내는 애매모호한 확률세계를 확신의 세계로 전환하고 종합하는 전체적 사고능력이다

그들은 동물이 남긴 발자국의 상태를 보고 그 동물이 지나온 과정과 앞으로의 과정을 입체적으로 추리해낸다. 그 추리를 위해서는 태양의 위치와 바람의 강도, 그 주변에 물을 마실 장소, 먹이를 먹을 장소

---

3) 위의 책, 361쪽.
4) 위의 책, 361쪽.

를 비롯하여 필요한 모든 확률적 요소들을 고려하여 입체적인 추리를 하는 것이다. 오늘날 대학이나 기업의 연구실에서 행하는 컴퓨터 시뮬레이션으로도 따라가기 어려운 고도의 추리능력인 것이다.

이 과학적 사고는 전체적인 통찰력이 작용하고 있으며 그 전체적인 통찰력은 두 가지의 부분으로 나뉘어져 있음을 생각해낼 수 있다. 그 하나는 사건이며 두 번째는 의미이다.

동물이 평생 살아가며 움직이는 것은 사건의 연쇄이다. 그 사건의 연쇄 중 지면에 남긴 하나의 사건의 흔적이 곧 하나의 발자국이다. 이 원시부족 사냥꾼들은 그 한 순간의 사건만으로도 그 사건의 이전과 이후의 사건의 연쇄를 마치 파노라마처럼 또는 컴퓨터 시뮬레이션처럼 머릿속에서 추리해내는 것이다. 그리고 그와 동시에 사건의 연쇄를 결정짓는 의미의 연쇄를 추리해내는 것이다. 그리고 사건과 의미를 하나의 전체로 조직화하는 것이다.

오늘날 원자보다 작은 아원자적 입자가 입자가속기를 지나며 하나의 작은 흔적을 남길 때 과학자들은 그 흔적을 보고 이 세계가 미립자들의 사건으로 가득 찬 세계임을 알아낸다. 카프라는 그 과정을 이렇게 설명한다.

한 소립자가 지역 A에서 준비되어 A에서 B로 이동하고, 지역 B에서 측정된다. 실제로 그 입자의 준비와 측정은 매우 복잡한 과정들의 전체적 연속으로 이루어질 수 있다. 예를 들면 고高에너지 물리학의 충돌실험衝突實驗들에서는 발사체로 쓰여질 입자들을 준비하려면 그것들을 원형트랙을 돌도록 보내서 그 에너지가 충분히 높아질 때까지 가속시켜야 한다. 그 과정은 입자가속기에서 일어난다. 요구되는 에너지에 도달하려면 그것들은 가속기(A)를 떠나, 다른 입자들과 충돌하는 목적지(B)를 향해 가게끔 되어 있다. 이러한 충돌은 입자들이 사진에 찍힐 수 있는 자취를 남기는 기포상자

안에서 일어난다. 그 다음 소립자들의 속성은 그 자취를 수학적으로 분석함으로써 도출된다. 이러한 분석은 매우 복잡한 것이므로 종종 컴퓨터의 도움으로 수행된다.[5]

소립자들이 A지역에서 B지역으로 이동하여 다른 입자들과 충돌한 사건은 사진에 찍히게 된다. 그 소립자들의 충돌 사진과 사냥꾼들이 추적하는 동물의 발자국은 모두 과학적 측정 자료로서 차이가 없는 것이다. 그 사건을 분석하는 일에 물리학자들은 컴퓨터를 사용하지만 수렵채집을 하던 사냥꾼들은 오로지 두뇌를 사용했다.

20세기에 등장한 물리철학자들과 물리신학자들은 바로 이와 같은 소립자의 사건을 철학세계와 신학세계에 구현한 것이라고 볼 때 그것은 이미 수십만 년 동안 인간이 생활 속에 구현해오던 것이라는 사실을 알 수 있는 것이다.

이들 사냥꾼들은 더 나아가 물리철학자들처럼 사건만 인식한 것이 아니라 사건이 가지는 의미까지도 하나의 전체로 구성한 것이다. 수렵채집 시대의 인간은 물리적 사고만을 한 것이 아니라는 점에서 보다 더 큰 관심을 불러일으키는 것이다. 그들은 발자국 하나에 찍힌 사건에 담긴 의미를 추리해내어 그 의미의 연쇄를 추리함으로써 사건과 의미를 하나의 전체로 조직화하여 사냥에 성공할 수 있었다. 그 사건과 의미의 분석과 종합능력은 곧바로 그 사냥꾼과 사냥꾼의 부족의 생사와 번영에 직접 관계되는 문제이다. 이 개념은 의미심장하다.

발자국이 남긴 물리적인 사건만을 관찰한다면 그것은 과학적 사고이며 나아가 물리철학이 될 것이다.

그런데 사냥꾼들은 물리적인 사건에서 의미의 연쇄를 추리해낸다. 그것은 눈에 보이지 않는 개념들을 하나의 전체로 조직하는 작업이다.

---

5) 카프라 『현대물리학과 동양사상』 이성범역 범양사출판부 1987, 156쪽.

눈에 보이지 않는 개념들이지만 그것은 서양철학의 형이상학적인 정적개념과는 근본적으로 다르다. 그것은 현실과 동떨어진 정적 세계가 아니라 현실 그 자체의 동적 세계를 분석하고 종합하는 일이다.

가령 어느 시점에서 목이 마를 것인가를 추리해내고, 어느 시점에서 배가 고플 것인가를 추리해내고, 어느 시점에서 사자나 하이에나 떼를 피하여 어느 곳으로 갈 것이라는 등의 현실적인 동적 의미를 구성해내는 것이다.

더욱 놀라운 것은 이 사냥꾼들은 의미가 사건을 이끈다는 사실을 분명하게 인식하고 있었다는 점이다. 이 영역이 누구에 의해 사유된 바가 있었던가?

동물들의 몸체가 물리적으로 사건연쇄를 일으키는 것은 반드시 그것을 가능하게 하는 의미의 연쇄가 있기 때문이라는 사실은 자명하다. 목마르고 배고프다는 물리적 욕구와 그것을 해결할 의미의 조직은 하나의 전체이다. 동물은 그들의 물리적 욕구만으로 움직이면 반드시 굶어죽거나 다른 동물에게 잡아먹혀 죽는다. 그 물리적 욕구를 해결하면서 모든 문제를 해소시킬 수 있는 프로그램으로서의 의미가 구성되어야 그 구성된 의미에 따라 물리적인 사건을 일으킬 수 있는 것이다.

동물이 먹이를 얻기 위한 욕구를 채우기 위해서는 여러 가지 정보를 종합해서 하나의 전체적인 의미로 조직해야만 한다. 그 조직된 의미는 먹이를 얻기 위한 욕구를 채우고도 남을 정도로 커야만 한다.

또 그 조직된 의미가 동물로 하여금 물리적인 사건을 일으키고도 남을 정도로 그 동물에게는 분명한 것이어야 한다. 그렇지 않고 그 의미가 욕구보다 작거나 비슷하다면 그 동물은 물리적인 사건을 일으킬 만큼 확신을 가지지 못하게 될 것이다. 이런 경우 그 의미는 가능성의 세계이지 현실성의 세계는 되지 못하는 것이다. 그렇다면 그것이 얼마나 커야 하는가를 우리는 계산할 수 있는가?

사냥꾼들은 그 짐승들과는 반대방향에서 발자국이라는 사건의 흔적만으로 보고 그 동물이 그 사건을 일으킨 의미가 무엇인지를 역으로 추리해내는 것이다. 사냥꾼들은 그 동물이 남긴 단 하나의 발자국에서 일어날 여러 가지 확률의 세계를 현실세계로 이끌 분명한 단 하나의 의미를 정확하게 찾아내는 것이다. 사건보다 더 큰 의미가 그것이다.

결국 사건은 의미 없이 존재할 수 없고, 의미도 사건 없이 존재할 수 없는 것이다. 이 양자는 하나의 전체로서만이 존재할 수 있는 것이다. 그리고 사건을 이끄는 것은 의미인 것이다.

이것은 물리철학으로는 얻어질 수 없는 결론이다. 그러나 사건과 의미를 하나의 전체로 보고 의미가 사건을 이끈다는 사유체계는 원시시대 사냥꾼들에게는 일반적인 것이었다.

이 사냥꾼들은 언제부터 존재했는가? 인류에게 가장 큰 혁명은 불의 사용이었을 것이다. '마르세이유 근처에서는 약 1백만 년 전에 화로를 사용한 흔적이 있다. 약 50만 년 전에는 이미 화로가 우리 조상들의 주거생활의 일부가 되었음은 명백하다.'[6]는 점에서 불을 사용한 인류는 적어도 50만 년 전에 존재했었고 이때부터 사냥을 해서 불에 익혀먹는 인간다운 인간이 존재했던 것이다.

그런데 인간의 특징을 추상력이라고 볼 때 인간이 세상을 추상화하여 보기 시작한 것은 언제인가?

모든 인간성의 독특한 색채를 띠고 있는 것이 하나 있다. 그것은 이라크의 자그로스 산맥에 있는 샤니다르 동굴Sanidar Cave에서 발굴된 것이다. 그곳에 약 6만 년 전의 유월 어느 날 한 사내가 특수한 상태에서 매장되었다. 동굴은 습기에 차 있어서 죽은 사람의 뼈를 보존하는 데 매우 불리한 조건이었다. 그러나 이런 상황에서도

---

6) 리차드 리키/로저 레인 『오리진』 김광억역 학원사 1987, 165쪽.

꽃씨는 아주 잘 살아남는다. 샤르다니인Sanidar Man 주위의 토양을 검사한 파이 인류학 박물관의 조사자들은 그 사내와 함께 몇 종류의 꽃이 묻혔다는 사실을 알아냈다. 화석 유골 주위의 꽃씨들이 규칙적으로 뿌려져 있었던 것으로 미루어 볼 때, 그 꽃씨들은 시체를 매장할 때 우연히 무덤 속에 떨어진 것이 아니라, 의도적으로 뿌려졌다는 것을 알 수 있다. 속새줄기들은 시체를 눕혔던 장소로 여겨지는 거친 자리를 만드는 데 적당했다. 그리고 하양, 노랑, 파랑, 자주 빛깔의 형형색색의 꽃들은 그 슬픈 정경을 더 해주었을 것이 틀림없다.[7]

아름다운 꽃들을 장례식에 사용하는 것은 오늘날에도 인류가 사는 대부분의 지역에서 공통적이다. 그 시작점을 최소한 6만 년 전으로 볼 수 있는 것이다.

사냥꾼들이 고도의 추상적인 능력을 가지게 된 것이 언제인지는 알 수 없지만 인간성을 가진 상태에서 그와 같은 추상력을 가지게 된 것은 최소한 6만 년 전부터일 것이다.

인류가 이 기나긴 수렵채집 시절을 통해 얻어진 이 사유체계는 주로 신화라는 특수한 옷으로 단장하여 1만 년 전부터 시작된 농경시대를 거쳐 오늘까지 전해진다.

신화에서 사건과 의미는 몸과 마음 또는 땅과 하늘로 상징되어 나타나며 몸과 땅은 악으로 마음과 하늘은 선으로 비유되는 상대적 가치체계를 가지고 있다. 그러나 고대인들의 상대적 가치체계는 전체를 조직하는 두개의 부분이 하나의 전체를 이루는 전제하에 성립된다는 점에서 사냥꾼들이 발자국에서 사건과 의미를 하나의 전체로 조직함으로써 사냥에 성공하는 것과 같은 사유체계라는 맥락에서 생각할 수 있다.

---

7) 리차드 리키/로저 레인 『오리진』 김광억역 학원사 1987, 160쪽.

2

신화시대의 추상력

대인들의 사유체계는 하나의 전체를 두 개의 부분으로 나누어 생각하며 그 양자를 하나의 전체로 조직한다는 점에서 수렵채집 시대부터 농경시대에 이르는 동안 일관성을 가지며 그것이 가장 잘 나타나는 자료가 신화이다.

신화는 그것이 하늘과 땅, 마음과 몸 그리고 선과 악으로 구분되며 이 두 개의 부분들은 하나의 전체로 조직되는 형식을 가지며 그것은 알타이어족의 신화에서 그 원형이 가장 잘 나타난다. 그리고 이 알타이어족의 신화는 곧 우리 한겨레의 사유체계와 불가분의 관계에 있다.

이 알타이어족의 신화가 중요한 것은 오늘날 현대사회의 거의 모든 부분에서 의식적 또는 무의식적으로 사용하는 이원론적 일원론으로는 도저히 생각할 수 없는 차원의 대화와 타협과 화합과 통일의 원리를 제공하고 있기 때문이다.

부리야트인들은 신神들과 교통하는 샤만을 백샤만(사가니 뵈 sagani bö), 영신靈神들과 교통하는 샤만을 흑샤만(카라인 뵈karain bö)라고 부른다. 부리아트 신화 자체가 주목할만한 이원론을 설명하고 있는데, 이 신화에 따르면 수많은 반신半神들의 계급은 대체로 검은 칸과 흰 칸으로 나뉜다. 이 양자는 서로 적대시한다. 검은 칸을 섬기는 것은 흑샤만이고 흰칸을 섬기는 것은 백샤만이다. 야쿠트인들도 신들을 두 종류로 나눈다. 위에 있는 탕가라(tangara: 천상계)와 아래에 있는 지하계의 신들로 나누는 것이다.[8]

부리야트인들은 하늘과 땅으로 나뉜 이원적 세계를 만들었고 그것은 하늘의 신과 땅의 신들의 지배하에 있다고 믿었다. 그리고 신들과 소통하는 샤먼들도 하늘과 땅의 신들과 소통하는 샤먼들로 나뉘었다. 여기서 하늘은 흰색으로 땅은 검은 색으로 상징된 것이다. 하늘과 땅의 이원론과 흑백논리의 근원이 여기에서 찾아지는 것이다.

알타이 샤만에서도 백샤만(아크 캄ak kam)과 흑샤만(카라 캄kara kam)으로 나눈다. 알타이 샤만에게 백샤만은 천계상승, 흑샤만은 지하계 하강으로 전문 분야가 나누어져 있다.[9]

이와 같은 이원론은 알타이어족들에게는 일반적인 것이다. 오늘날 물질을 주로 다루는 과학자들과 마음을 주로 다루는 문화예술인들로 구분되는 것과 아주 다르다고는 하지 못하는 분류가 이미 신화시대에서부터 이루어지고 있음을 볼 수 있는 것이다. 이 같은 이원적 구조는 고대 투르크족의 정치구조의 특징에서도 잘 나타난다.

국가나 영토, 조직체, 부족들이 이원 체제로서 서로 조화와 견제를 유지하였다. 이원구성은 주로 동서, 흑백, 대소, 내외 등으로 나뉘었다. 그러나 이원체제가 권력이나 통치의 양분을 의미하지는 않았다. 이원조직 중 한쪽은 중앙조직이고 다른 한쪽은 원칙적으로 중앙조직의 우위를 인정하는 전제에서 독립된 통치권을 행사하였

---

8) 미르치아 엘리아데 『샤마니즘』 까치글방 이윤기역 1992, 178-182쪽.
9) 앞의 책 192쪽.

다. 일반적으로 동東이 통치권의 중심이고, 서西에서는 위임된 통치권이 행사되었다.10)

동서, 흑백, 대소, 내외의 이분법은 오늘날 세계에서도 일상적으로 사용되는 것이다. 그것이 알타이어족들에게서 매우 분명히 나타나고 있다.

그런데 이들 고대 알타이어족들은 세계를 추상화하는 능력이 현대인들로서는 상상도 못할 정도로 뛰어나다는 사실이 드러난다. 지금까지 보아온 것처럼 세계를 두개로 나누어 보는 것에 그치지 않고 그것을 수론數論과 도형圖形으로 추상화했다는 사실이다. 이 수론數論은 고대 알타이어족들에게서 공통적으로 발견되는 체계이며 그것은 고대 중국의 문명에 결정적인 영향을 주는 음양오행의 수론數論의 원형을 이루고 있다. 뿐만 아니라 이 체계는 곧 역경易經의 64괘와 태극의 수론數論 체계의 원형이 되고 있다.

이제 우리는 수십만 년간의 수렵채집시대에서 이루어진 사유체계가 오늘날에까지 이어지고 있다는 사실을 하나하나 확인해가고 있는 것이다.

부리야트족은 55위의 선신善神과 44위의 악신惡神이 있어 99위의 신이 있으며 이들은 영원히 대립한다 11)

여기서 부리아트족이 설명하는 55위의 선신과 44의 악신에서의 차이는 1이며 그것은 계속해서 설명되는 몽골족의 신화에서 설명하는 1이 모자라는 100이라는 전체의 수론과 일치한다. 결국 이 신화는 천부경12)의 일적십거가 설명하는 45+55=100이라는 수론에 포함되

10) 이희수 『터키사』 대한교과서주식회사 1996, 187쪽.
11) 앞의 책 29쪽, 38쪽.

는 내용임을 알 수 있는 것이다. 그리고 이 수론이 인류의 공통적인 사유체계인 선악론의 원형으로 생각할 수 있는 것이다. 여기서 알타이어족인 부리아트족이 말하는 55위의 선신과 44위의 선신의 대비는 매우 중요한 수론數論이다. 왜냐하면 인류의 공통적인 사유체계인 선악론善惡論의 원형이기 때문이다.

다시 말해 이는 하늘과 땅 그리고 백과 흑의 이분법을 선과 악의 이분법으로 나타내는 중요한 근거가 된다. 더구나 이 부리아트족의 신화는 이 모든 것을 수론으로 표현하고 있는 것이다.

여기서 이들 선악善惡은 서로 대립하고 있으며 더구나 그 대립은 영원한 대립이라는 사실을 말하고 있다. 여기서 영원이라는 개념은 의미심장한 것이다. 이는 선이 악을 부정하고 박멸하는 변증법과는 그 개념이 완전히 다른 것이다. 선과 악이 대립하는 상황이 하나의 전체를 구성하는데 선이 악보다 더 큰 상황에서 전체를 구성한다. 이는 진실로 수십만 년간 인류가 수렵채집 생활을 하며 이루어낸 사유 체계의 금자탑이라고 할 수 있는 내용이다.

아낙사고라스는 이 알타이어족들이 설명하는 추상화된 전체와 부분들의 대립에 대한 기본원리에 대해 이해할 수 있는 철학자로 보인다.

아낙사고라스는 무한히 많으면서 무한히 작은 종자seed라고 불리는 상호 독립적 원소를 설정한다. 이 종자들은 서로 혼합되고 분리되면서 이 세계에 변화를 가져온다. 아낙사고라스는 최초로 혼합이라는 용어에 대하여 기하학적 해석을 시도하였다. 또한 종자는 그 수에 있어서 그리고 그 상대적 위치에 있어서 항상 변화하고 있다. 아낙사고라스는, 모든 종자는 모든 사물에 내제되어 있으며 그 사물의 성질이란 그 사물에 내재되어 있는 다양한 종자 중에서

---

12) 최동환 『천부경』 개정판 지혜의 나무 2000, 149-176쪽.

가장 우세한 종자의 성질에 의하여 지배받는다고 한다. 따라서 종자 자체에 의한 변화라기보다는 종자들의 집합이 어떻게 부분화되느냐에 따라서 변화의 운동을 설명한다. 아낙사고라스는 엠페도클레스처럼 운동을 일으키는 힘을 사랑과 미움으로 설명하지 않고 정신이라고 번역되는 '누우스Nous'에 의해서 종자들의 혼합을 설명한다.[13]

아낙사고라스는 세계를 무수히 많은 씨알들로 보았다. 이 씨알들의 혼합과 분리가 세계의 변화를 가져온다는 것이다. 그는 알타이어족들이 가지고 있었던 추상력과 흡사한 것을 말하고 있었던 것이다.

또한 18세기의 철학자 라이프니츠는 이 아낙사고라스의 철학을 발전시켜 세계는 무수히 많은 모나드들의 집합이라고 말하는 것이다. 즉 '이 우주들은 결국 각 모나드의 상이한 관점에 따른, 한 단일한 우주에 투사된 시점일 뿐이다'[14]는 말에서 그의 생각은 드러난다. 또 라이프니츠가 '각 모나드는 하나의 신성神性일 것'[15]이라고 말했을 때 그는 고대 알타이어족의 사유체계에 보다 더 가까이 접근한 것이라고 말할 수 있다.

그러나 세계를 아낙사고라스가 무수한 종자로, 라이프니츠가 세계를 모나드들로 사유한 것은 뛰어난 것이지만 상당히 부족한 것이다. 왜냐하면 그들에게는 그들이 주장하는 세계를 보다 더 명확하게 수론數論으로 추상화하려는 철학적 의지가 조금도 보이지 않기 때문이다.

라이프니츠는 탁월한 철학자이자 또한 서양수학사의 큰 별이었음에도 그는 그의 철학을 수론으로는 발전시키지 못한 것이다. 그 무수

13) 하이젠베르크『철학과 물리학의 만남』한겨레, 최종덕역 1994, 62쪽.
14) 라이프니츠『모나돌로지』(이정우 역『주름, 갈래, 울림』거름 2001, 모나돌로지 해석부분 215쪽)
15) 라이프니츠『모나돌로지』(이정우 역『주름, 갈래, 울림』거름 2001, 모나돌로지 해석부분 221쪽)

한 종자 또는 모나드들의 전체를 추상화하여 수로 규정하고 그 무수한 알맹이들이 양분되어 대립하며 그 대립하는 상태를 또한 추상화하여 수로 표현할 때 세계는 인간의 사유 안에 완전히 들어올 수 있는 것이다. 그러나 이러한 사유를 하려고 하거나, 해야 한다고 생각한 철학자는 지난 삼천 년간 단 한사람도 없는 것이다. 그것은 인류가 수십만 년 동안 축적한 지식과 지혜와의 단절과 파괴를 의미하는 비극적인 것이다.

> 몽고신화에서는 99위의 텡그리天神가 군림하고 있는데 100위에서 1이 모자랐다. 혹한의 북쪽 세겔 세브지크 천天에 그곳을 다스리는 텡그리를 두지 않았기 때문에 100위가 되지 못하였다. 그것이 실수였다. 북쪽의 잊혀진 하늘을 점령하려고 칸 튀르마스 텡그리와 아타이 우란 텡그리의 양자사이에 쟁탈전이 벌어졌던 것이다. 쌍방이 각각 세실 세브지크 천에 접근해 있었기 때문에 서로 자기 지역이라고 주장했다. 할 수 없이 그들은 전쟁을 하여 승리를 거둔 자에게 소유권을 양도하기로 계약했다.[16]

이 몽골족의 신화는 전체와 그것을 둘로 나눈 수론數論체계가 명확하게 드러난다. 즉 전체가 100이며 그 둘은 45와 55이다. 여기서 부리아트족의 신화에서 말하는 44와 55가 곧 45와 55라는 사실을 알 수 있다. 또 45를 악신의 수로 55를 선신의 수로 표현함으로서 45는 땅 또는 몸 그리고 55는 하늘 또는 마음을 상징한다. 그리고 45는 악 55는 선을 상징하는 것임을 알 수 있는 것이다. 그리고 이 이분법은 쌍방간에 영원히 대립한다는 사실을 말하고 있다.

몽골족을 비롯한 여러 알타이어족들이 사유한 것은 아낙사고라스와 라이프니츠가 사유한 것과 비슷한 것이지만 그 차원과 구성과 체계

---

16) 장기근 『중국신화』 1975, 대종출판사, 237쪽.

와 조직은 분명하게 차별되는 것이다.

이 알타이어족의 신화에서 보여주는 정교하게 추상화된 개념은 전 세계로 확산되어 나가면서 그 고도의 추상력은 발전하기는커녕 오히려 점점 단순화되고 퇴화된 모습으로 전 세계의 신화에 그 모습을 드러낸다. 엘리아데는 그 신화들을 수집하여 이렇게 말한다.

> 일군의 중요한 신화적 전설은 신과 악마(예컨대 데바deva와 아수라 asure)사이의 우애, 영웅과 그 적대자(인드라와 나무키의 형) 사이나 성인과 마녀(성 시시니우스와 그 자매의 마녀 우레르젤리아의 형)사이 의 우정 또는 혈족관계 등에 대하여 말하고 있다. 양극단 원리의 화신이 되고 있는 두 인물에 공통의 아버지를 부여하는 신화는 이 란의 신학과 같이 이원론을 강조하는 종교전통에게까지도 존속되 고 있다.17)

이란의 신학이란 짜라투스트라교이며 이는 현존하는 세계종교들의 선악론적 가치관에 심대한 영향을 미친 종교이다. 이와 같은 신화는 민간전승 가운데로 들어오고 있다.

신과 악마 그리고 선과 악의 대립이 그 표현되는 상태에 있어서 남녀의 모습으로 나타나는 것은 흔한 일이다. 이는 후에 다루겠지만 마녀사냥에서 나타나는 여성을 남성에 비해 열등한 존재로 인식하고 또 남성은 제외하고 여성만을 마녀로 몰아 수백만의 죄 없는 여성을 참혹하게 고문하고 감금하고 불태워 죽이는 일에서 잘 나타난다.

그러나 고대의 신화와 전설에서 신은 한 몸에 양성을 가지고 있는 양성구유兩性具有가 일반적인 현상이다. 결코 남녀의 어느 한쪽이 다른 한쪽보다 우월하거나 제거해야할 대상으로 사유되지 않았다. 엘리 아데는 이렇게 말한다.

---

17) 미르치아 엘리아데『종교형태론』이은봉역 한길사, 1996, 528쪽.

우주풍요의 신은 그 대부분이 양성구유적이던가 혹은 일년마다 번갈아 여성신이 되거나 남성신이 되거나 한다. 대부분의 식물신(아티스, 아도니스, 디오니소스등)이나 대모신(키벨레형)은 양성적이다. 원초의 신은 오스트렐리아와 같은 원시종교는 물론 고도로 발전된 인도의 여러 종교(때로는 디아우스나, 리그베다의 거대한 원인原人 푸루샤) 등에서도 양성구유적이다. 인도의 만신전에서 가장 중요한 배우신 시바-칼리는 가끔 한 몸으로 표상되고 있다. 탄트라교의 도상에서는 시바신이 여성신(칼리)의 모습을 하고, 그 성적인 힘 샤크티Sakti를 포옹하고 있는 상이 많이 나타나고 있다. 그 뿐이 아니라 인도에는 에로틱한 신비주의는 모두 인간을 배우신과 동일시함으로서, 즉 양성구유의 단계를 거쳐 인간의 완전성을 표현하는 것을 특별한 목적으로 하고 있다.

신의 양성은 여러 종교에서 나타나는 극히 보편적인 현상으로 강조할 가치가 있는 특질이다. 특히 가장 남성적이고 혹은 여성적인 신들까지도 양성구유적이다.[18]

고대인들은 더욱 더 고대로 갈수록 남녀의 성을 하나의 전체에 포함시키려고 했다는 사실을 엘리아데는 보고하고 있다. 이는 사냥꾼들이 발자국에서 사건과 의미를 하나의 전체로 구성하는 사유체계와 근본적으로 같은 것이며 알타이어족의 신화에서 45와 55가 하나의 전체로서 대립하는 것과 같은 개념이다.

후대의 신화전통은 원초의 쌍둥이 배우신에 대하여 말하고 있다. 몇몇 유태교의 랍비의 주해서는 아담도 양성구유라는 것을 이해시켜주고 있다. 이 경우 이브의 탄생은 최초의 양성구유를 남과 여, 두 가지 존재로 나눈 것에 지나지 않는다. 엘리아데는 이렇게 예를 든다.

---

18) 미르치아 엘리아데 『종교형태론』 이은봉역 한길사, 1996, 534쪽.

아담과 이브는 등과 어깨가 붙어 있었다. 그런데 신은 그들을 도끼로 나누었거나 혹은 둘로 쪼갬으로써 두 사람을 분리하였다. 이와는 다른 설을 말하는 사람도 있다. 즉 최초의 사람(아담)은 오른 쪽이 남자, 왼쪽이 여자였는데, 신들은 이들을 반으로 나누었다.[19]

여기서 오른쪽이 남자, 왼쪽이 여자였는데 신들이 이들을 반으로 나누었다는 주장은 전체가 100일 때 왼쪽은 여성을 상징하는 45이며 오른쪽은 남성을 상징하는 55라고 설명할 때 정확하게 부합되는 내용이 된다. 이 주장에는 오래전의 알타이어족의 신화를 바탕으로 구성된 상당히 근거가 있는 내용인 것이다.

이 모든 신화와 전설과 종교의 예가 하나의 전체는 대립하는 두개의 세력이 이루어내고 있다는 45+55=100의 단순한 수론의 형식으로 추상화할 수 있는 것이다.

이와 같은 이원적 대립을 어떻게 인식하는가 하는 문제는 신화와 속설과 종교에만 영향을 미친 것이 아니다. 오히려 철학에 와서 결정적인 문제를 제기하는 주제가 바로 이 이원론이다.

서로 영원히 대립한다는 개념에 대하여 18세기의 철학자 칸트는 순수이성의 이율배반을 통해 설명한 바가 있다. 그런데 이 이율배반이 영원한 대립을 이루는 원리와 알타이어족의 이율배반이 이루는 원리는 비슷하지만 중요한 개념에서는 결정적으로 다르다. 칸트의 이율배반을 수론數論으로 분명하게 표현하자면 50:50이라고 말해야 한다.[20] 그러나 알타이어족의 영원한 대립은 45:55이다. 물론 이 문제는 좀 복잡하므로 뒤에서 설명할 팔상태八狀態에 의해 구체적으로 설명될 것이다.

---

19) 미르치아 엘리아데 『종교형태론』 이은봉역 한길사 1996, 536쪽.
20) 칸트의 이율배반이 설명하는 50:50의 변증법은 3장 7절 칸트의 변증법을 참조하세요.

3

추상력과 온

인간은 경험세계의 여러 가지 사물이나 개념에서 공통되는 특성이나 속성 등을 추출해냄으로써 자신과 세계를 쉽게 이해할 수 있다. 그리고 인간은 직접적으로 지각하거나 경험할 수 없는 대상도 일반화하여 지식으로 만들 수 있다.

예를 들면 우리는 백분율百分率을 사용함으로써 일체의 대상을 수론數論으로 추상화할 수 있는 것이다. 우리가 도저히 지각하거나 경험할 수 없는 세계조차도 백분율은 전체를 100으로 추상화함으로써 부분들을 퍼센트로 표현하게 만들어준다. 동양에서는 일찍부터 할과 푼으로 전체를 십분율과 백분율로 표현하여 사용해왔다. 백분율은 만물을 추상화하여 생각하는 시초라고 볼 수 있는 것이며 또한 인류의 철학체계의 시초도 이 수론數論에서 찾을 수 있다.

경험세계의 여러 가지 사물이나 개념을 수론數論으로 추상화할 수 있는 능력은 문명의 성패를 결정짓는 중요한 요소이기도 하다. 가까운 예로 자본주의와 사회주의가 치열하게 경쟁할 때 자본주의가 가진 가장 큰 경쟁력중의 하나는 모든 경제활동을 화폐의 수량으로 정확히 표기할 수 있는 능력에 있었다.

가령 어느 도시의 지하철을 건설하는 일을 정확하게 화폐단위로 계산하여 예측할 수 있고, 그 공정에 따라 일을 진행할 수 있는 능력이 있다면 그 지하철 건설의 모든 일은 예측가능한 일이 된다. 그것은 그 지하철을 건설할 사회의 능력에 맞추어 건설기간을 정하고, 자재와 인력과 장비를 동원하고 조직화하는 모든 작업의 중심이 된다. 즉 그 지하철의 건설비는 얼마라는 화폐의 수론數論으로 모든 복잡다단한 일들이 단순하게 추상화되는 것이다.

그러나 이와 같이 일을 화폐의 수론數論으로 추상화할 수 없었던 사회주의의 경우 일의 능률을 제어할 수 있는 가장 강력한 수단이 없게 되는 것이다. 이 경우 지하철 건설에 필요한 모든 자재와 장비와 인력을 동원하고 조직하는 일이 자본주의처럼 화폐단위로 정확하게 표현될 수 없다. 모든 사회의 조직이 화폐단위로 정확하게 표현될 수 없다면 그것이 야기하는 비효율성이 얼마나 클 것인가를 생각해내기는 어렵지 않다. 그것은 실로 근본적인 경쟁력의 문제가 되는 것이다.

따라서 인간과 세계의 사건과 의미를 하나의 전체로, 정확히 수론數論으로 추상할 수 있는 추상력이 뒷받침되지 않는 사회는 같은 힘을 가지고도 경쟁에서 뒤질 수밖에 없는 중요한 원인이 되는 것이다. 사회주의 문명의 몰락의 중요한 원인 중 하나가 바로 추상력의 부족이라고 말할 수 있는 것이다.

그런데 고대인이 가지고 있었던 중요한 추상력인 백분율은 정작 어디에서 시작한 것일까? 우리는 고대 한국인들의 사유체계에서 그것을 찾아낼 수는 있고 또한 그것은 고대 한국인들의 언어에 명확하게 드러나 있다. 물론 그 내용은 앞에서 다룬 것처럼 고대 알타이어족의 신화에서 그 사용례를 찾을 수 있다.

결정적으로는 한겨레의 고유한 경전인 천부경[21], 삼일신고[22],

---

21) 최동환 『천부경』 개정판 지혜의 나무 2000.
22) 최동환 『삼일신고』 개정판 지혜의 나무 2000.

366사[23])에서 그것을 철학적 도구로 사용한 예를 논증할 수 있다. 물론 이 경전들의 원리는 역경의 기본원리를 설명하며 그것에서도 백분율은 적용되어 있다.

더구나 이 철학적 백분율은 수학과 도형으로 동시에 표현되며 그에 맞추어 논리가 전개되는 체계를 갖추고 있다.

---

23) 최동환 『366사』(참전계경) 삼일 1996, 지혜의 나무 2000.

4
온과 100

우 리가 살펴본 것처럼 알타이어족 특히, 우리 한겨레는 오늘날 현대문명이 사용하고 있는 이원론적 일원론으로는 접근할 수 없는 차원의 통합적 사유체계를 가지고 있는 것이다. 그리고 그 통합적 사유체계는 고도의 추상적 능력으로 뒷받침되는 것이었다.

우리는 천부경, 삼일신고, 366사 등 우리 한겨레의 고유한 경전의 원리가 아니더라도 그 원리는 우리의 언어와 생활관습 등에서 충분히 확인할 수 있다. 그리고 이 원리는 인류가 수렵채집하던 시절부터 농경시대에 이르는 동안 신화라는 장르로 축적된 지식들과 하나를 이루는 것이다.

훈민정음訓民正音 이전의 국어연구에 큰 빛을 던지고 있는 12세기 고려시대의 계림유사鷄林類事에는 다음과 같은 기록이 있다.

'百曰醞'[24]

이 백왈온百曰醞, 다시 말해'100=온'이라는 말에서 우리는 고려시대만 해도 100을 '온'이라고 불렀다는 것을 알 수 있다. 이 자료는

---

24) 孫穆『鷄林類事』(강신항『계림유사 고려방언연구』성균관대학교출판부 1991 41쪽)

우리에게서 확고하게 존재했지만 사라져버린 결정적인 추상력을 우리 한겨레공동체 안으로 다시금 회복하여 설명하게 해주는 힘이 있다. 전체를 100으로 보는 백분율을 단지 온이라는 한마디의 말로 설명하는 것이다.

우리 말 온에 대한 내용은 월인석보月印釋譜의 내용에서도 다시 한번 확인된다.

五·옹는 다〯ᄉᆞ시오 百·빅은 오니라[25]

이 내용은 "오는 다섯이요 백은 온 이라"는 내용이다. 또 같은 책에서

百·빅 神·씬은 온 神·씬靈 령이라[26]

는 내용은 "백신은 온 신령이라"는 내용이다. 즉 온은 백이며 백신이라는 말은 온신령, 다시 말해 모든 신령, 전체 신령이라는 말이다. 여기서 온은 100이며 전체라는 것이다. 또한 이 온에 대한 내용은 용비어천가龍飛御天歌에서도 발견된다. 즉 그 52장에

청請으로 온 예와 싸우샤 투구 아니 벗기시면 나라 소민을 살리시리잇가

라는 내용에서 "온 예"는 모든 왜倭를 말하는 것이다. 즉 온은 전체라고 설명하는 것이다. 우리는 온이 곧 백이며 전체라는 말을 계림유

---

25) 강규선 『월인석보주해』 보고사 1998, 120쪽.
26) 강규선 『월인석보주해』 보고사 1998, 364쪽.

사와 월인석보, 용비어천가에서 확인할 수 있는 것이다.

그리고 월인석보와 용비어천가에서 각각 사용된 '온 신령', '온 왜'라는 말은 지금도 사용되는 말이다. 즉 온 나라, 온 집안 등의 말 속에 아직도 남아있다.

전체로서의 '온'의 의미는 역사에서도 찾아진다. 즉 백제百濟와 온조와 고구려의 온달이다. 백제의 백이 곧 온이 라는 사실은 어렵지 않게 찾아진다.[27] 온조의 온이 곧 전체와 100을 의미하는 온이며 백제의 백이 또한 전체와 100을 상징하는 온의 의미라는 것이다. 평강공주와의 사랑으로 유명한 온달장군의 온 또한 마찬가지인 것이다.

이제 우리는 몽골족이나 부리아트족의 신화 등에서 나타난 100이라는 수론數論이 곧 우리말 온 이라는 사실을 확인할 수 있게 되었다. 순수한 우리말 '온'은 알타이어족의 신화의 가장 뼈대가 되는 45+55=100 이라는 수론체계 전체를 단숨에 한겨레의 철학조직 안으로 끌어들이고 있는 것이다. 그리고 백분율이라는 가장 오래된 철학적 도구가 온이라는 단 한마디의 우리 말 안에 끌려 들어오게 되는 것이다.

---

27) 정연규『언어로 풀어보는 한겨레의 뿌리와 역사』한국문화사 1997, 197쪽.

5

천부도와 온

고대 알타이어족들이 세계를 추상화하는 능력은 수론과 도형으로 나타나며 이 두 가지는 하나이다. 즉 수론이 도형을 설명하며 도형이 곧 수론을 설명한다. 따라서 수론을 알면 도형을 알고 도형을 알면 수론을 알게 된다. 이러한 특징은 고대 알타이어족의 신화와 우리 한겨레의 경전인 천부경, 삼일신고, 366사 등에 그대로 나타나 있다. 즉 수론에서 단 1의 차이가 없고 그림에서 단 하나의 점도 차이도 없이 모두 하나의 수론과 도형이 공통적으로 적용되어 있다. 물론 이 모두는 우리말 '온'에 모두 집약되어 있는 것이다.

우리말 '온'이 전체로서 100을 의미할 때 그 100은 45와 55로 구성되어 있다는 사실이 끌려오는 것이다. 그리고 이러한 수론적 체계가 고대의 알타이어족들에게 공통적으로 전달되었던 수단이 바로 구전口傳이라는 사실도 확인할 수 있다. 그리고 이 사실은 또 다른 기록의 신빙성을 확인시켜준다.

그것은 한철학의 가장 큰 바탕이 되고 있는 천부경天符經이 고대에는 구전口傳으로 전해졌다는 기록으로 이를 문자로 만든 것은 6000년 전에 녹도문자로서 처음으로 기록되었다는 것이다. 여기서 천부경[28]이 구전으로 전해졌다는 기록에 대해 마치 구름을 잡듯 그 형체를

---

28) 최동환 『천부경』 개정판 지혜의 나무 2000.

알 수 없어 궁금하였는데 알타이어족들이 구전으로 전하는 신화에서 천부경의 가장 중요한 부분이 직접 설명되고 있다.

또한 녹도문자鹿圖文字가 사슴발자국을 보고 만들어진 글자라는 사실에서 우리는 인류가 수십 만 년 동안 수렵채집 생활을 하는 동안 사용해온 그 사건과 의미의 생활철학이 결국에는 문자를 창조해내는 결과로 나타난 것임을 알 수 있는 것이다. 그 녹도문자가 구전되던 지식인 천부경을 문자로 표현했음에도 큰 의미를 찾을 수 있는 것이다. 이 같은 사실들은 계연수선생이 전한 한단고기의 다음의 기록이 설명한다.

> 천부경은 천제 한국에서 말로만 전해지던 글이니 한웅대성존이 하늘에서 내려온 뒤 신지혁덕에게 명하여 녹도의 글로써 이를 기록케 하였다.[29]

이 기록은 천부경이 구전으로 전해졌다는 내용과 그것이 녹도문자로 기록되어 전해진다는 두 가지의 중요한 정보를 담고 있다.

우리는 부리야트와 몽골민족 등의 신화에서 45와 55의 대립이 설명되는 것을 보았다. 이 45와 55의 대립은 천부경에서 확인된다. 이들 민족의 신화는 당연히 구전으로 전해진 것이다. 이 내용은 이른바 천부경이 중앙아시아에 있던 한국桓國에서 말로 전해지던 구전지서口傳之書라는 기록과 같다. 또 그 천부경을 사슴발자국문자인 녹도문鹿圖文으로 전했다는 기록은 천부경이 발자국에서 사건과 의미를 추리했던 수만 년 동안의 수렵채집 시절에 축적된 지혜의 연장선상에 있다는 사실을 알게 해준다. 우리는 이미 수렵채집인들이 발자국에서 사건과 의미라는 전체를 조직하는 것을 보지 않았던가? 그 전체적인

---

29) 계연수『한단고기』임승국역 정신세계사 1986, 232쪽.

조직이 발전하면 45+55=100이라는 '온'에 이르게 되는 것이다. 물론 이 결론에 이르는 것은 쉬워 보이지만 쉬운 것이 아닌 것이다.

특히 100=45+55라는 간단한 수론은 이 모든 신화와 구전과 우리 말 온을 모두 추상화해서 설명하고 있다. 그런데 바로 이것이 천부경 天符經[30]의 81자 중에서 넉자인 일적십거一積十鉅이다. 이 일적십거 는 보다 자세한 설명으로 한단고기에 일적이음립 십거이양작(一積以 陰立 十鉅以陽作)[31]이라는 설명이 있는데 이를 그림으로 그리면 그 의미가 쉽게 손에 잡힌다.

천부도 天符圖

검은 씨알
45

흰 씨알
55

온 100 = 검은 씨알 45+흰 씨알 55

이 그림을 이제부터는 천부도天符圖라는 이름으로 부르기로 하자. 지금까지는 일적십거도一積十鉅圖[32]라고 불렀지만 부르기도 까다롭

---

30) 최동환 『천부경』 개정판 지혜의 나무 2000, 145쪽.
31) 일적이음립一積以陰立은 하나를 쌓아서 음을 세운다는 뜻으로 9를 의미 하고 십거이양작十鉅以陽作은 열을 펼쳐서 양을 만든다는 의미로서 10을 의미한다. 여기서 9는 시작의 수로 상징되고 10은 끝을 수로 상징된다.
32) 최동환해설 『천부경』 하남출판사 1991, 118쪽.
　　최동환해설 『천부경』 개정신판 지혜의 나무 2000, 150쪽.

고 그것으로는 이 그림이 나타내는 전체적인 의미를 담기에는 부족한 감이 있기 때문이다.

천부도天符圖는 우리말 '온'이 설명하는 전체로서의 100이 무엇인가를 구체적으로 설명하는 것이며 동시에 알타이어족 신화의 가장 중요한 구성체계를 모두 설명하는 것이다.

알타이어족의 신화에서 100이 45와 55의 합이라는 사실을 설명하며 동시에 45가 검은 칸 55가 흰 칸으로 이루어져 있다는 내용을 한눈에 설명한다.

이제 이 기록으로 천부경天符經이 구전口傳으로 전해졌다는 말이 곧 신화가 구전으로 전해지는 형태를 말하는 것이라는 사실과 그 대략의 형태가 무엇인지는 분명해진 것이다.

우리는 이로서 우리말 '온'으로 알타이어족들의 신화와 천부경天符經이 하나라는 사실을 확인할 수 있다.

알타이어족은 세계를 100이라는 수로 추상화하고 그것을 천부도天符圖로 그림으로서 세계를 100개의 특이성으로 추상화된 논리적 세계로 전환한 것이다. 그것은 다시 백분율로 표현되어 45와 55라는 수로 추상화되는 것이다. 그리고 이 논리적 세계는 언어로 기호화하고 그것은 다시 신화형식의 서사시로 다시 한번 전환된다. 추상화된 논리적 사유체계가 언어학과 문학적 정보로 바뀌는 절묘한 전환이 여기에 있는 것이다. 그리고 그 언어학과 문학적 정보는 구전口傳이라는 수단으로 그 정보가 전달되는 것이다.

만일 수론數論과 도형圖形으로 추상화된 논리의 세계가 언어로 기호화되고 서사시라는 문학의 세계로 전환되지 않았다면 그 정보는 생산되어 유통되거나 후세에 전달되지 못했을 것이다.

또한 그 정보가 인간에게 가장 강렬한 인상을 남기는 신의 세계로 표현되는 신화형태를 취하지 않았다면 역시 살아남기 어려웠을 것이다.

그리고 최종적으로 인류가 수렵채집 시대 이래 끊임없이 축적된 지식이 천부경天符經[33]이라는 경전으로 정리되어 사슴발자국 문자라는 녹도문자로 정리되었다는 것이다.

인간이 할 수 있는 최적의 수단을 통해 논리화된 한겨레의 철학은 활용과 유통을 위해 최적화된 정보로 가공되어 오늘날까지도 전해지고 있는 것이다.

그리고 우리 한겨레는 이 온이 설명하는 100에 담긴 그 무궁무진한 긍정성의 위력을 철학을 조직하여 '더불어 살기'라는 고귀한 철학이 상식으로 존재하는 사회를 창조한 것이다. 그 더불어 살기에 담긴 긍정성의 위력은 부정성의 위력이 만들어내는 모든 자기부정과 자기죽음의 상황을 생명의 활력으로 전환시키는 것이다.

---

33) 최동환해설 『천부경』 개정신판 지혜의 나무, 2000.

6

감과 밝 그리고 원기와 원체

알 타이어족들에게서 신화라는 형태로 최적화된 논리의 세계는 좀 더 자세하다. 100을 다시 45와 55로 구분하는데 45는 땅, 55는 하늘을 상징하며 이들은 다시 선과 악의 가치를 부여받는다. 이는 전체를 100으로 추상화하고 그 것을 다시 이원론의 세계로 구분하여 추상화한 것이다. 이와 같이 세계 전체를 이원론으로 구분하는 논리체계가 인류에 미친 영향은 지대한 것이다. 그리고 이 이원론의 세계의 전체를 100으로 보고 그것을 다시 45와 55로 나눈 방법은 오늘날까지 전해지는 이원론 중 가장 전체적이며 가장 정교한 논리적 이원론이다.

이 이원론에서 하늘과 땅은 서로 대립하면서 하나의 전체를 이루고 있다. 여기서 대립하는 양자를 감과 밝이라고 부른다.

감은 45이며 밝은 55이다. 이 말은 순수한 우리말이다. 감은 까맣다, 깜깜하다 등에서 사용되는 말로서 땅과 육체를 상징하는 개념이며, 밝은 밝다는 말로서 하늘과 마음을 상징하는 개념이다. 이 용어는 다른 말로는 감은 원체元體, 밝은 원기元氣라는 말로 설명할 수 있다. 원체元體란 말 그대로 체體를 이루는 모든 것의 근원이며 원기元氣란 기氣를 이루는 모든 것의 근원이라는 의미이다. 따라서 100=감+밝=원체+원기=45+55 라는 식을 얻을 수 있게 된다.

이는 대립하는 양자가 공존하는 차원을 뛰어넘어 창조적인 최적화를 의미한다. 다시 말해 생명체로서의 전체를 구성하는 것이다.

이와 같은 전체 개념은 중국대륙으로 전파되어 그곳에서는 긍정적인 개념의 수인 55는 상생오행으로, 부정적인 개념의 수 45는 상극오행으로 보다 자세하게 발전되어 나타난다.

이 전체 개념이 페르시아로 건너가서는 짜라투스트라교의 선악개념이 되어 나타난다. 여기서는 선이 악을 부정하고 제거함으로써 선으로서의 독점적인 세계가 열리는 전혀 다른 차원의 새로운 선악론으로서의 교리로 발전한다.

페르시아인들은 100이라는 전체의 개념을 새롭게 변형시킨 것이며, 그 내용은 동서양의 종교와 사상에 심대한 영향을 미치며, 그것은 다시 여러 가지 형태로 우리 한겨레공동체에 들어와 거꾸로 영향을 미쳐왔다. 음양오행과 짜라투스트라는 뒤에서 다시 다룬다.

2장

독선

독선獨善은 독선毒善이다. 남과 여, 자본가와 노동자, 보수와 진보, 제국과 비 제국들 등 어느 하나도 대립하지 않는 존재들은 없다. 우리 한겨레공동체의 경우 여기에 남북과 동서의 대립이 추가되어진다.

그 대립하는 양자 중에서 한 쪽을 참이요 선이요 미라고 하면, 그 순간 나머지 한 쪽은 거짓이요 악이요 추함이 된다. 이 논리가 적용되는 순간 하나의 전체는 둘로 나뉘어 대립과 갈등과 전쟁을 일으킨다. 이 같은 논리학, 윤리학, 미학으로 진선미眞善美가 논해지는 일은 지난 3천 년 이래 아직도 여전히 계속되고 있다. 이와 같은 상대적 방법론에서 진선미眞善美가 판별될 가능성이 조금이라도 있는 것일까?

우리는 이미 알타이어족들의 신화를 통해 세계는 선한 신 55위와 악한 신 45위가 영원히 대립하고 있다는 생각이 고대로부터 있었다는 사실을 알았다. 이 선한 신과 악한 신들의 영원한 대립이라는 신화의 구성에서 영원하다는 개념은 매우 중요하다. 왜냐하면 어느 한 쪽이 나머지 한 쪽을 부정하여 이른바 선이라고 주장하는 세력이 악으로 몰아 부친 세력과 싸워 악을 박멸해버리면 더 이상 영원한 대립이 성립하지 않게 되기 때문이다.

알타이어족의 신화에서 선한 신과 악한 신은 서로를 긍정하며 공존하는 개념이지 어느 한 쪽이 다른 한 쪽을 제거하고 박멸하여 통일을 이루는 개념은 결코 아니다. 전체를 이루는 두 개의 부분 중 어느 한 쪽이 자신이 정의고 선이라고 주장하고 다른 한쪽은 불의이며 악이라고 주장한다면 하나의 전체에서 해체된 두 개의 부분이 되고 만다. 한 사람의 마음이 몸을 부정하고 박멸하거나 몸이 마음을 부정하고 박멸한다면 그것은 곧 자살이외에 아무것도 아닌 것이다.

즉 55-45=10 또는 45-55=-10이 됨으로써 전체가 가진 힘 100에서 90이 사라지고 단지 10만이 남거나 마이너스 10이 남게 되는 것이

 자살도1(自殺圖1)

45-55=-10

> 검은 씨알 45개는 땅, 육체, 악을 상징하며 흰 씨알
> 55개는 하늘, 마음, 선을 상징한다.
> 땅, 육체, 마음이 각각 하늘, 마음, 선을 부정성의
> 위력으로 대하여 박멸하면 결국 45-55=-10이라는
> 자살의 등식이 나타나는 것이다.

다.

서로 맞부딪치는 힘은 창조력으로서 전체를 구성한다. 마음과 몸은
영원히 서로 분리되어 대립하지만 그 대립하는 상태가 곧 하나의 인간
을 조직하는 생명의 원리이다. 마음을 선이라 하고 몸을 악이라 하여
서로가 서로를 제거하거나 함께 제거하거나 영원히 대립만 한다면
그것은 상대적인 선악론이며 이는 생명의 해체이며 창조력의 파괴이
다.

상대적 선악론은 100이라는 전체를 10 또는 -10 이라는 해체된
조각만을 남기게 되는 결과를 가져오게 된다. 이것이 통합의 철학인
가? 통일의 철학인가? 화합의 철학인가? 생명의 철학인가? 우리는
그 철학을 자살의 철학이라고 불러야 하지 않을까?

사회학자 뒤르켕은 자살론을 제시했다는 점에서 이미 심상치 않은
부분을 들추어냈다. 자살은 인간만이 하는 것이기 때문이다. 그러나
그가 다룬 것은 주로 현상現象으로서의 개인적인 자살이다. 자살은
집단적 자살이 개인적 자살보다 더 일반적이다. 인류차원에서의 자살

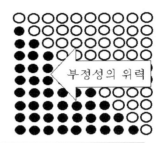

자살도2(自殺圖2)

55-45=10

부정성의 위력

> 흰 씨알 55개는 하늘, 마음, 선을 상징하며 검은 씨알
> 45개는 땅, 육체, 악을 상징한다.
> 하늘, 마음, 선이 땅, 육체, 마음을 각각 부정성의
> 위력으로 대하여 박멸하면 결국 55-45=10이라는
> 자살의 등식이 나타나는 것이다.

론, 인종차원에서의 자살론, 민족차원에서의 자살론, 사회차원에서의 자살론, 기업차원에서의 자살론, 가족차원에서의 자살론은 개인차원의 자살론과 비교가 안 될 정도로 광범위한 것이다. 개인적인 자살도 이러한 보다 더 큰 테두리 안에서 다루어질 때 비로소 현상現象이 아니라 그 현상을 지배하는 원리가 드러날 수 있는 것이다.

독선의 사유체계는 철학자 사드와 같이 스스로 악이 되어 악을 연구하지 않는 한 아무리 끔찍한 악인이라도 자신을 악으로 규정하고 상대를 선이라고 규정하는 경우는 절대로 없다. 독선의 사유체계에서 선이 아닌 자는 아무도 없다. 그런데 그 경우 만일 악으로 규정할 대상이 없으면 자신을 선이라고 주장할 방법을 어떻게 찾을 수 있을까?

독선의 사유체계에서 선은 악의 존재를 바탕으로 규정되는 것이지 선이 스스로 규정되는 경우를 찾기는 불가능할 것이다. 즉 이러한 사유체계에서는 상대방을 악으로 규정할 방법과 능력에 의하여 자신이 선이라는 사실이 자동적으로 규정되는 것이다. 이러한 사유체계에서 선이 폭력과 거짓과 사기와 신비주의로 뒷받침되지 않는다면 그것은 드문 경우일 것이다.

사물을 감촉할 수 있는 손은 정작 그 손을 감촉하지 못하듯 독선의 역사는 우리가 생각하는 것보다 광범위하고 깊은 것이되 우리는 그것을 거의 감촉하지 못하고 있는 것이다. 우리의 관심은 감촉에 있는 것이 아니라 감촉을 하는 손 그 자체이다.

따라서 우리는 현존하는 철학 그 자체에 대해 신뢰할 수 있다는 기대를 과감하게 버려야 한다. 그리고 기존의 철학자들이 주장하는 이론철학보다는 그 철학이 현실에서 실제로 적용된 역사적 사례들을 통해 철학의 실상을 파악하는 것이 철학의 본모습을 쉽고 근본적으로 이해하는 올바른 길이 되리라고 본다.

1

흑인에 대한 독선

철 학자 몽테스키외는 그의 저서 법의 정신에서 다음과 같은
글을 남기고 있다.

흑인을 노예로 부릴 권리를 옹호해야 한다면 나는 다음과 같이 말
할 것이다. 아메리카 원주민을 몰살시킨 유럽민족들은 그 광대한
땅을 개간하기 위해서 아프리카 사람들을 노예로 삼아야 했다. 설
탕의 원료가 되는 식물을 경작하는 데 노예를 사용하지 않으면 그
값이 엄청날 것이기 때문이다.
문제의 노예들은 머리부터 발끝까지 온통 검은 빛이고, 코는 문드
러질 대로 문드러져서 동정의 여지마저 없는 이들이다. 누구도 그
토록 지혜로우신 하느님께서 영혼을, 그것도 착한 영혼을 그런 시
꺼먼 육신에 넣어주셨으리라고는 생각할 수 없다.
피부색이 인류의 본질을 구성한다는 것은 너무도 당연한 생각이
다. 후손을 염려하여 거세를 서슴지 않는 아시아 사람들조차도 우
리 백인과는 관계를 갖지만 흑인과는 여전히 관계를 삼가고 있다.
머리카락의 색깔로 피부색을 판단하기도 한다. 이들을 인간이라고
가정하는 것조차 불가능하다. 이들을 인간이라고 가정하면 우리들
자신 또한 하느님의 자식이 아니라고 믿기 시작할 것이기 때문이
다.[34]

몽테스키외의 주장은 기상천외한 것이기에 혹시 프랑스식의 유머를 못 알아들은 것이 아닐까 하는 의구심을 갖게 한다. 그러나 아무리 다시 보아도 이것은 유머가 아니라 진지한 논증이다.

철학자 몽테스키외는 유럽인들이 아메리카 원주민을 몰살시킨 사실에 대하여 아무런 연민이나 가책도 느끼지 않는다. 마치 그들은 당연히 몰살되어야 할 일이 당연하게 나타났다는 식으로 아무렇지도 않게 언급한다.

몽테스키외는 피부색을 근거로 흑인은 논리학적으로는 거짓이며 윤리학적으로는 악惡이며 미학적으로는 추醜하다고 주장하고 있는 것이다. 그리고 부정성의 변증법에 의해 백인은 자동적으로 논리학적으로는 참眞이며 윤리학적으로는 선善이며 미학적으로는 미美가 된다. 따라서 진선미眞善美를 상징하는 주체로서의 백인은 거짓과 악과 추의 상징인 객체인 흑인을 부정성의 위력으로 대하여 박멸하고 흑인이 가진 모든 것을 빼앗을 권리가 백인에게 주어진다고 주장하고 있는 것이다. 스스로를 주인과 주체로서 진선미라고 주장하고 대립하는 또 다른 나를 거짓이요 악이요 추함이라고 주장하며 객체화하여 노예로 만들어 주인은 노예의 모든 것을 부정하고 박멸할 권리가 있다고 주장하는 것이 부정성의 변증법의 전형적인 모습이다.

몽테스키외의 논지에는 또한 신을 내세움으로써 흑인의 모든 권리를 박멸하고 있다. 생각해보면 그가 아무리 강심장이라도 이토록 논리라고 말하기도 부끄러운 억지논리에 신을 동원하지 않고서는 논리의 전개가 쉽지 않았을 것이다.

인류의 역사에서 철학이라는 이름과 철학의 방법론을 이처럼 철저하게 더럽히고, 철학이 이처럼 극악무도한 일을 부추기고 선동한 예가

---

34) 몽테스키외『법의 정신』유미영역 일신서적 1991, 291쪽.『흑인 노예와 노예상인』장 메이메 지현역 시공사 2002, 138쪽.

인종적자살도
人種的自殺圖

55-45=10

부정성의 위력

> 흰 씨알 55개는 하늘, 마음, 선을 상징하며
> 검은 씨알 45개는 땅, 육체, 악을 상징한다.
> 여기서 흰 씨알 55를 백인, 검은 씨알 45를 흑인이라고
> 보면 백인은 흑인을 부정성의 위력으로 대할 수 있다.
> 즉, 흑인을 노예로 삼아 짐승처럼 부려먹고 모든 것을
> 강탈하고 착취할 수 있다.

물론 몽테스키외만 있는 것은 결코 아니다. 이러한 일이 철학사에서는 매우 흔한 일이다.

아프리카의 흑인들은 1200만에서 1500만 명 정도가 강제이주 되었다.[35] 그리고 아메리카에서 4000만 명이나 되는 흑인의 목숨을 앗아갔다.[36]

가나의 아치모타 대학의 훼지 교수는 아프리카에서 끌려간 노예의 수를 세기별로 계산된 통계를 통해 보다 자세한 사정을 말해준다. 즉

16세기 90만 명, 17세기 275만 명, 18세기 400만 명, 19세기 700만 명 계 1465만명[37]

---

35) 장 메이메 『흑인 노예와 노예상인』 지현역 시공사 2002, 21쪽.
36) 하워드 진 『오만한 제국』 이아정역 당대 2001, 11쪽.
37) 와다히끼 히로시 『세계역사의 큰 줄기 작은 줄기』 이희건/이선아역 가서원 1994, 137쪽.

이라는 것이다. 인류사에서 노골적인 무지와 탐욕으로 인해 이처럼 거대한 규모의 비극이 일어난 일이 드문 것은 아니다. 그것은 역사의 일상사이다. 이 흑인의 비극은 사실상 이 수치보다 더 엄청나다는 것은 생각하기는 어렵지 않다. 노예로 끌려간 흑인들은 모두 한창 나이의 젊은이들이기 때문이다. 미국의 흑인 사상가 듀보이스는 이렇게 말한다.

> 유입된 노예 5명 중 평균 한 명의 니그로가 행해 도중 또는 아프리카에서 죽은 것으로 보인다. 즉 노예무역에서 적어도 6천만 명의 니그로가 고향에서 사라졌다고 보아야 할 것이다.[38]

이 비극은 무지의 사촌이라고 할 탐욕에서 일어난 것이다. 몽테스키외는 설탕의 원료가 되는 식물을 경작하는 데 노예를 사용하지 않으면 그 값이 엄청날 것이기 때문이라고 주장한다.

설탕의 가격이 비싸지는 것보다는 흑인을 노예로 부려먹어 싼 가격의 설탕을 살 수 있는 것이 얼마나 좋은 일인가라는 감탄이 그의 글에는 숨어 있다. 커피, 담배, 설탕! 노예무역은 유럽인들이 이 불요불급한 기호품들에 대한 탐욕에서 일어난 것이라면 믿을 수 있겠는가? 유럽인들이 이 기호품을 갖기 위한 욕망 때문에 아프리카 대륙의 젊은이들은 씨가 말라버렸다. 그리고 이 젊은이들을 노예로 죽는 날까지 짐승처럼 부려먹을 땅인 아메리카 대륙의 주인인 인디언들은 거의 전멸에 가까운 치명적인 타격을 입었다. 결과적으로 미국과 유럽인들의 자본은 이들의 땅과 노동력을 약탈하여 축적된 것이라는 사실에 이의를 제기할 사람이 있을까? 우리나라의 속어에 '너 죽고, 나 살자!'는 말이 있다. 그 말은 우리나라에서는 주로 농담으로 쓰이지만 백인

---

38) 와다히끼 히로시『세계역사의 큰 줄기 작은 줄기』이희건/이선아역 가서원 1994, 137쪽.

들에게는 농담이 아니라 진지한 철학원리였던 것이다.

여기에서 우리는 가장 근본적인 부정성의 원리와 일체 대상의 박멸의 의지를 읽어낼 수 있다. 그것은 인종간의 부정성의 법칙과 그 박멸의 법칙이다.

흑인노예를 도매하던 17~19세기의 노예도매상들과 노예감독관들은 난폭하고 잔인한 자들이라는 속설과는 다르게 선량한 중산층이었다. 그들은 점잖은 신사들이었고 성실한 남편이었고 훌륭한 아버지였다. 그들은 양심의 가책을 전혀 받지 않았다. 심지어는 노예제도가 흑인들을 그들의 고장에서 겪어야만 했을 견딜 수 없는 굴종과 학살로부터 구제했으며 그들로 하여금 보다 나은 삶을 누릴 수 있도록 했다고 단언했다.[39] 탐욕스러운 자들의 단순함과 무지는 대단히 유용한 무기였던 것이다.

그리고 상품인 흑인노예를 한명이라도 더 배에 실기 위해 콩나물시루가 되어야 했던 항해에서 지옥같이 끔찍한 노예선에서 고통 속에 죽어간 흑인은 무려 150만에서 200만 명에 달했다.[40] 노예선 선장은 품위 있는 선장실에서 항해일지를 쓰며 신의 이름으로 항해를 시작했지만 그의 배의 밑창은 인류 역사상 가장 악독한 악마에 의해 지배되었다. 무려 열명 중 한명 이상이 이 지옥에서 상상할 수 없는 끔찍한 고통을 겪다가 죽어간 것이다. 그리고 대서양의 검은 바다에 아무 죄 없이 납치되어 아무 죄 없이 고통 받다 죽어간 그들을 못 쓰는 쓰레기 짐짝 버리듯 던져버렸을 것이다.

동서고금을 통해 인간의 상상력이 만들어낸 가장 무서운 지옥이라 해도 이 노예선의 밑창보다 더 끔찍한 지옥이지는 못했다는 사실에 대해 이의를 제기할 사람이 있을까? 노예선은 선과 악 그리고 천당과

---

39) 장 메이메 『흑인 노예와 노예상인』 지현역 시공사 2002, 21쪽.
40) 위의 책 57쪽.

지옥이라는 이분법과 부정성의 철학이 원리가 아니라 현실에서 적나라하게 드러나 있는 실제현장이었다. 세계사에서 내가 선이며 나에게 대립되는 너는 악이라는 선악이분법이 만들어내는 '너 죽고, 나 살자!'는 철학의 원리가 이처럼 더 적나라하게 드러나는 곳은 노예선 뿐이 아니다. 그것은 매우 흔한 일이다.

노예선의 백인 선장과 선원은 당연하게도 참眞이며 선善이며 미美이다. 그들이 납치해서 끌고 가는 흑인노예들은 당연하게도 거짓이며 악이며 추함인 것이다. 진선미는 거짓과 악과 추함을 이겨야 하고 그들을 지옥에 가둘 권리가 당연히 있는 것이었다. 그리고 주체인 백인들은 그 지옥 속에서 고통 끝에 죽어간 객체인 흑인들을 아무렇지도 않게 대서양의 검푸른 바다에 내던져버릴 권리도 있는 것이다.

그 백인 선장과 선원이 진선미인 이유가 비록 백인에게는 총이 있었고 흑인노예는 쇠사슬로 묶여 있기 때문이라는 단순한 것에 불과하지만, 그 단순한 원리가 그 같은 천국과 지옥을 만들어내어 운영하지 말라는 법은 적어도 인류가 지난 삼천 년간 엮어온 세계사에서는 없는 것이다.

힘이 있는 자가 진선미이며 힘이 있는 자에게 묶여 있는 힘없는 자는 거짓이며 악이며 추함인 것이다. 그 보다 더 결정적인 이유가 있을 수 있는가? 아니 그 이외에 다른 이유가 조금이라도 있는가?

그 공포의 지옥은 그들이 일하던 농장 또한 마찬가지였다. 질병, 과로, 학대, 전염병, 자살 등으로 흑인들은 죽어갔다. 흑인 부모들은 이 세상 무엇과도 바꿀 수 없는 귀한 자식들이 백인들에 의해 마치 소나 말처럼 부려지고 또 남에게 팔리는 것을 보고 가슴이 찢어지는 것을 감당해내어야 했다. 또한 그들의 자식들도 자신처럼 일생을 멸시와 고통 속에서 살아가야 한다는 사실에 늘 자신들의 비참하기 이를 데 없는 신세를 한탄했다.

미국영화 만딩고는 만딩고족 출신의 흑인 노예가 미국 남부에서 겪은 비극적인 일을 다루고 있다. 그러나 모로코의 대여행사 이븐 바투타(1304~1368)가 만딩고족이 세운 수단 서쪽의 말리왕국에 대하여 기록한 내용 중 일부를 보면 이러하다.

1. 이 사람들은 부정행위를 거의 하지 않는데 그 이유는 니그로 인은 특히 부정행위를 싫어하기 때문이다. 술탄(왕)은 부정을 범한 사람은 어떠한 자라도 용서하지 않는다.

2. 모든 이들은 안심하고 생활하며 조금도 불안이 없다. 여행자는 자기 집에서 머물고 있는 듯 편안하게 즐길 수 있으며 비적, 도둑, 폭력배들을 걱정할 필요가 없다.

3. 흑인들은 이 나라에서 죽는 백인(북아프리카 인을 말함)의 재산이 아무리 엄청나더라도 빼앗는 일이 없다. 오히려 그 재산을 백인들 중에서 신뢰할 수 있는 이에게 위탁하여 소유권자가 나타날 때까지 맡아두도록 한다.[41]

이 기록은 흑인 즉 니그로에 대한 그동안의 왜곡된 인식을 바로잡아 준다. 몽테스키외의 주장이 얼마나 허구인가를 잘 보여주는 자료인 것이다. 철학자 몽테스키외의 논리에서 노골적으로 뒤틀려 나타나 있는 것은 백인과 흑인이 같은 인간이라는 사실이다. 따라서 인간이 인간을 부정하고 박멸한 것을 우리는 무어라 불러야 하는가 하는 점이다. '너 죽고, 나 살자!'는 철학원리를 무어라고 불러야 하는가 하는 점이다. 그것은 인류의 차원에서 자살의 논리라고 말해 마땅하지 않은가?

아무 죄 없는 흑인들에 대해 백인들이 단지 힘이 강하다는 이유만으

---

41) 와다히끼 히로시 『세계역사의 큰 줄기 작은 줄기』 이희건/이선아역 가서원 1994, 134쪽.

로 극악무도한 행위를 한 사례는 이뿐만이 아니다. 사회학자 프랜시스 후쿠야마는 미국의 노예제도가 흑인들이 스스로 공동체를 운영할 능력을 빼앗아 감으로써 흑인들이 자립할 가장 중요한 기반을 파괴했다고 주장한다.

> 미국의 노예제는 흑인의 개인적 존엄성만 박탈한 것이 아니라 협동행위를 어렵게 만듦으로서 사회적 응집력마저 박탈한 것이다. 북미 노예제도는 검약, 금전관리, 기업심 따위의 동기를 키워주지 못했다. 서인도제도의 영국노예제는 비록 극도로 가혹하기는 했지만, 미국의 경우에 비해 훨씬 많은 아프리카 토속문화를 그대로 남겨두었고 기존사회집단을 원자화하지 못했다[42]

미국의 노예제도는 흑인들이 가지고 있는 미래에 대한 가능성마저도 부정하고 박멸해버린 것이다. 따라서 백인은 여전히 힘이 있고 흑인은 여전히 힘이 없는 것이다. 그래서 백인은 여전히 선이고 흑인은 여전히 악이다.

19세기의 철학자 푸르동은 노예제도를 개인차원에서 다음과 같이 말하고 있다.

> 만일 내가 '노예제란 무엇인가?'라는 물음에 답해야만 한다면, 그래서 내가 한마디로 '그것은 살인이다'라고 답한다면 나의 생각은 당장에 이해될 것이다. 인간에게서 사상, 의지, 그리고 인성을 빼앗을 수 있는 권력은 곧 생사여탈의 권력이며, 한 인간을 노예로 만드는 것은 그를 살해하는 것과 다름없다는 사실을 보여주기 위해 굳이 군말이 필요 없을 것이다.[43]

---

42) 프랜시스 후쿠야마 『트러스트』 구승희역 2001, 391쪽.
43) 피에르 조제프 푸르동 『소유란 무엇인가』 이용재역 아카넷 2003, 31쪽.

프루동이 말한 노예제는 살인이라는 주장은 개인적 차원에서 우리의 속어인 '너 죽고, 나 살자!'는 말과 그 개념이 같다. 그런데 '너 죽고, 나 살자!'는 말에 담긴 개념은 한사람의 노예를 두고 생각할 때는 살인이지만 노예제도라는 집단적이며 인류차원, 인간차원의 문제일 때는 그 공동체가 발휘할 수 있는 생명력을 말살하는 집단학살 행위가 되는 것이다. 이것을 인류차원의 자살행위라고 부르지 않을 수 있겠는가?

황화론黃禍論? 이미 홍인종과 흑인종에게 종말론이 무엇인가를 보여준 백인들이 황인종이 백인종에게 화가 될 것이라는 황화론黃禍論을 논하고 있는 것이다. 황화론? 세계사에서 이런 유머도 없다면 그건 너무 지루한 책이 될 것이다.

2

아메리카 원주민에 대한 독선

오늘날 피쿼트 족은 어디에 있는가? 내러갠싯 족, 모히칸 족, 포카노켓 족, 그 밖에도 수없이 많던 강대한 부족들은 모두 어디로 갔는가? 여름의 태양을 만난 눈처럼 그들은 모두 백인의 억압과 탐욕 앞에서 사라져 갔다.

그러면 이번엔 우리 차례인가? 위대한 정령The Great Spirit이 주신 정든 땅과 집 그리고 조상의 무덤을 그냥 포기해야 할 것인가? 싸워보지도 않고서 소중하고 성스러운 것들을 포기하고 몰살당해야 하겠는가? 여러분들도 나와 똑같이 외치리라. "절대로, 절대로 안 된다."[44]

- 소니 족의 테쿰세

소니 족의 테쿰세의 절규에도 불구하고 오늘날 소니 족이라는 이름을 찾기는 어렵다. 아메리카 원주민인 인디언들에 비하면 흑인들의 처지는 비교적 나은 것이었다고 말한다면 흑인들은 화를 낼지도 모른다. 그러나 그것은 사실이다. 흑인들은 그래도 상당한 규모로 살아남았지만 인디언들은 몽테스키외가 아무렇지도 않게 말한 것처럼 거의 다 몰살을 당했다.

---

44) 디 브라운 『나를 운디드니에 묻어다오』 최준석역 나무심는 사람 2003, 15쪽.

백인들은 흑인에게 했던 것보다 훨씬 더 잔혹하게 인디언들을 부정성의 위력으로 대했으며 그들에게 박멸의 의지를 현실에서 보여주었다. 인디언들이 가지고 있던 모든 인간적인 권리와 재산과 문명과 문화는 완전히 부정되었고 그것은 거의 완전히 박멸되었다. 아예 인종 자체가 거의 다 말살되어 그 예전의 모습은 어디에도 남아 있지 않게 된 것이다.

중앙아메리카의 유카탄반도에 존재했었던 마야와 아즈텍 문명은 같은 시대의 유럽과 비교해 조금도 뒤떨어지지 않던 도시 규모와 높은 수준의 문명을 가지고 있었다. 그런데 그들이 보존해온 수많은 기록문서가 디에고 데 란다에 의해 깡그리 불태워져 버렸다. 그리고 그는 유카탄 사물기라는 책에 마야와 아즈텍의 사회적 습관과 역법과 풍습을 적어놓았다.

> 란다는 1524년에 스페인에서 태어나, 스페인이 멕시코를 정복한 후인 1549년에 유카탄지방의 이사마르수도원에 부임해온 프란시스코파의 수도사였다. 제임 중 란다는 그 고장 인디오의 개종에 미친 듯 정열을 쏟았으며, 마야의 기록문서들을 사교邪教의 책이라 규정하고 모조리 태워버리는 폭거를 행했다. 그러한 반면 란다는 마야인의 사회적 습관이나 풍습과 역법曆法등에 관심을 기울여, 인디오에게 들은 이야기들을 기초로 유카탄 사물기를 집필하기 시작했던 것이다. 이것은 1566년의 일이다.[45]

아메리카대륙의 원주민들의 찬란한 문명이 디에고 데 란다 과 같은 사람들의 철저한 부정정의 위력과 박멸의 의지에 의해 사라진 것이다. 그런데 오늘날 마야문명을 이해하려면 바로 이 마야문명의 대표적

---

[45] 『잃어버린 세계로의 여행 미래의 유산』 NHK취재반 변봉혁역 노벨문화사 1976, 215쪽.

인 파괴자인 디에고 데 란다가 지은 유카탄 사물기를 보아야 한다. 디에고 데 란다가 인디오문명에 대해 저지른 부정성의 위력과 비교하여 조금도 뒤지지 않는 일이 우리의 역사에도 있었음[46]을 생각할 때 참으로 애석한 일이 벌어진 것이다.

디에고 란다의 유카탄사물기와 삼국유사와 삼국사기는 비교할 대상은 아니지만 이 두 권의 책에 대해 신채호 선생은 매우 신랄한 비판[47]을 한다.

천부경, 삼일신고, 366사와 한단고기[48] 등의 한겨레 고유의 경전

---

46) 당나라 장수 이적李勣(3269:서기 668)이 고구려가 멸망한 뒤 평양에 들어와서 전국에 있는 책을 평양에 모아 모두 불태워버렸다. 4243(1910)년에 왜제(倭帝:日帝)가 우리를 침략하자, 귀중한 한국 역사책 51가지 20여 만 권을 불태워버렸다(안호상 「배달겨레의 정통적 윤리사상」 69쪽, 『한국인의 윤리사상』 율곡사상연구원 1992)

47) 신채호 선생은
"역사를 지어 자기의 편벽된 신앙의 주관적 심리에 부합시키려 하며, 심한 경우에는 사람까지 속여 신라의 금왕金王을 인도의 찰제리종(刹帝利種:왕족)이라고 하며(三國遺事), 고구려의 추모왕鄒牟王을 고신씨(高辛氏:五帝의 한사람)의 후손이라고 하며(三國史記), 게다가 조선 전 민족을 중국 진秦·한韓의 유민이라(東國通鑑,三國史記등), 혹은 한인韓人이동으로 온 것이라 하였다."(신채호『조선상고사』일신서적출판 1998, 11쪽.) 라고 하여 불교와 유교의 편벽된 신앙의 주관적 심리가 삼국유사와 삼국사기라는 역사서에 적용되어 역사를 어지럽힌 일에 대해 분노하고 있다.
또한 삼국유사와 삼국사기는 우리 한겨레의 정신과 역사를 은폐하고 대신 불교와 유교의 정신으로 우리의 역사를 각색하였다는 사실에 대해 신채호 선생은 이렇게 고발한다.
"무극無亟 일연一然 등 불자佛子가 지은 역사책(三國遺事)에는 불법이 단 한 글자도 들어오지 않은 왕검시대에서부터 인도의 범어梵語로 만든 지명·인명이 가득하며, 김부식 등 유가가 적은 문자(三國史記)에는 공자·맹자의 인의를 무시하는 삼국三國 무사의 입에서 경전經典의 문구가 관용어처럼 외워지고…".(신채호『조선상고사』일신서적출판 1998, 11쪽.)

48) 한단고기桓檀古記는 환단고기라고도 말한다. "환단고기는 우리 나라에서 만이 아니라 일본 학자들에게도 많이 쓰여졌으며, 또 우리 배달겨레의 역사만이 아니라, 한걸음 더 나아가 동아 여러 나라들의 역사에서도 중요하다는 것을 현재 일본학자들도 주장하고 있다. 일본학자 녹도승(鹿島昇)이 이 환단고기를 4313(서기 1980)년에 일본말로 번역해서, 일본에서 이름난 인사 5백여명의 추천을 얻어서 펴냈다. 그 가운데 오향청언五鄕淸彦이라는 학자는 일본잡지 역사와 현대라는 월간잡지 4313(1980)년 8월호에 14쪽이나

과 한겨레의 정신으로 본 한겨레의 역사서가 출현하기 전까지는 고조선과 우리의 고유한 정신에 대해 알기 위해서는 이들 두 역사서에 의지하지 않을 수 없었기 때문이다.

징기스칸의 몽골군대가 서방역사에서 잔인함으로 악명을 떨쳤다고는 하지만 몽골군대는 협조하거나 항복하는 자에게는 관대하였고 그들의 재산과 종교를 거의 완전히 보존해주었다.

하지만 유럽인들은 인디언들의 모든 것을 파괴하고 모든 것을 빼앗았고 또한 정신적인 영역마저도 철저하게 부정하고 박멸하였다. 아무리 유능한 역사가도 이런 참혹한 일과 비교할 다른 예를 인류역사에서 찾아내지는 못할 것이다.

인디언들은 아메리카에 처음 발을 디딘 백인인 콜럼버스조차도 그들이 얼마나 훌륭한 문화를 가지고 있었던 민족인가를 말하고 있는 기록을 남기고 있다. 콜럼버스는 스페인 왕에게 다음과 같은 서한을 보내고 있다.

> 이들은 아주 평화롭고 유순해서, 전하에게 맹세하오니 세상에서 이보다 나은 백성은 없을 것입니다. 이들은 이웃을 제 몸과 같이 사랑하며, 말은 부드럽고 상냥할 뿐 아니라 언제나 미소를 짓고 있습니다. 벌거벗고 있기는 하지만 이들의 태도는 예절바르고 훌륭합니다.[49]

긴 논문으로 이 번역책을 소개하였는데, 그 가운데 몇 가지 말을 옮겨서 보기로 하자. 오향청언은 자기의 소개글 제목을 '아세아의 비사秘史인 지보至寶 환단고기'라고 소개하고 대략 다음과 같은 글을 썼다. 삼국사기는 관선사官選史같고 삼국유사는 중 일연이 지은 것으로서, 불교빛깔이 강하다. 그러나 환단고기 책안에 있는 3성기三聖記, 단군세기檀君世紀, 북부여기, 신불본기, 가엽원부여기 등은 조선 고대의 비록이요, 또한 일한(日, 韓) 두 민족의 지보至寶로서 두 민족의 자랑할 만한 귀중한 문헌인 것을 이 번역책을 보아 잘 알 수 있다."(안호상 「배달겨레의 정통적 윤리사상」 69쪽, 『한국인의 윤리사상』 율곡사상연구원 1992, 70쪽)

49) 디 브라운 『나를 운디드니에 묻어다오』 최준석역 나무심는 사람 2003, 16

콜럼버스가 남긴 기록은 마치 고대 지나인들이 우리의 조상들을 군자의 나라라고 존경하던 기록과 너무나 흡사하여 놀라게 한다. 그들은 고구려의 무사들보다 어쩌면 더 화려한 깃털 모자를 썼다는 사실도 흥미롭다.

그러나 콜럼버스가 산살바도르 해안에 발을 들여 놓은 지 10년이 못되어 모든 부족 수십만 명이 몰살을 당했다.[50] 콜럼버스의 발은 부정성의 위력과 박멸의 의지의 살아 있는 상징이었던 것이다.

마치 땅 위의 천국에서 사는 것과 같았던 그 훌륭한 인품과 문화를 가지고 있던 아메리카원주민들은 그들의 땅에서 종말을 맞은 것이다.

> 콜럼버스의 정복과 지배가 얼마나 가혹한 것이었는지는 그가 이곳을 통치하고 있던 1493년에서 1496년까지 3년간 300~400만으로 추정되는 에스파뇰라 섬 주민의 3분의 2가 생명을 잃었다는 사실에서 여실히 들어난다. 섬의 인구는 1509년 4만 명, 1511~1512년에 2만명, 1514년에는 1만3천~1만4천 명으로 줄었다. 그리고 1518~1519년에는 겨우 천 명의 인디오가 살아남았을 뿐이다.[51]

이 일은 단지 전체 아메리카 대륙에서 벌어질 종말론에 대한 예행연습에 불과했다. 남북 아메리카의 대륙에서 얼마나 많은 인디언들이 백인들에 의해 죽었는지는 기록조차 남지 않았다. 그들이 죽어간 모습의 일부 기록이 다음과 같이 남아 있다.

1871년 4월 말 인디언과의 싸움이라면 이골이 난 투산시의 윌리엄 우리라는 자가 무기를 들지 않은 아라바이파 족을 몰살시키려고 습격대를 조직했다. 그들의 학살 후의 현장에 대한 증언은 이렇다.

쪽.
50) 위의 책 17쪽.
51) 와다히끼 히로시 『세계역사의 큰 줄기 작은 줄기』 이희건/이선아역 가서원 1994, 231쪽.

많은 부녀자들이 그날 아침 모아 놓았던 건초 더미 곁에서 잠자다가 사살된 것을 알 수 있었다. 도망가지 못한 부상자들은 곤봉이나 돌에 머리를 맞아 박살이 났고 어떤 사람은 총에 맞은 뒤 온 몸에 화살이 꽂힌 채 죽어 있었다. 시체는 모두 하나같이 발가벗겨져 있었다. 두 명의 여인은 난행 단한 흔적이 역력했는데 누워있는 자세나 성기나 상처의 모습으로 보아 먼저 겁탈을 당하고 사살된 것이 틀림없었다. 생후 열 달 정도 되어 보이는 갓난아이는 총을 두 방이나 맞았고 한 쪽 다리는 난자되어 거의 떨어져 나가다시피 했다.[52]

부녀자들이 아침에 일어나 건초더미를 모아놓을 때만 해도 그들은 자신의 가족들에게 식사를 지어주며 하루를 지낼 여러 가지 이야기를 나눌 행복한 생각을 하고 있었을 것이다. 부녀자들이 갖는 그 아기자기하고 오손도손한 생각은 동서고금에 있어 무슨 차이가 있을까? 그러나 한순간 이 모든 소박한 기대는 사라지고 자신들이 가지고 있는 인간으로서의 모든 것이 갑자기 달려든 야수들에 의해 부정성의 위력으로 대해지고 박멸되었다. 그 이유는 단순하다. 백인의 입장에서 백인은 참이며 선이며 미였고, 인디언은 거짓이고 악이며 추함이었기 때문이다.

이 사건의 당사자였던 한 인디언은 이 사건에 대해 이렇게 증언했다. '처자식이 내 눈앞에서 죽어 갔소. 그런데 나는 손가락 하나 까딱할 수조차 없었소. 다른 인디언들이 내 처지였다면 칼로 목을 찌르고 자살했을 것이요.'[53] 우리들 중 그 누구도 이 세상에서 가장 불행했던 남편이며 아버지였던 이 인디언의 처절한 마음을 이해할 수 없을 것이

---

52) 디 브라운『나를 운디드니에 묻어다오』최준석역 나무심는 사람 2003, 334쪽.
53) 디 브라운『나를 운디드니에 묻어다오』최준석역 나무심는 사람 2003, 334쪽.

다.

아메리카 대륙의 구석구석에서 일어났던 무서운 부정성의 위력과 일체 대상에 대한 박멸의 의지를 이해하는 일에 이 사건 하나만으로도 족하지 않을까? 다른 모든 사건은 바로 이와 같은 사건의 연쇄에 불과한 것이라고 단정하지 않을 이유를 남북 아메리카 대륙의 역사에서 조금도 발견하지 못하였다.

지난 날 콜럼버스의 친구였던 도미니크 회 신부인 바르톨로메 데 라스 카사스는 콜럼버스의 파괴적인 행위를 상세하게 기록하여 1541년 스페인의 국왕 카를로스 1세에게 보고서를 제출하여 잔학한 인디오 정복을 중지할 것을 호소하였다. 우리는 이러한 훌륭한 인물들에 의해 다음과 같은 진실을 알게 되는 것이다.

폭압적이며 극악무도한 소행탓에 남녀, 어린이 모두 합쳐 1,200만 명 이상이 잔학하고 비도덕적으로 살해당했다는 것은 분명한 사실이다. 그뿐만 아니라 1,500만 이상의 인디오가 희생되었다고 하더라도 그것이 진정 거짓이 아니라고 생각한다. (그 주요수법 중의) 하나는 부정하고 잔혹하며 피비린내 나는 폭압적인 전쟁에 의한 것이다. 또 어떻게 해서든 신체의 자유를 되찾으려는 영주나 용감한 남성들을 전부 살해하고 살아남은 사람들을 노예로 부려 지난 날의 인간을 짐승보다 못한, 더할 수 없이 가혹하여 끔찍스러울 정도로 견딜 수 없는 상태로 몰아넣어 탄압하는 방법이다.[54]

---

54) 와다히끼 히로시『세계역사의 큰 줄기 작은 줄기』이희건/이선아역 가서원 1994, 233쪽.

3

여성에 대한 독선

새디스트라는 말의 유래가 된 철학자 사드후작은 남성이 여성을 부정성의 위력으로 박멸하는 이론체계에 대해 이렇게 설명했다.

> 너의 머리를 뜨겁게 하는 욕망의 생각, 즉 죽을 자를 고문하는 것을 끝없이 연장하겠다는 생각은 많은 자를 죽이는 것으로 채울 수 있다. 한사람만을 장기간에 걸쳐 죽이지 말라. 그것은 불가능하다. 그 대신 쉽게 할 수 있는 일은 정말 많은 여자들을 죽이는 것이다.[55]

마녀사냥! 그것은 인간이 인간에게 가한 가장 큰 규모의 부정성의 위력과 박멸의 의지의 기록 중 하나이다. 그리고 남성이 여성에게 가한 가장 큰 규모의 부정성의 위력과 박멸의 의지의 기록이다. 이것은 아프리카 흑인의 노예화와 아메리카 인디언에 대한 학살과 유태인에 대한 학살과는 그 성격이 다른 학살이다. 그러나 물론 이들에게 적용된 원리는 단 하나이다.

마녀사냥은 같은 문명권 안에서 같은 인종끼리, 같은 민족끼리, 같은 이웃끼리, 한 지붕 아래 살아온 남성이 여성에게 대한 부정성의

---

55) 뤼디거 자프란스키 『악 또는 자유의 드라마』 곽정연역 2002, 236쪽.

성적자살도
性的自殺圖

55-45=10

부정성의 위력

> 흰 씨알 55개는 하늘, 마음, 선을 상징하며 또한
> 남성을 상징한다. 검은 씨알 45개는 땅, 육체, 악
> 그리고 여성을 상징한다.
> 여기서 흰 씨알 55가 상징하는 남성이 스스로를
> 선으로 보고 검은 씨알 45를 상징하는 여성을 악으로
> 본다면 여성을 노예로 삼아 짐승처럼 부려먹고 모든
> 것을 강탈하고 착취할 수 있다. 심지어는 화형을 시킬
> 수도 있다.

위력이며 박멸의 의지로서의 학대와 학살이다.

그러나 희생된 그 많은 희생자중 빗자루를 타고 하늘을 날며 악마와 계약을 하거나 성교를 했던 마녀가 단 한명이라도 있었을까? 그것은 흑인과 인디언들 중 몽테스키외가 설정하는 거짓과 악과 추함의 테두리에 속한 사람이 단 한사람도 없는 것과 마찬가지이다.

경우는 달라도 이 모든 일에는 하나의 법칙이 작용하고 있다. 그것은 강한 자가 진선미이며 약한 자가 거짓과 악과 추함이라는 것이다. 따라서 강한 자는 약한 자를 부정하고 박멸할 권리가 있다는 것이다. 마녀사냥의 경우 강한 자는 남성이요 약한 자는 여성이다. 따라서 여성은 당연하게 부정되고 박멸된다. 이러한 논리학, 윤리학, 미학은 그다지 놀랍지도 않다. 단지 '너 죽고, 나 살자!'는 철학원리에서 '너'가 흑인과 인디언에서 여성으로 바뀐 것이며, '나'가 백인에서 백인남성으로 다소 세분화된 것에 불과하다.

1) 베이컨과 여성에 대한 독선

철학자와 종교인은 다른 일에도 그러했듯이 마녀사냥에도 깊숙이 개입한다. 마녀사냥의 경우 데카르트와 함께 근대 서양정신의 모체를 이루는 프랜시스 베이컨이 바로 그 장본인이다.

> 마녀사냥 왕인 스코틀랜드의 제임스 6세가 잉글랜드 왕을 겸한 다음 해인 1604년에 제정한 마녀사냥 강화령은 그 이전(1563년 및 1580년)의 엘리자베스 여왕의 마녀 사냥령을 한층 엄격하게 한 것이고, 1763년에 폐지되기까지 잉글랜드와 식민지 아메리카의 마녀사냥을 한층 더 격화시키는 토대가 되었다. 이 법령의 입안에는 유명한 법학자 에드워드 코크 검찰총장을 비롯하여 당대의 일류명사가 참여하였고, 무엇보다도 프랜시스 베이컨이 제임스 6세의 측근이자 이 법령을 통과시킨 국회의 일원이기도 했던 것이다.[56]

프랜시스 베이컨은 행동하는 철학자로서 그리고 국회의 일원의 자격으로 마녀사냥 강화령을 통과시킨 장본인이라는 고발이다. 이 일은 몽테스키외가 흑인을 노예화할 수 있다는 논증보다 더 충격적인 것이다.

서구 과학정신의 태두라고 할 수 있으며 서양철학사에서 빛나는 가장 큰 별 중 하나이며 당대 제일의 철학자가 마녀사냥을 인정하는 것을 넘어 그 마녀사냥을 강화하는 일을 국회에 통과시킨 바로 그 장본인이라는 사실을 어떻게 받아들여야 하는가? 이 법령에 의하여 잉글랜드와 식민지 아메리카의 마녀사냥을 한층 더 격화시키는 토대가 되었다는 것이다.

우리는 다른 모든 학문의 근본이 되는 철학 그 자체에 대해 다른

---

56) 오리시마 쓰네오 『마녀사냥』 조성숙역 현민시스템 1998, 174쪽.

그 무엇보다도 더 깊은 의심과 회의의 눈으로 살펴보지 않을 수 없는 것이다.

카프라는 베이컨에 대하여 날카로운 통찰력으로 비판한다. 카프라는 다음과 같이 베이컨에 대해 개탄하고 있다.

> 양육하는 모성으로서의 고대의 대지관은 베이컨의 저서에서 근본적으로 변형되었으며, 과학혁명이 진행됨에 따라 유기체적 자연관은 기계론적 자연관으로 대체되어 완전히 소멸하고 말았다.[57]

이 말은 동서양에서 전통적으로 대지를 어머니로 생각해왔지만 베이컨에서부터 그 어머니로서의 대지가 마음대로 찢어발기고 정복할 수 있는 대상으로 변질되기 시작했다는 것이다.

그리고 그 기계론적 자연관은 17세기 초기의 마녀재판을 통한 여성고문의 유행현상을 강력하게 시사하고 있으며 베이컨의 업적은 과학사에 미친 부계사회의 태도에 현저한 영향의 하나의 예가 된다[58]는 것이다. 즉 어머니로서의 대지를 찢어버릴 수 있는 철학이라면 남성이 여성을 마음대로 고문하고 불태워 죽이고 그녀들의 재산을 빼앗는 일에 망서려야 할 이유가 없는 것이다. 즉 그들에게 55-45=10은 철학이며 진리인 것이다.

여기서 우리는 데카르트와 함께 현대과학의 모체를 형성하는 철학적 근거를 제공했던 베이컨의 철학과 마녀재판과의 관련 및 현대과학과 마녀재판의 연관성이 있다는 카프라의 주장이 사실로 감지되는 것이다. 카프라는 이렇게 말한다.

---

57) 프리초프 카프라『새로운 과학과 문명의 전환』이성범역 범양사 1993, 53쪽.
58) 위의 책 53쪽.

'베이컨 정신'은 과학적 추구의 성질과 목적을 심대하게 변화시켰다. 고대로부터 과학의 목표는 자연 질서를 이해하고 자연과의 조화로운 생활을 영위하는 지혜를 만드는 것이었다. 과학은 '신의 영광을 위하여' 추구되었으며 또는 중국인들이 말한 것처럼 '자연 질서를 따르고' '도道의 물결 속의 흐름'을 추구했던 것이다. 이것들은 음陰 또는 통합적인 목적이었다. 과학자의 기본적 태도는 오늘날의 용어로 말한다면 생태적인 것이었다. 11세기에 와서 이 태도가 반대 극인 음에서 양으로, 통합적인 것에서 자기 주장적인 방향으로 변화한 것이다. 베이컨 이래 과학의 목표는 자연을 지배하고 통제하는 지식의 획득에 있었고, 오늘날에는 과학과 기술은 둘 다 심히 반생태계적 목적을 위해 사용되고 있는 것이다.[59]

베이컨이 연구의 새로운 실험적 방법을 주장한 어조는 정열적일 뿐 아니라 때로는 노골적인 악의惡意를 내포하고 있었다. 그의 견해는 자연의 '방종함을 견제하고' '서비스를 위해 묶어' 두어 '노예'로 만들어야 한다는 것이었다. 자연이란 '속박 속에 묶어야' 하며 과학자의 목적은 '자연의 비밀을 고문해내는' 것이었다. 이 극열한 표현은 베이컨시대에 종종 있던 마녀재판에 의해 암시되었던 것 같다. 제임스 I세(King James I)의 검찰 총장이었던 베이컨은 그러한 고발 사건과 가까웠던 것이며, 자연은 보통 여성으로 비유되었기 때문에 법정에서 사용하던 용어를 그의 과학적 저서 안에 사용했다는 것은 놀라운 일이 아니다. 사실 기계적 방법을 이용해서 자연으로부터 고문을 통해 그의 비밀을 자백 받는다는 자연관은 17세기 초기의 마녀재판을 통한 여성 고문의 유행 현상을 강력히 시사하고 있다. 이와 같이 "베이컨의 업적은 과학 사상에 미친 부계 사회의 태도의 현저한 영향의 하나의 예가

---

59) 프리초프 카프라 『새로운 과학과 문명의 전환』 이성범역 범양사 1993, 52쪽.

되는 것이다".[60]

카프라는 의미심장하게도 하늘이 땅을, 양이 음을, 남성이 여성을 부정성의 위력으로 박멸하는 상황을 나름대로의 용어와 방법으로 잘 설명하고 있으며 이 논리의 앞에 베이컨이 있다고 고발하고 있는 것이다.

베이컨의 논리를 좀 더 쉽게 설명하자면 '너 죽고 나 살자!'는 철학 원리에서 '너'가 땅, 음, 여성이며, '나'가 하늘, 양, 남성이라는 말과 같다. 하늘과 땅이, 음과 양이, 남성과 여성이 따로따로가 아니라 하나의 전체로 존재하는 것일 때 '너 죽고, 나 살자!'는 논리는 결국 우주의 자살론, 자연의 자살론, 인류의 자살론, 국가의 자살론, 민족의 자살론, 기업의 자살론, 가문의 자살론, 가정의 자살론이 아니고 무엇이겠는가?

오늘날 이 정상적이라고 말하기 어려운 철학에서 유래한 과학이 자연과 인류를 자살로 내몰고 있는 것에 그 어떤 의아함을 발견할 수 있겠는가? 베이컨이 마녀사냥 강화령을 통과시킨 장본인이라는 사실은 우연이 결코 아니다. 베이컨의 철학에 담긴 자연에 대한 부정성의 위력과 박멸의 의지가 곧 여성에 대한 부정과 박멸의 의지로 나타난 것은 또한 당연한 귀결인 것이다. 그리고 그것이 오늘날 과학이라는 이름으로 우리와 함께 숨쉬면서 생활하고 있는 것이다.

그런데 베이컨이 실험을 해보고 그것에서 일반 결론을 얻어내고 그것을 다시 실험을 통해 검증해내는 귀납적 방법에는 노골적인 악의 惡意가 있었다는 것이다. 그것은 자연을 노예로 만들어야 한다는 개념이 내포되어 있고 그 개념은 만물을 양육하는 대지로서의 여성을 고문하고 노예로 지배한다는 것이며 이와 같은 부계사회적인 태도가 현대

---

60) F .카프라『새로운 과학과 문명의 전환』이성범역 범양사출판부 1993, 53 쪽.

과학의 출발점에부터 있다는 것이다. 카프라는 '너 죽고, 나 살자!'는 부정성의 위력에 대하여 정확하게 짚어내고 있는 것이다.

그러한 자연과 여성에 대한 악의가 가장 노골적으로 드러난 것이 곧 마녀사냥인 것이다. 남성이 여성을 부정하고 박멸한 집단적인 예에서 이보다 더 참혹하고 대량적으로 일어난 예는 인류사에서 찾을 수 없다. 물론 당시에는 그것이 선이며 신의 이름으로 행해진 정의였다. 그것을 행한 자들이 힘이 있었으며 그것이 움직일 수 없는 진리였던 것이다.

그런데 우리가 세상을 정상적인 눈으로 본다면 남성과 여성의 대립은 대립 그 자체가 창조성을 갖는다는 사실을 가장 잘 보여주는 예라고 할 수 있을 것이다. 남성과 여성은 성적 특성이 반대이며 그 성적 특성이 지배하는 모든 면에서 서로 반대이며 대립하고 있다. 그런데 그 대립이 그들로 하여금 하나의 전체를 조직하지 않으면 안 되도록 이끌리고 있는 것이다. 그들이 서로에게 이끌려 하나의 전체를 조직했을 때 인간이 보여줄 수 있는 창조성의 대표적인 예를 보여주는 것이니 인간은 이로서 영원한 존재가 되는 것이다. 즉 가정의 창조와 출산이라는 창조 그리고 사회의 창조가 모두 이 남녀가 하나의 단위로 전체를 구성하여 가정을 이룸으로써 가능한 것이다.

그런데 우리는 이미 대립하는 양자가 어느 한 쪽이 다른 한 쪽을 부정하고 박멸하는 예를 보아왔다. 흑인과 백인 그리고 인디언과 백인 간의 부정과 박멸이 그것이었다. 이것은 역할로 대립하는 양자兩者를 분류하는 것이 아니라 인간이 직접 인간을 부정하고 박멸하는 결과로 나타난다. 강자가 진선미眞善美라는 이름으로 자신을 규정하고 약자를 거짓과 악과 추함으로 규정하여 부정하고 박멸하는 것이다.

마녀재판이란 55인 양이 45인 음을 고문하고 태워 죽임으로써 55−45=10이 되게 하는 일이며 이 같은 방법은 오늘날의 현대과학의 정신과도 연결된다는 것이다.

2) 제도화된 마녀재판

1484년 12월 5일자 마녀재판에 관한 로마 교황 인노켄티우스 8세
가 장문의 법황교서에서 발췌한 아래의 내용은 로마교황이 파견한
이단 심문관이 자유롭고 강력하게 마녀재판을 실행할 수 있도록 각지
의 주교에게 협력을 요청하고 있는 기록이다.

> 요즘 북부 독일 라인강 유역에서 많은 남녀가 가톨릭에서 벗어나
> 마녀가 되어 남색마, 여색마에게 몸을 맡겨서 여러 가지 불길한 요
> 술을 부려 전답의 작물과 과실을 썩히고, 태아와 가축의 새끼를 죽
> 였으며, 사람과 가축에게 고통과 병마를 주고 남편은 성불능, 아내
> 는 불임이 되는 등 많은 사람들에게 재앙을 주고 있는 것에 우리
> 는 크나큰 슬픔과 고통을 느낀다.
> 우리의 사랑하는 아들들 즉 도미니크 수도회의 신학교수인 하인리
> 이 크라메르와 코브 슈프렌게르는 교황의 교서에 따라 그 지방의
> 이단심문관으로 파견되어 현재 그 직책을 맡고 있다. 그런데도 그
> 지역의 성직자와 관리들은 마녀의 죄의 중대성을 지각하지 못하
> 고, 두 사람에게 충분한 협조를 하지 않는 탓에 그들의 임무 수행
> 이 저해되고 있다.
> 그래서 우리는 그 심문관이 자유롭게 모든 방법을 동원하여 어떤
> 사람이라도 교정시키고, 투옥시키고, 처형하는 권한을 가져야 한
> 다는 것을 명한다.[61]

마녀들은 작물과 과일의 흉작과 가축들의 질병 인간의 질병 특히

---

61) 오리시마 쓰네오 『마녀사냥』 조성숙역 현민시스템 1998, 8-9쪽.

성불능과 불임의 원인이라는 것이 너무나 명백한 사실로서 말할 필요도 없다는 듯이 말해지고 있다. 이로써 마녀재판은 제도화된 것임을 알게 한다.

마녀재판으로 처형된 여자들은 1484년 로마교황 인노켄티우스의 교서 발표 이후 30만 명이라는 설과 900만 명이라는 설[62] 등이 있어 어느 것이 옳은지 알 수 없다.

과연 그들은 진정으로 마녀가 있었다고 믿었을까? 네덜란드 태생의 신부 코르넬리우스 루스는 당시로서는 비난받을 만한 비정통 신학론을 저서를 통해 주장하여 당국에 체포되어 19개 항목에 대해 발언철회 명령을 받았다. 그 내용 중 일부를 살펴보자.

1. 마녀가 (빗자루를 타고) 하늘을 난다는 것은 환상이고 허구이다.
2. 마녀의 있을 수 없는 행위의 자백은 고문에 의해 강요된 것.
7. 악마와의 계약은 있을 수 없다.
10. 악마와 인간간의 성교는 있을 수 없다.[63]

그가 발언철회 명령을 받은 1592년은 마녀재판의 전성기이다. 그가 발언철회 명령을 받았다는 것은 그 사실들이 당시로서는 진실로 인정되고 있었고 그 진실을 코르넬리우스 루스가 부정했기 때문이라는 것을 이해하기에는 어려움이 없는 것이다. 코르넬리우스 루스의 저서의 내용은 1886년에 발견되어 다음과 같은 내용이 확인된다.

범하지도 않은 죄를 자백당하고, 잔인한 도살에 의해 죄 없는 사람들이 생명을 빼앗기며, 새로운 연금술이 사람의 피에서 금은을 만

---

62) 위의 책 194쪽.
63) 위의 책 189쪽.

든다. 오오 그리스도교도여. 언제까지 당신들은 이 무서운 미신에 시달려야 하는가. 오오. 그리스도 국가여, 언제까지 당신은 죄 없는 자의 생명을 위태롭게 하겠다는 것인가.[64]

아무리 암흑의 시대라도 소수의 양심은 존재한다. 코르넬리우스 루스는 그 암흑의 시대를 살았던 소수의 올바른 양심으로 보인다. 그런데 여기서 다시 한번 의문을 갖게 되는 것은 왜 하필이면 마녀인가이다. 다시 말해 왜 여자를 희생양으로 삼아야 했으며 유럽에서 왜 수백 년 동안 수많은 사람들이 의문 없이 받아들였는가 하는 것이다. '슈프랭거와 같은 종교 재판관은 마녀가 실제로 존재하며 신비한 능력을 가지고 있다고 단언했다. 특히 여자들에게 많은 이유는 여자들은 날 때부터 불만에 차있고 인내심이 부족해서 악령의 꼬임에 쉽게 넘어가기 때문이라고 생각했다.'[65]

결국 여성들은 남성보다 열등하기 때문에 마녀가 된다는 것이며 그래서 그들을 감금하고 고문하고 태워 죽여야 한다는 결론에 이르게 되는 것이다.

이 문제에 부딪쳐서 생각나는 사람은 사드후작이다. 절대악을 추구한 이 철학자는 왜 그는 여자를 학대하고 죽이는 일로 악惡을 설명하려 했을까 하는 생각이 미치는 것이다. 이는 공통점이다. 여기서 우리는 사드가 했던 성찰을 돌이켜보자.

성행위중에는 내가 참여하기 위해 그 객체가 필요하다는 것에 의심의 여지가 없다. 그러나 그것이 만족되자마자 그와 나 사이에 남는 것이 무엇이냐고 나는 당신에게 묻는다.[66]

---

64) 『마녀사냥』 오리시마 쓰네오 조성숙역 현민시스템 1998년, 189쪽.
65) 김영진 『광기의 사회사』 민음사 1999, 25쪽.
66) 뤼디거 자프란스키 『악 또는 자유의 드라마』 곽정연역 2002, 233쪽.

이 말을 마녀재판에 적용해보면 '마녀를 죽이는 일에 살아 있는 마녀가 필요하다는 것에 의심의 여지가 없다. 그러나 그것이 만족되자 마녀와 나 사이에 남는 것이 무엇이냐고 나는 당신에게 묻는다.'이다.

다시 말하면 사랑 없는 남녀의 성행위는 그것이 끝난 후 서로에게 아무것도 남는 것이 없다. 그것은 55-45=10에 불과한 것이다. 그것은 통합이나 통일, 화합, 결합이 아니라 단지 해체일 뿐이다. 사드는 놀랍게도 이 사실을 말하고 있는 것이다.

이 같은 날카로운 사유를 한 사람은 사드뿐이 아니다. 1980년 노벨문학상을 받은 폴란드 작가 체스와프 미워슈는 오늘날 인간은 내부가 텅 비어있다고 생각하며 그로인한 현상을 다음과 같이 설명한다.

> 오늘날 인간은 자신의 내부가 텅비어있다고 믿는다. 그래서 그는 타인들과 하나가 되는 자신의 모습을 보기 위해, 외톨이가 되지 않기 위해, 나쁜 짓인지 알면서도 무엇이나 받아들인다. 사람들이 자기 세계를 유명인사로 채우는 것은 자기 내부에서 별로 찾을 것이 없기 때문이다.[67]

오늘날 현대인들은 사드를 비웃을 만한 입장에 있다고 보이지 않는 것이다. 왜 현대인들은 내부가 텅 비어있을 수밖에 없는가에 대해 철학은 진지하게 논증해 본 적이 없는 것이다. 자신의 내부가 텅 비어 있는 사람들이 사드 뿐만은 결코 아닌 것이다.

마찬가지로 죄 없는 여자를 죽이는 순간 그녀를 죽도록 사형선고를 내린 재판관의 마음도 죽어 텅 비게 것이다. 즉 55-45=10으로 재판관은 죄 없는 여자를 죽인 그 순간부터 한사람이라는 개체로서의 전체인 100에서 10만 남는 것이다. 그것은 죽음과 똑 같은 해체이다.

---

67) 로버트 카플란 장병걸역 『무정부시대는 오는가』 들녘 2001, 108쪽.

다시 말하면 그것은 인류적 차원에서 자살행위인 것이다.

그런데 어떻게 해서 이 남성들이 이와 같이 아무런 죄도 없는 여성들에게 이토록 미신적이고 야만적인 일을 그렇게 오랫동안 대량적으로 할 수 있었을까?

3) 집단적 광기와 마녀재판

절대악을 추구했던 사드는 이렇게 말했다. '관능적인 소녀여, 우리에게 너의 육체를 달라. 네가 줄 수 있는 만큼! …… 인간에게 육체이외의 선은 없다.'[68] 마음과 몸의 이원론적 일원론에서 사드가 주장한 것은 몸이 선이고 마음이 악이라는 것이다. 사드는 바로 이러한 점에서 니체와 마르크스에 앞서 존재한 선구자적인 철학자인 것이다. 사드의 천재성은 오히려 니체와 마르크스를 능가하는 것이다. 프로이트가 사드의 철학에서 얼마나 많은 신세를 졌나 하는 것을 생각해내는 것은 조금도 어려운 일이 아닐 것이다.

마녀사냥이 마녀로 지목된 여성들에게 도저히 설명할 수 없는 모멸과 고통을 안겨주었지만 피해는 그들에게만 국한된 것은 아니었다. 악한 제도로 자리잡은 마녀사냥은 그 추악한 미신과 참기 어려운 야만의 제도화로 인해 일반대중에게도 심각한 문제를 일으켰다. 그중에서 대표적인 사람들이 아무 죄 없는 사람들을 마녀로 몰아 고발하는 거짓 고발자들이 직업화되었다는 것이다. 이 거짓 고발자들, 이른바 검침자라고 하는 자들이 그들이다.

영국에서는 검침자들이라고 하는 마녀 탐색자들을 고용하였고, 그들은 소녀나 여자들을 넘긴 대가로 후한 보상금을 받았다. 그들에

---

68) 뤼디거 쟈프란스키『악 또는 자유의 드라마』곽정연역 문예출판사 2002, 234쪽.

게는 고발을 신중하게 처리하려는 열의가 전혀 없었다. 전형적으로 그들은 핀으로 찌를 때 아프지도 않고 피가 나지도 않는 '악마의 표시—흉터나 모반이나 반점—을 찾았다. 종종 간단한 손재주로 핀이 마녀의 살에 깊이 박힌 것처럼 보이게 했다. 눈에 보이는 표시가 분명하지 않을 때는, 보이지 않는 표시로도 충분했다. 17세기 중반의 한 검침자는 교수대 위에서 한 사람당 20실링을 얻기 위해, 잉글랜드와 스코틀랜드에서 220명 이상의 여자들을 죽게 했다고 자백했다.[69]

사회전체가 여성들을 부정하고 박멸하려는 일에 제도적으로 참여하고 있는 것이다. 마녀를 사냥하여 그녀들을 감금하고 고문하고 화형시키는 일은 사회적으로 일상적인 일이며 정상적인 일이었다.

칼 세이건은 잔 다르크의 화형에서 나타난 인간이기를 거부하는 혐오스러운 실태를 다음과 같이 공개함으로써 역사 앞에 고발하고 있다.

아름다운 여자들은 언제나 화형에 처해졌다. 강한 성욕과 여성혐오의 요소들이 있었다. 성적으로 억압된 남성지배 사회에서 명목상 독신인 성직자 계급 출신의 종교재판관에게 기대할 수 있는 그대로이다. 재판은 악령 또는 악마와 피고의 성교라고 가정하는 것에서 오르가즘의 질과 양에 그리고 악마의 신체기관의 본성에 철저한 관심을 기울였다. 루도비코 시니스트라리의 1700년 책에 따르면 악마의 표시는 일반적으로 가슴이나 은밀한 생식기 부분에서 발견된다.
결국 전적으로 남성 종교재판관들이 피고의 음모를 깎고 생식기를 세심하게 조사했다. 20살의 잔 다르크를 화형 시킬 때 ,루앙의 사

---

69) 칼 세이건『악령이 출몰하는 세상』이상헌역 김영사 2001, 142쪽.

형 집행인은 그녀의 옷에 불을 붙인 다음 불을 끄고 구경꾼들이 여자 안에 있을 수 있는, 또한 반드시 있는 모든 비밀을 볼 수 있게 했다.[70]

칼 세이건은 마녀사냥의 원인을 강한 성욕과 여성혐오에서 찾고 있다. 20세의 잔 다르크는 여성으로서는 더 이상 치욕적일 수 없을 정도의 공개적인 치욕과 모멸을 일반대중들 앞에서 일반대중들에게 당하고 죽었던 것이다. 물론 마녀재판은 당연히 선善이며 더구나 신神의 일이다. 즉 종교재판관과 고문자는 신神의 일을 하고 있었다. 그들은 영혼을 구제하고 있었다. 그들은 악령을 물리치고 있었다.[71]

1602년 브르고뉴 상크로드 지방의 최고재판장인 앙리 보게의 마녀론의 권두 헌사와 서문을 발췌한 내용을 보자.

프랑스에 가까운 나라들만 둘러보았는데도 모든 나라가 저 불길한 마녀의 비참하고 해로운 독에 감염되어 있음을 알 수 있습니다. 독일에서는 마녀를 불태운 화형기둥을 세우는 데 쩔쩔매고 있는 실정입니다. 스위스에서는 마녀 때문에 전멸된 마을이 많이 있습니다. 로렌느(프랑스 동북부)를 여행하는 사람은 마녀를 붙들어 매는 형틀을 수없이 발견하게 될 것입니다. 우리 브르고뉴 지방 (프랑스 중동부)도 예외가 아니어서 마녀처형이 일상적인 일이 된 지역이 많이 있습니다. 그리고 사보아(프랑스 남동부)도 이 악질 전염병을 피하지 못했습니다.

매일매일 나라에서 이 고장으로 보내는 마녀는 수를 헤아릴 수 없으며, 그동안 우리가 이 지역에서 불태운 마녀는 사보아에서 온 마녀였습니다. 프랑키아(빠리 주변 지방)는 어떻습니까? 샤를르 9세 때(1550~74년)에 트로와 제세르(당시의 처형리)가 말한 대로

---

70) 칼 세이건 『악령이 출몰하는 세상』 이상헌역 김영사 2001, 143쪽.
71) 칼 세이건 『악령이 출몰하는 세상』 이상헌역 김영사 2001, 144쪽.

프랑키아에만 30만의 마녀가 있다는 것이 진실이라면, 프랑스의 마녀가 완전히 제거되었다고는 믿을 수 없습니다. 더 먼 나라들의 일은 말씀드리지 않습니다. 아니, 어느 지방이든지 수천 수만의 마녀가 벌레처럼 지상에 끊임없이 퍼지고 있는 것입니다

우리에게 한 가닥 인정이 있고, 인간이라 불릴 만한 가치가 있다면, 이들 마녀를 벌하지 않고서는 못 견디는 것이 자연스럽지 않습니까? 어느 로마 황제가 로마인 전부를 단 한 방에 모두 죽여버리고 싶다고 했던 것처럼, 저도 모든 마녀를 한 다발로 만들어 단 한 번에 불태워 죽였으면 하고 생각합니다.

다음에 이야기하는 것은 과거 2년에 걸쳐 나 자신이 재판하였던 수많은 마녀에 대해 내가 보고, 듣고, 얻고, 그들로부터 진상을 끌어내기 위해 있는 힘을 다해 조사했던 재판에 기초한 것입니다.[72]

우리는 이 내용만으로도 당시 온 유럽에 마녀를 화형시킨 형틀이 수없이 널려 있고 마녀를 불태운 화형기둥을 세우느라 인력이 모자라 쩔쩔매고 있다는 사실을 알기에 충분하다. 마녀들이 하도 많아 아예 마을 전체가 몰살된 지방도 많이 있다고 말하고 있다.

이 최고 재판관 앙리 보게는 대단히 의미 있는 말을 하고 있다. 그가 '우리에게 한 가닥 인정이 있고, 인간이라 불릴 만한 가치가 있다면, 이들 마녀를 벌하지 않고서는 못 견디는 것이 자연스럽지 않습니까?'라고 물을 때 우리는 어떻게 대답해야 하는가? 그가 말하는 한 가닥의 인정과 인간의 가치는 마녀를 벌하지 않고는 도저히 견딜 수 없는 인정과 인간의 가치를 말하고 있다.

또한 그는 "모든 마녀를 한 다발로 만들어 단 한번에 불태워 죽이고 싶다"라고 주저함 없이 말하고 있다. 마치 이 세상의 모든 마녀를 불태워 없애버리는 것이 악을 제거하는 것이며 그럼으로서만이 자신

---

72) 오리시마 쓰네오 『마녀사냥』 조성숙역 현민시스템 1998년 9쪽.

이 진선미眞善美가 되는 것처럼 말하고 있는 것이다.

이 자료는 마녀재판관들에게 감추어진 인간에 대한 인간의 부정성의 위력과 박멸의 의지가 숨김없이 드러낸다.

그 재판관이라는 감투에 숨어 있는 부정성의 위력과 박멸의 의지는 도대체 어디에 근거한 것인가? 마녀를 불태워 죽이는 일이 어떻게 이처럼 제도적으로 한 문명 전체에 대하여 수백 년간 정당화 될 수 있었을까?

그것은 구약바이블의 출애굽기 22장 18절의 '마녀를 살려두어서는 안 된다'는 모세가 한 말로서 후에 마녀재판관들이 목청 높은 인용에 의해 유명해지고 마녀박해를 정당화하는 근거가 되었다는 것이다.[73]

그런데 이 문구가 한글로 번역된 한국어판 바이블에서 '너는 무당을 살려두지 말지니라.'는 부정성의 내용으로 나타나있다.[74] 그런데 무당은 우리 한겨레공동체에서는 오래 전에 매우 중요한 존재였다.[75]

---

73) 오리시마 쓰네오 『마녀사냥』 조성숙역 현민시스템 1998년, 21쪽.

74) 마녀를 살려두어서는 안된다는 바이블의 내용을 한글번역 바이블에서는 마녀를 무당으로 번역해 놓았다.
   너는 무당을 살려두지 말지니라(대한 성서공회 관주성경전서 개역한글판 1984), 무당을 살려두지 말아라(성경말씀 큰 글자 현대인의 성경 2003, 116쪽), 너는 무당을 살려두지 말지니라(이희율 결정성경 한국복음서원 2003, 117쪽.), 요술쟁이 여인은 살려두지 못한다.(대한성서공회 공동번역 성서(가톨릭 용) 2003, 125쪽)
   위의 네 개의 한글판 바이블 중에서 카톨릭 용 대한성서공회 공동번역사만이 무당에 대한 부정성이 나타나 있지 않다.

75) 이능화는 조선무속고에서 무당을 이렇게 설명한다.
   "조선민족은 옛날 처음부터 열릴 때부터 신시神市를 가졌고 그것으로 종지教門를 삼았다. 천왕天王인 환웅桓雄과 단군왕검檀君王儉을 하늘에서 내린 신神 또는 신격神格의 인간이라고도 하였다. 옛날에는 무당巫堂이 하늘에 제사 드리고 신을 섬겼기 때문에 사람들에게 존경되었다. 때문에 신라에서는 무巫로써 왕자의 칭호를 삼았다(次次雄 혹은 慈充이라 하였다. 신라말로는 巫이다). 고구려에서도 사무師巫라는 칭호가 있었다. 이와 같은 것은 마한의 천군天君, 예濊의 무천舞天, 가락의 계략(禊洛:제천의식), 백제의 소도蘇塗, 부여의 영고迎鼓,고구려의 동맹東盟; 등에 이르기까지 모두 단군의 신교神教의 유풍이고 거기서 끼쳐진 풍속 아닌 것이 없다. 이것이 곧 소위 무당이 신에게 빌고 섬기는 일들이다.(이능화 「조선무속고」

4) 마녀재판과 물욕

그런데 마녀재판의 본질에 대하여 일반적으로 알지 못했던 중요한 부분이 하나 더 있다. 그것은 마녀라고 불린 죄 없는 불쌍한 여성들의 물적 재산이다.

> 모든 교황 중에서 가장 미신적이고 탐욕적이며 가장 잔인했던 요하네스22세의 교서(1318년 2월 27일자)가 결정적인 역할을 한다. 이 전서는 프랑스 고위 성직자 3명 앞으로 보내진 기나긴 문장인데, 그 안에서 "언제라도, 어디에서라도 마녀재판을 개시하고 계속하고 판결하는 충분하고 완전한 권능을 당신들 각자에게 부여하는 것이다." 라는 뜻을 표명하고 있다. 또, 2년 후인 1320년 8월 22일에는 카르카손느(프랑스)의 이단심문관에게 마녀는 이단자로 처분하고 그 재산은 반드시 몰수할 것을 명했다.[76]

남성이 여성을 부정하고 박멸한 그 잔혹한 일에는 여성이 가진 물질적인 재산에 대한 강렬한 탐욕도 결정적으로 큰 역할을 하고 있는 것이다. 한 무고한 희생자는 이런 기록을 남겼다.

> 당신들이 바라고 있는 것은 내 몸과 내 혼을 망치게 하는 것뿐만 아니라 내 집, 내 재산 일체를 빼앗는 것일 것이다.[77]

삼성출판사 한국사상전집4 『한국의 민속종교사상』 1983, 551쪽)
최남선은 아시조선에서 무당을 이렇게 설명한다.
高山潔淨의 地에 神邑을 두고 그 안에 神壇을 베풀고 峻拔한 石蜂이나 直立한 巖石을 神體로 하야 敬事의 道를 펴니 이것을 神市라 하고 이 자리를 蘇塗라하고 이일을 마튼 계급을 당굴(檀君 · 天君 · 登高)이라 하얏다.(최남선 「불함문화론」 『최남선전집2』 현암사 60쪽)
76) 오리시마 쓰네오 『마녀사냥』 조성숙역 현민시스템 1998년 53쪽.
77) 오리시마 쓰네오 『마녀사냥』 조성숙역 현민시스템 1998, 145쪽.

칼 세이건은 이들 마녀재판관의 마녀재판의 동기를 성욕性慾과 여성혐오에서 찾았지만 물욕物慾도 무시할 수 없는 것으로 드러난다. 이 희생자가 살았던 반베르크에서는 유죄 결정이 된 마녀의 재산의 3분의 2는 주교에게, 나머지는 재판관의 손에 들어가게 되었다[78]는 사실을 이 희생자는 잘 알고 있었기 때문이다. 요술의 참과 거짓을 쓴 코르넬리우스 루스는 이 미신과 탐욕에 대하여 이런 말을 남겼다.

잔인한 도살로 죄 없는 사람들의 목숨을 빼앗고 새로운 연금술이 사람의 피에서 금은을 만든다.[79]

따라서 성직자들 간에는 마녀들의 시체에 붙는 재산몰수권을 챙기기 위해 시체를 확보하기 위해 서로 간에 다투는 일까지 드물지 않았다는 것이다.

신성로마제국이 재산몰수를 금지한 1630년과 1631년의 2년간은 마녀적발이 급격히 감소하였다.(예를 들어 반베르크 시에서는 1626년부터 1629년까지 매년 평균 1백 명이 처형된 것에 비해, 1630년은 24명에 지나지 않았고, 1631년에 이르러서는 제로가 되었다.) 또 재산몰수를 금하고 있었던 쾰른 시에서는 다른 지역에 비하여 마녀의 처형수가 훨씬 적었다. 어쨌든 이단자의 몰수재산에 대한 재판관의 집착은 너무 지나친 느낌이 있었다. 이단자의 시체에 따라 붙는 재산몰수권을 획득하기 위해 이미 부패해가고 있는 시체를 성직자들끼리 빼앗는 일은 드물지 않았다. 또 심문관들은 결과를 기다리지 않고 재산몰수를 집행한 일도 있었다. 거대한 부를 소유한 유태인이 이단 적발의 표적이 되었다는 것은, 몰수재산액과 이단 추구열이 정

---

78) 위의 책 145쪽.
79) 위의 책 158쪽.

비례한다고 말할 수 있는 한 예라고 할 수 있을 것이다.[80]

5) 마녀재판의 감금과 고문, 거짓고발

마녀로 몰린 죄 없는 여성들이 감금되었던 감옥의 환경은 이렇게 설명된다.

> 피고는 자백을 거부했기 때문에, 또다시 태양빛이 비치지 않는 원래의 감방으로 돌아갔다. 한 조각 깔 짚도 없는 땅바닥에 요는커녕 음부를 덮을 것 이외에는 몸에 걸칠 천 조각 한 장 없이 똑바로 누워있을 수밖에 없었다. 좌우의 팔은 각기 벽에 고정된 밧줄로 잡아당겨져 있다. 두 다리도 마찬가지이다. 그리고 몸 위에는 견딜만한 무게의 쇠와 돌로 된 추가 얹혀져 있었다.[81]

이 죄 없는 여성들이 감금되었던 감옥은 인간이 상상해낸 가장 끔찍한 지옥 중 하나였다. 그런데 이 지옥 속에서 고통 받는 것은 고문에 비하면 오히려 가장 편안한 상태였다는 것이다. 그 고문은 이렇게 말해진다.

> 중세의 고문에서 우리를 가장 놀라게 하는 것은 과장 없는 악마적 야만성보다는 오히려 고문 종류의 이상스런 다양성과 거기에 나타나 있는, 말하자면 기술적 수완이다.[82]

1590년 스코틀랜드의 왕 제임스 6세가 직접 주재한 마녀재판의 피고가 당한 5단계의 고문에는 그 다양한 고문의 일각이 나타나 있다.

---

80) 오리시마 쓰네오 『마녀사냥』 조성숙역 현민시스템 1998, 157쪽.
81) 오리시마 쓰네오 『마녀사냥』 조성숙역 현민시스템 1998, 113쪽.
82) 위의 책 109쪽.

당시 스코틀랜드 뉴스 속보에 의하면

(1) 먼저 밧줄장치로 목을 비틀어 구부러뜨리고
(2) 다음으로 뜨겁게 한 철 구두를 신겼다.
(3) 양손의 손톱 전부가 펜치로 뽑힌다.
(4) 그 손톱자리에 2개씩의 바늘이 푹 찔러진다.
(5) 다시 한번 철 구두를 해머로 강타,
　　양 발은 구두와 함께 두들겨져 으깨지고,
　　뼈와 살은 부서지고, 피는 구두에서 흘러 넘쳤다.83)

　　마녀로 지목되어 학대받다가 죽어간 스코틀랜드의 한 가련한 여성
은 이런 말을 남겼다.

　　나는 아무 죄도 범하지 않았습니다. 그러나 나는 그날 그날 빵 값
　　을 벌지 않으면 안 되는 가난뱅이입니다. 일단 마녀의 혐의로 체포
　　된 이상은 설령 방면된다 해도, 이런 나에게 먹을 것을 줄 사람도
　　방을 빌려줄 사람도 있을 리가 없을 것입니다. 그냥 굶어죽을 수밖
　　에 없습니다. 근방사람들은 나를 때리기도 하고 개가 덤벼들도록
　　부추기기도 했습니다. 그렇게 살 바에는 차라리 죽는 편이 낫다고
　　생각하여 있을 수도 없는 거짓자백을 한 것입니다.(그렇게 말하고
　　그 여죄수는 격렬하게 울어댔다)84)

　　그런데 이 마녀재판은 마녀로 지목된 여성의 육체만이 아니라 영혼
까지도 철저하게 파괴했다는 사실은 가장 충격적인 사실이다. 그녀들
은 견디기 어려운 고문과 감방에서 고통받으면서 자신이 마녀라고
허위자백을 했을 뿐 아니라 아무 죄 없는 다른 사람들까지도 마녀라고

83) 위의 책 106쪽.
84) 오리시마 쓰네오『마녀사냥』조성숙역 현민시스템 1998, 139쪽.

허위로 자백하지 않으면 안 되었다는 것이다.

> 나는 한 명의 마녀의 입에서 나온 150명 이상의 공범자 리스트를
> 보았다. 혼자서 100명 이상 공범자의 이름을 댄 마녀가 몇 명 있
> 다. 또, 어느 지방의 법정에 보존되어 있는 37년간의 기록에는 역
> 300명의 마녀가 약 6천 명의 마녀를 고발하고 있다. 피고 1인당
> 공범자 20명이라는 비율이 된다. 마녀재판은 한번 굴러가면 어디
> 까지 갈지 모르는 눈사람이다.[85]

흑인을 노예로 만드는 일은 유럽에서 아프리카와 아메리카대륙으
로의 항해와 아프리카대륙에서의 노예사냥이라는 쉽지 않은 일이 필
요하다. 인디언을 전멸시키는 일도 간단한 일은 아니었다.

그러나 마녀사냥은 폭력을 가진 남성이 대항할 폭력을 조금도 가지
고 있지 않은 힘없는 여성들을 상대로 하는 일이므로 이처럼 쉽게
이루어지는 일이었고 그 일에서 얻어지는 수익은 오히려 인디언과
흑인들이나 다른 그 어떤 부정성의 위력과 박멸의 대상 못지않은 풍성
한 것으로 나타나는 것이다.

6) 남성과 여성의 공동자살

대립하는 상황에서 어느 한쪽이 다른 한쪽을 거짓이며 악이며 추함
이라고 규정하면 그 대상은 박멸되어야 하는 것이다. 남자와 여자는
대립하는 대상으로서 대표적인 경우라고 할 때 남성이 여성을 또는
여성이 남성을 박멸하여야 하는 대상으로 생각하는 것은 부정성의
논리에 의하면 당연하다.

이 논리를 진리로 숭상한다면 남녀가 혼자 사는 것은 진선미를 지키

---

85) 위의 책113쪽.

는 일이 될 것이다. 그러고 혼자 산다고 해서 문제가 해결되는 것은 아니다. 왜냐하면 자신의 내부에 거짓과 악과 추함이 박멸해버린 이성異性 못지않게 도사리고 있기 때문이다. 그 또는 그녀는 이 내부의 적을 대상으로 삼아 평생 부정성의 위력으로 박멸하여야 한다.

이러한 논리가 마음속에서 일어나고 마음속에서 그친다면 그 남성 또는 여성은 혼자서 세상을 살아가면 그것으로 문제가 될 것은 없을 것이다.

그런데 전체를 둘로 나누어 하나가 다른 하나를 부정하고 박멸하는 이 논리가 현실세계에서 실제행동으로, 특히 집단적으로 나타낼 때 어마어마한 비극으로 나타나는 것이다. 남성이 여성을 적으로 만들고 박멸하는 논리가 실제행동으로 나타날 때 그것이 역사에서는 마녀사냥이라는 형태로 나타난 것이라고 이해한다면 그것이 무리일까?

죄 없는 여성을 마녀로 몰아 공식적인 법으로 구속하고 고문하고 재산을 약탈하고 대중 앞에서 모욕적인 화형으로 죽이는 일을 사냥이라고 했다. 남성이 멋대로 스스로를 진선미라고 하여 여성을 부정성의 위력으로 대하여 수많은 죄 없는 여성을 박멸시킨 것이다.

이 경우 여성을 집단적으로 박멸하는 순간 남성도 집단적으로 박멸되는 것이다. 결국 이 마녀사냥의 논리는 남성과 여성의 공동 집단자살로 끝날 수밖에 없는 것이다. 55-45=10 또는 45-55=-10 인 것이다.

7) 여성의 예속

존 스튜어트 밀은 그의 저서 여성의 예속에서 여성의 문제에 대해 그 근원을 말하고 있다.

여자들은 다른 모든 예속계급과는 너무나 다른 처지에 있기 때문에 그들의 주인은 그들에게 현실적 봉사 이상의 것을 요구한다. 즉 남성은 여성의 단순한 복종이 아니라 감정을 요구한다. 즉 소수의 포악한 자를 제외한 모든 남자들은 그들과 가장 가깝게 연결되어 있는 여자들이, 강요된 노예가 아니라 자발적인 노예이기를, 단순한 노예가 아니라 총아이기를 바란다. 따라서 남성은 여자의 마음을 노예화시키기에 온갖 노력을 다한다.[86]

우리는 마녀사냥에 대한 기록을 살펴보다가 밀의 여성의 예속을 보면 그래도 안도감이 생긴다. 물론 밀의 주장에 담긴 여성의 노예화에 대한 주장은 노예사냥에 나타난 현상과 그 근본적인 논리는 같은 것이다.

월러스틴은 여성차별에 숨어 있는 그 기만적인 술수에 대하여 이렇게 비판한다.

성차별주의는 여성의 지위를 비생산적인 노동의 영역으로 떨어뜨리는 것이었는데, 그들에게 요구된 실제 노동이 오히려 더욱 강화되었다는 점에서 그리고 자본주의 세계경제하에서 생산적인 노동이 인류 역사상 처음으로 특권을 정당화하는 근거가 되었다는 점에서, 그것은 여성을 이중으로 모욕하는 것이었다. 이는 자본주의 체제 안에서 좀처럼 헤어나기 어려운 이중의 족쇄를 채우는 것이었다.[87]

여성에 대한 차별은 오늘날도 여전하다는 것이 월러스틴의 주장이다.

---

86) 존 스튜어트 밀 「여성의 예속」 P. 스트럴 『여성해방의 이론체계』 신인령 역 풀빛 1983, 186쪽.
87) 이매뉴얼 월러스틴 『역사적 자본주의/ 자본주의 문명』 나종일역 창작과 비평 109쪽.

즉 남성과 여성이 서로 다른 역할을 담당하면서 서로 하나의 전체가 되어 창조를 이루어낸다는 한철학적 원리와는 여전히 반대의 것이다.

남성이 여성을 부정하고 여성을 박멸하는 일에 마녀사냥은 여성의 육체와 영혼에 모두 적용시켰고 밀의 시대에는 마음을 부정하고 박멸함으로써 노예화하려 했다는 차이가 있을 따름이다. 철학의 원리로 보아서는 큰 차이가 없는 것이다.

여성해방이 하나의 운동으로 자리 잡은 것은 당연한 것이다. 그러나 그 대상이 남성과 여성이라는 대결구도가 되면 또 하나의 새로운 독선이 태어나는 것은 명약관화한 일이다. 부정성을 다시 부정성으로 대하여 일어나는 비극에 대해서는 앞으로 다른 예에서도 설명된다. 그것은 두 배의 고통을 안겨주는 것으로서 가장 혐오스러운 논리이다. 아마도 인류가 멸망한다면 바로 부정성을 부정성으로 대하는 탐욕과 질투의 화신인 선동가들에 의해서일 것이 분명하다.

문제는 인간을 둘러싼 모든 대립에서 한 쪽이 다른 한 쪽을 부정하고 박멸하는 원리 자체에 있는 것이다. 따라서 그 원리에 담긴 부정성을 제거하는 것이 문제의 관건인 것이다.

4

가난한 자에 대한 독선

철학자 마키아벨리는 군주가 권력을 어떻게 장악하고 유지하는가에 대하여 가르쳤다. 그런데 권력은 군주만이 가지고 싶어 하는 것이 아니었다. 개인들도 군주 못지않게 권력을 가지고 싶어 하며 그 권력에의 욕망은 군주와 비교해서 조금이라도 부족할 이유가 없을 것이다.

개인들이 힘을 합하여 혁명을 일으킨다 해도 개인에게 군주의 권력이 돌아가는 것은 불가능하다. 그러나 이른바 민주주의는 정치적으로 그것을 가능하게 하며 특히 로크가 말하는 사유재산권이라는 권리는 개인들도 자신의 왕국을 건설할 수 있다는 희망을 갖게 하기에 충분한 것이었다.

사유재산권을 가지고 사유재산을 확장할 수 있는 자유가 보장된다면 개인은 군주와 마찬가지로 나름대로의 마키아벨리가 말하는 권력을 가질 수 있게 된 것이다. 이제 자신의 왕국을 건설하여 권력과 금력을 장악하려는 수많은 개인들의 그 무서운 욕망이 세상을 메우는 시대가 활짝 열린 것이다. 아담스미스는 국부론에서 권력과 금력에 대한 무한한 욕망을 가진 개인들이 오로지 자신들의 사욕만을 위하여 자유롭게 이득을 추구하도록 방임해둔다면 그것이 보이지 않는 손에 이끌려 인위적으로 사회의 이익을 증진시키려 했을 때보다 더욱 효과적인 결과를 가져올 것이라고 주장하고 있다. 이른바 '보이지 않는 손'이라는 유일신이 등장한 것이다.

마침내 국부론은 자본주의의 성전聖典이 되었고 보이지 않는 손은 자본주의의 신이 되었다. 그리고 자본주의를 신봉하는 탐욕스러운 개인들은 오대양 육대주를 누비고 다니며 그 욕심을 채우면서 자본가로 등장하게 되었다.

이들의 탐욕의 대상은 아메리카대륙의 그 기름진 땅을 놓칠 리 없었고 아프리카대륙이 제공하는 강인한 노동력을 놓칠 리 없었다. 또한 인도대륙과 아시아대륙의 그 엄청난 인구가 갖는 시장을 놓칠 리 없었다.

유럽인들이 아프리카 흑인들을 납치하여 노예로 삼았을 때 그 숫자가 1천5백만 명이라면 지금의 인구로는 1억5천만 명 정도가 되지 않을까? 우리가 약간의 상상력을 발휘하여 지금 유럽대륙의 젊은 남녀를 1억5천만 명 쯤 납치하여 아프리카 대륙에 노예로 데려간다면 유럽대륙은 갑자기 적막한 대륙으로 바뀔 것이며 모든 산업은 정지하고 경제는 곤두박질쳐서 향후 1,000년간은 아무런 희망이 없는 가난과 질병의 대륙으로 바뀔 것이 틀림없다. 반면에 1억5천만 명의 공짜 인력을 부릴 수 있게 된 아프리카 대륙은 날로 발전하여 유럽대륙과 경쟁을 불허하는 상황이 되지 않을까?

아니면 인디언들이 유럽인들을 거의 몰살시키고 그 유럽대륙에 새로운 인디언들의 합중국을 세운다면 인디언들이 지구의 강자가 되는 것은 단지 시간문제이지 않을까?

인종과 대륙간에 있어서의 빈부의 격차는 오로지 폭력과 거짓과 사기와 탐욕 그리고 신비주의로 인한 것이며 그것을 묵인하고 조장한 장본인 중 하나를 보이지 않는 손이라고 말한다면 아담스미스는 필자에게 화를 낼까?

1) 다원론적 세계의 이분법

마르크스는 그의 저서 자본론에서 산업사회에서는 노동자가 살인적인 과도한 노동과 저임금을 결코 벗어나지 못하게 된다는 사실을 논증하고 있다. 뿐만 아니라 그 노동자들이 만들어낸 공산품은 자국의 수공업자와 식민지의 수공업자들을 굶어 죽게 만드는 저주스러운 흉물이라는 설명을 하고 있다. 그는 이렇게 말한다.

> 기계로서의 노동수단은 곧 노동자 자신의 경쟁상대가 된다. 기계를 통한 자본의 자기증식은 기계로 말미암아 생존조건을 박탈당한 노동자의 수에 정비례한다.… 영국의 면포 수직공의 몰락은 서서히 진행되어 수십 년을 질질 끌면서 1835년에 마침내 종지부를 찍었지만, 세계역사상 이처럼 가공할 광경은 없다. 그들 대부분의 사람들은 굶어 죽었고, 많은 사람들이 자기네 가족과 함께 하루에 2펜스 반으로 살아가야만 했다. 이와는 반대로 영국 면업기계는 동인도에서 급격히 작용하여 동인도 총독은 1834년에서 1835년 사이에 다음과 같은 사실을 확인했다.
> 곤궁은 상업사에 거의 유례가 없을 정도였다. 면직물공의 뼈가 인도의 들판을 하얗게 물들이고 있다.[88]

면업기계는 영국의 면포수공업자들 대부분 굶겨죽이고, 인도의 수공업자들을 수없이 굶겨 죽여 그 면직물공의 뼈가 인도의 들판을 하얗게 물들였다는 사실에서 마르크스가 노동수단이 노동자를 때려죽이는 것이라는 주장은 설득력을 갖는 것이다. 보이지 않는 손은 강한 자에게만 선의 지위를 주고 노동자와 같이 약한 자는 아무렇게나 내팽개쳐 버리는 잔인한 신이었음이 틀림없는 것이다.

---

88) 마르크스『자본론』김영민역 이론과 실천 1987, 491-492쪽.

그런데 인도의 들판을 면직공의 뼈로 하얗게 뒤덮게 한 영국 자본주의자들의 야만성의 본질에 대하여 마르크스가 밝혀낼 수 있었던 것은 아니다. 마르크스는 자본주의가 출발한 영국이 면직공장이라는 생산수단의 힘에 중점을 두고 있다.

그러나 면직공장을 움직인 것은 면직공장의 기계 이전에 면화라는 원료이다. 영국의 면직공장은 아메리카대륙에서 온 질 좋은 면화를 무진장하게 공급받을 수 있었기 때문에 대량생산이 가능했던 것이다. 즉 본격적인 자본주의는 아메리카 원주민을 몰살시키고 빼앗은 아메리카대륙에서 공급된 면화에서 출발한 것이다. 그렇다면 그 면화는 누가 생산했는가? 바로 아프리카대륙에서 납치해온 선량한 흑인들이다. 이 죄 없는 흑인들 1천5백만 명을 아프리카에서 납치해서 짐승처럼, 아니 짐승으로 죽는 순간까지 부려먹고 그 자식들도 마찬가지로 대대로 부려먹을 수 있었기 때문에 면화가 공급되었고 면직공장이 돌아갔다.

따라서 미국과 유럽의 자본주의는 아메리카 원주민들의 대대적인 학살과 아프리카 흑인들을 노예로 부려먹어 생산된 재화가 축적되어 이루어진 것이다. 그리고 그 원료를 대량생산하여 강제로 팔아먹을 인도를 비롯한 지구를 뒤덮은 식민지가 있어서 가능했다. 또한 인도대륙에서 양귀비를 재배하여 아편을 만들어 그 아편을 중국에 총칼과 대포의 위력으로 강제로 팔아먹어 막대한 부를 축적하였다.

마르크스가 인간이 만든 기계가 인간을 때려죽이고 인간이 만든 화폐와 물건을 인간이 신으로 숭상하는 사회가 자본주의라고 맹렬히 비난한 것은 그다지 틀리지 않지만 세계를 자본가와 노동자의 이원론으로만 국한한 것은 지나치게 좁은 시아에서의 견해이다.

마르크스는 다양한 세계를 단순한 자본가와 노동자 특히 공장노동자와의 대립으로 몰고 갔다. 흑인과 아메리카 원주민의 희생, 아시아인들의 희생, 그리고 여성의 문제와 같은 근본적인 문제는 그가 주장하는 단순하기 짝이 없는 자본가와 노동자의 이원론으로는 다루어질 수 없는 다원론적 세계에서의 이원론인 것이다. 문제는 마르크스가 생각한 것보다 더 광범위한 대립과 투쟁과 갈등에 있었고 지금도 그러한 것이다.

미셸 푸코는 보다 광범위한 안목을 보여준다. 그는 사회의 약자에 대한 부정성의 위력과 박멸의 의지를 감금이라는 말로 설명한다. 그 감금과 약탈의 대상을 광인·죄수·아동·사병·환자·노동자·빈민들로 다양하게 보고 있다. 그 중에서도 빈민이 감금의 대상이 된 것은 어처구니없는 일 중에서도 더욱더 어처구니없는 일이다. 미셸 푸코는 이 부분에 대하여 다음과 같이 분석하고 있다.

> 빈곤은 필요했다. 극복 불가능한 것이므로. 빈곤의 역할은 요청되었다. 왜냐하면 부를 가능하게 했으므로. 빈민들은 노동은 하면서도 소비는 거의 하지 않았기 때문에 그들의 궁핍을 통해서 국가의 부를 가능하게 했으며, 국가의 경작지·식민지·광산, 그리고 세계 각국에서 팔릴 공산품의 가치를 높일 수 있게 했다. 간단히 말해서 빈민을 갖지 못한 민족은 역으로 빈곤해질 수 있는 것이다. 따라서 빈곤은 국가의 필수불가결의 요소가 되었다.[89]

도저히 극복하기가 불가능한 빈곤층이야말로 국가가 부를 창조하는 일에 필수적이라는 말이다. 이 빈곤층을 착취할 수 없는 민족은 오히려 빈곤해질 수밖에 없다는 역설을 푸코는 말하고 있다. 그런데 이 빈곤층으로부터 어떻게 국가적인 부를 창조해내는가 하는 방법론은 곧 감금監禁이라는 수단이라고 푸코는 말하고 있다. 일체 대상에 대한 부정성의 위력이 빈곤층에게는 감금監禁으로 발현된다는 것이다.

---

89) 미셸 푸코 『광기의 역사』 김부용역 인간사랑 1999, 293쪽.

그리고 빈민은 민족의 참된 힘인 거대한 권력을 가능하게 하는 필수적인 요소이다. 여기서 빈곤에 대한 완전히 새로운 인식이 성립한 것이다. 그리고 이 새로운 인식은 보다 깊은 차원에서 빈곤의 특성과 역할에 대한 사회경제적 통합을 드러낸다. 상업경제에서는 생산자도 소비자도 아닌 빈민은 어떤 자리도 차지하지 못했다. 게으름뱅이·방랑자·자리는 오직 감금뿐이었다. 말하자면 그들은 사회로부터 격리된 것이었다. 노동력을 필요로 하는 산업화 초기에 빈민은 다시 한번 국가라는 유기체를 위하여 일역을 수행했다.[90]

빈민이 감금의 대상이 된 것은 빈민이 거짓이며 악이고 추함이라는 것이다. 그리고 부자는 참이며 선이고 아름다움이라는 말과 조금도 다른 것이 아니다. 그리고 진선미인 부자가 거짓이며 악하고 추한 빈민을 부정성의 위력으로 대하여 노예처럼 부려먹고 착취하는 것은 당연하다는 논리임에 다른 것이 아니다. 이는 새로운 논리가 전혀 아니다. 흑인과 인디언 그리고 마녀사냥에서 적용된 부정성의 변증법과 조금도 다를 것이 없는 것이다.

그런데 도대체 이 어처구니없는 일이 국가라는 합법적인 기관에 의해 이루어질 수 있었다면 그 사회의 정의는 어디에 있었단 말인가? 고매한 종교인들과 정치가들은 왜 이 일에 모두 눈을 감고 있었을까? 이 점에 대해 푸코는 이렇게 말한다.

전적으로 기독교적인 전통에서는 실제적이고 구체적인 실존을 갖는 존재, 즉 피와 살의 현실태는 가난한 자였다. 가난한 자야말로 언제나 필요 속의 인간, 신이 인간의 형상을 하는 과정에 대한 상징체였다. 그러나 감금은 오히려 가난한 자를 제거했다. 즉 감금은 가난한 자에게 윤리적 비난을 가함으로써 가난한 자를 다른 존재

---

90) 미셸 푸코 『광기의 역사』 김부용역 인간사랑 1999, 294쪽.

와 혼돈시켰다. 그 결과 감금이 있는 한 그 혼돈은 사라질 수 없었다. 91)

푸코는 기독교 전통과 정면으로 배치되는 현상인 가난한 자에 대한 감금이라는 부정성의 위력이 가해진 것에 대해 분개하고 있다. 가난한 자에 대한 윤리적 비난? 부자들의 입에서 나온 말로서 이보다 더 뻔뻔하고 염치없는 비난은 없을 것이다. 부는 노동력이 축적된 것이며 그 노동력은 바로 빈곤층과 노동자에 의해 축적된 것이라는 말은 적지 않은 설득력을 가지고 있기 때문이다.

이 빈곤층에 대한 부당한 감금과 그에 대한 노동력의 착취가 국가권력의 비밀이라는 푸코의 폭로는 부정성의 위력은 대상을 가리지 않는다는 것을 말해주는 것이다.

18세기는 가난한 자들이 구체적이고 궁극적인 실재로서 존재하는 것이 아님을 깨달았다는 푸코의 말은 부정성의 위력이 권력이라는 독선을 위해 얼마나 철저하게 가난한 자들에게 작용했나를 말해주는 것이다.

그런데 자본주의 경제학자들이 탐욕스러운 자본가를 위하고 고통받는 농민과 노동자들을 소외시키는 논리만을 펼친 것은 아니다. 오히려 현실적인 면에서는 노동자를 위해 마르크스를 능가하는 논리를 펼친 학자도 있다. 물론 자본주의와 사회주의를 막론하고 이른바 경제학자들 중 독선毒善에서 벗어난 학자는 흔하지 않지만 케인즈는 적어도 독선에서는 벗어난 것으로 보인다. 그는 이렇게 말한다.

하지만 주의해야 한다. 그 시대는 아직 도래 하지 않았다. 적어도 앞으로 백년 동안은, 좋은 일은 나쁜 짓이고 나쁜 건 좋은 일이라

91) 미셸 푸코 『광기의 역사』 김부용역 인간사랑 1999, 295쪽.

고 자신에게도 타인에게도 타일러야 한다. 나쁜 일이야말로 유용하기 때문이다. 아직 얼마 동안은 탐욕과 고리대금과 경계심을 우리의 신으로 삼아야 한다. 그래야만 비로소 경제적 궁핍이라는 터널로부터 빠져나와 밝고 풍족한 생활을 보낼 수 있기 때문이다.[92]

케인즈는 전체적인 안목이 남다르다는 점에서 대단히 특출한 경제학자이며 경제학자를 넘어 위대한 사상가의 반열에 드는 인물이라고 말할 수 있을 것이다. 뒤에서 다룰 제1차 세계대전 후 히틀러의 등장을 불러온 베르사이유 조약에 대해 유일하게 올바른 판단을 한 용기 있고 명석한 학자였다.

그는 산업시대에서는 좋은 일이 나쁜 짓이고 나쁜 건 좋은 일이라는 사실을 알아야 한다고 말하고 있다. 학자로서 이보다 더 솔직할 수는 없을 것이다. 그는 이 시대를 탐욕과 고리대금과 경계심을 신으로 삼아야 한다고 말한다. 한마디로 그는 향후 100년간의 시대는 '너 죽고, 나 살자!'는 철학이론이 지배하는 시대라고 정직하게 말하고 있는 거의 유일한 학자인 것이다.

그는 보이지 않는 손이라는 유일신을 조금도 신뢰하지 않았다. 케인즈는 이러한 시대를 살아야 경제적인 궁핍에 대한 터널로부터 빠져나와 밝고 풍족한 생활을 보낼 수 있다고 주장한다.

그런데 그가 죽은 1946년에서 따져보아도 이미 60년이 되고 있다. 앞으로 40년 이내에 과연 그가 말하는 밝고 풍족한 생활을 보낼 수 있을까?

그의 희망은 절대 불가능하다. 서양인들의 철학이 가지고 있는 부정성의 위력과 박멸의 의지가 완전히 사라지고 대신 우리 한국인이 가지고 있는 긍정성의 위력과 일체 대상에 대한 최적화의 원리와 창조

---

92) J.M.Keynes, *Essay in Persuation* 에 실린 논문 E.F. 슈마허 「작은 것이 아름답다」 김진욱역 범우사 1987, 27쪽에서 재인용.

성의 원리로 대체된다면 앞으로 40년 이내에 그의 희망은 가능할 것이다.

다시 말하자면 우리 한겨레공동체가 가지고 있는 철학이론은 '너와 나, 모두 함께 잘 살자!'는 이론이 바탕이 된다. 그것이 긍정성의 위력이며 일체 대상에 대한 최적화의 원리이며 창조성의 원리이다.

그러나 '너 죽고, 나 살자!'는 철학이론이 한철학의 원리로 대체되지 않는 한 케인즈의 주장은 불가능하다고 단언할 수 있다.

슘페터가 창조적 파괴를 말했을 때 사람들은 그 창조적 파괴가 점차 자본주의 스스로가 감당하지 못할 정도로 규모가 커진다는 사실을 알지 못했다.

자본주의는 노동자만 괴로운 것이 아니다. 자본가들은 동족을 살해하고 그 고기를 뜯어먹는 식인종처럼 자본가는 자본가를 살해하고 그의 모든 것을 약탈한다. 특히 크고 작은 공황 때마다 그 일은 노골적으로 이루어진다. 그 결과 자본주의의 초창기에 그 개미떼와 같이 많았던 마키아벨리의 후예인 자본가들은 갈수록 소수화되고 자본은 갈수록 거대화한다.

결국 민주주의를 가능케 했던 사유재산제도는 갈수록 그 빈부의 격차로 인해 그 존재를 위태롭게 하는 것이다. 창조적 파괴는 부를 소수의 부자에게 몰아주고 갈수록 극소수의 부자에게 몰아준다. 이는 마치 작은 물고기를 큰 물고기가 잡아먹는 먹이 사슬에서 최종적으로 가장 큰 물고기 한 마리만 남고 다른 모든 작은 물고기들이 전멸하는 결과를 가져오는 것이다. 그것은 분명히 물고기의 자살론인 것이다.

그러나 거대한 자본이 개인들에게 평등하게 돌아갈 수 있게 하는 새로운 철학혁명과 기술혁명이 일어날 수 있을 것인가?

우리가 그것을 희망하고 추구한다면 그러한 혁명은 일어나리라고 생각한다. 다만 인간이 인간을 부정하고 인간이 인간을 박멸하는 의지가 정당화되는 철학에서 인간이 인간을 긍정하고 인간이 인간사회를 최적화하고 창조적인 사회로 만들려는 철학으로 전환될 때 그러한 기술도 뒤따르리라고 생각한다.

2) 신자유주의의 독선

신자유주의는 지난 20년간 그것이 무언지도 모르는 상황에서 겪어 왔고 앞으로도 알든 모르든 상당 기간 우리가 겪어야 할 문제라는 점에서 다른 문제와는 차원을 달리한다.

이른바 정부가 경제에 개입하는 개입주의를 맹렬히 비판하던 일단의 학자들은 2차대전 이전부터 있어왔다. 이른바 신오스트리아학파로 불리던 학자 중 대표적 인물인 미제스는 자본주의 아니면 사회주의이지 그 중간노선이란 있을 수 없다고 말한다.

이와 같은 독선적인 생각은 자본주의와 사회주의의 이분법을 들고 나온 마르크스조차도 감히 하지 못했던 오만한 생각이다. 이와 같은 미제스의 독선적 생각은 결국 마르크스가 물질의 소유에 대해 사유인가 아니면 공유인가를 묻고 그 스스로는 공유를 주장한 것을 다시금 거꾸로 세운 것에 지나지 않는 것이다. 그의 주장은 학자로서 조금도 독창적인 것이 아니다.

그러나 마르크스는 소유에 대하여 사유인가 공유인가에 대한 이분법만을 생각한 것은 아니었다. 마르크스는 오히려 프루동에 대하여 항상 학문적 부담을 가지고 있었다. 마르크스의 이분법에 대해 프루동은 도저히 이론적으로 당할 수 없는 새로운 이분법을 세웠기 때문이다. 그것은 소유이냐 아니면 무소유이냐는 이분법이다. 프루동은 소유란 무엇인가라고 묻는다면 그것은 도둑질이라고 말해야 한다고 주장한다.

마르크스가 주장하는 공유도 프루동에 의하면 한순간에 도둑질에 지나지 않는 것으로 추락한다. 사유든 공유든 프루동에 의하면 그것은 공통적으로 도둑질인 것이다. 이 논리에 누가 반론을 펼칠 수 있겠는가?

따라서 마르크스는 공유를 주장해도 마음속 한구석에는 현실에서 실현은 불가능하지만 이론적으로는 공유보다 더 나은 제도가 있다는 사실을 인식하고 있었다. 마르크스는 프루동에 대하여 아예 철학의 빈곤이라는 한권의 책을 써서 프루동의 철학에 대해 자신의 논리를 방어하려 했다. 물론 그 책이 프루동의 기본철학에 대하여 조금이라도 방어할 수 있었던 것은 아니었지만 그러한 시도를 했다는 점에서 마르크스는 학자로서 결코 독선적이지 않았다는 사실을 말해주기에 충분하다.

그러나 신자유주의의 경제학자 미제스는 사회주의와 자본주의만이 가능하다고 주장한다. 나아가 미제스는 사회주의에 대하여 다음과 같은 결정적인 말을 한다.

사회주의는 노예제도 자체를 의미한다. 이 근거의 진실성을 부정한다는 것은 불가능하다. [93]

결국 사회주의는 노예제도이므로 거짓이며 악이며 추함이고 자본주의만이 참이며 선이고 아름다움으로서 가능한 제도라는 것이다. '너 죽고, 나 살자!'에서 너는 사회주의이며 나는 자본주의인 것이다. 미제스의 주장에 담겨 있는 부정성의 변증법은 얼마나 진부한 것인가?

신자유주의 경제학자로서 노벨 경제학상의 수상자이고 대처수상의

---

93) 루드비히 폰 미제스 『개입주의:경제적분석』 정한용역 해남 1999, 164쪽.

고문이었던 하이예크는 아예 책제목을 노예의 길이라고 명명하고 미제스와 마찬가지로 자유주의와 사회주의의 이분법을 주장하며 사회주의를 맹렬히 비난한다. 하이예크는 이렇게 말한다.

> 19세기의 가장 위대한 정치사상가들 중 몇 사람-토크발과 액턴경과 같은 사람-으로부터 사회주의는 노예제도라고 하는 경고를 받아왔음에도 불구하고 우리는 점차 사회주의 방향으로 이행하고 있었다.[94]

이들 신자유주의 경제학자들은 아무리 여러 명이더라도 동일한 이론을 동일하게 주장하며 그들의 목적은 동일하다. 자본가의 무한한 자유인 것이다.

하이예크가 『자본주의냐 사회주의냐』는 책을 쓰고 또한 사회주의를 노예의 길이라고 주장하는 이면에는 사회주의를 확실하게 노예의 길이라고 몰아세울 수만 있다면 다시 말해 사회주의를 명백하게 악이라고 결정지을 수만 있다면 자본주의는 자동적으로 선이 된다는 계산이 깔려 있다고 보여 진다. 다시 말해 그가 말하는 노예의 길이라는 것은 자본주의의 문제점들을 해결할 필요 없이 자본주의가 자동적으로 선이 되는 길인 것이라고 우리는 이해할 수 있다.

하이예크는 이러한 학자들 가운데에서 가장 유능한 이론가이다. 그는 이렇게 말한다.

> 돈은 인간이 지금까지 발견한 가장 위대한 자유의 수단 중 하나라고 말하는 것이 훨씬 더 진실일 것이다.[95]

---

94) 프리드리히 A. 하이예크 『노예의 길』 김영청역 1999, 37쪽.
95) 프리드리히 A. 하이예크 『노예의 길』 김영청역 1999, 135쪽.

이는 마르크스가 말한 화폐에 대한 비난에 대한 반론인 것이다. 이에 대해 마르크스의 주장도 들어 볼 필요가 있다. 마르크스가 화폐는 최고선이므로 화폐의 소유자도 선하다고 주장할 때 그의 주장은 반박되기 어려운 것이다. 화폐가 모든 사물의 현실적 정신이므로 아무리 사리분별력이 없는 사람도 화폐를 가지고 있는 이상 사리분별력이 없다고 말하기는 어렵다는 것이다. 화폐는 인간의 마음이 갈망하는 모든 것을 실현시킬 수 있으므로 화폐는 인간의 무능력을 정반대로 바꾸어준다고 할 수 있으므로 이것이 화폐의 신적위력이라는 것이다.

화폐는 인류가 발견한 가장 위대한 자유의 수단이라는 하이예크의 주장과 화폐가 신적인 위력을 가지고 화폐를 소유한 자를 선한자로 만든다는 논증은 서로 비교해볼 만한 가치가 있다.

하이예크는 또한 기 소르망과의 인터뷰의 마지막 부분에서 중요한 언급을 했다. 그는 이렇게 말했다.

> 그대에게 한 말은 매우 중요한 것이오, 자유주의적 지식인은 선동가가 되지 않으면 안 되오. 자본주의 경제에 적대하는 여론의 흐름을 바꾸기 위해서지. 세계의 인구는 지나치게 많지만, 자본주의 경제만이 그들을 먹여 살릴 수 있지. 자본주의가 붕괴되면 제3세계는 굶주려서 죽게 될 것이오. 이미 이디오피아에서는 그렇게 되어 있지…….96)

자유주의적 지식인들은 선동가가 되지 않으면 안 된다는 말은 신보수주의 정치철학을 대표하는 레오 스트라우스의 주장과 일치하는 바가 있다. 그리고 이들은 그 선동에 충분히 성공한 것이다.

선동이라는 것은 상대방을 거짓과 악 그리고 추함으로 몰아세움으

---

96)기 소르망 『20세기를 움직인 사상가들』 서원 1991년, 274쪽.

로써 힘 안들이고 자신이 진선미가 되는 길을 말한다. 이 방법은 히틀러가 이미 사용한 것이다. 선동이 효과적인 것은 이미 증명된 사실이지만 그것은 마치 화전농법과 같아서 길게 보면 자살행위라는 것도 이미 히틀러가 증명한 것이다.

지식인은 선동가가 되어서는 안 된다. 그것은 지식인들이 지식인들을 먹여 살리고 그들이 풍요롭게 살 수 있도록 해주는 민중들에 대한 배은망덕한 행위인 것이다. 지식인은 스스로 민중의 행복을 위한 퇴비가 되어주어야 하는 것이다.

이 시대의 불행은 하이예크와 같은 수준 높은 지식인들이 선동을 하여야한다고 주장하고 있다는 점에서 확연하게 드러난다. 그런데 우리는 자본주의 경제만이 세계의 인구를 먹여 살린다는 주장을 받아들여야 할까?

서구자본주의가 아프리카 대륙을 위해 아프리카인들을 먹여 살릴 노력을 한 적이 있었던가? 아프리카를 폐허로 만들고 아프리카인들을 죽는 날까지 부려먹어 그 노동력의 축적으로 자본을 이루어낸 그들이 그 자본을 아프리카인들에게 돌려준 적인 조금이라도 있었던가? 아프리카인들을 유럽자본주의가 약탈하지 않았다면 지금 그들이 그렇게 무력하게 고통받고 있지는 않았을 것이다.

제3세계 특히 아프리카인들은 곡물을 먹지 못해 수많은 사람들이 굶어 죽어가고 있고, 미국과 유럽인들은 인간도 먹지 못하는 곡물을 소에게 먹여 쇠고기를 생산한다. 그리고 햄버거와 스테이크를 지나치게 먹어서 비만으로 인한 질병으로 수없이 죽어나가고 있다.

더구나 하이예크가 말하는 인간이 굶어 죽어가고 있는 아프리카의 이디오피아에서는 유럽인들이 쇠고기를 생산하기 위한 사료를 수출하고 있다는 사실을 알았을까? 이디오피아인들이 굶어죽는 이유가 이디오피아인들에게 있는 것이 아니라는 사실은 이미 충분히 알고 있는 것이다. 하이예크는 어처구니없게도 그 이디오피아가 자본주의가 붕괴되어 이디오피아인들이 굶주리고 있다는 듯이 말하고 있는 것이다.

자본주의 경제만이 그들을 먹여 살릴 수 있다는 주장은 도대체 어떤 근거로 말하고 있는 것일까? 유럽인들이 인디언을 몰살시킨 다음 얻은 그 땅에서 얻은 농업력이 세계를 먹여 살린다는 말인가? 어쩌면 그럴지도 모르겠다. 그러나 그 일에는 도저히 감당 못할 엄청난 부정성의 대가를 요구하게 될 것이다. 가령 미국이 원조물자로 빈민국들에게 무료로 곡물을 제공할 때 미국의 곡물업자들은 정부가 곡물을 사주어서 행복할 것이다. 그러나 돈을 받고 곡물을 수출해야 할 남미의 곡물수출국들의 농업은 치명적인 타격을 입고 농민들은 마약재배업자로 내몰린다는 사실이다.

> 평화를 명목으로 내건 미국의 식량원조는 미국의 농업관련 산업과 해운산업을 보조하는 동시에 외국의 경쟁자들보다 저렴하게 제공함으로써 그들의 독자적인 발전을 방해하는 목적을 띠고 있었다. 그로인한 콜롬비아 밀산업의 몰락은 마약산업을 부추긴 원인의 하나가 되었다. 실제로 마약산업은 지난 몇 년 동안 신자유주의 정책을 등에 업고 안데스 지역에서 나날이 번창하고 있다[97].

우리에게도 비슷한 경험이 있다. 60년대 미국이 밀을 무상원조할 때 우리는 잠깐 동안 행복했지만 지금은 행복하지 못하다. 그러나 아직까지도 행복한 사람들은 미국의 밀농업자들이다. 우리나라에는 미국의 밀 무상원조로 밀농사가 완전히 사라졌고 미국은 밀의 영원한 수출시장을 간단하게 확보했기 때문이다. 원조? 원조라는 이름의 도

---

97) 노암 촘스키 『그들에게 국민은 없다』 강주헌역 모색 2001, 56쪽.

움이 진정으로 도와주는 것은 자국의 이익인 것이다. 원조는 자국에게만 긍정적이지 타국에게는 미소와 자비로 감추어진 무서운 부정성의 위력이 숨어있는 것이다.

하이예크와 나란히 노벨 경제학상을 수상한 밀튼 프리드먼은 미국의 레이건 대통령의 고문을 지낸 인물이다. 하이예크와 프리드먼은 신자유주의를 이끌어낸 가장 강력한 인물들인 것이다.

> 전체주의 사회를 반대하는 이유는 그 사회에서는 목적이 수단을 정당화시켜 주는 것이 되기 때문이다. 자유주의자에게 있어서 수단이 정당하다는 것은 그 수단이 자유로운 토론과 자발적인 협조를 통해 이루어진다는 것이다. 이것은 어떤 형태의 강제도 정당하지 못하다는 것을 의미한다. 가장 이상적인 것은 자유토론을 거쳐 책임 있는 개인들 간에 의견일치가 이루어지는 것이다.[98]

그런데 프리드만이 가장 이상적인 것으로 내세우는 책임 있는 개인 간의 의견일치에서 그 책임 있는 개인들이란 누구인가? 책임 있는 개인들 간의 의견이 불일치하여 일어나는 불행보다는 책임 있는 개인들 간의 의견이 일치하는 것이 모든 대중에게도 이익이 되는 것은 틀림없다. 그러나 대부분 책임 있는 개인들의 의견일치는 그들의 이익을 위해 일치에 도달하는 것은 아닐까? 그들이 소위 책임 있는 개인들에 대비되는 책임 없는 대중들의 이익을 위해 일치에 도달할 가능성이 있는 것일까?

프리드만은 미국이 이루어낸 신화를 자랑스럽게 생각하고 있으며 그것이 자본주의의 우월함에서 기인한 것으로 생각하고 있다. 그는 자유의 여신상에 새겨진 다음과 같은 명문을 인용했다.

---

98) 밀튼 프리드만 『자본주의와 자유』 최정균역 형설출판사 1990, 38쪽.

지치고 가난한 자를 이리로 보내주시오,
자유롭게 숨쉬기를 갈망하는, 불쌍한 군중들,
인간폐물들을 모두 이리로 보내주시오,
집 없이 방황하는 이재민을 내게 보내주시오,
황금으로 이르는 이 문 옆에 불을 밝혀 주리라.[99]

그런데 이 감동적인 문장에서 말하는 그들 가난하고 지친 불쌍한 군중들이라고 해도 그들이 더 없이 평화롭고 자유롭고 품위 있는 삶을 살았던 미국의 인디언들을 부정하고 박멸함으로써 그들의 목숨을 빼앗고 그들의 재산을 강탈할 권리가 있었을까?

그들이 인간폐물취급을 당했고 집 없이 방황하던 이재민이었다 하더라도 자유롭게 살아가던 흑인들을 납치해 감히 노예로 삼아 죽도록 부려먹을 권리가 있었을까? 프리드먼은 이렇게 미국의 신화를 자랑한다.

수백만이 건너왔고 수백만이 이 땅에 흡수되었다. 그들 자신의 방식에 맡겨지면서 미국은 번창했던 것이다.[100]

그 땅의 주인이었던 인디언들에게 어떤 이민에 대하여 어떤 동의를 구했던 것일까? 그리고 그들과 함께 건너온 그러나 노예선의 밑창이라는 다른 장소를 통해 미국으로 건너온 흑인들에게 그들의 방식대로 살 수 있도록 조금이라도 배려 해주었던가? 프리드먼은 계속한다.

미국에 관한 신화가 생겨났다. 19세기의 미국은 일확천금을 한 고무왕(재벌)의 천지이며 방약무도한 개인주의의 시대인 것처럼 보

---

99) 밀튼 프리드만『선택의 자유』협동연구원 민병균역 1980, 59쪽.
100) 밀튼 프리드만『자본주의와 자유』최정균역 형설출판사 1990, 59쪽.

였다. 무정한 독점자본가가 가난한 자를 착취하고, 이민을 장려하며 이주민들을 교묘하게 수탈한다고 주장했다. 월스트리트는 실의와 비참함을 닫고 살아남은 강인한 중서부의 농민에게 조차도 피를 **빠는** 사기극의 중심인 것처럼 여겨졌다. 실제로는 전혀 달랐다.[101]

프리드먼의 말처럼 미국이 자본가가 노동자와 빈민을 착취하는 사기극의 중심이라는 주장은 아마 실제로는 달랐을 것이다. 그러나 얼마나 크게 다른가 하는 점이 관심의 대상이 되어야 하는 것이 아닐까? 노암 촘스키가 '부자가 가난한 사람을 약탈해야 한다는 미국식 논리'[102]라고 공공연히 말할 때 그 논리를 부정하기가 쉬운 것은 아닐 것이다.

1990년대는 신자유주의자들이 자본가들의 눈에 가시와 같았던 케인즈 학파를 몰아내고 그들의 세상을 만든 그들의 시대였다. 미국의 레이건과 영국의 대처는 신자유주의자들의 이론을 적극 수용하여 세계의 질서를 개편하였다. 구소련과 동구권의 사회주의가 종말을 고한 것과 때를 맞추어 신자유주의는 오늘날 세계를 장악하고 있다. 이에 대해 로버트 맥체스니는 신자유주의를 이렇게 정의한다.

신자유주의는 우리 시대의 정치·경제를 정의해주는 패러다임이다. 정확하게는 소수인 이익집단이 그들의 이익을 극대화하기 위해 가능한 한 많은 분야에서 사회를 지배하도록 허용한 정책과 조치를 가리킨다. 레이건과 대체에서 시작된 신자유주의는 지난 20년 동안 핵심 정치세력이 채택해왔고 우익뿐만이 아니라 전통적인 좌익까지 동참하면서 전 세계를 지배해온 정치·경제의 흐름이었다. 핵

---

101) 밀튼 프리드만 『자본주의와 자유』 최정균역 형설출판사 1990, 59쪽.
102) 노암 촘스키 『그들에게 국민은 없다』 강주현역 2001, 76쪽.

심 정치세력과 그들이 제시하는 정책은 상상을 초월하는 거액투자자와 1천 개가 못 되는 거대기업의 즉각적인 이익을 대변하고 있다.[103]

신자유주의를 옹호한 경제학자와 철학자들은 어느 모로 보아도 부족함이 없는 뛰어난 학자들이다. 이와 같은 뛰어난 학자들이 하나의 집단을 이루어 세계를 좌지우지하는 유력한 세력을 구성한 예는 세계사에서 다시 찾아보기가 드물 정도이다. 그런데 과연 그들이 주장한 신자유주의가 그들의 외면상 보이는 격조와 품위에 맞는 결과를 가져왔을까? 노암 촘스키는 다음과 같이 그들의 성과를 단호하게 부정한다.

신자유주의 옹호자의 드높은 목소리는 소수의 부자들을 위한 정책을 입안하고 있음에도 가난한 사람과 환경에 대해 커다란 혜택을 주는 것처럼 말한다. 신자유주의에 기반을 둔 정책이 이미 다른 나라에서 드러난 현상과 다를 바 없었고 예측하던 그대로였다. 즉 사회와 경제의 불균형이 더욱 심화되었고, 가난한 나라와 그 국민은 극심한 손실을 감수해야 했으며, 세계적인 환경재앙을 불러왔다. 이처럼 세계경제는 극도로 불안한 지경에 빠졌지만, 부자들만은 콧노래가 절로 나오는 황금기를 맞이했다. 이런 현실을 눈앞에 보면서도 신자유주의 질서의 대변자들은 미동조차 하지 않는다. 이런 문제를 더욱 악화시켰던 신자유주의 정책이 방해받지 않는 한, 많은 사람들이 밝은 미래를 맞게 되리라고 주장할 따름이다.[104]

노암 촘스키는 신자유주의가 단지 부자를 더 부자로 가난한 자를 더 가난한자로 만들었을 뿐이라고 주장하는 것이다. 이들 신자유주의

---

103) 노암 촘스키 『그들에게 국민은 없다』 강주현역 모색 2001, 9쪽.
104) 노암 촘스키 『그들에게 국민은 없다』 강주현역 모색 2001, 9쪽.

의 학자들은 바로 그 부자들을 부자로 만들어준 장본인이 된 것이다.

신자유주의 학자들의 공적 중에는 자본가들이 철학자로 행세할 수 있도록 만들어준 것이 있다. 그 공적은 역사상 전무후무한 압권이다.

월러스틴은 자본주의의 미래에 대하여 역사적 자본주의는 20세기 초에 구조적 위기를 맞기 시작했으며 아마도 다음 세기에 역사적 체제로서 끝장을 보게 될 것이라고 말하고 있다.

역사상 가장 화려하고 품격 높은 인력을 보유한 신자유주의자들에 대항하여 투쟁하는 신사회주의자들의 활약은 눈부신 바 있다. 마르크스가 그러했듯 신사회주의자들에게 물질적으로 도움을 주는 자본가들은 없을 것이다. 마르크스가 대단히 뛰어난 인물이었지만 그 생활이 그토록 처참했던 것처럼 신사회주의자들은 오로지 약한 노동자와 농민을 위해 일한다는 신념만으로 활동한다는 점에서 그들은 찬양받을 만하다.

그러나 그들이 월러스틴처럼 대자본가들은 자살할 수밖에 없다는 극단적인 생각을 가지고 있다면 그 부정성의 위력과 박멸의 의지는 신자유주의자들의 것과 같은 원리의 것이다. 신자유주의자들 못지않게 품격 높은 학자인 월리스틴도 결국 마르크스와 마찬가지로 부정성에 대하여 부정성으로 부정하는 오류에서 벗어나지는 못하고 있는 것이다. 다시 말해 월러스틴은 인류적 차원에서 그리고 인간적 차원에서 가장 위험한 자살논리를 되풀이하고 있는 것이다. 부정의 부정이 긍정이라는 위험한 생각은 아직도 지속되고 있는 것이다. 그것이 가장 위험한 자살론이라는 사실은 아무도 생각조차 하지 못하고 있는 것이다. 사실을 사실대로 인식하는 것과 부정성의 위력은 다르다.

이 양대 지식세력의 험악한 싸움이 과연 노동자와 농민들에게 근본적인 도움이 되는 것일까? 아니면 두 배의 고통인 인류의 집단자살을 가져오는 것일까?

20대 80의 민주주의 파시즘

월러스틴은 현재 신자유주의 체제하에서 세계는 극심한 혼돈에 빠져 있고 그 혼돈은 새로운 질서를 창조한다고 볼 때 '예상할 수 있는 새로운 질서는 신봉건주의와 민주주의 파시즘 그리고 평등주의적 세계질서이다.'[105]라고 주장한다.

그 중에서 신봉건주의는 틀림없는 불평등의 세계가 될 것이며 그것은 정당화되기 어려울 것이다. 그리고 평등주의적 세계질서는 가장 이상적이고 실행 가능한 것이지만 그렇다고 확실한 것은 아니라고 말한다.

이 세 개의 유형 가운데 싫든 좋든 우리의 눈앞에 다가와 있는 것은 20대 80의 민주주의 파시즘이다. 즉 신자유주의라고 불리는 것이다. 월러스틴은 이렇게 말한다.

> 그것은 카스트 제도처럼 세계를 두 개의 계층으로 나누고, 어쩌면 1/5가량의 세계인구가 그 상위계층에 편입되는 그런 체제가 될 것이다. 이 상위계층 내에서는 상당한 정도의 평등주의적 분배가 이루어질 수도 있다. 이처럼 커다란 집단 내부에 그런 이익공동체를 기반으로 하여, 이 계층은 나머지 80%의 세계 인구를 완전히 무장 해제된 노동프롤레타리아의 지위에 묶어둘 힘을 갖게 될 것이다. 히틀러의 새로운 세계질서도 바로 이 같은 전망을 품고 있었다. 그것은 실패였다. 그러나 그때 그것은 상위계층의 범위를 너무나 좁게 잡는 식으로 된 것이었다.[106]

---

105) 이매뉴얼 월러스틴 『역사적 자본주의/ 자본주의 문명』 나종일역 창작과 비평, 174쪽.
106) 이매뉴얼 월러스틴 『역사적 자본주의/ 자본주의 문명』 나종일역 창작과 비평, 175쪽.

히틀러의 파시즘은 상위층이 너무 적어 실패했지만 새로운 민주주의 파시즘을 구성하는 새로운 카스트 제도의 부자 20%와 가난한 자 80%의 비율은 실현 불가능한 것이 아니라는 것이다. 이 20%의 부자와 80%의 가난한 자의 격차는 날이 갈수록 심해질 것은 예측하기 어렵지 않다. 지금 세계 곳곳에서 벌어지는 현상이며 이미 우리의 주위에도 이 일들은 닥쳐 있는 것이다.

이 일이 가능하다고 보는 사람들은 크게 나누어 두 가지의 도구가 문제를 해결할 수 있다고 믿는다. 그 하나는 이른바 워싱턴 컨센서스가 이끈 IMF와 WTO와 같은 국제기구이며 또 하나는 언론을 동원한 선전과 티티엔터테인먼트이다. 이들 새로운 도구들은 모두 전통적인 부정성의 위력과 일체대상에 대한 박멸의 도구였던 창검과 총과 대포를 대신하지만 그보다 훨씬 더 강력한 효과를 얻는다는 점에서 세계사적으로 획기적인 것이다. 신자유주의는 이들 도구를 사용하면서 세계화라는 아름다운 포장을 할 수 있었다.

① 워싱턴 컨센서스

신자유주의자들의 그들 나름의 세계질서에 대한 주장이 워싱턴 컨센서스Washington Consensus 로 알려져 있다. '신자유주의를 표방한 워싱턴 컨센서스는 미국정부가 고안한 시장경제의 원칙을 그대로 답습하고 있다. 미국정부의 입김에서 벗어날 수 없는 국제 금융기관들도 그런 시장경제원칙을 옹호하며, 힘없는 나라들을 위한답시고 갖가지 방법을 쓰고 있는데, 주로 엄격한 구조조정 프로그램을 실행에 옮기고 있다. 간단히 말하면 ,자유무역과 자유금융을 기본적인 원칙으로 삼아 시장이 가격을 결정하도록 만들고(적정가격), 인플레이션을 종식시키며(거시경제지표안정), 모든 기업을 민영화한다는 것이다.'[107]

---

107) 노암 촘스키 『그들에게 국민은 없다』 강주헌역 모색 1999, 27쪽.

우리나라의 경우 워싱턴 컨센서스는 IMF경제체제라는 이름으로 잊을 수 없는 고통과 함께 기억되는 장본인이다. 그런데 이 워싱턴 컨센서스를 이끌어낸 주동자들은 민간경제의 대가들이었다. 정확히 말하면, 국제경제의 대부분을 주물럭대고 여론을 주도하고 정책방향을 결정하는 수단까지 지닌 거대기업들이었다.[108]

1971년 국제금융거래의 90%가 무역이나 장기투자와 같은 실질경제에 관련되었고, 투기자본은 10%에 불과했다. 그러나 1990년 그 비율은 완전히 뒤집혔고, 1995년경에는 막대한 자금의 95%가 투기성 자본으로 되면서, 하루 유동량이 7대 산업국의 외환보유액 전체를 초과하는 1조 달러를 넘었고, 80%가 1주일 이내에 상환해야 하는 초단기로 거래되었다. 저명한 경제학자들은 이미 20년 전부터 그 추이가 저성장과 저임금 경제를 가져올 것이라고 경고하며, 파국을 막아줄 수 있는 간단한 조치를 제안했다. 그러나 워싱턴 컨센서스의 주동자들은 고이윤을 보장해주는 예측 가능한 결과를 택했다.[109]

이미 20년 전부터 예측되어온 문제이며 1990년 이후 눈앞에 드러난 문제임에도 우리나라는 그것을 외면했고 결국 IMF체제라는 대참사를 자초했다는 말이 되는 것이다. 우리가 겪어보아서 잘 알지만 IMF체제라는 것에서 여실히 나타나는 신자유주의 경제는 전쟁을 능가하는 부정성의 위력과 박멸의 의지가 담긴 처참한 것이다. 그것은 총소리와 대포소리 없이 조용히 다가와 수많은 가난한 사람들의 목을 죄며 또한 중산층을 사라지게 하고 사회를 급격히 20:80의 사회로 몰아간다. 1993년 유니세프UNICEF 보고서에 의하면 러시아에서만 1년에 50만 명 이상이 신자유주의 개혁의 결과로 목숨을 잃고 있다. 러시아의 사회정책책임자는 최근에 인구의 25%가 최저생활수준 이

---

108) 위의 책, 28쪽.
109) 노암 촘스키 『그들에게 국민은 없다』 강주현역 모색 1999, 34쪽.

하로 전락했으며, 새로운 지배층은 막대한 부를 벌어들이고 있다고 추정했다. 이런 모습 역시 서양에 종속되었던 나라들이 보여주는 전형적인 형태이다.[110] 우리나라의 모습은 과연 어떤 것인지는 통계가 없지만 통계가 없어도 우리는 체험으로 너무나 잘 안다.

② WTO

WTO는 협정에 서명한 70개국의 국경 안에 들어갈 권한을 위임받고 있다. 사실 국제기구가 강대국, 특히 미국의 요구를 거스르지 않을 경우에만 그 역할을 제대로 해낼 수 있다는 사실은 더 이상 비밀이 아니다. 새로운 도구 덕분에 미국은 다른 나라의 국내 문제에 깊숙이 개입하면서 그들에게 법과 제도를 바꾸도록 강요할 수 있게 되었다.[111]

노암 촘스키는 WTO가 빚어낼 미국적 가치의 승리의 결과에 대하여 5가지를 예상하고 있다.

1) 새로운 도구를 이용해서 미국이 다른 나라의 국내 문제까지 개입하게 될 것이다.
2) 미국에 근거를 둔 기업들이 각국 경제의 핵심분야를 인수하게 될 것이다.
3) 기업과 부자에게 혜택이 돌아갈 것이다.
4) 국민 전반에 비용을 전가하게 될 것이다.
5) 새롭고 강력한 무기로 민주주의를 위협하게 될 것이다.[112]

WTO 역시 전쟁을 통하지 않고 전쟁에서 얻은 것보다 더 큰 이익

---

110) 위의 책, 35쪽.
111) 노암 촘스키『그들에게 국민은 없다』강주헌역 모색 1999, 108쪽.
112) 위의 책, 114쪽.

126

을 미국과 부자들에게 안겨준다는 공통점이 있다고 말하고 있다.

③ 티티엔터테인먼트

새로운 형태의 부정성의 위력과 박멸의 의지들은 어느 것이 더 힘없는 나라와 가난한 사람들에게 위력적인지는 알기 어렵다. 그러나 티티엔터테인먼트처럼 교묘하게 민중의 힘을 무력하게 만드는 것도 없다. 신자유주의는 민주주의를 표방하기 때문에 투표권을 가진 80%의 민중을 무력화한다는 것은 가장 큰 걸림돌이 되는 것이다. 80%의 민중이 자신들이 당하는 문제를 정확히 인식하고 조직적으로 대응하면 그 어떤 거짓과 사기와 폭력도 원천적으로 불가능한 것이다. 따라서 대중들을 어리석은 무리로 계속 남겨두고 조그만 혜택이라도 주어 만족하게 함으로써 단결된 힘을 봉쇄하는 것은 매우 중요한 일이다.

티티엔터테인먼트는 이를 위해 태어난 개념으로 지미 카터 미국대통령의 안보보좌관이었던 즈비그뉴 브레진스키가 만든 말이다. 이는 즐기는 것을 의미하는 엔터테인먼트와 젖을 뜻하는 미국 속어 티쯔tits를 합친 말이다. 다시 말해 기막힌 오락물과 적당한 먹거리의 절묘한 결합을 통해서 이 세상의 좌절한 사람들을 기분 나쁘지 않게 만들 수 있다는 것이다.[113]

1995년 9월 미국의 센프란시스코의 페어몬트 호텔에 의미심장한 모임이 있었다. 그 모임은 미국의 부유한 후원자들이 미하일 고르바초프에게 감사의 표시로 재단을 세워주기로 했는데 대략 5백 명 정도의 정치가, 경제인, 학자들을 불러 축배를 들고 있었다. 이 모임은 세계적인 브레인 집단으로서 21세기를 맞는 지구촌이 지향해야 할 새로운 문명의 길을 모색하기 위해 이루어진 것이었다. 이들은 인류의 미래를

---

113) 한스 페터 마르틴/하랄트 슈만 『세계화의 덫』 강수돌역 영림카디널 2002, 27쪽.

이렇게 간단히 결론을 내린다.

> 이들 세계적인 실용주의자들은 인류의 미래를 한마디로 표현한다.
> 그것은 20대 80의 사회라는 말과 티티엔터테인먼트라는 말이다.
> 20대 80의 사회라는 말은, 다가오는 21세기에는 노동 가능한 인구
> 중에서 20%만 있어도 세계경제를 유지하는 데 별 문제가 없다는
> 말이다.114)

여기서는 20대 80의 사회는 월러스틴의 것과 다른 의미로 사용되고 있다. 이것은 부자와 가난한 자의 비율이 아니라, 필요한 노동인구와 필요 없는 노동인구의 비율인 것이다. 그리고 절대다수를 이루는 일자리 없는 필요 없는 노동인구들의 불만을 억제하기 위한 수단으로 티티엔터테인먼트로 충분하다는 것이다.

그런데 아무리 심한 악조건에서도 조금도 좌절하지 않던 사람들이라 해도 티티엔터테인먼트로 이 세상의 좌절한 사람들을 기분 나쁘지 않게 만들 수 있다는 그 경망스럽고 얄팍한 논리에는 상당히 기분 나빠질 것 같다. 그리고 이미 좌절한 사람들 가운데 이 말을 듣고 화내지 않을 사람이 있을까?

MIT대학의 크루그만과 하버드대학의 로렌스는 광범위한 자료에 근거하여 이렇게 말한다. '산업 노동자들이 자동화로 인하여 직업을 상실하게 될 것이라던 1950년대와 1960년대 동안에 팽배했던 우려가, 현재 제조 부분의 일자리 상실이 국제경쟁 때문이라는 선입견보다는 훨씬 진실에 가깝다.'115) 또한 국제 기계공 노동조합의 위원장이었던 윈피싱어는 제네바에 있는 국제 금속 노련의 다음과 같은 연구를 인용하고 있다.

---

114) 노암 촘스키 『그들에게 국민은 없다』 강주헌역 모색 1999, 26쪽.
115) 제레미 리프킨 『노동의 종말』 이영호역 민음사 2001, 27쪽.

향후 30년 이내에 세계 전체 수요에 필요한 모든 재화를 생산하는 데 있어서 현 노동력의 단지 2%만 필요하게 될 것이다.[116]

일본의 컴퓨터 정보화 사회의 주창자인 마스다는 다음과 같이 말한다. '조만간 모든 공장들이 완전히 자동화될 것이고, 아마도 향후 20~30년 내에 사람을 전혀 필요로 하지 않는 공장들이 출현하게 될 것이다.'[117] 20:80의 사회는 이미 막을 수 없는 현실인 것이다.

이 지경에 이르면 생각이 나지 않을 수 없는 인물이 마르크스이다. 그는 일찍이 이렇게 말했다.

기계로서의 노동수단은 곧 노동자 자신의 경쟁상대가 된다. 기계를 통한 자본의 자기증식은 기계로 말미암아 생존조건을 박탈당한 노동자의 수에 비례한다.··· 도구를 다루는 일이 기계의 역할이 되면 노동력의 사용가치와 함께 그 교환가치도 소멸한다.[118]

19세기에 이미 마르크스는 자본주의의 본질에 대해 정확히 꿰뚫었고 오늘날 일어날 일까지 정확히 예언하고 있는 것이다. 오늘날 신자유주의가 지배하는 세계는 과거 로마제국이 걷던 길을 가고 있음은 주지의 사실이다. 로마제국의 네로황제가 집권하던 서기 54년에서 68년까지 약 2천 명에 불과한 소수사람들이 라인강에서 유프라테스강 사이의 토지 대부분을 차지했었다. 당시 전체 인구는 극소수의 부유층과 대다수의 빈곤층으로 크게 대별되었는데 부유층의 경우에는 보통 부유층이 아니라 최고 부유층이었다.[119]

이는 로마판 창조적 파괴가 낳은 로마제국판 집단자살행위였다.

116) 제레미 리프킨『노동의 종말』이영호역 민음사 2001, 27쪽.
117) 위의 책 27쪽.
118) 칼 마르크스『자본론1』김영민역 이론과 실천 1987 491쪽
119) 모리스 버만『미국문화의 몰락』심현식 황금가지 2002, 33쪽.

과거 서방을 지배한 로마는 이와 같은 극단적인 불평등으로 치달을 수밖에 없는 사회적 구조결함을 가지고 있었고 결국 로마는 그 결함으로 망한 것이다. 그 제국이 망하는 동안 다시 말해 창조적 파괴가 진행되어 극소수에게 부의 집중화가 진행되는 동안 대다수의 민중이 당한 고통이 어떠했을지는 어렵지 않게 상상할 수 있는 것이다.

오늘날 이와 같은 창조적 파괴의 진행 다시 말해 가난한 자에 대한 부자의 부정성의 위력은 전 인류적인 규모로 다가와 있다. 오늘날 이 지구상에 있는 358명의 초특급 부자들의 재산을 모두 합치면 지구촌 인구의 약 절반에 해당하는 25억 명의 전 재산을 합친 것과 비슷하다.[120]고 한다. 미국의 경우가 곧 우리의 경우인가? 1973년 미국의 경우 1973년 대기업의 CEO들은 대부분 노동자들이 벌어들이는 수익의 40배에 해당하는 급여를 받았는데 반해 지금은 419배 이상에 달하는 급여를 받고 있다. 라이히의 지적에 따르면 1998년도의 경우 빌 게이츠의 순수익이었던 460억 달러는 미국 전체 하위 40%에 속하는 이자소득자들의 순수익을 합산한 금액보다 다 많았다.[121]고 한다. 이것은 이 시대의 집단자살행위인가?

로마의 문제가 이미 지구촌의 문제가 된 것이며 그 경향은 날로 심화되어가고 있는 것이다. 오늘날의 희망 없는 시민들에게 주어지는 적당한 볼거리와 먹거리로 장식된 티티엔터테인먼트는 로마의 노예검투사들이 자기들끼리 혹은 맹수들과의 싸움으로 희망 없는 로마시민들에게 즐거움을 주었던 검투사문화의 재판인 것이다.

로마제국과 마야제국은 공통점이 하나 있다. 그것은 부정성의 변증법을 통치에 사용한 것이다. 로마는 콜로세움을 세워 수많은 가련한 전쟁포로와 죄수들의 피를 뿌려 게임을 운영했고, 그것은 로마의 귀족

---

120) 한스 페어 마르틴/하랄트 슈만 『세계화의 덫』 강수돌역 영림카디널.
121) 모리스 버만 『미국문화의 몰락』 심현식 황금가지 2002, 24쪽.

들이 부정성의 위력으로 제국을 운영하는 일에 민중들을 공범으로 끌어들인 것이다. 민중들은 투표권을 통치자에게 빼앗긴 대신 경기관람권을 공짜로 얻은 것이다. 로마제국에 있어서 콜로세움의 게임은 부정성의 위력의 상징과도 같은 것이었다. 결국 로마는 그들이 잡아와 콜로세움에서 유흥으로 죽이던 그 야만인들에 의해 망한 것이다.

마야제국도 신전에서 전쟁포로들을 무수히 제물로 삼아 죽임으로서 제국을 통치했다는 점에서 마야제국의 민중들은 지배자들의 부정성의 위력에 공범으로 동참했고 그들에게서 죽어간 바로 그 야만인들에 의해 제국은 무너졌을 것이다.

오늘날 우리는 로마제국이나 마야제국의 통치자들이 민중들에게 보여주었던 것보다 더 재미있고 잔인하고 음탕한 장면을 텔레비전을 비롯한 여러 가지 매체를 통해 언제든 원할 때 즐길 수 있다. 그런데 혹시 로마제국이나 마야제국의 통치자들에게 당시 민중들이 빼앗겼던 것만큼 또는 그 이상의 것을 이 시대의 민중들은 새로운 형태의 지배자들에게 빼앗기고 있지 않을까?

과연 20대 80의 사회와 티티엔터테인먼트는 성공할 것인가에 대해 역사는 그 나름대로의 답을 이미 내놓고 있다. 그러나 우리 한겨레가 찾아야 할 답은 이와 같은 신자유주의의 부정성의 위력을 긍정성의 위력으로 전환하고 박멸의 의지를 평화의 의지 생명의 의지 최적화의 의지로 전환함으로써 모두가 이기는 제3의 답이다.

5

제4차대전과 독선

⌒⌒⌒

오늘날 세계질서를 상징적으로 대변하는 사람들은 신보수주의자 네오콘으로 알려져 있다. 이들은 스스로를 스트라우시안이라고 부를 정도로 레오 스트라우스의 정치철학은 그들의 모든 행동에 영향력을 행사한다. 스트라우스는 그의 정치철학에 대하여 이렇게 말한다.

> 정치적인 것들이란 본질상 시인과 부인, 선택과 거부, 칭송과 폄하의 대상이다. 그것들은 본질적으로 중립적이지 않으며 인간들의 복종, 충성, 결정 혹은 판단을 요구한다. 정치적인 것들이 무엇인가 하는 것은 그것들이 제기하는 바를 명시적으로 또는 묵시적으로 선과 악, 정의와 불의의 차원에서 진지하게 검토하지 않을 경우 이해될 수 없다.122)

모든 정치적인 것들은 선과 악, 정의와 불의의 차원에서 검토해야 한다는 스트라우스의 정치철학은 전혀 새로운 것이 아니다.

스트라우스의 선과 악의 단순한 이분법을 볼 때 니체가 사유했던 선악에 대한 강력한 비판이 떠오르는 것이다. 니체는 이렇게 말한다.

---

122) 레오 스트라우스 『정치철학이란 무엇인가』 양승배역 아카넷 2002, 13쪽.

유럽사람들은 소크라테스가 알 수 없다고 생각했다는 것, 그리고 저 옛날의 유명한 뱀이 가르쳐 준다고 약속한 일이 있다는 것을, 확실하게 알고 있다. 즉 그들은 오늘날 무엇이 선이며 무엇인 악인 가를 알고 있다. 설령 우리들로서는 다음과 같은 일을 어디까지나 되풀이해서 주장하지 않을 수 없다. 즉 여기서 선악이 무엇인지 안 다고 믿고 있는 자, 스스로의 칭찬이나 비난으로서 자화자찬하며 자기 자신이 선이라고 말하는 자, 그것은 축군적 인간의 본능인 것 이라고, 이 본능은 급작스럽게 나타나서 다른 모든 본능을 능가하 며 우월하게 되었다. 오늘날의 유럽에 있어서 도덕이란 축군적 도 덕이다.[123]

니체에 의하면 선악의 기준은 언제나 자신에게 이익이 되는 것에 한한다. 즉 '인간은 무엇을 하든지 항상 선을, 그의 지식의 정도나 분별의 그때 그때의 척도에 따라서 언제나 자신에게 선(유익)이라고 생각되는 일을 행하는 것이다.'[124] 즉 자신에게 유익한 것이 곧 선이 라는 것이다. 스트라우스가 세계를 선과 악의 이분법으로 나누는 정치 철학이 대단히 효과적이라는 사실은 이미 짜라투스트라 이후 약 삼천 년간 역사가 입증된 바가 있는 강력한 경험적 담보를 제공한다.

스트라우스는 선과 악의 이분법을 적용하기 위해 대다수의 민중들 의 마음을 움직이는 선전이야말로 불가결의 요소라는 사실에 대하여 명확한 인식을 하고 있었다. 그는 이렇게 말한다.

예수는 십자가에 처형당한 만큼 실패했다. 그러나 그가 기초한 새 로운 양식과 질서를 수많은 민족들의 수많은 세대들이 수용했던 만큼 그는 실패하지 않았다. 기독교의 이러한 승리는 선전 때문이

123) 니체 『도덕의 피안』 박준택역 박영사 1986, 159쪽.
124) 니체 『인간적인 너무나 인간적인』 최혁순역 인문출판사 1988, 63쪽.

었다.[125)]

스트라우스는 무장하지 않은 예언자가 모두 실패했다는 마키아벨리의 주장을 뒤엎은 것이다. 마키아벨리는 '모세, 시이러스, 테시우스, 로물루스 등도 그들이 무력을 갖고 있지 않았다면 그들의 율법을 오랫동안 그들의 민중이 지키도록 하는데 실패했을 것이라고 말한다. 따라서 무기를 든 예언자는 승리를 거둘 수 있었음에 비하여 말뿐인 예언자는 결실을 보지 못하는 것이다.'[126)] 라고 말한 것이다.

스트라우스만큼 니체를 이해한 철학자도 드물다. 스트라우스에게 '니체는 모든 가치와 도덕은 인위적으로 창조된 진리라는 치명적인 진리를 알고 이를 근거로 역사주의와 상대주의의 자기모순과 위험성을 극복하기 위한 새로운 철학의 지평을 추구한 철학자로도 비쳐진다.'[127)]

스트라우스는 현존하는 세계의 가치와 도덕이라는 것이 단지 인위적으로 만들어진 것이라는 니체의 주장을 충분히 이해하고 있다. 선악의 이분법은 힘의 의지를 말하는 니체의 철학에 의해 강력한 힘을 바탕으로 하는 선악의 이분법인 것이다.

스트라우스의 선악이분법이 니체의 변증법에 영향을 받았다는 사실은 정치철학으로서는 대단히 획기적인 것이라고 하지 않을 수 없는 것이다. 스트라우스는 니체의 평등주의와 민주주의, 사회주의, 무정부주의에 대한 혐오와 비판을 분석하면서 니체의 철학이 20세기를 준비하는 예언적 철학임을 주장하며 이와 같이 말한다.

새로운 상황은 새로운 귀족의 출현을 필요로 한다. 그것은 새로운

---

125) 레오 스트라우스『정치철학이란 무엇인가』양승배역 아카넷 2002, 61쪽.
126) 마키아벨리『군주론』임명방역 삼성출판사 1983, 47쪽.
127) 김영국외『레오스트라우스의 정치철학』서울대학교출판부 1996, 327쪽.

이상에 의해 형성된 새로운 귀족이어야 한다. 이것이 니체의 초인에 대한 가장 분명한, 따라서 가장 피상적인 의미규정이다. 인간의 위대성에 대한 과거의 모든 관념을 가지고는 인간이 세계가 부과하는 무한정의 책임을 감당할 수 없다. 철학자가 무엇인가에 대해 니체만큼 장엄하고 숭고하게 말한 사람이 없다고 말한 것은 무리가 아니다.[128]

스트라우스의 정치철학은 니체적인 강력한 힘의 의지에 근거하고 있으며 또한 선전술의 무기를 최대한 활용하는 정치철학으로서 반드시 이기는 정치철학임을 알 수 있는 것이다.

스트라우스의 정치철학은 신자유주의 경제학이 반드시 당장 이익을 남기는 경제학인 것과 절묘한 한 쌍을 이루고 있다. 그리고 그 대상으로 하는 시간이 단기적이라는 점에서 화전농법火田農法과 같이 약탈적이라는 점에서도 절묘한 한 쌍을 이루고 있다.

레이건 행정부가 출범하자 네오콘들 중 상당수가 입각했다. 레이건 전 대통령은 소련을 악의 제국으로 부르는 등 이들의 주장을 적극 수용했으며, 이들은 냉전을 승리로 이끈 것이 자신들의 공로라고 생각했다. 1991년 소련 붕괴로 세계는 평화의 시대를 맞게 되었고 네오콘들은 일시적으로 설 땅을 잃어버렸다. 이들과 밀접한 관계를 맺어온 군산복합체도 마찬가지 입장이었다. 이들은 소련을 대신할 다른 악이 필요했다. 이때 떠오른 적대세력이 바로 사담후세인이었다.[129]

지금 세계의 지식계에서 이 네오콘들의 위력을 모르는 사람은 없을 것이다. 그리고 스트라우스의 정치철학이 설명하는 선악이분법이 미

128) 김영국 외 『레오스트라우스의 정치철학』 서울대학교출판부 1996, 373쪽.
129) 이창훈 『네오콘』 미래M&B 2003, 94쪽.

국의 레이건 시대에는 악의 제국으로 그리고 부시시대에는 악의 축으로 부르게 된 사정에 대하여 이해할 수 있을 것이다.

스트라우스가 네오콘에게 영향을 미쳤던 것 중 가장 중요한 것은 종교의 힘이다. 종교가 없다면 대중을 통제할 수 없기 때문이라는 것이다. 하지만 종교는 단지 대중에게만 필요하고 통치자는 종교에 억매일 필요가 없다고 생각했다. 종교의 정치적 용도는 대중의 아편으로 사용하라는 관점이다. 네오콘들이 신자는 아니지만 종교적 경향을 가지고 있는 것은 스트라우스의 경향으로 보인다[130]는 것이다. 하버드 대학 올린 전략연구소장인 스트븐 피터 로젠은 하버드 매거진 2002년 5월호에서 미국의 21세기 새로운 전략을 이렇게 밝혔다.

> 미국은 라이벌이 없으며 군사적으로 세계를 지배하고 있다. 우리는 다른 국가들의 국제문제에 개입할 수 있는 군사적 지배권을 사용할 수 있다. 우리의 목적은 경쟁자들과 전쟁을 하려는 것이 아니라 제국적 질서를 유지하는 것이다. 질서를 유지하려는 제국적 전쟁은 제한되어서는 안 된다. 우리는 적대적 정부들을 제거하고 우호적인 정부를 세우는 것이다. 제국적 전략은 제국에 대항하는 강력하고 적대적인 도전자들의 등장을 필요하다면 전쟁이라는 수단으로 막는 것이다.[131]

이러한 말은 로마제국의 오만한 귀족들의 말이 아니라 바로 2002년에 미국 하버드대학의 잡지에 실렸던 말이다. 네오콘들은 제3차대전은 이미 미국의 승리로 끝나고 지금은 제4차대전이 진행중이라고 한다. 네오콘의 군사전략가 엘리엇 코언은 2001년 11월 20일자 월스트리트 저널 오피니언 면에서 기고한 4차 세계대전이라는 제목의

---

130) 위의 책 107쪽.
131) 이창훈 『네오콘』 미래M&B 2003, 150쪽.

글에서 미국은 이 전쟁에서 승리해야 한다고 주장했다.

> 전쟁은 9.11 이전부터 시작되었다. 이 전쟁의 이름은 제4차 세계
> 대전이다. 냉전은 3차 세계대전이었다. 우리는 냉전을 통해 세계의
> 모든 분쟁이 수백만 명의 병력의 이동과 지도위의 전선을 그리지
> 않더라도 발생한다는 사실을 깨달았다. 냉전과 유사하게 4차 세계
> 대전은 폭력과 비폭력이 섞인 형태가 될 것이며 대규모 병력이 아
> 니더라도 자원과 기술 등의 동원이 필요하다. 또 이 전쟁은 오랜
> 기간 계속될 것이며 사상적인 뿌리도 있다. 이 전쟁의 적은 테러리
> 즘이 아니라 호전적인 이슬람이다. 적은 이데올로기를 가지고 있
> 다.[132]

네오콘의 군사전략가 엘리엇 코언에 의하면 4차 세계대전의 적은
테러리즘이 아니라 호전적인 이슬람이라는 것이다. 그런데 4차 세계
대전은 울포위츠로부터 출발했다고 해도 과언이 아니다. 울포위츠는
기회 있을 때마다 미국의 안보에 위협이 되는 세력을 예방전쟁 차원에
서 먼저 공격해야 한다고 주장해왔다[133]는 것이다.

이러한 움직임은 새로운 상태의 부정성의 위력이 미국에 의해 호전
적인 이슬람에게 가해지고 있는 듯한 인상을 주며 그것이 제 4차 세계
대전이라고 말하는 듯하다.

이슬람과 서방의 역사는 이와 같은 대대적인 충돌의 예를 이미 가지
고 있다. 그것은 십자군전쟁이다. 아메리카의 홍인종들과 아프리카의
흑인종들은 서방과 충돌한 경험이 없었지만 이슬람은 십자군전쟁에
서 충분하리만큼 많은 경험을 가지고 있으며 그에 대한 풍부한 기록을
가지고 있다는 점이 흑인이나 인디언과 크게 다른 점이다.

---

132) 위의 책, 154쪽.
133) 위의 책, 161쪽.

십자군전쟁에서 이슬람의 사가들은 십자군들의 전투력에 대하여 대단히 높게 평가하고 감탄하고 있다.[134] 그러나 아랍인들은 서방인들의 비문명적인 야만성에 대해 큰 경멸의 기록을 남기고 있으며 그들에게 상대적인 우월감을 기록하고 있다. 이슬람은 서방에 대해 정신적으로 조금도 지지 않고 있는 것이다. 이것은 매우 중요한 문제이다. 그들이 남긴 기록을 보자.

나블루스에서 나는 희한한 광경을 목격하게 되었다. 두 사내가 한 문제를 두고 다투었다. 이유는 이러했다. 무슬림 폭도들이 인근 마을을 습격했는데 농부 한 명이 그들의 안내인 노릇을 했다는 혐의를 받았다. 그는 즉시 도주했다가 풀크 왕이 그의 가족들을 감옥에 가두었다는 소식을 듣고는 돌아왔다. "나를 공정하게 처리해주십시오. 나를 고발한 자와 겨루도록 허락해주십시오." 농부는 왕에게 이렇게 청했다. 그러자 왕은 그 마을을 봉토로 하사받은 영주에게 말했다. "싸울 사람을 데려오너라." 영주는 마을에서 일을 하던 대장장이를 지목하고 그에게 말했다. '결투는 네가 참여하거라.' 영주는 마을의 농부 중 한 명이 결투에 참여하여 죽는 것을 원치 않았다. 그랬다가는 농사에 지장을 줄 수 있기 때문이다. 내가 보니 그 대장장이는 건장한 젊은이였다. 그런데 앉거나 움직일 때마다 늘 마실 것을 달라고 하였다. 한편 죄인으로 고발당한 자는 용기 있는 늙은이였는데 손가락을 딱딱 마주치면서 맞설 의사를 표시하였다. 나블루스의 영주인 자작이 앞으로 가서 각자에게 창과 방패를 하나씩 준 다음 그들 주위로 구경꾼들을 둘러서게 하였다. 싸움이 시작되었다. 노인이 대장장이를 밀었다. 그는 군중 쪽으로 물러났다가 다시 결투장 한복판으로 돌아왔다. 수차례의 가격이 오갔는데 어찌나 격렬했던지 결투자들의 피만이 일직선으로 오가는 것

---

134) 아민 말루프 『아랍인 눈으로 본 십자군 전쟁』 김미선역 아침이슬 2002, 194쪽.

같았다. 속히 매듭을 짓기를 바라는 자작의 부추김에도 불구하고 싸움은 끝날 줄을 몰랐다. '어서, 빨리!' 자작이 그들에게 외쳤다. 마침내 노인이 기운이 빠지자 대장장이는 망치를 다루던 경험을 되살려 그에게 일격을 가하여 그를 넘어뜨렸다. 노인의 손에서 창이 떨어졌다. 대장장이는 노인에게 달려들어 그의 눈에 손가락을 찔러 넣으려고 했으나 피범벅이 된 상태라 조준하기가 쉽지 않다. 그래서 대장장이는 일어서서 결정적으로 창을 꽂았다. 사람들은 즉시 시신의 목에 밧줄을 걸고 그를 교수대까지 끌고 갔다. 보시라, 이것을 프랑크인들은 재판이라고 한다![135]

프랑크인 즉 유럽인들의 재판을 목격한 아랍인들의 눈에 이 재판은 야만스럽기 짝이 없는 것이었다. 그 재판은 간단명료하게도 이긴 자는 선이며 진자는 악인 것이다. 12세기의 아랍인들에게 재판은 대단히 진지한 사안이었기 때문이다. 무슬림의 법관이라 할 수 있는 카디들은 두터운 신망을 받는 인물들이었으며 그들은 판결을 내리기 전에 꾸란에서 정한 논고, 변론, 증언이라는 정확한 절차를 따라야 했다[136]는 것이다. 즉 힘보다는 정의가 앞서며 그것을 법이 담보한다는 것이다.

아랍인들이 유럽인들에게 경멸감을 나타낸 소위 신명재판神明裁判도 아랍인들에게는 무시무시한 잔혹극처럼 보였다. 신명재판에는 화형과 더불어 물고문도 있었다. 예를 들어보자.

그들은 물을 가득 채운 커다란 통을 준비하였다. 그리고 혐의를 받은 청년의 온 몸을 결박한 채 배꼽 근처에 밧줄을 매달아 통 안으로 떨어뜨렸다. 그들은 말하기를 그가 결백하다면 물통 바닥으로 가라앉을 것이니 그 때 밧줄을 당겨 끌어올릴 것이라고 했다. 만약

135) 아민 말루프 『아랍인 눈으로 본 십자군 전쟁』 김미선역 아침이슬 2002, 191쪽.
136) 위의 책, 191쪽.

그가 죄가 있다면 물속으로 빠질 수가 없을 것이라고 했다. 그 불행한 사내는 물 속으로 던져지자마자 사력을 다해 바닥으로 가라앉으려 했다. 그러나 성공하지 못하고 가혹한 벌을 집행 받아야 했다. 신이여, 그들을 벌주소서! 이윽고 그들은 벌겋게 달군 꼬챙이로 그의 눈을 찔러 소경을 만들어버렸다.[137]

이 기록들에 의하면 적어도 유럽인들은 역사적으로 이슬람 세력들에게 존경을 받아온 것 같지는 않다. 소위 1차, 2차, 3차대전은 물질의 전쟁이었다. 우수한 무기와 풍부한 병참 그리고 강력한 경제력이 전쟁의 승패를 좌우하였다. 그러나 4차 세계대전은 물질만의 전쟁은 아닌 듯하다.

소위 이 4차 세계대전도 미국의 승리로 돌아갈지도 모른다. 우리는 인디언과 흑인에 이어 호전적인 이슬람 세력들이 박멸의 대상이 되는 것을 보게 될까? 소위 4차 세계대전에서 미국이 이기면 제5차 세계대전은 없을까?

더구나 또 다른 악의 그 무엇이 등장하기 이전에 그 악의 축에 북한이 포함된다는 점에서 이 4차 세계대전은 우리 한겨레에게 비상한 관심을 일으키는 것이다.

우리 한겨레는 2차대전과 냉전이라는 3차대전 그리고 악의 축에 대한 4차 대전까지 인류역사상 가장 무서운 부정성의 위력과 박멸의 의지 앞에 아무 죄 없이 깊숙이 말려들고 있는 것이다. 아무 죄 없이 이 재앙에 말려 들어간 사람들이 우리만은 아니다. 하지만 그 무서운 부정성의 위력이 작용하는 재앙을 천재일우의 기회로 활용한 사람들이 바로 오늘을 사는 우리 한겨레라고 장차 세계사가 기록할 것을 필자는 소망한다.

---

137) 아민 말루프 『아랍인 눈으로 본 십자군 전쟁』 김미선역 아침이슬 2002, 193쪽.

6

원자폭탄의 독선

원자폭탄에 대한 우리 한국인들의 감정은 지금까지는 그야말로 감정적으로 보인다. 원자폭탄이 당시 우리나라를 강탈한 장본인인 일본의 두 개의 도시에 떨어짐으로써 우리가 해방되는 일에 결정적인 역할을 했다는 일반적인 오해에서 빚어졌기 때문이다.

여기서 오해라고 말하는 부분에 대해 대부분의 우리나라 사람들은 그것이 왜 오해인가라고 반문하리라고 생각한다. 우리는 이 부분에 대해 제대로 알려고 하지 않았고 그저 일본에 대한 적대감에서 단순하게 대하는 동안 원자폭탄이 가지고 있는 그 무서운 부정성과 박멸의 위력을 사용하는 사람들이 가지고 있는 더 무서운 부정성의 위력과 박멸의 의지에 대해 전혀 읽지 못했다.

그것은 근본적으로 일본인에 대한 문제가 아니라 인간에 대한 문제로서 우리도 당장 당할 수 있는 현실적인 문제이기도 하다는 점에서 핵무기의 문제에 대해 새로운 인식의 출발이 필요한 것이다.

우선 우리가 전혀 몰랐던 사실은 일본은 원자폭탄이 아니더라도 이미 항복을 할 준비가 되어 있었다는 사실이다. 전쟁이 끝난 후 700 명의 일본인 군관계자 및 행정관을 인터뷰한 미국 전략폭격조사단은 다음과 같은 결론에 도달했다.

모든 사실에 대한 세부적인 조사와 관련된 일본인 생존 지도자들의 증언을 토대로 조사단이 내린 견해는 다음과 같다. 일본은 원자폭탄이 투하되지 않았다 해도, 러시아가 전쟁에 개입하지 않았다 해도, 침공 작전이 계획되거나 고려되지 않았다 해도, 1945년 12월 31일 이전에, 아마도 1945년 11월 1일 이내에 틀림없이 항복했을 것이다.[138]

이 같은 사정이 탐지 되지 않았을 리가 없을 터인데 왜 미국정부는 서둘러 원자폭탄을 투하했을까? 역사학자 가르 알페로비츠가 최종결정에 가장 큰 영향을 미쳤던 트루먼의 최측근 관리들의 서류, 특히 헨리 스팀슨의 일기를 검토하고 나서 내린 결론은 이러하다.

원자폭탄을 떨어뜨린 것은 전후 세계에서 미국의 힘을 확립하기 위한 첫 번째 행동으로서, 소련에 힘을 과시하기 위해서라는 것이다. 그는 소련이 8월 8일 대일전에 참가하기로 약속했다는 사실을 지적했다. 원자폭탄은 8월 6일에 투하되었다.[139]

따라서 하워드 진은 '갖가지 증거들로 미루어 볼 때, 원자폭탄을 투하한 목적은 전쟁에서 승리하기 위한 것은 아니었다. 그것은 이미 보장되어 있었다. 미국이 일본영토를 침공할 필요는 거의 없었으니까. 결국 그것은 그 당시에, 그리고 전후에 미국의 국가적 위신을 강화하기 위해서였을 뿐이었다. 이와 같은 목적을 위해 동원된 수단은 인류의 발명품 가운데 가장 끔찍한 것이었다. 사람들을 산채로 불태우고 끔찍한 불구자로 만들었으며 엄청난 고통 속에서 서서히 죽어가게 하는 방사능 후유증을 남겼다.'[140]라고 말하고 있다.

---

138) 하워드 진 『오만한 제국』 이아정역 당대 2001, 48쪽.
139) 위의 책, 50쪽.
140) 하워드 진 『오만한 제국』 이아정역 당대 2001, 51쪽.

우리가 감정적으로 인식하고 있는 사실과 이 증언들과는 엄청난 차이가 있다는 사실을 확인할 수 있다. 우리는 원자폭탄을 우리 한겨레를 해방시키고 우리를 괴롭힌 일본인들을 공포에 떨게 하여 전쟁을 일찍 끝낸 신기한 물건으로 알지 않았던가?

원자폭탄의 사용여부 결정을 맡았던 임시위원회의 책임자 헨리 스팀슨은 뒷날 원폭투하는 장병들의 인명손실을 가능한 한 최소화시키면서 전쟁을 승리로 끝내기 위한 것 이었다[141]고 말했다. 이 말은 우리가 이미 확인한 내용으로 볼 때 믿기 어려운 말이다. 그리고

> 히로시마에 투하된 폭탄은 대략 14만 명을 죽음으로 몰아넣었고, 나가사키에서는 7만 명이 죽었다. 그 후 5년간 13만 명이 더 죽었고, 그 외 수십만 명이 방사능에 피폭되어 불구가 되었다.[142]

라는 상세한 피해보고를 앞에 두고도 그런 말을 할 수 있을까? 트루만은 원자폭탄을 투하하고 국민에 다음과 같이 말했다.

> 세계는 이 최초의 원자폭탄이 군사기지인 히로시마에 투하되었다는 점을 주목할 것이다. 우리가 이 첫 번째 공격에서 가능한 한 민간인 살상을 피하려고 했기 때문이다.[143]

트루만은 히로시마에 원자폭탄을 투하한 것이 민간인들의 살상을 가능한 한 피하려고 했다고 말하지만 그의 말은 이미 신뢰가 가지 않는다. 히로시마와 나가사키의 원자폭탄 투하에 대해 가장 큰 충격을 받은 사람들은 원자폭탄이 만들어질 수 있도록 원리를 제공한 원자물

---

141) 위의 책, 47쪽.
142) 위의 책, 169쪽.
143) 위의 책, 169쪽.

리학자들일 것이다. 불확정성의 원리를 발견한 물리학자 하이젠베르크는 당시 원자물리학자들의 충격과 공황상태에 대해 이렇게 말한다.

1945년 8월 6일 오후, 카를 바르츠가 내게 오더니 일본의 히로시마라는 도시에 원자폭탄이 투하되었다는 소식을 막 라디오에서 발표하였다고 말하였다. 나는 이 보도를 우선 믿고 싶지 않았다. 원자폭탄제조를 위해서는 우선 수십억 달러에 달하는 막대한 기술개발 비용이 필요하다고 확신하고 있었기 때문이다. 또 심리학적으로도 내가 잘 아는 미국의 원자물리학자들이 이 프로젝트를 위하여 그렇게 전력을 투입하였다고는 믿어지지 않았다. 그러나 그날 밤 라디오에서 거기 소요된 막대한 기술출자에 대한 뉴스 해설자의 설명을 듣고서 나는 25년이라는 긴 세월을 통하여 우리가 심혈을 기울이던 원지물리학의 발전이 지금 10만 명을 훨씬 넘는 인간의 죽음의 원인이 될 수밖에 없었다는 엄연한 사실에 직면하지 않을 수 없었다. 물론 오토 한이 가장 깊은 충격을 받았다. 우라늄핵분열은 그의 가장 큰 중대한 과학적 발견이었고, 아무도 예상할 수 없었던 원자기술론의 결정적인 제1보였던 것이다. 그런데 이 제1보가 바로 지금 대도시와 그 주민들에게 -대부분은 전쟁에 대하여 아무 책임이 없고 무장도 하지 않은 그 많은 사람들에게- 무서운 종말을 가져온 결과가 된 것이다. 오토 한은 너무나 놀라고 당황하면서 자기 방으로 들어가 버렸다. 우리는 그가 혹시 자살을 기도하는 것이 아닌가 하고 걱정이 될 정도였다. 오토 한 이외의 사람들은 그날 밤에 흥분하여 경솔한 말들을 서로 퍼부은 것으로 생각된다. 우리는 다음날 아침에야 비로소 생각을 정리할 수 있었고, 일어난 사건을 심각하게 고찰할 수 있었다.[144]

원자폭탄의 투하는 원자폭탄의 원리와 기술을 발견한 물리학자들

---

144) 하이젠베르크『부분과 전체』김용준역 지식산업사 2001, 269쪽.

을 거의 발광에 가깝도록 미치게 한 사건이었음을 말해주는 기록이다. 하이젠베르크는 이렇게 묻고 있다.

> 인구 10만 명의 인명을 앗아간 그 원자폭탄을 다른 무기와 같이 취급될 수 있는 것일까? 예부터 내려오는 원칙, 즉 악을 위해서는 허락되지 않는 수단이라도 허락될 수 있다는 원칙이 여기서도 적용될 수 있는 것일까? 즉 선을 위해서는 원자폭탄을 만들어야 하고, 악을 위해서는 그것을 만들어서는 안 되는 것일까? 세계사에서 유감스럽게도 되풀이 관철되고 있는 이 견해 여전히 옳은 것이라면 도대체 누가 선과 악을 결정하는 것일까? 확실히 히틀러와 국가사회주의자들이 행하는 일을 악이라고 규정하기는 쉬울 것이다. 그렇다면 미국이 하는 일은 모두 선이란 말인가? 어떤 일이 선이냐 악이냐를 결정하는 것은 그 일의 성취를 위하여 사용하는 수단의 선택이 바로 그 규준이 된다는 원칙은 여기서도 타당하지 않을까? 물론 전쟁이란 모두 악한 수단을 사용하고 있다는 것은 뻔한 노릇이지만, 그러나 역시 어느 정도까지는 정당화 될 수 있고, 그 정도를 넘어서면 정당화될 수 없는, 그러한 정도의 차이라는 것은 존재할 수 없는 것일까?[145]

우리가 이 책에서 지금까지 문제로 삼고 논의하고 있는 핵심적인 문제를 하이젠베르크는 짚고 있다. 옛날부터 내려오던 그 도덕의 관점이 문제라는 것을 그는 지금 말하고 있는 것이다. 이 원자폭탄이라는 어마어마한 무기를 사용하는 일에 누가 선과 악을 결정하는가의 문제를 제기하고 있는 것이다. 도대체 누구에게 수십만 명의 인명을 빼앗을 선악에 대한 기준이 있느냐는 의문을 제기하고 있는 것이다. 얼마나 근본적인 철학적 의문을 제기하고 있는가, 하이젠베르크는!

---

145) 위의 책, 269쪽.

7

공산주의자들의 독선

마르크스에 대해서는 이해보다는 오해가 많다는 주장은 옳다. 마르크스의 저서를 단 한권이라도 제대로 읽은 사람은 흔치 않다. 그러나 마르크스에 대해 비난을 퍼붓는 사람들은 언제나 넘치도록 많다. 그 이유에 대하여 에리히 프롬은 이렇게 말하고 있다.

> 마르크스가 한때나마 또 상당히 오랫동안 자유의 적으로 간주되었던 까닭은 스탈린이라는 광신적 협잡꾼이 마르크스의 미명 아래 수많은 일을 저질렀기 때문이며, 또 서구사회가 마르크스에 대하여 지독히 무지했기 때문이다.146)

에리히 프롬은 마르크스주의와 스탈린주의에 대하여 분명한 한계를 그었다. 그것도 프롬과 같은 학자로서는 여간해서는 쓰지 않는 협잡꾼이라는 점잖지 못한 최악의 칭호를 스탈린에게 부여하면서 마르크스와의 차별성을 강조하고 있다.

마르크스는 자본주의가 갖는 문제에 대해서는 그 어느 자본주의 철학자들보다 더 진지하고 정확하게 분석해냈다.

프롬은 스탈린이 마르크스라는 미명으로 온갖 일을 저질렀다고 분

---

146) E.프롬/H.포핏츠 『마르크스의 인간관』 김창호역 동녘 1983, 73쪽.

통을 터뜨리고 있다. 그러나 정작 마르크스의 이론으로 공산주의 국가를 세우고 유지하는 일이 불가능했다는 핵심적인 사실은 말하지 않고 있는 것이다.

마르크스의 저서에서 공산주의 건설을 위한 실천강령이라는 것이 한 가지 있다면 다음과 같은 공산당선언의 마지막 구절뿐이다.

> 지배계급으로 하여금 공산주의 혁명 앞에 전율케 하라! 프롤레타리아가 이 혁명에서 잃을 것은 쇠사슬뿐이며 얻을 것은 전 세계이다. 만국의 노동자여 단결하라![147]

자본주의를 악으로 몰아세워 맹렬히 비난하는 것과 공산주의의 이론을 세워 공산주의를 건설하는 것과는 조금도 관련이 없다는 사실에 주목하는 학자는 아직 본적이 없다. 또한 프롬은 스탈린은 악이며 마르크스는 선이라는 이원론적 일원론식의 부정성의 변증법을 적용하고 있다. 물론 프롬의 이 변증법은 마르크스가 즐겨 사용한 부정성의 변증법이다.

그리고 프롬은 스탈린의 소련은 사회주의가 아니라고 말한 것과 같다. 크리스 하먼은 이에 대해 아예 소련은 공산주의가 아니라 자본주의의 전시체제인 국가자본주의 체제라고 주장한다. 우리 한국인의 경험에 비추어 알기 쉽게 말하자면 군사독재 그것도 가장 잔인한 군사정권의 통치인 계엄령하의 군사독재가 스탈린식 공산주의라는 것이다.

러시아혁명에 성공한 새 지배자들은 러시아의 통치권을 지키는 방법이 공업력 그것도 중공업을 전속력으로 일으켜 서방국가와 같이 탱크, 전함, 항공기, 기관총을 생산하는 일이라고 생각했다. 스탈린은

---

147) 마르크스, 엥겔스 『공산당선언』 서석연역 범우사 2000, 108쪽.

공업화 속도를 늦추는 것은 뒤지는 것을 의미하며, 뒤지는 자가 패배당한다. 우리는 선진국보다 50~100년이 뒤처져 있다. 우리가 10년 안에 이 간격을 메우지 못한다면, 그들이 우리를 뭉개 놓을 것이다.[148]

라고 주장했다. 스탈린에게 서방을 따라잡는 길은 다른 나라에서 사용된 모든 원시적 축적 방법을 러시아에서 흉내 내는 것이었다. 크리스 하먼은 이렇게 말한다.

영국산업혁명의 기초는 엔클로저 법령과 철거령을 통해 농민들을 토지에서 내쫓는 것이었다. 마찬가지로 스탈린은 수백만 명을 강제로 도시에 이주시킨 집산화를 통해 농민들의 토지 통제권을 박살내버렸다. 영국 자본주의는 카리브해 지역과 북아메리카의 노예제를 통해 부를 축적했다. 마찬가지로 스탈린은 수백만 대중을 강제노동수용소로 몰아넣었다. 영국은 아일랜드와 인도와 아프리카를 약탈했다. 마찬가지로 스탈린은 소련 내 비러시아계 공화국의 권리를 박탈하고 그 민족들 전체를 고향에서 수천 마일 떨어진 곳으로 추방해버렸다. 영국의 산업혁명은 노동자들의 가장 기본적인 권리마저 짓밟았고 남녀노소 할 것 없이 하루에 16시간씩 노동시켰다. 스탈린은 영국의 선례를 따라 노동조합의 독립성을 폐지하고 파업중인 노동자를 총으로 쏴 죽였으며 실질임금을 50%씩 삭감했다.[149]

크리스 하먼은 '스탈린의 방법과 서구 자본주의의 방법 사이에 중요한 차이점은 하나뿐이다. 서구 자본주의가 원시적 축적을 완결하는 데 수백 년이 걸린 반면, 스탈린은 불과 20년 만에 목적을 달성하려고

---

148) 크리스하먼『신자유주의 비판』심인숙역 책갈피 2001, 119쪽.
149) 위의 책, 120쪽.

애썼다는 점이다. 따라서 그 기간에는 잔학성과 야만성이 몇 곱절 더 진하게 응축되어 있었다.' 라고 말한다.

유럽 자본주의자들이 흑인과 아메리카인들에 대해 자행했던 그 '너 죽고, 나 살자!'는 부정성의 위력과 박멸의 의지는 비러시아계 민족들에게 사용되었고, 유럽 자본주의자들이 농민과 노동자들에게 가한 착취는 러시아에서도 그대로 답습되었다는 것이다. 그것도 서방이 수백 년 걸려 이룬 것을 불과 20년 만에 이룩하기 위해 훨씬 더 강도 높은 압박과 착취가 이루어졌다는 것이다. 따라서 이것은 결코 사회주의가 아니라는 것이다.

> 대부분의 사람들은 이것이 사회주의식이라고 생각했다. 그리고 아직도 많은 사람들이 그렇게 생각한다. 스탈린주의가 실제로 러시아에서, 그리고 뒤에 동유럽과 중국 등지에서 사적자본주의를 절단내놓았기 때문이다. 하지만 스탈린주의의 방법은 서방전시체제의 방법과 너무도 닮아있다. 스탈린주의는 서방전시경제가 계획한 그대로 —중공업과 군비생산은 늘리는 반면, 대중소비는 억제하는 식으로— 좇아서 계획했다.[150]

소련이 이 전시자본주의를 가동시켜 희망 없는 농경국가에서 세계 최초로 우주선을 쏘아 우주로 사람을 보내는 공업력의 기적을 낳은 것은 사실이었다. 그러나 그 과정에서 나타난 '너 죽고, 나 살자!'는 부정성의 위력과 박멸의 의지는 가공할 만한 것이었다.

스탈린은 독재와 공포를 교묘히 결합시켜 전체주의의 절정에 도달했다. 그는 공산주의 이론의 독단성과 호전성을 기괴하게 확대시켜 줄잡아 2천만 명을 계급의 적, 국가의 적, 인민의 적으로 몰아

---

150) 크리스하먼『신자유주의 비판』심인숙역 책갈피 2001, 121쪽.

말살해버렸다.[151]

2천만 명! 스탈린 치하의 소련에서만 소위 반동분자로 처형된 사람의 숫자가 2천만 명이라는 것이다. 스탈린의 방법을 그대로 답습한 동유럽과 중국 그리고 우리나라, 캄보디아 등에서 희생당한 사람들의 숫자는 또한 얼마인가? 뿐만 아니라 죽은 사람이 행복해 보일 정도로 그 억압된 독재와 공포정치 속에서 고통 받은 사람들은 또한 얼마인가? 그야말로 공산주의는 전 세계를 온통 백골로 뒤덮은 것이다. 인류적 차원에서 그리고 인간적 차원에서 볼 때 이보다 더 큰 자살행위는 별로 없었다.

에리히 프롬과 크리스 하먼이 마르크스와 이들 공산주의 혁명가들과 차별하기 위해 내놓은 주장들은 상당부분 일리가 있는 것이다. 그러나 마르크스의 철학의 근본이 부정성의 위력과 박멸의 의지 위에 세워진 것이라는 사실은 아무도 부정할 수 없을 것이다. 따라서 마르크스의 철학이 이들 공산주의 혁명가들이 자행한 무자비한 부정성과 박멸에 대하여 조금도 상관없다는 식으로 말하는 것은 프롬이 마르크스를 지나치게 보호하려는 의도가 엿보이는 것이다. 신사회주의자 월러스틴은 이렇게 말한다.

> 공산주의는 유토피아이다. 그것은 아무데도 존재하지 않는다. 그것은 구세주의 도래, 그리스도의 재림, 열반涅槃과 같은 이 세상의 온갖 종교적 종말론의 화신이다. 그것은 역사적 전망이 아니라, 신화이다.
> 이와는 대조적으로 사회주의는 어느 날엔가 세계에서 구체적으로 나타날 수 있는 실현가능한 역사적 체제이다. 유토피아를 향한 이행과정에서의 임시적 기간이라고 주장되는 그 같은 사회주의에 대

---

151) 황인수외 『공산주의를 알고 이기는 길』 육군사관학교 1984, 71쪽.

해서는 관심이 없다. 오직 구체적으로 역사적인 사회주의, 곧 평등과 형평을 극대화하는 하나의 역사적 체제로서 규정할 수 있는 최소한의 특징을 갖춘 사회주의, 인간 자신의 삶에 대한 인간의 통제(민주주의)를 증대시키고 또 그 상상력을 해방시키는 그러한 사회주의에 우리는 관심을 가지고 있다.[152]

월러스틴의 주장은 에리히 프롬과 크리스 하먼의 연장선상에 있다. 공산주의는 현실에서 불가능한 것이며 사회주의는 가능하다는 것이다. 그러나 월러스틴의 이 주장 역시 허술하기 이를 데 없는 주장에 불과하다. 뒤에 가서 팔상태八狀態를 설명하며 다루겠지만 어느 한 가지 주의가 홀로 이 세상에 존재했던 적은 없었고 앞으로도 존재할 가능성도 없는 것이다. 사회주의라고 다른 주의와 다를 이유는 조금도 없다.

---

152) 이매뉴얼 월러스틴『역사적 자본주의/ 자본주의 문명』나종일역 창작과 비평 116쪽.

8

유태인에 대한 독선

익스피어는 그의 소설 베니스의 상인에서 유태인 샤일록이
증오심에 불타, 그가 안토니오에게 빌려준 돈을 갚지 못하면
그 대신 상대방의 살 1파운드를 도려내기로 계약을 한다. 돈을 갚지
못하자 정말로 살 1파운드를 도려내려고 했지만 현명한 재판관이 살
을 도려내되 계약서에는 피를 흘린다는 조항이 없으므로 피를 흘리지
말고 살을 도려내라고 판결함으로써 샤일록은 만고의 웃음거리가 되
고 만다.

이 희극은 다수의 기독교인의 입장에서 보는가 아니면 소수의 유태
인의 입장에서 보는가에 따라 그 내용은 확연하게 달라진다. 그리고
그 배경인 베니스는 오늘날 세계금융을 지배하는 월스트리트에 다시
그대로 재현되고 있다는 점에서 또 다른 의미를 가지고 다가온다.
우리 한국인으로서는 기독교도와 유태교도들이 서로에게 가지고 있
는 그 복잡한 정서에 접근하기는 도저히 불가능할 것이다.

어쨌든 셰익스피어 이후 셰익스피어가 표현한 샤일록은 유럽인의
의식세계를 반영하는 유태인의 상징이 되고 말았다. 그것이 유럽인들
의 입장에서 유태인들을 보는 것임에도 그것과 상관없이 그렇게 되고
말았다.

유태인의 편에 서서 생각한다면 민족은 있되 나라 없이 살아가야

했던 민족이 아무런 연고도 없고 누구도 도와주지 않는 냉정한 남의 나라에서 살아가며 믿을 것이라고는 자신들의 공동체와 돈밖에 없다는 것은 당연할 것이다.

유럽인들의 입장에서 보자면 이 지나치게 유능한 민족이 자신들의 나라에 들어와 부를 확보하고 잘 사는 모습을 보고 질투하는 마음이 생기지 않기가 어려울 것이다. 유럽인들은 유태인의 부가 자신들의 것을 착취했다고 생각할 것이다. 이 좁혀지지 않는 간격이 대대적으로 충돌한 것이 곧 히틀러의 국가사회주의 체계의 유태인 대학살일 것이다. 히틀러는 유태인에 대하여 다음과 같이 말한다.

> 항상 다른 민족의 체내에 사는 기생충일 뿐이다. 더구나 그들이 종종 지금까지 살고 있던 생활권을 방기한 것은 자의에서가 아니라 추방당했기 때문이다. 그들은 때때로 악용한 모체인 민족에 의하여 추방당했다. 유태인은 자기가 일단 점거한 지역은 절대로 다시 비우려 하지 않고 앉은 자리에 머무르며, 더구나 폭력에 의하여 겨우 추방할 수 있을 만큼 완고한 것이다. 이처럼 유태인은 다른 민족의 국가 속에 생활하며 거기서 자신의 국가를 형성하고 있는데, 이 국가는 물론 외면적인 사정이 그 본질을 낱낱이 폭로해 보이지 않았던 동안에는 종교공동체라는 명칭아래 가장해서 행동하는 것이 보통이었다.153)

히틀러는 또한 유태인의 지적능력이 오늘날 현명함의 전형이 되고 있다는 사실에 대하여 인정하고 있다. 그러나 그것은 남의 것을 베낀 것이라고 혹평하며 또한 유태인의 이기주의에 대하여 다음과 같이 말한다.

---

153) 히틀러 『나의 투쟁』 이명성역 홍신문화사 1988, 137쪽.

유태민족의 희생정신은 개인의 노출된 자기보존 충동을 초월하지 못하고 있다. 일견 강한 동족 감정은 이 세계의 다른 많은 생물처럼 원시적인 군거본능에 기인하는 것이다. 이런 경우에 군거 충동이 항상 공통의 위험에 의해서 목적에 합당하든가 혹은 피하기 어려운 것으로 보일 때에 한해서만 상호부조에까지 도달하는 데 지나지 않는다는 사실은 주목할 만하다. 지금 이 순간 목표물에 공동으로 습격하는 이리 떼가 공복을 채운 뒤에는 다시 한 마리씩 흩어져버린다. 습격자에 대해서는 단결해서 방어하지만, 위험을 극복하고나면 다시 뿔뿔이 흩어진다.

이와 같이 유태인은 공통의 위험이 닥치거나 공통의 먹이가 유혹할 때에는 일치단결하고, 이 두 가지 이유가 없어져 버리면 심한 에고이즘 본성을 나타내며, 동족에서 손바닥을 뒤집듯이 상호간에 처절한 투쟁을 하는 쥐의 무리로 변한다.

이 세상에 유태민족만 존재한다면, 그들은 진흙탕이나 오물에 질식할 지경이 되면서도 증오에 가득 찬 투쟁 속에서 서로 속이고 뿌리째 뽑아 버리려고 할 것이 틀림없다. 유태인의 투쟁과정, 혹은 그들이 이웃에게서 강탈하는 경우에 보이는 단결심을 보고 그들에게 어떤 종류의 전형적인 희생이 존재한다고 추론한다는 것은 근본적인 잘못이다. 이런 경우에도 유태인을 인도하는 것은 역시 개개의 노골적인 에고이즘이다.[154]

히틀러는 유태인들이 '부르주아 계급을 봉건적 세계의 성을 파괴시키는 철퇴로 이용했다'[155]고 주장한다. 소위 봉건세계를 파괴하고 자본주의 시대를 연 것에 대해 그 주된 세력이 유태인이라는 주장을 하고 있는 것이다.

더구나 히틀러는 이제는 노동자를 부르주아 계급을 궤멸하는 데

154) 히틀러『나의 투쟁』이명성역 홍신문화사 1988, 135쪽.
155) 위의 책, 141쪽.

이용하게 되었다! 라고 말하며 이른바 공산주의 혁명도 유태인의 음모라는 식으로 말하고 있다. 히틀러는 이렇게 말한다.

> 그때 이래 노동자는 이미 유태민족의 장래를 위해서 싸운다는 과제를 갖는데 불과하게 되었다. 그들은 무의식중에 자신들이 극복하고자 했던 권력에 오히려 봉사하게 된다. 그들은 외견상으로는 자본을 공격하고 있지만, 그럴 경우 유태인은 국제자본에 반대해서 항상 불평을 터뜨리고 있지만, 실제로는 국민경제에 염두를 둔다. 즉 유태인은 국민경제가 파멸되고 그로 인해서 국제적인 주식거래소의 무리들이 이 시체가 뒹굴고 있는 전장에서 개가를 올리기를 바란다. 유태인들은 노동자에게 아첨함으로써 그 사람들의 운명에 동정하는 것처럼 가장하거나, 비참하고 가난한 숙명에 분개하는 것처럼 가장한 후에 신뢰를 얻는다. 아리안이라면 누구에게나 내재해 있는 사회정의에의 욕구를 그들은 끝없는 교활성으로써 행복한 사람들에게의 증오로까지 높이며, 그런 때에 사회적 폐해를 제거하기 위한 투쟁에 대하여 절대 확실한 세계관적 낙인을 찍는다. 그들은 마르크시즘의 이론을 창시한다.[156]

유태인들은 노동자가 자본주의를 타도하는 과정에서 국민경제를 파탄시킬 때 그 시체가 뒹구는 전장에서 국제적인 자본들이 승리의 개가를 올리기를 바란다는 것이다. 그래서 유태인들은 마르크시즘을 창시했다는 주장이다. 그래서 유태인들은

> 민주주의 사상을 프롤레타리아 계급의 독재로 교체하기 시작한다. 마르크시즘으로 조직된 대중 속에서 유태인은 자신들의 민주주의를 불필요하다고 생각하며, 그 대신 민족을 독재적으로, 무력으로

---

156) 히틀러 『나의 투쟁』 이명성역 홍신문화사 1988, 141쪽.

정복해서 지배할 수 있는 무기를 발견한 것이다. 따라서 종교는 모독당하고, 관습과 도덕은 구시대적인 것으로 언명되어, 이 세계에서의 생존을 건 투쟁에서 민족을 지탱해주는 마지막 보루까지 붕괴시켜 버린다.157)

라고 말하는 것이다. 히틀러는 국제공산당은 유태인의 시오니즘의 꼭두각시라고 말하고 있는 것이다. 그리고 유태인들이 창시하고 진행시킨 공산주의 혁명은 마침내 종교와 민족주의를 말살시킨다는 것이다. 파시즘이 부정성의 대상을 공산주의로 몰아세워 처단하는 일은 실로 히틀러에서 그 대표적인 예를 찾을 수 있는 것이다. 나아가 히틀러는 유태인을 피에 굶주린 민족이라고 규정한다.

이리하여 권력을 쟁취한 유태인은 민주주의라는 가면을 벗고 피에 굶주린 폭군으로 탈바꿈한다. 몇 년 안 되는 사이에 유태인은 지식층을 송두리째 뽑아 버림으로써 민족으로부터 정신적 지도자를 빼앗고, 그리하여 그와 같은 민족이 끊임없이 예속이라고 하는 노예의 신분으로 전락하도록 만반의 태세를 갖춘다.158)

이로서 히틀러는 유태인들이야말로 유태인을 제외한 모든 민족들에게서는 반드시 제거해야 할 악질적인 기생충이라는 것이다. 나아가 유태인들은 공산주의 혁명이론의 창시자이자 주동자로서 아리안민족의 순수한 피를 더럽히고 말살하려는 용서받지 못한 세력이라는 것이다. 그런데 이 생각은 히틀러의 독창적인 생각이 아니다. 그것은 지난 3천 년간 존재했던 부정성의 변증법을 충실히 반영하는 것이다.

러시아의 공산주의 혁명과 히틀러의 국가사회주의는 매우 중요한

---

157) 히틀러 『나의 투쟁』 이명성역 홍신문화사 1988, 145쪽.
158) 위의 책 145쪽.

인과관계가 있다. 러시아의 공산주의 혁명이 세계로 퍼지는 것보다 독일의 자본가들에게 무서운 악몽은 없었다. 따라서 독일의 자본가들이 볼 때 나치스 정권은 공산주의에 대한 철저한 부정성의 위력과 박멸의 의지를 보여주고 있었고 또한 공산주의 혁명이 유태인의 음모라는 주장은 나치를 합리화시키는 중요한 선전이었을 것이다. 또한 독일의 노동자와 공산주의자 사이를 이간시키는 방법론으로도 유태인의 공산주의 음모설은 전략적으로 대단히 유용하였을 것이다. 히틀러는 1939년 1월 제국의회에서 다음과 같은 연설을 하였다.

> 만일 유럽 안팎의 국제 유대인 금융가들이 민족들로 하여금 다시 한번 전쟁의 나락으로 떨어지게 만든다면 그것은 유태인의 승리로 끝나기보다는 유대인 인종의 절멸로 끝날 것이다.[159]

이 연설은 『나의 투쟁』에서 말하던 것보다 한층 더 강력한 부정성의 위력과 박멸의 의지를 보여준다. 그리고 그는 그 후에도 여러 번 이 위협을 상기시켰다. 여기서 다시 한번이라는 말은 1차 세계대전은 유태인의 음모라고 주장하는 것이며, 만일 2차 세계대전이 일어난다면 그것은 유태인의 음모라는 주장하는 것으로 보인다.

히틀러는 유태인에게 도저히 같은 하늘 아래 존재할 수 없는 어마어마한 부정성의 위력과 박멸의 의지를 숨김없이 드러낸 것이다. 나의 투쟁은 히틀러가 1933년 수상으로 집권하기 전 투옥되어 감옥에서 집필했다는 점에서 1945년까지 그가 권력을 휘두르며 독일인들이 유태인에게 보여준 행동의 설계도가 되고 있다. 그 결과 다음과 같은 기록을 남기게 되었다.

---

159) 히틀러 『나의 투쟁』 이명성역 홍신문화사 1988, 72쪽.

1941년 10월부터 독일제국 철도의 강제 이송 열차들이 움직였고, 목적지는 처음에는 우지아 기가의 게토들이었고, 다음은 테레지엔 슈타트와 동부의 절멸 수용소로 가는 중간 수용소들이었다. 반제 회의에서 제출된 프로그램의 상당부분이 바로 이곳 동부 수용소에서 실현되게 된다. 6백만 명의 유태인들(이보다 많으면 많았지 적지 않다)이 유태인 문제의 최종해결의 과정에서 살해되었는데, 1939년에서 1941년까지 폴란드와 소비에트, 그리고 유고슬라비아 영토의 점령기간에는 거의 공공연한 대학살, 1941년 말에서 1944년 말까지는 특수 건축된 절명 수용소인 헤움노(클름호프), 아우슈비츠-비르케나우, 베우제츠, 소비부르, 트레블링카, 루블린-마이다네크에서 점점 더 완벽한 형태로 살해되었다.160)

6백만 명의 유태인이 국가조직에 의해 대량으로 학살되었다는 사실은 인종문제를 넘어서는 것이다. 이는 인간에 대한 부정성의 위력이며 박멸의 의지이다. 즉 인류적 차원에서 그리고 인간적 차원에서 자살행위임에 다름이 아닌 것이다.

히틀러의 이 모든 사유체계는 나치의 철학자 칼 슈미트가 "우리가 적을 인식할 때 자신을 인식한다."161)라고 말할 때 그것은 간결하게 설명되는 것이다. 칼 슈미트의 주장은 곧 악에 의하여 선이 인식되며 적군의 존재에 의하여 아군이 인식된다는 것과 같은 것이다. 유태인이라는 악과 적을 인식하고 그 악을 부정하고 박멸함으로써 선인 아리안족 독일인을 인식할 수 있다는 부정성의 변증법 논리이다. 이 논리는 '너 죽고, 나 살자!'는 철학원리이지 다른 그 무엇은 아닌 것이다.

히틀러의 생각이 마치 우주인의 생각처럼 현 인류와 동떨어진 괴물이 저지른 괴기스러운 것은 아닌 것이다. 히틀러의 생각과 행동이

---

160) 볼프강 벤츠 『홀로코스트』 최용찬역 지식의 풍경 2002, 26쪽.
161) 뤼디거 쟈프란스키 곽정연역 『악 또는 자유의 드라마』 문예출판사 2002, 174쪽.

백인이 흑인과 인디언들에게 행한 것 또는 마녀사냥을 주도했던 남성들이 죄 없는 여성들을 마녀로 낙인찍어 행한 것과 그 외적 규모나 그 악질적인 행동에서 그 어떤 차이를 발견할 수 있단 말인가?

히틀러도 이들과 마찬가지로 그 자신을 참이며 선이며 아름다움으로 설정한다. 자신에게 대립되는 유태인은 거짓이며 악이며 추함이다. 따라서 스스로 진선미라고 생각한 히틀러는 백인이 인디언을 거의 멸종시킨 것처럼, 수많은 흑인을 노예로 삼아 죽이거나 부려먹은 것처럼, 남성들이 죄 없는 여성들을 감금하고 고문하고 불태워 죽인 것과 조금도 다름없이 거짓이며 악이며 추한 존재로 설정된 유태인을 부정하고 박멸할 권리를 갖는다고 생각했을 것이다.

히틀러의 생각과 행동의 배경이 지금까지 다루어 온 이원론적 일원론이 설명하는 부정성의 변증법적 선악론에 비추어볼 때 조금도 놀라운 일은 아니라는 점이 우리를 정말로 소스라치도록 깜짝 놀라게 하는 것이다.

9

집시에 대한 독선

꽃꽃꽃

집시는 유럽에서 소외된 민족이다. 그러나 춤과 노래를 사랑하는 민족이다. 유태인에 대한 학살은 잘 알려져 있지만 집시에 대한 학살은 거의 알려지지 않고 있는 것은 그들이 그만큼 힘없는 민족이기 때문이다. 1939년 오스트리아 나치인 부르겐란트 주 지사가 수상 비서실장이자 제국장관이었다. 라머스에게 다음의 편지를 보냈다.

> 민족의 건강상의 이유로, 그리고 확인된 바에 따르면, 집시들은 유전적으로 해롭고 우리 민족체에 붙은 기생충으로 엄청난 손해만을 야기하고 관습을 파괴하는 민족임에 틀림없기에, 우리는 가장 먼저 그들의 번식을 막는 일부터 착수해야 하고, 노동 수용소라는 틀 내에 사는 사람들을 엄격한 노동의무에 복종시켜야 한다.162)

이 기록은 집시들에 대한 강제 불임수술과 강제노동의 강요을 설명하고 있다. 여기서 집시들의 강한 번식이라는 주장은 원하지 않는 민족의 단종斷種으로 나타났다. 이것은 그리츠의 대법원 판사의 1940년 편지에도 분명히 나타났는데 그는 부르겐란트의 모든 집시의 강제불임을 제안했다.163)

---

162) 볼프강 벤츠『홀로코스트』최용찬역 지식의 풍경 2002, 131쪽.
163) 볼프강 벤츠『홀로코스트』최용찬역 지식의 풍경 2002, 131쪽.

집시는 인종 정책 연구자들에게 넘겨졌는데, 인구자들 중에는 악명 높은 집단 수용소 의사였던 멩엥레가 있었다. 그가 바로 많은 사람들을 사이비 과학 실험대상으로 악용한 장본인이다. 1944년 초 어느 날 밤 아우슈비츠 집시수용소가 모두 정리되었다. 프랑크푸르트에서 열린 아우슈비츠 재판에서 한 목격자에 따르면

> 무서운 광경들이 연출되었다. 여자들과 아이들은 멩엘레가 보는 앞에서 무릎을 꿇고 소리쳤다. "은혜를 베풀어주세요. 은혜를." 아무 소용이 없었다. 그들은 잔인하게 몰매를 맞았고, 짓밟혔고, 짐차에 처박혔다. 무섭고 몸서리치는 밤이었다. 구타당한 사람들은 누워서 꿈틀거리지 않았고, 트럭 위로 내팽겨졌다.[164]

이들 집시들은 외모의 추함이 그들을 악으로 결정하는 일에 큰 역할을 한 것 같다. 즉 그라츠의 대법원 판사의 편지에는 부르겐란트의 모든 집시의 강제불임을 제안하며 다음과 같이 썼다.

> 외모상으로 보면 즉각 아프리카나 아시아의 원시민족들을 떠올리게 하는 집시 대중들은 인종적으로, 무엇보다도 정신적이고 풍속적인 측면에서 열등한 반면에 육체적으로는 대단한 저항력을 가지고 있다. 왜냐하면 많은 수의 아이들 중에서 살아남는 아이들은 극심한 생활조건 아래서도 성장하기 때문이다.[165]

이 내용은 몽테스키외가 흑인을 거짓이며 악이며 추하다고 설정하고 백인은 자동적으로 진선미가 되는 주장을 방불하게 한다. 집시들의 희생된 숫자는 유태인보다 더 추정하기가 어렵다. 그들의 생활방식

---

164) 위의 책 136쪽.
165) 위의 책 132쪽.

때문이다. 그러나 족히 20만 명이 넘는 신티와 로마가 나치의 민족학살에 희생되었고, 50만 명까지 희생된 것으로 추정된다. 유대인들과는 달리 집시들은 박해당한 뒤에도 오랫동안 아무런 도움이나 이해를 받지 못했다.166)

이들 신티와 로마 즉 집시들은 힘없고 거기에 더하여 나라까지 없는 민족이 얼마나 서글픈 역사를 살아가는가를 잘 말해준다. 히틀러의 국가사회주의는 아리안이 선이기 위해 반드시 악이 필요했고 그 악이 인종적으로는 주로 유태인과 집시였던 것이다. 선은 악을 부정성의 위력과 박멸의 의지로 제거하고 선만으로 가득한 새로운 세계를 건설하자는 전형적인 선악론의 논리를 되풀이하고 있다.

히틀러의 국가사회주의 독일은 악을 만들고 그들을 가둘 지옥도 만들어서 가동시켰고 모든 악을 깨끗하게 청소하려고 했다. 그러나 그들이 악을 규정하고 지옥을 만들었다고 그들이 선이 된 것은 결코 아니었다.

---

166) 볼프강 벤츠 『홀로코스트』 최용찬역 지식의 풍경 2002, 136쪽.

10

동성애자에 대한 독선

〰〰

전통적으로 서양종교는 동성애를 금한다. 에드워드 윌슨은 동성애자들을 비난해 온 서구문화의 도덕적 파수병들을 이해할 수 있다. 그는 서양식 윤리는 반복되는 영토 정복을 통해 강화된, 급속하고 순조로운 인구 증가를 밑거름 삼아 성공한 공격적인 유목민족의 예언자들이 쓴 구약바이블에 토대를 두고 있다고 주장한다. 그리고 레위기의 규칙들은 이 특수한 생활에 맞추어진 것이라는 것이다. 즉 '너는 여자와 하듯이 남자와 잠자지 말라. 그것은 혐오스러운 짓이다' 라는 이 바이블 논리는 인구증가가 최우선 사항일 때의 자연법 관점과 일치하는 것이라는 것이다. 그런 환경에서 성행위의 가장 중요한 목적은 아이의 출산이라는 것이다. 그런데 동성애는 생물학적으로 자연스러운 현상이며 그 숫자 또한 무시할 수 없을 만큼 많다는 것이다.

한 세기 전 앨프레드 킨제이는 미국 여성의 2퍼센트 및 남성의 4퍼센트 정도는 완전한 동성애자이고, 남성의 13퍼센트는 최소한 일생 동안 3년은 동성애에 빠진다는 것을 발견했다. 오늘날 완전한 동성애자의 수는 어림잡아 500만 명 정도인데, 그들 스스로는 드러나지 않는 동성애자까지 포함하면 이천만 명 정도로 들어날 것으로 믿고 있다. 당연히 그들은 미국 하위문화를 형성하고 있으며, 단어와 어법 면에서 수백 개의 은어를 쓰고 있다.167)

미국만 해도 5백만에서 2천만 명이라는 엄청난 숫자의 사람들이 동성애자라는 것이다. 에드워드 윌슨은 동성애에 대하여 강력하게 지지하고 있다.

나는 동성애가 생물학적 의미에서 정상일 뿐 아니라, 초기 인류사회 조직의 중요한 요소로서 진화해 온 독특한 자선 행위일 가능성이 높다고 주장하고 싶다.168)

에드워드 윌슨은 사회생물학의 창시자로서 20세기를 움직인 사상가들 가운데 한사람으로 말해지는 사상가이다. 그는 그동안 서양식 전통에서 금지해온 악惡인 동성애를 선善이라고 강력하게 주장하고 있는 것이다. 그는 여러 가지 근거를 바탕으로 '동성애 행동에 대한 전통적인 유대-기독교 관점이 불충분한 것이고 분명히 틀렸다는 것을 확정짓기에는 충분하다.'169)라고 단정한다. 그리고 이렇게 말한다.

동성애가 생물학적으로 자연스러운 것이 아니라는 가능성 없는 가정의 지지를 받고 있는 종교 교리를 근거로 삼아, 동성애자들을 계속 차별한다는 것은 비극이다.170)

에드워드 윌슨은 사회생물학적 이론으로 볼 때 '동성애 행동은 곧

---

167) 에드워드 윌슨 『인간 본성에 대하여』 이한음역 사이언스북스 2000, 201쪽.
168) 위의 책 201쪽.
169) 위의 책 205쪽.
170) 에드워드 윌슨 『인간 본성에 대하여』 이한음역 사이언스북스 2000, 206쪽.

충에서 포유생물에 이르기까지 다른 동물들에게도 나타나는 보편적인 현상이지만 그것이 이성애의 대안으로 완전히 발현되는 것은 붉은털 원숭이, 비비, 침팬지 등 가장 지적인 영장류에서이다.'[171]라고 말한다. 동성애는 다른 동물에게도 일반적인 것이지만 가장 지능이 뛰어난 영장류 무리와 인간에게서만 이성애를 대체하여 동성애가 나타난다는 것이다. 윌슨은 '서구산업사회에서도 동성애 남성들이 이성애 남성들보다 지능검사에서도 더 높은 점수를 받고 매우 높은 지위까지 승진한다는 것도 사실이다.'[172]라고 말한다.

대다수를 선으로 정하고 그들과 다른 소수를 악으로 정하는 것은 부정성의 위력과 박멸의 의지가 발현되는 중요한 조건이다. 그러나 숫자가 많다고 선이며 숫자가 적다고 악이라고 주장하는 것은 폭력에 불과한 독선인 것이다. 동성애자를 악으로 몰아 그들을 박멸하는 일이 마치 선행인 것처럼 생각하는 것은 무지의 극치이며 독선의 전형이다. 나치는 성적으로도 다양성이 있다는 사실을 인정하지 않고 그들을 죽음의 수용소로 내몰았다.

> 작센하우젠, 부켄발트 같은 나치 죽음의 수용소에서 동성애자들은 유대인(노란별) 및 정치범(붉은 삼각형)과 구별될 수 있도록 분홍색 삼각형 표식을 달았다.[173]

나치는 동성애자들에 대해 부정성의 위력과 박멸의 의지를 보여준 가장 전형적인 예를 보여주었다. 그러나 그것은 나치의 독창적인 발명품이 아니었음은 물론이다.

한철학은 다양성을 무엇보다도 중요하게 생각한다. 소수들의 권리

---

171) 위의 책 202쪽.
172) 위의 책 205쪽.
173) 위의 책 200쪽.

는 다수들이 멋대로 무시해도 되는 것이 아니다. 그런 점에서 볼 때 동성애자들의 성생활이 이성애자들로서는 이해할 수 없는 것이라 하더라도 그것은 이해하고 감싸주어야 할 대상인 것이다. 세상에 이해할 수 없는 일은 많은 것이며 이해할 수 없다고 악으로 몰아세운다면 그 세상은 인간이 만든 또 하나의 지옥이 되는 것이다.

11

소외자들에 대한 독선

〜〜〜

정 신병자와 나병환자, 빈곤층, 정치범 등을 감금하던 유럽은 그 감금수용으로부터 여러 가지 이득이 있다는 사실을 깨달아 그것을 정치적, 경제적으로 적극적으로 활용하였다.

그 대상이 되는 사람들은 모두 약자들이다. 마녀사냥이나 유태인처럼 성적이나 인종적인 약자가 아니라 사회현상 그 자체가 필연적으로 갖게 되는 사회적인 약자들인 것이다.

이 약자들은 마녀나 유태인들과 똑같은 목적으로 악용되었다는 점에서 공통점이 있다. 이들을 감금하고 고통을 줌으로서 권력에 대한 공포를 불러일으킬 수 있었고 또한 그들에게서 거대한 부를 약탈할 수 있었다. 이 감금에 대한 최고의 전문가들은 히틀러의 국가사회주의와 스탈린주의라 할 수 있다.

푸코는 이 부정성의 위력을 광기라는 용어로 설명하고 있다. 그는 이렇게 말한다.

> 하나의 역설적인 순환논법에 의하여 마침내 광기는 감금에 대한 유일한 이유로 나타난다. 광기는 바로 그 감금이 가진 근원적인 비이성을 상징한다.[174]

---

174) 미셸 푸코 『광기의 역사』 김부용역 인간사랑 1999, 291쪽.

부정성의 위력이 발동한 대상에 대해 우리는 흑인·인디언·마녀·노동자·유태인·집시·동성애자·빈곤층·정신병자등을 살펴보았다. 과연 이들에게는 대부분 감금이라는 억압이 작용하고 있었다. 이들에게는 감금이 일정한 목적을 추구하는 수단으로서 어떤 형태로든 작용하고 있었다. 그리고 그 부정성이 작용할 때 광기가 작용한다는 것도 사실이었다.

푸코는 새디즘은 정확히 18세기 말에 등장한 엄청난 문화적 사실이었다고 주장한다. 말하자면 새디즘에 의해 서구의 상상의 세계에서는 하나의 위대한 전환이 일어났다는 것이다. 그는 이렇게 말한다.

> 비이성은 정신착란, 욕정에 들뜬 광기, 무한히 잠복해 있는 욕정에 의해서 일어나는 죽음과 사랑 간에 이루어지는 광기의 대화로 변형되었다. 새디즘이 나타난 그 순간은 한 세기 이상 동안 감금되어 침묵으로 전락한 비이성이 더 이상 세계의 한 모습이나 상상의 내용으로서가 아니라 담론과 욕망으로 재등장한 바로 그 순간이었다. 175)

푸코가 말하는 새디즘은 18세기에 이르러 서구사회에서 폭발적으로 나타난다. 물론 이 새디즘의 모습으로 나타난 광기는 이성의 눈으로 볼 때의 광기이지 당사자나 그 시대의 사람들은 그것을 선善으로 보았고 그 대상은 모두 악으로 보았다. 광기가 감금의 유일한 이유라는 주장은 부정성의 위력의 발동이 감금의 유일한 이유라는 말과 상통한다면 타당한 말이다.

푸코는 소외된 자들에게 가해진 광기가 곧 권력이라는 독선의 그물과 권력의 전략이라는 사실을 잘 설명한다. 결국 이들뿐 아니라 사회

---

175) 위의 책, 269쪽.

전체가 권력이라는 독선의 그물과 권력의 전략으로 뭉쳐진 광기의 현장이라는 것이다.

　푸코의 주장을 한철학적으로 설명하자면 모든 인간사회는 부정성의 위력이 모든 분야를 장악하고 있으며 그 부정성의 그물 안에서는 누구나 박멸의 대상이 되고 있다는 것이다.

12

생태적 신권정치의 독선

독 선이 부정성의 위력으로 나타나는 것은 사회적인 공감대를 바탕으로 하여 일어난다. 항상 독선은 그것이 독선이 아니라 참으로, 선으로, 아름다움으로 포장되어 나타난다는 점에서 오늘날의 독선이 무엇인지 알기는 쉽지 않다. 그것은 지성적인 독일민족이 그토록 히틀러를 열광적으로 지지했지만 지나고 나서야 비로소 히틀러의 야수성에 대해 알게 되는 것과 같다.

1) 녹색신권주의의 독선

미래학자 엘빈 토플러는 생태적 신권정치라는 새로운 개념에 대하여 날카로운 지적을 한 바 있다. 오늘날 체르노빌 원전사고와 도처에서 발생하는 석유유출사건을 비롯하여 산업사회의 음성적인 면에서 드러나는 각종 환경재앙은 강력한 반발에 부딪치고 있다. 대체로 녹색운동이라고 불리는 이 운동은 분명히 정당한 것이다. 그런데 엘빈 토플러는 이 녹색운동이 가지고 있는 문제점을 드러내고 있다. 그는 이렇게 말한다.

그러나 이 운동에도 반민주적인 구석이 있다. 이 운동에는 나름대로 암흑시대로의 복귀를 주장하는 사람들이 있다. 그들 중 일부는 환경보호를 볼모로 삼아 사사로운 정치적 종교적 목적을 추구할 사람들이다.[176)

그는 도대체 얼마나 깊은 철학적 원리를 말하고 있는 것인가? 그는 환경운동을 하는 사람들 중에도 엄격한 환경규제를 통하여 기술적·경제적 발전을 지지하는 사람들이 있는가 하면 이들과 첨예하게 충돌하는 사람들도 있다는 것이다. 더구나 그들 중 일부는 환경보호를 볼모로 삼아 사사로운 정치적 종교적 목적을 추구할 사람들이라는 것이다. 즉

이들과 환경운동의 이데올로기적 주도권을 다투는 사람들이 자칭 근본주의자들이다. 그들은 이 사회를 기술 이전의 중세주의와 금욕주의로 몰고 가려고 한다. 그들은 생태신학자들이며 그들의 일부 견해는 종교적 과격파의 사고방식과 연결되어 있다. 이 생태 신학자는 환경오염에 대한 기술적 구제방법이 없으므로 인간은 산업주의 이전의 빈곤상태로 되돌아갈 수밖에 없도록 운명 지워져 있다고 주장하면서 이러한 전망을 저주가 아닌 축복으로 간주하고 있다. 그들은 중세 이후 자취를 감췄던 종교적 세계를 부활시키고자 한다. 환경보호운동은 이를 위한 편리한 수단일 뿐이다.[177)

토플러는 환경보호론자 또는 녹색운동가의 탈을 뒤집어쓴 채 세계를 중세의 종교적 암흑시대로 되돌리려는 음모를 통렬하게 고발하고 있는 것이다.

---

176) 앨빈 토플러 『권력이동』 이규행 감역 한국경제신문사 1991, 457쪽.
177) 앨빈 토플러 『권력이동』 이규행 감역 한국경제신문사 1991, 457쪽.

그들의 주장은 이렇다. 최초에는 인간이 자연과 조화를 이루어 살면서 자연을 숭배했던 생태적 황금시대가 있었다. 산업주의 시대가 도래하면서 인류는 에덴동산에서 쫓겨나 마귀-즉 기술-가 인간사를 지배하게 되었다. 이제 우리는 완벽한 생존가능성과 조화가 갖추어져 있는 새로운 파라다이스로 이행해야 한다. 그렇지 못할 때 인류는 아마겟돈-세계종말에 있을 선과 악의 최후의 결전장-을 맞이하게 된다는 것이다.[178]

근본주의적 녹색운동가들의 목표는 먼 과거에 존재했던 -로마의 멸망과 샤를대제 등장의 중간 시기에 존재했던 -유럽으로 되돌아가자는 것이라고 말하는 것이다. 노골적으로 중세의 암흑시대를 이상시대로 찬양하고 있는 것이다. 토플러는 이렇게 말한다.

이들이 공통적으로 절대자를 강조하고 또한 개인적 선택의 대폭적인 제한-인간의 도덕성 회복 또는 환경보호를 위해-이 필요한 것이라고 강조하고 있다는 것은 궁극적으로 인권에 대한 공통적인 공격을 의미한다. 실제로 수많은 환경 보호론자들 자신은 녹색 호메이니나 생태적 파시스트가 등장하여 나름대로 특수한 종류의 구원을 내세우게 될 것을 우려하고 있다. 인류의 심각한 위기 속에서는 항상 카르스마적 인물이 나타난다. 앞으로 녹색 히틀러가 나타나느냐의 여부는 다음 번 체르노빌 사건이 일어나기 전에 문화적 변화가 어느 정도까지 진전되느냐에 달려 있다.[179]

드디어 토플러는 녹색운동을 하는 환경 보호론자들 가운데에서 녹색 호메이니와 녹색 히틀러가 등장하리라는 예상을 내놓았다. 이 결론은 서구문명의 핵심을 찌르는 중요한 철학을 담고 있다. 토플러가

---

178) 앨빈 토플러『권력이동』이규행감역 한국경제신문사 1991, 458쪽.
179) 앨빈 토플러『권력이동』이규행감역 한국경제신문사 1991, 460쪽.

말하는 녹색 히틀러는 산업시대에 가혹하게 짓밟히고 소외된 노동자와 농민들을 선동함으로써 정치적 종교적 입지를 얻은 다음 그 힘을 배경으로 산업시대를 이끈 세력들에게 그들이 보여준 가혹한 부정성의 위력보다 더 잔혹한 부정성의 위력을 보여줄 독재자를 말하는 것이다. 토플러가 말하는 녹색호메이니는 중세유럽의 종교정치의 암흑시대를 부활시키는 자를 말하는 것이다.

아무리 산업시대가 보여준 부정성의 위력이 참혹한 것이라 해도 그것에 대하여 다시 똑같은 부정성의 위력으로 대한다면 인류는 두 배의 고통을 당할 수밖에는 다른 길이 없다. 부정성의 위력에 대하여 다시 부정성의 위력으로 맞받아치는 일만큼 무책임한 일은 다시없는 것이다. 이것은 사실을 사실대로 인식하여 긍정하는 것과 다르다.

주어진 환경을 최적화하는 일과 최악의 집단자살론과 비교하는 것조차 어리석은 것이지만 그것은 외양상 구분하기 어려운 모습으로 나타나며 우리를 혼란시키고 있는 것이다. 토플러가 권력이동에서 이 주제를 다룬 것은 옳은 것이다. 이는 실패할 수밖에 없는 과거 중세시대로의 권력이동이기 때문이다. 그러나 역사는 인류가 이러한 어리석은 퇴보를 늘 답습하고 있음을 가르치는 가장 엄숙한 교사이다.

우리는 엘빈 토플러가 새로운 변증법을 시도하는 녹색주의자들에 대한 경고하는 말에 귀를 기울여야 할 것이다. 그러나 그가 이 새로운 변증법에 대한 그 어떤 대응책도 내놓지 못하고 있다는 사실에 유의한다면 문제를 제기하는 토플러에게도 문제가 있음을 알게 된다. 그의 주장을 살펴보면 녹색신권주의자들을 새로운 악으로 설정하고 이 시대의 적으로 내몰고 있는 논리의 형식을 발견할 수 있다. 토플러가 새로운 변증법에 대해 새롭게 시도하는 더 새로운 부정성의 변증법은 마치 다람쥐가 쳇바퀴를 돌면서 자신의 꼬리를 향해 정신없이 달리는 것과 같다. 그것은 단지 지난 3천년간의 부정성의 변증법의 연장에 불과한 것이 아닌가?

토플러는 이 시대 최고의 미래학자이지만 그가 제시하는 부정성의 변증법은 과거의 것 그것도 가장 진부한 것에 불과하다.

녹색주의자들을 새로운 악으로 설정하고 그들을 적으로 몰아가는 한 녹색주의자들의 발호는 불가피한 것이다. 녹색주의자들의 발호를 막는 방법은 부정성의 변증법으로는 불가능하다. 토플러가 녹색주의자들을 악으로 몰아가는 순간 그는 무언중에 현대과학을 선이라고 주장하는 것이다. 그런데 누가 현대과학이 선이라는 것을 보증할 수 있는가? 그들을 막는 방법은 그들을 부정하는 것이 아니다. 그들의 발호는 오로지 우리 한겨레의 한철학이 설명하는 긍정성의 변증법으로만이 막을 수 있는 것이다.

미래학이 똑같은 철학원리에 말만 바꾸어 다람쥐 쳇바퀴 돌 듯 반복하는 부정성의 변증법의 원리로 설명되는 것이라면 그것은 과거학에 불과하다. 미래학은 긍정성의 변증법으로 희망과 꿈을 현실에서 이루어지게 하는 학문을 부르는 칭호로서 적당하다고 말해야 하지 않을까?

13

부정성의 부정성

우리가 지금까지 살펴본 독선은 예외 없이 부정성의 위력과 박멸의 의지가 그 바탕이 되고 있었다. 나만이 옳다는 주장은 반드시 나 이외에는 모두 옳지 않다는 말과 같은 의미를 지니는 것이다.

그리고 옳지 않은 것은 나의 이익을 위해 마음대로 착취하고 박멸해도 좋은 것이라는 의미가 내포되어 있는 것이다. 따라서 옳은 것이 옳지 않은 것을 부정성의 위력으로 대하며 박멸의 의지로 그것을 제거해야 한다는 결론에 도달하고 있었다. 그래서 독선獨善은 독선毒善이 아닐 수가 없는 것이다. 많은 경우 이러한 독선이 선 특히 신神의 이름으로 행해졌다. 이러한 예에 대하여 칼 포퍼는 다음과 같이 말한다.

신이 보통 역사라고 일컫는 국제적 범죄와 대량학살의 역사에 자기 자신을 나타내신다고 주장하는 것은 참으로 신을 모독하는 행위가 아닐 수 없다. 그것은 실제의 배후에 있는 힘센 자들이 연출하는 일종의 희가극이다. 이것은 우리가 지닌 가장 나쁜 본능인, 권력과 성공에 대한 우상숭배가 우리로 하여금 사실이라고 믿게 하는 것이다. 사람이 만든 것이 아니라 사람이 날조한 이러한 역사

속에서 신을 볼 수 있다고 하는 어떤 기독교인들은 감히 떠들고 있으니! 그들은 초라하기 짝이 없는 역사해석을 신의 것이라고 갖다 대면서, 신이 무엇을 원하시는지 그들이 이해한다고 감히 떠들어대다니![180)

포퍼는 국제적 범죄와 대량학살의 역사에서 드러나는 부정성의 위력에 신을 개입시키는 일이 역사적으로 힘센 자들의 농간이었고 그것은 권력과 성공에 대한 우상숭배라는 것이다.

그렇다면 그 권력과 성공에 대한 우상숭배의 일반적인 모습인 독선에 대한 대처방법은 무엇인가? 흑인 1천5백만 명이 백인에게 납치당하여 노예로 살았다면 흑인은 당시와 지금의 인구비례로 1억5천만 명의 백인을 납치하여 노예로 삼아 그 자손까지 4억 명을 죽도록 부려먹어야 하는가?

아메리카 인디언이 거의 완전히 말살당하고 땅까지 빼앗겼다면 인디언들은 미국인들과 유럽인들을 모조리 학살하고 그 땅을 모두 몰수해야 하는가?

여성들이 유럽과 미국에서 벌어진 마녀사냥에서 그 많은 여성들이 아무런 죄 없이 법에 의해 구속되고 가장 악랄한 방법으로 고문당하고 최악의 감금시설에 수용되고 최악의 사형방법인 화형에 처했으며 또한 오랫동안 남성에게 억압받아왔으므로 여성들이 남성의 권력을 모두 박탈하여 남성에게 당한 것을 그대로 되돌려주어야 하는가?

18세기 이후 자본주의가 자리 잡으면서 노동자들은 살인적인 저임금과 가혹한 노동환경과 과다한 노동시간으로 사선을 헤매는 동안 노동자들의 노동이 이루어낸 자본을 자본가들이 사기와 폭력과 거짓으로 노동자들에게서 빼앗아 자본을 축적했다. 자본이 축적되면 될

---

180) 칼 포퍼 『열린사회와 그 적들』 이명현역 민음사 1983, 372쪽.

수록 노동자들의 일자리는 사라진다는 것은 진리가 되어버렸다. 이제 노동자들은 자본가들에게 자신들이 당한 모든 것을 자본가들에게 되돌려주어야 하는가? 노동자들이 가난과 고통을 자손들에게 물려주었듯이 자본가들의 후손들이 대대로 고통 받도록 만들어야 하는가?

유태인과 집시 등 소수민족이 독일의 국가사회주의에 당했던 그 고통과 학살을 독일인들에게 다시 되돌려 주어야 하는가?

한국과 중국 그리고 동남아는 일본제국주의가 저질렀던 그 만행을 그대로 그들의 자손에게 되돌려 주어야 하는가?

다시 말하면 부정성의 변증법에 오염된 사람들이 멋대로 거짓과 악과 추함으로 설정한 대상에 대해 온갖 만행을 일삼을 때 진선미라고 주장하는 그 집단은 집단적인 몹쓸 질병에 걸린 것과 같다.

자신을 진선미라고 주장하는 패거리가 페스트나 에이즈 못지않게 무서운 이 집단정신병에 걸려 집단난동을 부린 만행은 물론 용서할 수 없을 정도로 지나친 것이다.

그러나 그렇다고 해서 그 피해자들이 가해자들과 똑같이 페스트나 에이즈 못지않게 무서운 집단정신병에 스스로 걸려 그들 못지않은 부정성의 집단광란극을 똑같이 벌려야 하는가? 그렇게 한다고 문제가 해결되는가? 해결은커녕 두 배 또는 그 이상의 고통을 가져오는 것이다. 우리는 이와 같은 무서운 집단정신병에 스스로 걸려 그 집단정신병을 옮겨준 사람들을 거짓과 악과 추함으로 저주하고 그들과 투쟁하는 일이 곧 진선미인 것처럼 행동하는 사람들을 보아야 한다. 그들이 악인 것은 사실이지만 그 악을 저주하고 그것을 적으로 삼아 투쟁하는 것이 과연 선인가? 그것을 선이라고 부추기는 자의 철학원리는 과연 무엇인가? 부정성의 변증법 바로 그 자가 아닌가?

우리는 소위 반자본주의, 반백인주의, 반남성주의, 소수민족주의 또는 반기독교주의 등의 모습을 보게 된다. 그런데 이와 같은 개념들이 대립과 갈등과 전쟁의 논리를 대화와 타협과 화합과 통일의 논리로 전환해주기를 기대할 수 있을까?

인류는 아직까지 이 부정성의 위력과 박멸의 의지를 '너와 나, 모두 함께 잘 살자!'라는 긍정성의 위력과 최적화의 의지로 전환하려는 이론을 구축한 적이 한번도 없었고 당연하지만 그것을 실천하려고 꿈을 꾼 적조차도 없다.

14

승자독식주의는 독선의 독식주의이다

꿍

우리가 역사를 통해 살펴본 독선의 예들은 이긴 자가 모든 것을 독식한다는 법칙이 공통점으로 작용하고 있다. 그것은 다른 말로 한다면 평화롭게 살고 있던 아메리카 대륙의 인디언들에게 어느 날 갑자기 탐욕과 잔인의 화신들이 들이 닥쳐 모든 것을 빼앗고는 경쟁에서 이긴 자가 모든 것을 차지하는 것이 역사의 발전이라고 주장하는 것과 같은 것이다. 평화롭게 사는 흑인들을 납치해 와서 그들은 물론 자손대대로 평생을 짐승처럼 노동력을 착취하고서는 이긴 자가 모든 것을 차지한다고 주장하는 것과 같다. 마찬가지로 아무 죄 없는 여자들을 국가의 법으로 기소하고 온갖 고문과 최악의 감옥시설에 감금하며 여성으로서 최악의 치욕을 당하며 결국 만인 앞에서 불에 태워죽이고 또한 모든 재산을 강탈하고는 이긴 자가 모든 것을 독식하는 것이 역사의 발전이며 원리라고 말하는 것과 같다.

역사는 승자독식은 인간 중에서 가장 탐욕스럽고 잔인하며 교활한 사람들이 죄 없는 사람들이 가진 모든 것을 빼앗으며 뻔뻔스럽게도 자신을 미화하는 거짓된 말에 지나지 않는 것이라고 말하고 있는 것이다. 부정성은 역사의 원리가 아니라 역사의 파괴이며 모독이다.

승자는 패자를 부축하고 그들의 협력을 얻어 승자와 패자가 하나의 전체를 조직함으로써 그 전체는 생명체가 된다. 즉 승자는 55이며 패자는 45로서 55＋45＝100이 됨으로서 새로운 생명체가 새로운 과정을 가지고 변화와 혁신을 일으키게 되는 것이다. 승자가 자기 멋대로 남을 패자로 만들고 굴욕을 주며 그들의 것을 모두 빼앗는 행위는 극단적인 이기주의이며 전체로 볼 때는 집단자살에 불과한 것이다. 즉 55-45＝10에 불과한 것이다.

15

한겨레와 긍정성의 위력

독선이 싹트는 배경은 상대적인 선악론이다. 내가 선하므로 너는 악이다. 내가 주인이므로 선하며 너는 노예이므로 악하다. 나는 노동을 함으로 선이며 너는 노동을 하지 않으므로 악하다. 이러한 상대적인 선악론은 그 대상에 끝이 없다. 분명한 것은 스스로 사사롭게 선이라고 주장하고 남을 악이라고 주장하는 근거가 아무리 논리적이라 해도 그것은 자신의 권력욕과 탐욕을 미화하는 것에 지니지 않는다는 것이다.

우리 한겨레의 문명에는 그 출발부터 그러한 선악론 자체가 없는 정교하게 발달된 철학을 근거로 하고 있다. 그것은 다른 문명권의 선악론을 완전히 극복한 철학이 한겨레의 풍속에 일체가 되어 있는 것이다.

모든 것을 생각할 수 있는 두뇌가 정작 두뇌에 대해서는 거의 아무것도 생각할 수 없듯이 우리 한겨레는 오래 전 조상들이 만들어준 이 풍속이 얼마나 가치 있는 것인가에 대하여 생각하지 못한다. 오히려 한겨레의 이 같은 성스러운 풍속은 외국의 대학에서 연구의 대상이 되고 있다.

앨퍼드는 수백 명의 한국인과 대화한 결과 한국인의 심성을 세계화 시대의 한국적 가치라고 해석될 수 있는 "Korean Values in the Age of Globalization"이라는 책을 썼다. 그는

> 한국인은 악을 단순히 믿지 않는 것이 아니라 악이 존재할 수 없
> 는 세계를 만들어냈다.[181]

라고 말한다. 이 말은 한국인은 독선이 존재할 수 없는 세계를 만들
어 냈다는 말과 같은 것이다. 또한 한국인은 인간의 바탕이 악할 수
없다는 관점의 세계를 만들어냈다는 말과 같은 것이다.

한겨레는 그 출발 당시부터 지금까지 장대한 역사 속에서 한겨레의
삼대경전인 천부경, 삼일신고, 366사를 잃지 않고 보전해왔다. 그 중
하나인 삼일신고三一神誥는 제5장에서 '진성선무악眞性善無惡이라
하여 인간의 본바탕은 오로지 선善하여 악惡함이 없다'[182]라고 가르
치고 있다. 이 내용은 한겨레공동체의 목적은 오로지 선하여 악함이
없는 세계를 창조한다는 말과 같은 것이다. 바로 이 내용을 앨퍼드는
삼일신고를 읽지 않고도 알아낸 것이다.

우리 한국인과 달리 앨퍼드가 한국인에게 상대적 악에 대한 관념이
없다는 사실을 쉽게 찾아낸 이유는 우리에게 있지 않다. 물고기가
물을 보지 못하듯 우리 한겨레는 한겨레공동체의 좋은 점과 나쁜 점을
제대로 보지 못한다.

앨퍼드의 경우 서양문명은 반드시 악이 있어야 스스로를 선이라고
주장하며 존재할 수 있다는 이원론적 일원론을 가지고 있기 때문에
그것과 근본적으로 다른 우리 한겨레공동체의 철학을 읽어낸 것이다.

인간은 악이고 신은 선하다는 주장만큼 서양문명의 선악론을 쉽게
설명할 수 있는 자료가 또 있을까? 그래서 헤겔은 인간성을 악이라고

---

181) C. 프래드 앨퍼드 『한국인의 심리에 관한 보고서』 남경태역 그린비
2000, 8쪽.
182) 최동환 해설 『삼일신고』 지혜의 나무 2000, 443쪽.

보고 인간성의 악을 원죄라고 부르고 있다[183] 는 사실을 말하고 있는 것이다. 앨퍼드는 이러한 서양문명에서 살았고 서양문명의 방식으로 세계를 보기 때문에 우리 한국인에게서 자신들이 보는 상대적 선악관과는 전혀 다른 세계관을 발견할 수 있었던 것이다.

우리민족의 정신세계는 마치 빙산의 물 아래의 거대한 부분과 물위의 조금만 부분으로 나누어져있다. 물아래의 거대한 부분은 우리의 고유한 정신세계이고 물위의 조그만 부분은 서구식의 사고방식인 것이다.

이제 우리는 우리의 이 무의식세계와 의식세계와의 심각한 불일치는 따지기도 어려운 엄청난 정신적 물질적 소모를 야기시키고 있다는 사실을 알 때가 온 것이다. 앨퍼드는 한국인의 심성에 대하여 이렇게 결론을 내린다.

> 지금까지 나는 악이라는 용어가 한국에 존재한다고 말할 수 있는지에 관해 논의했다. 결론은 중요한 측면에서 볼 때 (다시 말해 서구문화의 악이 뜻하는 바에 비추어 볼 때) 한국에는 악의 개념이 존재하지 않는다는 것이다.[184]

상대적 악의 개념이 존재하지 않는 사회, 독선이 존재하지 않는 사회가 한국인이 창조한 사회이다. 악을 만들어야 선이 존재할 수 있는 사회를 한국인은 마음속 깊은 곳에서부터 거부한다. 한국사회는 부정하고 박멸해야 할 상대적 악을 조금도 필요로 하지 않는다.

우리 한겨레가 창조한 세계에는 상대적 악이 존재하지 않는다. 서양인들이 가지고 있는 상대적 악에 대한 혐오감과 증오심 자체가 존재

---

183) 헤겔 『논리학』 전원배역 서문당 1982, 120쪽.
184) C.프래드 앨퍼드 『한국인의 심리에 관한 보고서』 남경태역 그린비 2000, 220쪽

하지 않는 것이다. 당연하게도 우리 한겨레는 악의 상징인 지옥도 만들지 않았다.

서양인들은 주변에서 누가 싸움을 하면 말리지 않는다. 왜냐하면 그 싸움에서 진선미가 판별되는 결투의 문화 이원론적 일원론의 문화 부정성의 변증법적 문화가 바탕이 되기 때문이다. 우리 한겨레공동체는 주변에서 싸움을 하면 누구나 말린다. 왜냐하면 한겨레공동체에서는 아무도 싸움으로 진선미가 판별된다는 생각을 하지 않는 대화와 타협, 화합과 통일의 문화인 긍정성의 변증법적 문화 생명의 철학적 문화가 바탕이 되기 때문이다.

공포와 불안! 서양의 저명한 철학자들 중에서 철학의 중요한 요소를 공포와 불안에 두고 있는 학자들도 있다. 우리 한국인으로서는 도저히 이해할 수 없는 부분이 아닐 수 없는 것이다. 우리 한국인으로서는 악이 없으니 부정성의 위력과 박멸의 의지라는 개념이 없다. 따라서 스스로가 누군가에게 부정정의 위력으로 박멸당할 상황에 대한 공포와 불안이 조금도 없다. 대신 한겨레는 춤과 노래를 즐긴다.

괴테의 파우스트는 그가 23세 때부터 쓰기 시작하여 83세로 죽기 1년 전인 1831년에야 완성된 생애의 대작이다.[185] 또한 사람들은 그것을 세계문학의 최대걸작의 하나라고 칭송한다. 그런데 대다수의 우리 한국인들에게서는 악마 메피스토텔레스와 영혼을 두고 거래를 하는 파우스트의 행동이 보여주는 개념자체를 받아들이기는 일이 쉽지 않다. 왜냐하면 악마라는 개념 자체가 한국인에게는 없기 때문이다. 더구나 악마와 자신의 영혼을 두고 거래를 한다는 발상은 그 자체를 상상조차 하기 불가능하기 때문이다.

필자는 10대 시절에 이 유명한 소설을 읽고 크게 어리둥절했다. 그리고 이처럼 이상한 소설도 있는가 하고 의아해했다. 그 후에도

---

185) 야후백과사전.

몇 번 이 책을 이해하려고 노력했지만 도저히 접근할 수 없는 장벽이 있다는 사실을 알고 포기하고 말았다. 지금까지도 파우스트는 필자에게 최악의 괴이한 소설로 남아있다. 그것은 지금 생각해보면 당연한 현상인 것이다.

악과 지옥과 공포에 대한 관념으로 가득한 사람들은 그러한 끔찍한 세계를 현실에서 만들어낸다. 우리는 독선의 예를 살펴보며 이미 그러한 세계는 다양하게 만들어졌었다는 것을 알 수 있었다.

우리 한겨레는 그러한 악에 대한 관념, 지옥에 대한 관념, 공포에 대한 관념자체가 없는 것이다. 따라서 한겨레 공동체의 어느 부분도 지옥과 같은 부분을 만들지 않는다. 만약 있다면 그것은 외래사상이나 종교의 영향에 의한 것이다.

한겨레의 경전인 366사에서 인간이 받는 가장 무서운 징벌은 부모가 자신이 만드는 악을 자식들에게 전하게 되는 경우이다. 그것이 한겨레공동체에서 일어나는 최악의 상황설정으로 366가지 인간의 일 중에서 마지막인 366번째의 가르침[186]이다. 사기꾼 부모가 자식을 사기꾼으로 만드는 일, 도둑 부모가 자식을 도둑으로 만드는 일 등을 두고 인간사의 최악의 경우라고 가르치고 있는 것이다.

앨퍼드가 우리 한겨레에게 서구문화의 악이 뜻하는 바에 비추어 볼 때 한국에는 악의 개념이 존재하지 않는다고 말했다. 그런데 이미 오래전 지나족의 전한前漢시대에 동방삭은 신이경神異經에서 앨퍼드의 주장에 한걸음 더 나아가고 있다. 동방삭은 우리 동방에 사는 한겨레는 남에게 환란이 있는 것을 보면 자기 목숨을 던지면서 구해주니 이를 선善이라고 한다고 말하고 있다. 악의 개념이 존재하지 않을 뿐

---

186) 366事는 고구려의 을파소가 그 이전부터 전해오던 이 책을 다시 펴낸 것으로서 인간의 모든 일을 366가지의 일로 압축해서 그 해결방법을 제시한 경전이다. 그 마지막인 366번째의 가르침은 급자及子라고 하여 자식에게 까지 미침이라는 내용이다.- 최동환 해설 『366사』(참전계경) 지혜의 나무 2000, 446쪽 참조.

아니라 선善한 사람들이 사는 곳으로 우리 동방의 한겨레를 설명하고 있는 것이다. 그 내용은 다음과 같다.

동방에 어떤 사람들이 사는데
남자들은 모두 붉은 옷에
흰 띠를 두르고 검은 갓을 쓰고 있고
여자들은 모두 빛깔 있는 옷을 입고 있다.
남녀의 아름다운 자태가 사랑스럽기는 하지만
항상 떨어져 앉아 서로를 범하지 않고
칭찬하여 헐뜯지 않는다.
남에게 환란이 있는 것을 보면 자기 목숨을 던지면서
구해주니 이름을 선善이라고 한다.
(세속에서는 사인士人이라고 부른다)
미美(세속에서는 미인이라고 부른다)라고 하기도 한다.
거짓말을 하지 않고 배시시 웃기만 하니
언뜻 그들을 보면 마치 바보와 같다.
(세속에서 선인을 바보와 같다고 한 것은
이를 두고 하는 말이다)

東方有人焉 男皆朱衣鎬帶玄冠 女皆采衣
동방유인언 남개주의호대현관 여개채의
男女便轉可愛 恒分坐而不相犯 相譽而不相毁
남녀경전가애 항분좌이불상범 상예이불상훼
見人有患 投死救之 名曰善 (俗云士人)
견인유환 투사구지 명왈선 (속운사인)
一名敬(俗云敬謹) 一名美(俗云美人)
일명경(속운경근) 일명미(속운미인)[187]

---

187) 동방삭 『신이경』 김지선역 살림 1997, 234쪽.

지난 수천 년간 부정성의 위력과 박멸의 의지가 전 세계를 뒤덮고 있는 가운데에서도 우리 한겨레만은 그들이 의미하는 악惡에 오염되지 않은 민족이라는 것이다. 나아가 남을 부정성으로 대하고 박멸하려는 의지가 가득 찬 다른 사회와는 정반대의 개념인 긍정성의 위력으로 남에게 환란이 있는 것을 보면 자기 목숨을 던지면서 구해주는 민족이 우리 한겨레인 것이다.

이 동방삭이 전한 기사는 오늘날에도 우리의 한겨레공동체에는 그대로 살아남아 있다. 자신의 목숨을 돌보지 않고 남의 목숨을 구해주는 일들은 우리 한민족 공동체의 생명력의 상징으로 존재해왔다. 물론 우리는 그러한 행동이 얼마나 소중한 것인지에 대해 잘 모르고 있다.

그런데 2001년 1월 26일, 일본 도쿄의 지하철 역구내에서 일본에 유학중인 이수현 씨가 철로에 떨어진 취객을 구하려다 자신의 목숨을 잃은 사건이 발생했다. 이 사건은 일본의 각 신문들과 미국의 워싱턴 포스트지 등에 소개되며 세계적인 화제를 일으켰다. 지나의 전한시대의 동방삭이 우리민족을 보고 놀라워하며 쓴 기사와 조금도 다르지 않은 기사를 그 엄청난 시공간의 차이를 무시하고 오늘날 일본과 미국의 신문이 놀라운 눈으로 바라보며 기사화하고 있는 것이다.

보통의 선악론에서는 악을 설정하여 그 악을 박멸하는 것을 선이라고 말하는 것이다. 그 선이 선일 가능성이 그가 주장한다고 보장되는 것은 조금도 아님에도 불구하고 말이다.

선은 악에 의해 상대적으로 설정되는 것이 아니다. 선은 스스로 선임을 증명하는 것이다. 남을 악이라고 비난하고 그를 제거하고 박멸하는 순간 자신이 선이라고 증명할 수 있는 진정한 방법을 스스로 포기한 것이다.

스스로 선임을 증명하는 일은 스스로가 가진 것을 희생하는 바탕 위에서 가능하다. 그러나 남을 악이라고 주장함으로써 스스로가 선이 되는 일은 독毒한 마음만 먹으면 아무런 피와 땀과 눈물을 흘리지 않아도 언제든지 가능하다.

남이 가장 어려움에 처했을 때 자신의 모든 것을 던져 그 상대방을 구하는 일이야말로 자신이 선임을 증명하는 가장 정당한 방법이 되는 것이다. 그 중 자신의 모든 것을 던져 남의 목숨을 구하는 것을 크게 선하다고 하는 것이다.

부정성의 위력으로 남을 제거하고 남을 환란에 빠뜨려 남이 모든 것을 빼앗고 죽이는 것이 선인가? 아니면 긍정성의 위력으로 남의 어려움을 돕고 남이 환란에 처했을 때 자신이 가진 모든 것을 버려 상대방을 구하며 나아가 자신의 생명까지도 기꺼이 버려 남의 생명을 구하는 것이 선인가? 우리의 이성은 어떤 선이 선이라고 동의하는가?

동방삭이 신이경에서 한겨레를 설명하는 "남에게 환란이 있는 것을 보면 자기 목숨을 던지면서 구해주니 이름을 선善이라고 한다."는 내용과 남이 어려울 때 모든 것을 던져 구해주는 일은 우리 한겨레가 창조한 사회에서는 상식이다. 이 선善에는 그 어떤 외부적인 압력이나 집단최면에 의한 행동이 포함되지 않는다. 순수한 인간 그 자체로서 내면에 존재하는 선善에 의하여 아무런 대가를 바라지 않고 또 그 어떤 외부작용에 의하지 않은 것이다. 다시 말해 그 어떤 세속적인 권력의지나 물욕과도 무관한 인간 그 자체가 가진 본성으로서의 선善이 발현되어 외부로 나타나는 선善인 것이다. 우리가 자유의지라는 말을 가장 떳떳하게 사용할 수 있는 그 상황에서 남의 어려움을 구하고 심지어는 자신의 생명까지 버려가며 남의 생명을 구하는 것이다. 한겨레가 창조한 이 상식으로서의 선善을 삼일신고는 "인간의 본바탕은 선善하여 악함이 없다.(眞性善无惡)"[188]라고 설명하고 있는 것이다.

우리에게 존재하는 이 소중한 선善은 우리 한겨레공동체의 구성원

---

188) 최동환 해설 『삼일신고』 지혜의 나무 2000, pp443-447.

들은 마치 물이나 공기같이 흔한 것으로 생각하여 그것이 얼마나 귀한 것일지 알지 못한다.

한국인이 사회를 창조하고 유지하는 방법은 이원론적 일원론을 바탕으로 한 부정성의 변증법이 사유와 풍습을 지배하는 서구인들로서는 영원히 도달해낼 수 없는 방법을 사용하는 것이다. 한겨레는 한겨레가 창조한 공동체이외에서는 그 어느 문명권의 철학자도 접근할 수 없었던 방법으로 사회를 창조하고 철학을 조직한다.

3장

변중법

슈퇴릭히는 변증법에 대해 이렇게 설명한다. 변증법이란 말은 원래 이중적 의미를 지닌다는 데에 주목할 필요가 있는바 즉, 그 하나는 희랍인들이 사용했던 대화와 논쟁을 위한 증명방법을 뜻하는 것이다. 원래 변증법은 희랍어로 상담하다는 말에서 유래한 것이다.[189]

폴 풀키에는 이렇게 설명한다. 변증법이라는 말의 어원은 희랍어 레고lego에서 나온 명사 로고스logos로서, 그 주된 뜻은 말 또는 담론談論과 이성理性이라는 두 가지 뜻이다. 변증법dialectique이라는 말에도 이 두 가지 뜻이 들어 있다. 어원만 살펴보아도 변증법의 뜻을 파악할 수 있으니 그것은 말의 기술이다. 이는 감동시킨다거나 설득하는 말의 기술이 아니라 −그런 것은 수사학에서 하는 일이다− 이해시키고 납득시키는 말의 기술이다. 그 다음으로 그것은 토론의 기술이다.[190]

대화나 상담이 혼자서는 이루어지지 않는 것임은 의심의 여지가 없다. 대화와 상담을 통해 자신과 상대방이 가지고 있는 두개의 생각을 하나로 융합함으로써 상대방을 감동시키고 납득시키는 일이 아니라 자신의 주장을 상대방에게 일방적으로 이해시키고 납득시키는 기술이라고 할 때 그 변증법은 무엇인가?

인간의 대화와 상담이 부정성의 위력으로 상대방을 박멸하는 것인가? 아니면 인간의 대화와 상담이 대립하는 쌍방을 화해와 타협과 사랑과 평화로 하나의 결합된 살아 있는 생명체로 이끄는 것인가에 대하여 지난 삼천 년간 사람들은 조금도 궁금해 하지 않았다. 부정성의 변증법이 가진 선전과 선동의 방법론은 사람들을 세뇌시킴으로써 다른 방법이 있다는 사실에 대해 생각조차 하지 못하도록 만들었기 때문이다. 역사가 이미 그 방법으로 기록되었으며 과학과 기술, 문화,

---

189) H.J. 슈퇴릭히 『서양철학사 상』 임석진역 분도출판사 1987, 170쪽.
190) 폴 풀키에 『변증법의 이해』 최정식/임희근역 한마당 1992, 10~11쪽.

종교 등 우리가 접하는 거의 모든 분야에서 무수히 거듭되며 우리를 세뇌시키고 있는 것이다. 참으로 무서운 일이 아닌가?

부정성의 변증법에 대한 해결책으로서의 긍정성의 변증법이 왜 존재하지 않는가 하는 의문이야말로 인간의 사회가 분열과 파괴와 갈등과 전쟁의 논리에서 영원히 얽매이는가 아니면 화해와 타협과 건설과 사랑과 평화로 이끌 수 있는 것인가를 결정하는 분기점이라는 사실에 의심의 여지가 있는 것일까?

지난 삼천 년간 변증법은 부정성의 변증법만이 변증법인 것처럼 마치 모든 철학자가 모여 하나의 결론을 이끌어내기라도 한 것처럼 행동해왔다. 세계철학사는 그것이 마치 불문율이라도 되는 것처럼 진행되어왔다.

그러나 우리 한겨레공동체는 이러한 부정성의 변증법이 존재하지 않는 사회를 건설하고 그것을 유지해왔다. 뿐만 아니라 긍정성의 변증법으로 그 장대한 역사를 살아온 것이다.

원래 상담한다는 말에서 출발한 것이 변증법일 때 그 상담은 어느 한 쪽이 다른 한쪽의 주장을 부정하고 박멸하여 자신의 주장으로 쌍방 간의 의식을 통일하는 형식을 지닌다면 그러한 부정성의 변증법은 더 이상 상담이나 대화가 아니라 언어의 폭력, 논리의 폭력으로서 이미 무기武器로 변한 지배의 수단에 불과한 것이다. 언어의 폭력과 논리의 폭력은 폭력의 철학이 된다. 그리고 그 폭력의 철학은 현실에서 폭력적 지배의 가장 위력적인 도구가 되리라는 것은 정해진 순서가 아닐까?

오늘날 우리나라는 세계사에 발견되는 이 부정성의 변증법의 모든 문제가 모두 다 존재하고 있다. 서구에서는 수백 년에 걸쳐 자본이 축적되면서도 그 과정은 결코 순탄치 않았다. 우리나라는 서양에서 수백 년 걸쳐 일어났던 자본의 축적이 불과 30년 만에 모두 일어나는 과정을 겪고 있는 것이다. 히틀러의 독일이나 스탈린의 소련이 단시간 내에 경제 기적을 일으켰지만 그 놀라운 기적 안에 담긴 내부적 갈등을 정상적으로 해소하지 못했다. 우리도 공업국으로서의 성공은 그들 못지않게 화려하다. 그러나 끝도 그들처럼 비극적일 것인가?

우리의 경우 내적으로 존재하는 갈등만 해도 엄청나다. 즉 남북대립·동서대립·남녀갈등·세대간의 갈등·빈부간의 갈등·종교 간의 갈등 등이 그것이다. 이 모든 대립 안에는 상대방에 대한 부정성과 상대방을 박멸하고 상대방이 가진 모든 것을 독차지하려는 의지가 존재하고 있다. 이러한 문제들이 하나둘이 아니라 여러 가지가 복합적이 되어 우리 한겨레공동체를 집단자살로 내몰고 있는 것이다. 그 외중에 견디다 못한 개인들은 개인적 자살 또는 일가족 자살로 내몰리고 있는 것이다.

이 부정성의 변증법은 인류 전체의 흥망과 관계된 일이지만 그보다 먼저 한겨레의 흥망 그리고 한겨레를 구성하는 개인들 모두의 흥망에 가장 시급하고도 밀접하게 연관되어있다

그런데 우리는 전체가 대립하는 두개의 세력으로 구성된다는 것을 알고 있다. 그런데 지난 삼천 년간의 철학은 이 갈등과 대립이 하나의 전체를 구성하는 필수불가결의 요소라는 사실을 모르고 있는 것이다. 즉 대립과 갈등이 없는 곳에는 하나의 전체를 이룰 가망도 없다는 사실이다. 치열하고 극단적인 갈등과 대립이야말로 그 안에는 전체를 이루고자 하는 강렬한 생명의 힘이 내재되어 있는 것이다.

한철학은 부정성의 변증법이 지배한 삼천 년의 역사를 뒤로 하고 새로운 변증법을 제시한다. 이것이 한Han 변증법이다. 이 변증법은 일체 대상의 박멸의 의지와 부정성의 위력을 일체 대상의 긍정성의 위력으로 대체한다. 이 한Han 변증법은 대립과 갈등의 파괴력을 창조력으로 전환시킨다. 이 창조력은 대화와 타협과 이해와 포용과 평화

의지로 나타난다. 다시 말해 자살의 철학을 생명의 철학으로 전환시키는 긍정성의 위력을 전개하는 것이다. 즉 '너와 나, 모두 함께 잘 살자!'는 변증법이다.

한겨레의 한철학은 이제부터는 분열과 파괴와 갈등과 전쟁의 부정성의 변증법의 세계는 가고, 화해와 타협과 건설과 사랑과 평화의 긍정성의 변증법 시대라고 말한다.

우리가 이 한철학의 기본원리를 이해하기 위해서는 부정성의 위력과 박멸의 의지가 어떻게 그토록 오랫동안 철학의 원리가 되었는지 살펴볼 필요가 있다.

1

이원론적 일원론

하　나의 전체가 두개의 부분으로 대립되어 있다면 그것은 이원론이다. 그러나 그 대립된 두 개의 부분에서 하나가 다른 하나를 제거하여 일원론적 통일을 이룰 때 우리는 그러한 이론체계를 이원론적 일원론이라고 부를 수 있다.

1) 짜라투스트라[191]의 이원론

짜라투스트라교 다시 말해 조로아스터교의 교리는 동양과 서양의 철학과 종교에 막대한 영향력을 행사했다. 짜라투스트라의 신 개념이나 명칭이 역사자료에 자주 등장한 시기는 기원전 6세기경이다.[192] 따라서 짜라투스트라의 활동시기 또는 그가 주장한 종교논리의 출발시기는 그 역사자료가 등장하기 이전으로 소급될 것으로 생각된다.

---

191) 고대 페르시아의 짜라투스트라교의 교조. 페르시아어 짜라투스트라를 영어로 쓰면 조로아스터가 된다. 흔히 배화교拜火敎로 알려진 종교의 교조이다.

192) 짜라투스트라의 생애와 사상을 탐구함에 있어 가장 큰 어려움은 그가 어느 시대 사람인가 하는 점이다. 지금까지의 자료나 전승만으로는 짜라투스트라가 활동하던 시대를 정확히 알아내는 것은 거의 불가능하기 때문이다. 기원전 6세기경의 인물로 보는 것이 일반적인 견해인데, 그것은 당시를 기점으로 조로아스터교의 신 개념이나 명칭이 역사자료에 자주 등장하기 때문이다.(나종근 역음 『조로아스터』 시공사 2000, 174쪽)

우리는 이 논리의 출발시기를 대략 3천 년 전 정도로 생각하기로 하자.

짜라투스트라가 특히 서양의 철학과 종교에 미친 영향력은 근원적이라고 말할 수 있을 정도이다. 서양철학의 비조인 플라톤은 소크라테스가 사망한 직후 페르시아로 가서 짜라투스트라교를 직접 연구하려고 했다. 그러나 기원전 386년에 발발한 스파르타와 페르시아 간의 전쟁 때문에 플라톤은 그 꿈을 이루지 못했다. 우리는 이 사실만 상기한다 해도 서양철학이 그 출발점에서부터 짜라투스트라교와 대단히 밀접한 관계가 있다는 사실을 알 수 있다.

우리는 플라톤 철학의 핵심적인 원리인 이데아의 세계와 그림자의 세계는 조로아스터의 선과 악의 세계와 그 근본원리가 유사하다는 점만 보아도 서양철학에서의 짜라투스트라교가 갖는 근원적인 위치를 짐작하기에 어려움이 없는 것이다.

그런데 플라톤으로 대표되는 그리스 철학과 함께 서양철학의 양대 기둥인 기독교도 짜라투스트라교의 영향을 심대하게 받음으로써 서양의 철학을 이루는 양대 기둥이 모두 그 근원에서 짜라투스트라와 만나게 되는 것이다. J.B.노스는 이렇게 말한다.

조로아스터교가 다른 근동종교들, 특히 유태교, 기독교 그리고 회교 이전 아랍인들에게 미친 영향은 사상의 측면에 관한 한 대단한 것이었다.[193]

짜라투스트라교는 서양철학의 비조인 플라톤과 기독교와 기독교에 영향을 준 유대교에까지 대단한 사상적 영향력을 끼쳤다는 것이다. 뿐만 아니라 짜라투스트라교(조로아스터교)는 근동종교뿐 아니라 불

---

193) J.B.노스 『세계종교사』 윤이흠역 현음사 1986, 187쪽.

교와 힌두교 등 인도종교에도 영향력을 미쳤다. 즉 '조로아스터교와 다른 종교의 관계는 자세히 상고한 바가 없으나 인도의 브라만교와 불교와 자이나교와 근년의 힌두교와 유사한 것이 많고 또 마니교와 바하이교는 조로아스터교에서 갈려나갔다고 하여도 무방한 것이므로 자연 많은 유사한 점이 있다.'[194]는 것이다. 또한

> 일신론을 주장했지만 이원론적 요소를 지닌 조로아스터교는… 피 타고라스가 바빌론에서 자라투스트라에게 가르침을 받았다는 전 설이 있을 만큼 조로아스터교는 인류문명의 초기에 원형적 이론을 제시한 종교이다. 조로아스트교는 유대교, 기독교, 이슬람교의 탄 생은 물론 인류정신사에 지대한 영향을 미쳤다.[195]

라고 말해진다. 짜라투스트라교가 일신론을 주장하면서 이원론적 요소를 지니고 있다는 점은 매우 중요한 개념이다.

짜라투스트라교가 불교에 영향을 준 역사적 사실은 불교를 동양이 오래 전부터 받아들이고 그 원리가 파급되고 응용되는 과정에서 동양 전체에는 물론 우리 한겨레공동체에도 크던 작던 오래 전부터 직접적 으로 적지 않게 영향을 준 것임을 알게 한다. 짜라투스트라교가 사실 상 지난 삼천 년간 동서양을 막론하고 종교와 철학에 결정적인 역할을 하고 있다고 말해도 결코 지나친 것은 아니다. 그 교리를 살펴보자.

> 페르샤의 종교사상은 선신과 악신의 이원론적 쟁투에서 이 세상은 창조되고 전개되어 간다고 하였다. 천지만물을 창조할 때 선의 신 아후라 마즈다가 빛을 만들면 악신 아이리만은 흑암을 만들고, 선 신이 선과 정의를 내리면 악신은 사곡邪曲을 만들며, 선신이 건강

---

194) 채필근『비교종교론』한국기독교서회 1975, 316쪽.
195) 나종근 역음『조로아스터』시공사 2000, 15쪽.

과 평화를 지으면 악신은 질병과 전쟁을 지었다고 한다. 196)

그 출발에 있어서 짜라투스트라교는 하늘과 땅, 선과 악이 하나의 전체를 이루고 있다는 개념의 알타이어족의 이원론적 세계관과 기본적인 개념에 있어서는 다름이 없다. 짜라투스트라교의 경전인 가타스의 야스나 45장 2절에는 다음과 같이 설명한다.

이제 나는 만물의 처음부터 존재했던 두 영에 관해 말하고자 한다. 두 영 가운데 거룩한 영이 다른 한 영인 악한 영에게 말했다. 우리는 생각, 가르침, 뜻, 신념, 언어, 내면의 모습 등 그 어느 것도 일치하는 것이 없고, 서로 완전히 분리된 존재들이다.197)

짜라투스트라교가 말하는 태초의 쌍둥이 영이란 곧 알타이어족의 신화와 조금도 다름이 없는 것이다. 그런데 이제부터 소개할 내용은 알타이어족의 세계관과 짜라투스트라 이후의 세계관을 갈라놓는 결정적인 내용이 나타난다. 그것은 이 대립하는 양자를 선과 악으로 구분하여 가치관의 대립으로 설정하는 것이다. 가타스의 야스나 30장의 3절을 보자.

태초의 생각 속에 들어 있던 쌍둥이 영이 언어와 행동을 통해 선과 악의 모습으로 나타났다. 지혜로운 자들은 선한 생각과 악한 생각사이에서 바른 것을 선택하겠지만, 어리석은 자들은 바른 선택을 하지 못하고, 죄의 길에 빠질 것이다.198)

---

196) 채필근 『비교종교론』 한국기독교서회 1975, 313쪽.
197) 나종근 역음 『조로아스터』 시공사 2000, 34쪽.
198) 나종근 역음 『조로아스터』 시공사 2000, 33쪽.

이제 짜라투스트라교는 알타이어족의 신화의 세계에서 전혀 다른 길로 가기 시작하는 것이다. 즉 짜라투스트라는 세계를 선과 악과 바른 길과 죄의 길이라는 심화된 가치관으로 분리시키기 시작하는 것이다.

2) 짜라투스트라의 부정성의 변증법

그 심화된 분리는 선과 악의 최후의 전쟁이라는 상황설정에서 극한에 이른다. 가타스의 야스나 48장의 1절은 이렇게 말한다.

> 진리가 거짓을 이기고 악마와 그를 쫓는 무리들의 기만과 거짓이 영원히 드러나는 날, 아후라여 당신을 향한 헌신과 찬양이 더해지므로 행복과 기쁨이 넘치리다.[199]

기만과 거짓이 영원히 드러나는 날이란 곧 최후의 심판에서 진선미가 거짓과 악과 추함을 이기는 날인 것이다. 따라서 짜라투스트라교의 선악론의 교리는 이렇게 정리되는 것이다.

> 선신과 악신은 경쟁적으로 자기의 세력을 발휘하여 인류의 역사와 우주의 만상이 전개된다고 한다. 그러므로 이 우주와 인간 세계는 두 신의 전장이라고 본다. 마지막에 가서는 선신과 악신이 최후의 대전쟁을 하여서 필경 악신이 패망한다고 한다. 악신은 패망한 후에 지옥에 갇히고 선신은 승리를 얻어 천국을 통치한다. 지옥은 고생과 재앙으로 채운 곳이요, 천국은 평강과 행복으로 채운 곳이다.[200]

---

199) 나종근 역음 『조로아스터』 시공사 2000, 277쪽.
200) 채필근 『비교종교론』 한국기독교서회 1975, 314쪽.

선신이 악신과 전쟁을 하며 최후의 대전쟁에서는 선신이 악신을 이기게 된다는 주제가 나타난다.

그러나 알타이어족의 신화에서는 대립하는 양자의 영원한 투쟁을 말한다. 그 싸움은 선악이라는 가치관의 싸움으로 누가 결정적으로 이기고 지는 상황을 결정하지는 않는다. 따라서 원래 알타이어족의 신화에는 종말론이 없는 것이다. 짜라투스트라교는 천국과 지옥을 이렇게 설명하고 있다.

(의로운 영혼이) 친바트 다리에 첫발을 딛으면 낙원으로부터 향기로운 바람이 불어온다. 그 냄새는 사향이나 용연향과 같아서 비할 데 없이 좋은 향기이다. 다리 중간에 이르면 지금껏 한번도 본 적이 없을 만큼 아름다운 여자가 나타난다. 그 미녀가 다가오면서(영혼은) 이렇게 말한다. "내가 일찍이 본 적이 없을 만큼 아름다운 당신은 누구십니까?" (그러면) 그 미녀는 이렇게 말한다. "저는 당신 자신이 하셨던 선행입니다. 저도 본래 착했지만 당신의 행실은 저를 더욱 아름답게 만들었습니다." 다음에 그녀가 그를 안으면 둘은 지극히 즐거운 걸음을 옮겨 쉽사리 낙원에 이른다.[201]

선하게 살았던 영혼이 낙원에 이르는 모습을 아름답게 묘사했다. 이는 독신으로 사는 종교인들이 하늘나라에서 신랑과 신부를 맞이한다는 내용의 원전으로 보이는 것이다. 그러나 악한 일을 한 영혼은 그와는 다르다.

영혼이 친바트 다리에 첫발을 디디면 금방 지옥으로부터 악취 나는 바람이 몰아쳐온다. 세상에서 전혀 맡아본 적조차 없는 지독한 악취이다. 그보다 더 심한 냄새는 없다. 이것은 영혼에 대한 형벌

---

201) J.B.노스 『세계종교사』 윤이흠역 현음사 1986, 185쪽.

중에서도 가장 지독한 것이다. 다리 중간에 이르면 지독히도 추하고 무시무시한 형상이 나타난다. 그보다 더 추하고 흉한 것은 세상에서 찾아볼 수 없다. 그러므로 영혼은 마치 늑대를 본 양처럼 두려움에 떨며 도망치려 한다. 그 유령이 다가와서는 말한다. "어디로 도망치려 하느냐? 그러면 (영혼이) 묻기를 "세상에서 본 일이 없을 만큼 추하고 무시무시한 당신은 도대체 누구요? 라고 한다. (그러면) 노파가 대답하기를 "나는 네가 스스로 저지른 악행이다. 나도 원래부터 추하기는 했다. 그러나 네가 매일 나를 더욱 추하게 만들더구나. 그래서 이제 너는 나와 네 자신을 이렇게 비참한 파멸로 몰고 온 거야. 우리는 지금부터 부활의 날까지 형벌을 받으며 지내게 될 것이다. 다음에 그녀가 그를 안으면 둘 다 친바트 다리에서 떨어져 지옥으로 거꾸로 처박힌다.[202]

짜라투스트라의 천국과 지옥에 대한 묘사는 천국과 지옥 또는 극락과 지옥이라는 이원론을 받아들인 세계 대부분의 종교에 근원적인 영향을 미치고 있음을 알 수 있는 것이다.

여기서 짜라투스트라가 말하는 지옥에 대한 개념은 짜라투스트라 이전 알타이어족들의 신화에서는 보이지 않는 것들이다. 알타이어족들은 선이 악을 부정하는 부정성을 보이지 않고 있다. 그들은 하늘과 땅으로 구분하고 하늘을 천국으로 말하지만 단지 지하의 신들에 대해 말할 뿐 지하에 인간을 가두는 지옥에 대해서는 언급이 없다. 선이 악을 부정하지 않듯이 천국과 지옥을 분명하게 갈라놓지 않는 것이다. 세계를 두 개의 서로 다른 부분으로 완전히 갈라놓고 한편이 다른 한편을 부정하고 박멸하는 상황을 짜라투스트라교는 뚜렷하게 부여주기 시작하는 것이다.

짜라투스트라교에서는 하나의 전체를 선과 악의 싸움이라는 가치

---

202) J.B.노스 『세계종교사』 윤이흠역 현음사 1986, 185쪽.

관으로 분리시키고 선과 악의 최후의 전쟁에서 그 분리된 한쪽이 다른 한쪽을 부정성의 위력으로 박멸해버리는 상황으로 설정되는 것이다. 즉 먼저 서로 대립하는 이원론을 제시하고 그 이원론은 선이 악을 이겨 선만 남는다는 일원론으로 귀착되는 이원론적 일원론을 제시한 것이다.

J.B.노스는 짜라투스트라의 종말론과 부활론 그리고 최후의 심판론을 이렇게 정리한다.

> 조로아스터는 아후라 마즈다가 언젠가는 결국 모든 악을 이기고 항복받으리라고 믿고 있었음에 틀림없다. 악의 영향이 선과 같이 영원하리라고는 믿지 않았다. 조로아스터는 전적으로 낙관적인 태도를 취했다. 선이 악을 이기고 남으리라는 것이다. 어떻게? 여기에서 종말론 즉 마지막 내지는 세상의 끝에 관한 개념이 등장한다. 조로아스터가 가르친 바에 따르면 지금의 세계질서가 끝나는 때에 만인이 모두 부활할 것이라고 한다. 그리고 불과 녹은 쇳물을 통한 일종의 시험을 거쳐 선인과 악인이 가려지게 된다. 원래의 가르침이 후대에 내려와 좀 더 확대되어서 전해지는 바에 의하면, 이 무서운 시험을 거칠 때 악인은 온몸에 불이 붙어 타버리지만 선인에게는 불이 뜨겁지 않으며 쇳물도 마치 우유처럼 부드러워 해롭지 않고 오히려 병을 낳게 해준다고 한다.[203]

짜라투스트라는 종말의 순간 최후의 전쟁에서 선이 악을 이긴다고 말했다. 그리고 최후의 심판에서 죽었던 모든 사람들이 부활하여 악인은 불에 타 소멸되고 선인은 살아남는다고 말했다.

이 내용들 모두는 우리 한겨레공동체에서는 납득하기 어려운 내용이 된다. 한겨레공동체에는 악이 존재하지 않는다는 사실에 대하여

---

203) J.B.노스 『세계종교사』 윤이흠역 현음사 1986, 172쪽.

설명한 바가 있다. 우리 한겨레에게는 대립하는 양자를 선과 악으로 구분하여 선이 악을 이기는 논리는 하나도 없다. 그리고 악과 악의 상징인 악마와 지옥의 존재는 더더욱 이해하기 어렵다.

더구나 이미 죄를 받아 지옥에 갇혀 모진 고통을 받는 악인을 다시 끄집어내서 그를 불에 태워 완전히 소멸시켜버리는 그 끔찍한 무서운 부정성의 위력과 박멸의 의지가 공공연하게 나타나는 상황의 설정에는 그만 기가 질리고 입이 얼어붙어 할말을 잃어버리게 되는 것이다.

이 부분에 와서는 선은 악을 완전히 소멸시켜 그 존재 자체를 무無로 만들어버리는 것이다. 이른바 서양철학에서 도저히 이해할 수 없던 존재存在의 무無 또는 비존재非存在가 소상히 설명되고 있는 것이다. 이러한 존재의 무화無化가 서양인들의 마음속에 존재하는 공포와 불안의 근원이 되었다는 점이 우리 한겨레의 입장에서는 이해하기가 어려운 개념이 되는 것이다.

오늘날 짜라투스트라가 설정한 이러한 상황은 여러 종교에서 발견된다. 심지어는 마르크스가 주장하는 공산혁명도 바로 이 상황설정의 복사에 불과한 것이다. 즉 플로레타리아가 곧 선이며 부르주아지는 악으로서 필연적으로 다가올 최후의 심판인 공산혁명에서 선인 프롤레타리아는 살아남고 악인 부르주아지는 박멸당한다는 논리는 짜라투스트라의 최후의 심판의 단순복사이다.

그런데 무엇이 선이고 무엇인 악인가? 짜라투스트라는 그 부분에 대하여 분명한 설명을 하지 않았다. 물론 이 부분은 당시 그의 수많은 후계자들도 마찬가지로 불분명한 태도를 보인다. 그 끔찍한 공포와 불안을 저절로 일어나게 만드는 무서운 결과에 비하여 정작 그것의 원인에 대해서는 불분명한 태도를 보인 것이다. 그러나 그가 표명한 내용 중에는 이 선과 악을 나누는 분명한 규칙이 나타나 있다. 즉 짜라투스트라의 교리를 따르는 사람은 선이고 그렇지 않으면 악이라는 것이다.

> 조로아스터가 볼 때 선한 사람이란 진실한 종교를 받아들이는 이
> 들이고 악한 사람이란 그것을 거절하는 이들이다. 특히 데바를 예
> 배하는 옛 종교를 계속 실천하는 이들은 악한 사람이다.[204]

결국 세상을 둘로 쪼개어서 짜라투스트라교를 믿는 사람은 선인이
고 그렇지 않은 사람들은 악인이라는 부정성의 변증법인 것이다. 그리
고 이 새로운 이원적 이원론을 따르는 사람은 선이며 그렇지 않고
구습을 따르는 사람은 악이라는 것이다. 이를 따르자면 현 인류의
절대다수는 짜라투스트라교를 따르지 않으므로 모두가 악인인 셈이
다. 이원론적 일원론이란 얼마나 단순명쾌한 것인가?

그러나 이러한 이원론적 일원론이 우리의 이성을 설득시키기는 불
가능하다. 하나의 민족공동체에 이와 같은 이원론적 일원론이 침투되
는 경우 그 종교를 믿는 사람들은 선이고 그 종교를 믿지 않는 사람들
은 하루아침에 아무 죄도 없이 악으로 설정되어 적으로 몰리는 것이
다. 이로서 하나의 생명체로 존재하던 하나의 민족공동체는 임의로
정해진 선과 악이라는 두개의 부분으로 나뉘어 선으로 설정된 부분이
악으로 설정된 부분을 완전히 제거할 때까지 그 무서운 대립과 증오와
질투와 투쟁과 살육은 계속되는 것이다.

그런데 짜라투스트라교의 선악은 어떤 면에서는 상당히 납득하기
어려운 부분에서 판별되고 있다. 즉 짜라투스트라의 선악론의 특징은
농경문화를 선으로 하고 유목문화를 악으로 설정한 선악론이라는 점
이다.

---

204) J.B.노스『세계종교사』윤이흠역 현음사 1986, 170쪽.

선한 사람은 땅을 일궈 곡식과 과일을 기르며 잡초를 뽑아 황무지를 개간하고 마른 땅에 물을 대며, 동물 특히 농부들을 위해 일하는 소를 따뜻하게 대한다. 악한 사람은 농사를 짓지 않는다. 바로 그 점부터가 죄악이다. "농부가 아닌 사람은, 오 마즈다여, 아무리 성실하다 해도 이 좋은 종교에 참여할 자리가 없나이다."[205]

짜라투스트라의 그 거대한 선악론의 바탕은 결국 농경이데올로기를 선으로 하고 유목이데올로기를 악으로 하는 것인가? 농부가 아닌 사람은 아무리 성실하다 해도 이 좋은 종교에 참여할 자리가 없다는 선언은 자기중심적이고 배타적인 농경이데올로기가 세계사에 등장했다는 사실을 알리고 있는 것이다.

떠돌아다니는 유목민은 악 중에서도 최악을 대변하는 존재였다. 그들은 가축을 살해하여 데바에게 공희하고 예배하면서 침략을 성공하게 해달라고 빌었다. 그리고는 몰려와서 논밭을 짓밟고 작물을 못 쓰게 만든다. 데바 숭배자들이 저지르는 악이란 그런 것이다.[206]

농경민족과 농경적인 생활을 선으로 설정하고 유목민족과 유목민족적 생활을 악으로 규정하는 것에서 조로아스터교의 선악은 바탕을 이루고 있는 것이다. 육식과 같은 유목민족의 식습관을 악으로 규정하고 농경민족의 식습관인 채식을 선으로 규정하는 종교들의 근원이 또한 짜라투스트라교의 농경이데올로기에서 근거하는 것임을 미루어 알 수 있는 것이다.

세계를 농경민족과 유목민족으로 나누어 자신들이 속해 있는 농경

---

205) J.B.노스 『세계종교사』 윤이흠역 현음사 1986, 170쪽.
206) J.B.노스 『세계종교사』 윤이흠역 현음사 1986, 170쪽.

민족과 농경민족이 습관을 선으로 규정하고 유목민족과 그들의 모든 습관을 악으로 정하는 것에서 우리는 짜라투스트라의 선악론이 지니는 자기중심적인 규칙을 알 수 있는 것이다.

물론 짜라투스트라교는 농경민족의 종교에만 영향을 미친 것은 아니다. 오히려 유목민족의 종교에 더 큰 영향을 미치고 있는 것이다.

결국 내가 속한 사회적 관습은 선이고 그와 다르면 악이다. 이러한 논리가 우리의 이성을 설득시킬 수 있는 것인가?

3) 단군의 동굴과 플라톤의 동굴

플라톤의 동굴의 비유는 서양 형이상학을 열고 들어가는 문이라 할 수 있을 것이다. 작게는 아리스토텔레스의 질료와 형상 그리고 가능태와 현실태를 알기 위해 플라톤의 이데아는 필수적인 지식을 준다. 그런데 단군의 동굴 또한 한철학을 열고 들어오는 중요한 문들 중의 하나라 할 수 있다.

플라톤이 짜라투스트라교에 얼마나 깊은 영향을 받았나 하는 것은 이미 살펴본 바가 있다. 플라톤은 짜라투스트라교(조로아스터교)에서 말하는 선과 악의 대립을 하늘로 상징되는 이데아의 세계를 실체로 설명하고 동굴로 상징되는 현상세계를 그림자의 세계로 설정한다.

① 동굴의 비유

이를테면 지하의 동굴 모양을 한 거처에서, 즉 불빛 쪽으로 향해서 길게 난 입구를 전체 동굴 모양을 한 거처에서, 즉 불빛 쪽으로 향해서 길게 난 입구를 전체 동굴의 너비만큼이나 넓게 가진 그런 동굴에서 어릴 적부터 사지와 목을 결박당한 상태로 있는 사람들을 상상해보게. 그래서 이들은 이곳에 머물러 있으면서 앞만 보도

록 되어 있고, 포박 때문에 머리를 돌릴 수도 없다네. 이들의 뒤쪽
에는 위쪽으로 멀리에서 불빛이 타오르고 있네. 또한 이 불과 죄수
들 사이에는 위쪽으로 (가로로) 길이 하나 나 있는데, 이 길을 따라
담(흉장)이 세워져 있는 걸 상상해보게. 흡사 인형극을 공연하는 사
람들의 경우에 사람들 앞에 야트막한 휘장이 쳐져 있어서, 이 휘장
위로 인형들을 보여 주듯 말일세.

더 나아가 또한 상상해보게나. 이 담을 따라 이 사람들이 온갖 인
공의 물품들을, 그리고 돌이나 나무 또는 그 밖의 온갖 것을 재료
로 하여 만들어진 인물상들 및 동물상들을 이 담 위로 치켜들고
지나가는 걸 말일세. 또한 이것들을 치켜들고 지나가는 사람들 중
에서 어떤 이들은 소리를 내나, 어떤 이들은 잠자코 있을 수도 있
네. 207)

그림으로 그린 플라톤의 동굴

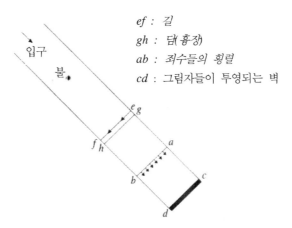

ef : 길
gh : 담(흉장)
ab : 죄수들의 횡렬
cd : 그림자들이 투영되는 벽

이 플라톤의 동굴은 플라톤 학자 애덤이 그린 한 장의 그림으로
잘 묘사하고 있다.208)

---

207) 플라톤 『국가』 514a-515a 박종현역 서광사 1997년.

② 상황의 설정

플라톤은 이들 묶여 있는 죄수들이 다름 아닌 우리와 같은 현실세계
에 살고 있는 사람들이라고 말한다.

가) 그들은 일생 동안 머리조차 움직이지 못하도록 강제 당했기 때문
에 불로 인해서 자기들의 맞은 편 동굴 벽면에 투영되는 그림자
이외에 자기들 자신이나 서로의 어떤 것 그리고 운반되는 것도
본 일이 없다.
나) 만약에 이들이 서로 대화를 할 수 있다면, 이들은 자신들이 벽면에
서 보는 것들을 지칭함으로써 벽면에 비치며 지나가는 것(실물)들
을 지칭하는 것으로 상정한다.
다) 그들은 감옥의 맞은 편 벽에서 메아리가 울려 올 경우 즉, 지나가
는 자들 중에서 누군가가 소리를 낼 경우 그 소리를 내는 것이
지나가는 그림자가 내는 것으로 생각할 것이다.

대략 이 세 가지로 압축되는 플라톤의 상황설정은 짜라투스트라의
것과는 비슷하지만 단군설화의 그것과는 다른 것이다. 플라톤은 현실
세계를 사는 인간을 동굴 속에서 그림자만 보는 사람 그것도 억압
또는 속박받는 사람의 상징인 죄수罪囚로 설정하고 있다. 플라톤에서
등장하는 이 죄수라는 상징은 서양철학에서 평범한 인간의 위치를
설정하는 상징이 된다.
단군설화는 고조선이라는 우리의 고대국가를 설명한다. 단군설화
에는 한웅과 함께 하늘에서 내려온 3천 명의 군대가 언급됨으로써
고조선 이전에 한웅의 나라인 배달국을 말하고 있다. 그 배달국에서

---

208) 플라톤 『국가』 박종현역주 서광사 2001, 448쪽의 각주.

온 3천 명의 군사세력과 토착세력인 곰과 호랑이를 토템으로 하는 웅족과 하나의 살아 있는 생명체로서의 전체를 조직하는 조직론이 곧 단군설화인 것이다.

단군설화의 웅족熊族과 호족虎族은 선진문명과 앞선 군사력으로 이동해온 한웅을 만나 스스로의 자유의지로 인간이 되게 해달라고 빈다. 한웅은 이들에게 신령스러운 쑥 한줌과 마늘 20개를 주면서 이것을 먹고 100일 동안 햇빛을 보지 않으면 사람이 된다고 일렀다. 곰과 호랑이는 이것을 받아먹고 근신하기를 3.7일(21일)만에 곰은 여자의 몸이 되고 호랑이는 이것을 못 참아서 사람이 되지 못하였다. 즉 호족은 전체를 구성하는 일에 참여하지 못한 것이다.

플라톤의 상황설정에서 인간 자체가 동굴 안에 꽁꽁 묶인 죄수로 보는 것과 단군설화에서 곰과 호랑이가 스스로의 자유의지로 몸과 마음을 닦아 하나의 전체를 구성하려는 노력과는 근본적인 차이를 보이고 있다. 그리고 어려움을 감내한 웅족은 하늘에서 내려온 한웅족과 하나가 되어 땅위에 존재하는 신과 같이 신성한 겨레를 이룬다. 단군설화에서 인간을 신과 같이 신성하게 보는 입장과 플라톤이 인간을 죄수로 보는 입장과는 그 차이가 하늘과 땅인 것이다.

③ 상황의 진실이 밝혀질 때

만약에 이들 중에서 누군가가 풀려나서는, 갑자기 일어나서 목을 돌리고 걸어가 그 불빛 쪽으로 쳐다보도록 강요당할 경우에 어떤 일이 일어나겠는가?

가) 이 경우 그 죄수는 눈부심 때문에 아무것도 볼 수 없을 것이다. 그래서 플라톤은 익숙해짐이 필요하다고 말한다. 즉 처음에는 그

림자를, 다음에는 물 속에 비친 사람들이나 다른 것들의 상을 보게 될 것이고, 나아가 하늘에 있는 것들과 하늘 자체를, 밤에 별빛과 달빛을, 낮에 해와 햇빛을 보게 된다는 것이다.

나) 마지막으로 물 속이나 다른 자리에서의 해가 아니라 해 그 자체를 보게 된다는 것이다. 그럼으로써 태양이 계절과 세월을 가져다주며, 보이는 영역에 있는 모든 것을 다스리며, 또한 어느 면에서는 그를 포함한 동료들이 보았던 모든 것의 원인이 되는 것이 곧 이 태양이라는 것을 알게 된다는 것이다.

다) 따라서 플라톤은 인식할 수 있는 영역에서 최종적으로 볼 수 있는 그리고 각고 끝에 보게 되는 것이 좋음善의 이데아라고 말한다.

플라톤은 현실세계의 인간을 죄수로 설정하고 그들이 자신의 가르침을 따르면 죄수의 신분을 벗어나 좋음의 이데아를 볼 수 있다고 주장한다. 이 내용은 짜라투스트라가 설정한 상황과 놀랍도록 똑같다. 짜라투스트라교의 경전 가타스의 야스나 45장의 5절을 보자.

거룩한 주께서 내게 들려 준 말씀을 전하고자 한다. 이 말씀은 사람이 듣고 따르기에 좋은 것이다. 진정으로 이 가르침에 순종하는 자는 완전과 불멸을 선물로 얻게 될 것이다. 가르침에 순종하는 자는 선한 마음의 인도를 받아 사랑으로 행동하고, 결국에는 아후라 마즈다를 만나 진정한 빛에 도달할 것이다.[209]

플라톤이 말하는 좋음의 이데아의 세계와 짜라투스트라가 말하는 완전과 불멸의 세계는 그 개념에 있어서 차이가 없다. 짜라투스트라가 말하는 선과 빛도 플라톤의 상황설정과 다름이 없는 것이다. 또한

---

209) 나종근 역음 『조로아스터』 시공사 2000, 267쪽.

짜라투스트라의 가르침에 순종하는 자는 아후라 마즈다의 진정한 빛에 도달한다는 상황설정과 플라톤의 가르침을 따르면 좋음의 이데아에 도달한다는 주장도 같다.

플라톤은 악으로서의 무지에 물든 땅에 사는 죄수로서의 인간을 하늘의 선의 세계로의 지식세계로 인도하는 권력체제를 내세움으로써 철학왕이 될 수 있는 근거를 확보한 것이다.

그러나 단군의 설화는 다른 것이다. 단군의 설화는 수직적 상황설정이 아니라 수평적 상황설정이 이루어지고 있다는 점에서 짜라투스트라와 플라톤과는 근본적으로 다르다.

하늘과 땅의 이분법에서 하늘이 땅을 부정함으로써 상하관계를 설정하고 어느 한쪽이 다른 한쪽을 부정함으로써 통일(?)을 이루는 짜라투스트라와 플라톤 이래의 부정성의 변증법과는 근본적으로 다른 방법론을 제시하고 있는 것이다.

단군설화는 하늘나라에서 아버지 한인의 아들 한웅이 인간세상을 구하기 위해 3천 명과 함께 땅 위에 내려온다. 즉 하나님의 아들로 상징되는 한웅과 하늘나라의 군대로 상징되는 군사력 3천명을 거느리고 이동해온 배달국의 한웅족이 만주의 토착민인 웅족을 문명화하여 한웅족과 함께 살아 있는 생명체로서의 전체를 구성한다. 이것은 한웅과 웅녀의 결혼으로 묘사되는 것이다. 즉 배달국의 한웅족이 55이며 토착민인 웅족이 45가 되어 생명체로서의 온인 100으로 전체를 조직하는 것이다.

그것은 신이 인간을, 그리고 강한 자가 약한 자를 부정하고 박멸함으로서 하나가 되는 것이 아니라 대립하는 쌍방이 서로를 긍정함으로써 전체가 하나가 되는 진정한 통일을 이루는 '너와 나, 모두 함께 잘 살자!'는 긍정성의 변증법을 보여주고 있는 것이다.

이 차이는 고조선이라는 나라는 강자가 선이 되어 약자의 모든 것을 부정하고 박탈하는 '너 죽고, 나 살자!'는 식의 방식으로 세워진 것이 전혀 아니라는 사실을 설명하고 있는 것이다.

단군조선의 정치력은 강자와 약자가 하나가 되어 서로가 만들어낼 수 있는 최적의 환경을 창조함으로써 얻어지는 긍정성의 철학에 기반하고 있다는 사실을 알 수 있는 것이다. 즉 '너와 나, 모두 함께 잘 살자!'는 철학이 근본바탕에 깔려 있는 것이다.

단군은 그 긍정성의 철학을 계승한 지도자로서 존재하는 것이다. 여기서 서양철학과 한철학이 같은 동굴과 하늘을 대상으로 하는 논리에서 그 내용으로는 근본적인 차이가 드러난다는 사실을 알 수 있다.

또한 플라톤은 끝내 현실에서 철학왕의 꿈을 이루지 못했고 단군은 한웅족과 웅족이 하나의 전체를 구성함으로써 철학왕에 등극하게 되며 고조선을 창업한다. 그 고조선은 고구려·백제·신라와 고려와 조선의 원형이다. 따라서 단군은 오늘날 우리 한민족의 국조國祖가 되며 고조선은 대한민국의 근원이 되는 것이다. 성공과 실패의 차이는 얼마나 큰 것인가? 그것은 수직적 구조와 수평적 구조의 차이이며, 부정성의 변증법과 긍정성의 변증법의 차이이기도 하다.

④ 이데아

동굴의 비유는 그림자의 세계인 현상의 세계와 실재의 세계인 이데아의 세계로 나누어진다.

우리 인간이 감각을 통해 인식하는 세계가 그림자의 세계에 불과한 것이며 이데아의 세계야말로 실재하는 세계라는 것이다. 이는 마치 천상의 세계가 선의 세계이며 현실의 세계가 악의 세계라는 짜라투스트라 이래의 관념을 철학으로 전환한 것과 같은 것이다.

땅을 상징하는 감인 45는 그림자의 세계이며, 하늘을 상징하는 밝

인 55는 이데아의 세계로 실재하는 세계라는 말과 같다. 즉

> 기독교의 하늘나라의 개념은 이 세상의 왕국과는 대립되어 있는
> 것이며, 불교의 열반의 개념 역시 모든 현상계에 대립된 것이
> 다.[210]

는 내용과 유사한 것이다. 다만 다른 것은 종교에서는 사제들이
악의 세계인 지상에서 천상의 선의 세계로 인도하는 능력을 가지고
있다고 주장 하는 반면에 플라톤은 철학자가 교육에 의해서 그림자의
세계인 현상의 세계에서 실재의 세계인 이데아의 세계로 인도하는
역할을 떠맡겠다고 나섰다는 점이 다른 것이다. 짜라투스트라교의 경
전 가타스의 야스나 44장의 18절에는 이러한 개념이 나타나 있다.

> 아후라여 당신께 여쭈니 말씀해주소서. 어떻게 해야 진리와 순결
> 을 통해, 생각을 따라 움직이는, 감각이라는 열 마리의 말을 제어
> 할 수 있습니까? 어떻게 해야 진정하고 영원한 깨달음에 이를 수
> 있습니까? 오 마즈다여, 내가 완전함과 영원을 얻어, 세상 사람들
> 의 구원을 위해 이 두 선물을 줄 때가 언제입니까?[211]

짜라투스트라교의 경전에는 구원救援이라는 사상이 매우 뚜렷하게
나타나고 있다. 그리고 그 종교의 성직자들은 세상 사람들을 구원하여
완전함과 영원을 얻을 때가 언제이냐고 아후라 마즈다에게 묻고 있는
것이다.

그 구원이라는 개념은 앞에서 살펴본 무화無化와 관련이 있다. 즉
하나의 전체가 두개로 분리되어 대립할 때 선에 속한 자는 천국에

---

210) 유동식 『한국종교와 기독교』 1986 대한기독교서회 65쪽.
211) 나종근 역음 『조로아스터』 시공사 2000, 265쪽.

가겠지만 악에 속한 자는 선의 세력에게 부정성의 위력으로 박멸당하는 적敵으로 몰리게 된다. 그리고 죽어서 무시무시한 지옥에 갇히게 되며 최후의 심판의 날에 지옥에서 끌려나와 불에 태워져 완전히 무無가 되어버리는 것이다. 이것은 도저히 말로는 표현이 안 되는 공포와 불안을 안고 사는 삶인 것이다.

따라서 짜라투스트라교에서 악으로부터 구원받아 선이 된다는 것은 이러한 끔찍한 공포와 불안으로부터 해방되는 것으로서 가장 중요한 핵심교리를 이루는 것이다.

이 완전함과 영원이라는 짜라투스트라의 구원의 교리를 플라톤은 이데아라는 이름으로 바꾸어 그것을 무지에 빠진 사람들에게 줌으로써 구원을 하겠다는 의지를 불태우고 있는 것이다. 짜라투스트라의 철학에는 선악의 이원론이 만든 수직적인 구조가 기초하고 있으며 플라톤의 철학에도 짜라투스트라와 마찬가지의 것이 기초하고 있다.

플라톤의 교육철학은 오늘날까지도 서양식 교육의 근본을 이룬다. 그런데 우리는 그 교육철학에서 플라톤이 세간의 인간을 죄수로 간주하듯 교육자가 피교육자를 억압하는 논리로 시작하는 지배자의 부정성의 논리를 어렵지 않게 찾아낼 수 있는 것이다.

그에 비해 단군설화의 교육철학은 교육자와 피교육자가 하나가 되는 긍정성의 논리가 바탕이 된다. 한웅족과 웅족이 수평적인 입장에서 하나가 될 때 교육자와 피교육자 사이에는 지배자의 부정성은 찾아볼 수 없는 것이다. 이는 수직적인 구원이 아니라 수평적인 사랑이며 긍정성이며 창조성이다. 이렇게 해서 단군왕검이 한웅족과 웅족이 하나가 된 전체를 계승하는 것이다.

철학왕과 죄수와의 관계에서 국가가 태어난다는 플라톤의 설정과 한웅과 웅녀의 사이에서 단군왕검이라는 철학왕이 태어나고 고조선이라는 철학국가가 태어난다는 설정의 차이는 부정성의 변증법과 긍정성의 변증법이 적용된 국가의 설정이라는 근본적인 차이이다.

양자는 모두 국가의 탄생을 설명한 국가론이지만 이 양자사이에는 부정성과 긍정성의 차이가 극명하게 드러나고 있는 것이다. 단군왕검의 정치적 입지는 이와 같은 긍정성을 근거로 하고 있다는 사실을 단군설화는 말하고 있는 것이다. 이 설화는 단군왕검이 구한九桓을 전쟁을 하지 않고 덕으로 통일했다는 역사적 사건을 설화로 바꾸어 설명함으로써 널리 민족적 설화로 승화시키고 있다.

단군왕검의 정치력은 긍정성의 변증법이 창조하는 권위이며 단군조선의 국력은 45+55=100인 온을 바탕으로 하는 생명체로서의 국가만이 갖는 통합의 힘이다.

한철학과 서양철학 그리고 한겨레공동체와 서양민족 공동체의 차이는 이처럼 긍정성과 부정성의 차이를 그 시작부터 뚜렷하게 보여주고 있다. 서양과 한국에서 공통적으로 발견되는 동굴의 비유는 부정성의 변증법과 긍정성의 변증법이 드러난 대표적인 실례이다.

4) 아리스토텔레스의 이원론

아리스토텔레스의 이원론은 플라톤의 것에 비해 다소 복잡하다. 예를 들자면 플라톤과 마찬가지로 무수히 많은 개체로서의 나무들은 소멸해버리지만 일반자로서의 나무만은 무수한 개별적인 현상과는 무관하게 그대로 존속하는 것으로 보았다. 그러므로 우리가 확실한 지식을 소유하기 위해서는 반드시 그것이 -우연적이거나 변화무궁한 - 개별적인 현상과는 무관한 필연적이고도 항구적인 성질을 지녀야 하는 바, 이와 같은 불변자를 아리스토텔레스는 형상形相이라고 불렀다.[212]

---

212) H.J. 슈퇴릭히 『서양철학사 상』 임석진역 분도출판사 1987, 234쪽.

말하자면 '어떤 사물에 있어서, 형상은 이미 그 본질이며, 일차적인 실체이다. 가령 누가 놋으로 공을 만든다고 하자, 그럴 경우 그 질료와 형상은 이미 존재한 것이며, 그 사람이 하는 일은 오직 이 질료와 형상을 결합시키는 것에 지나지 않는다.'[213] 즉 이 경우 공은 형상이며 그 공을 만드는 형성체로서의 놋은 질료라는 것이다.

아리스토텔레스의 이원론은 가능태와 현실태 그리고 그의 충이론에 잘 나타나있고 그 이론이 서양철학에 미친 영향은 오늘날까지도 막대한 것이다. 이 문제는 뒤에서 다시 자세하게 다루기로 하자.

---

213) 버트란트 러셀 『서양철학사』 최민홍역 집문당 1979, 217쪽.

2

헤겔의 변증법

우리는 짜라투스트라의 변증법을 검토한 바 있다. 그의 변증법은 선과 악이라는 이원론에서 악을 부정함으로써 선이 승리한 세계를 추구하는 것이었다. 그러나 짜라투스트라의 변증법은 아주 약하기는 하지만 그래도 이원론의 성격을 애매하게라도 유지하려고 하고 있다.

아리스토텔레스의 논리학은 일원론을 지탱할 수 있는 적절한 수단이 됨으로 해서 아리스토텔레스의 철학은 종교의 지지를 얻어 그 누구도 넘보지 못할 절대적인 권위를 가질 수 있었다. 이 같은 일원론은 악을 부정하는 부정성의 위력을 지탱해주는 수단이 된다. 헤겔은 사유가 본질적으로 직접적인 것의 부정否定이라고 주장한다. 그는 재미있는 예를 들어 이 부분을 설명한다. 즉 인간에게 음식은 은혜로운 것이지만 인간은 이 은혜로운 것을 먹어치움으로써 살아간다는 것이다. 즉 인간은 음식을 먹어치워 부정함으로써 음식에게 그 은혜를 배반하는 것처럼 사유도 마찬가지로 대상을 부정함으로써 그 대상을 배반한다는 것이다.

즉 '너 죽고, 나 살자!'는 철학이론에서 음식은 '너'이며 인간은 '나'이다. 이러한 부정성의 변증법은 은인恩人을 먹어치우는 배은적背恩的이라는 것이다. 부정성의 변증법이 얼마나 배은적인가는 이미 우리는 살펴보았다. 즉 아메리카 인디언과 흑인 그리고 여성, 유태인은 '너'이며 유럽과 미국인 그리고 남성, 아리안족은 '나'였다. 이 '너'는 음식과 같이 '나'를 살려주었지만 '너'인 음식은 죽었다는 것을 우리는 알고 있다.

그런데 문제는 '너'가 음식이 아니라 인간이라는 사실이다. 또한 '나'가 인간을 먹는 식인종이 아니라 이성을 갖춘 문명인이라는 점에 있다.

헤겔은 아리스토텔레스의 일원론을 말하면서도 변증법이라는 새로운 이원론으로 설명하고 있다는 점에서 탁월한 철학적 수단을 보여준 것이다. 칸트의 변증법에서 신은 이율배반적인 존재가 되었다. 즉 신의 존재에 대해 부정도 긍정도 할 수 없는 존재가 된 것이다. 그러나 헤겔의 변증법에서는 신이 절대적인 객관으로 화려하게 다시 부활한다.

헤겔은 신은 객관, 더구나 절대적인 객관이라고 주장한다. 이러한 신에 비하면 인간이 가지는 특수한 주관적인 의사나 의용에는 하등의 진리도 없을 뿐만 아니라 하등의 가치조차도 없는 것이라고 주장한다.

이는 인간에 대한 비관적 견해로서는 지나치게 극단적인 생각이 아닌가? 그는 왜 그런 생각을 했을까? 다음의 글에서 그는 그 이유를 밝힌다.

주지하는 바와 같이 기독교의 교의는 인성을 악이라고 보고, 따라서 이 인간성을 죄악이라고 부른다. 그러나 그리 하려면 기독교의는 원죄가 최초의 인간의 한 우연적인 행위에서 나왔다는 외면적 관념을 포기하여야 되는 것이다. 사실, 정신이라는 개념상으로 보면 인성은 본래 악이며, 따라서 인간은 또 이 인성악이 달리 될 수도 있다는 것을 모르고 있는 것이다. 인간은 자연물로 존재하며 또 그러한 것으로서 행동하는 것이 마땅히 있어서는 안 되는 사실이

다. 인간에 대하여서는 자연은 인간이 개조하지 않으면 안 되는 출발점에 불과한 것이다.[214]

인간이 악이라는 것은 최초의 인간이 한 우연적인 행위가 원인이라는 것을 헤겔은 단연코 부정한다. 헤겔은 정신이라는 개념상 인간은 본래 악이라는 것이다. 인간은 자연물로 존재하며 그 자연물은 개조하여야만 하는 출발점에 불과하다는 것이다.

여기서 개조란 인간이 본래 악하고 죄인이므로 그 모든 악과 죄는 부정성의 위력의 대상이며 박멸되어야만 하는 것이다. 물론 그 일을 철학과 종교 그리고 그것의 총체인 국가가 담당해야 한다는 것이다.

여기서 헤겔은 플라톤적이지만 플라톤보다 훨씬 더 인간의 인간성에 대한 극단적인 부정성의 견해를 내놓는 것이다. 이에 대해 포이에르 바하는 이렇게 반박한다.

신을 풍부하게 하기 위해 인간은 빈곤하게 되어야 하며, 신이 온전하기 위해서는 인간은 무無가 되어야 한다.[215]

포이에르 바하는 헤겔의 주장을 정확하게 꼬집어 말하고 있는 것이다. 인간의 주관은 아무런 진리도 없고 가치도 없으며 인간을 이렇게 형편없는 악의 존재로 설정하지 않으면 안 되는 이유는 신이야말로 객관 더구나 절대적인 객관으로서 선이기 때문이다. 결국 포이에르 바하는 신이 선이기 위해 인간은 악이 되어야 하며 그렇기 위해서는 무無가 되어야 한다는 헤겔의 주장을 정면으로 반박하고 있다.

우리는 이미 이 무無라는 개념이 가지고 있는 엄청난 부정성의 위력과 그에 대한 공포와 불안이 무엇인지 알고 있다. 헤겔은 이렇게 말하

---

214) 헤겔 『논리학』 전원배역 서문당 1982, 120쪽.
215) 포이에르 바하 『기독교의 본질』 박순경역 종로서적 1982, 60쪽.

는 것이다.

> 객관적사상이라는 말은 철학의 목표뿐만 아니라, 그 절대적 대상
> 이 되어야 할 진리를 표시하는 것이다. 216)

헤겔에게서 인간은 주관적 존재에 불과한 것이며 절대적 대상인
신만이 진선미眞善美라는 것이다. 포이에르 바하는 이에 대해 다시
한번 답변을 하고 있다.

> 종교는 인간본성의 성상性狀으로서의 선善도 부인한다. 인간은 사
> 악하며, 타락해 있으며 선할 능력도 없다. 반면에 신은 오로지 선
> 이며, 선한 존재이다. 인간의 본성은 대상화된 선으로서 신의 인격
> 화를 요구한다. 그러나 이것에 의해 선이 인간의 본질적 성향으로
> 언표되지 않을 것인가? 만일 내가 절대적으로 즉, 천성적으로 사악
> 하고 신성하지 않다면 어떻게 신성한 것과 선한 것이 나에게 대상
> 이 될 수 있을 것인가?217)

포이에르 바하는 도저히 헤겔이 당할 수 없는 논리를 제시하고 있는
것이다. 신은 곧 인간이 만든 것이라는 주장이다.
이 변증법이 마르크스에게서 바뀐 것은 부정성의 대상이 계급의
적 자본가로 바뀐 것에 불과한 것이다. 이들의 방법은 탁월한 것이었
지만 그 탁월한 방법이 서양철학으로 하여금 사실을 사실대로 설명하
는 철학이 되는 길을 가장 탁월하게 막았다는 사실은 지금까지 알려져
있지 않다. 마이클 하트는

---

216) 헤겔『논리학』전원배역 서문당 1982, 121쪽.
217) 포이에르 바하『기독교의 본질』박순경역 종로서적 1982, 62쪽.

결국 기독교와 부르주아 사상 사이의 엄밀한 연속성보다 헤겔을
더 잘 특징짓는 것이 무엇이겠는가?[218]

라고 말한다. 마르크스는 헤겔을 특징짓는 것을 거꾸로 뒤집은 것
이다. 기존의 방법에 환멸을 느끼고 절망을 느꼈을 때 그 방법을 뒤집
어서 생각하면 문제가 해결되는가? 그것은 공허한 꿈일 따름이다. 기
존의 방법에 대한 안티Anti적인 방법은 기존의 문제에 대한 안티Anti적
인 문제를 또다시 낳을 따름이다. 결국 이 방법은 기존의 문제만으로
도 견디기 어려운 사람들에게 그와 반대방향의 문제까지 안겨줌으로
써 두 배의 고통만을 줄 따름인 것이다.

'두 배의 자살론'은 사드에서 시작하여 마르크스와 니체에게서 절
정을 이룬다. 그 방법을 제시한 사람들은 인류가 보지 못했던 것을
보여주고 알지 못했던 방법을 가르쳐준 교사로서 철학사에 빛나는
위대한 천재이다. 그러나 한편으로는 인류에게는 두 배의 환멸과 절망
을 안겨주는 방법을 가르친 탁월한 천재이기도하다.

저항하는 자의 마음에는 압박하는 자에 대한 증오가 있다. 그것을
가지고 있는 한 창조가 싹틀 여지를 확보하기는 불가능하다. 고귀한
자는 저항함으로써 마음속에 증오를 키우지 않는다. 고귀한 자에게는
증오 대신 전체를 아우르는 위대한 긍정성이 있다. 그러므로 진정한
인간의 역사는 고귀한 자만이 창조하고 비천한 자는 인간의 역사를
거듭해서 파괴하고 모독한다.

1) 생성적 존재와 헤겔의 변증법

생성적 존재와 헤겔의 변증법은 근본적으로 어떤 차이가 있는가?

---

218) 마이클 하트 『들뢰즈의 철학사상』 이성민/서창현역 갈무리 1996, 27쪽.

같은 이의적二義的인 개념에서 출발하지만 헤겔은 두 개의 대립하는 상대에서 한 상대가 다른 상대를 박멸하고 부정성의 위력으로 대하는 것이었다. 그러나 생성적 존재에 있어서 대립하는 양자 중 하나가 다른 상대를 박멸하거나 부정성의 위력을 나타낸다면 그 생성태는 곧장 소멸태로 바뀌어 무질서로 사라지게 된다. 이것은 사실세계에 일반적으로 작용하는 법칙이다.

생성적 존재는 서로 대립되는 양자가 서로 대립하는 상태에서도 한 쪽이 다른 한 쪽을 인정하는 상황인 것이다. 그런 상태에서만 생명이 태어나는 것이다.

가령 달걀 안의 병아리는 달걀임과 동시에 닭인 생성적 존재 상태인데 이 때 자신이 달걀인 것만 인정하고 닭임을 인정하지 않는다면 어떤 일이 일어나는가? 그건 달걀껍질 안에 갇혀서 죽어버린 병아리 이외에 그 어떤 결과도 나오지 못하는 상태가 되는 것이다. 반대로 닭이라는 사실만 인정하고 달걀임을 인정하지 않는다면 아직 세상을 나와서는 안 되는 미숙한 상태에서 달걀껍질 밖으로 강제로 끌려 나와 힘 못쓰고 죽어버리는 가여운 병아리가 되고 마는 것이다.

3

마르크스의 변증법

〰〰

마르크스는 1873년 그의 주저 자본론의 제 2판 후기에서 이렇게 말한다.

> 나의 변증법적 방법은 근본적으로 헤겔의 그것과는 다를 뿐 아니라, 오히려 정반대이다. 헤겔의 변증법에서는 그가 '이념'이라는 이름 아래 자립적 주체로까지 전화시킨 사유과정이 현실적인 것의 창조자이고, 현실적인 것은 다만 그의 외적 현상을 이룰 뿐이다. 나에게는 그와는 반대로 관념적인 것은 인간의 머릿속에서 전환되고 번역된 물질적인 것 말고는 아무것도 아니다. 변증법이 헤겔의 수중에서 신비화되었지만, 이것이 그가 변증법의 일반적 운동형태를 처음으로 포괄적이고 의식적인 방법으로 서술하였음을 부정하게 만드는 것은 아니다. 그에게 있어서 변증법은 거꾸로 서 있다. 우리가 신비적 외피 안에 있는 합리적 핵심을 발견하려면, 이것을 뒤집어야 한다.219)

마르크스의 이와 같은 주장이 옳은 것이라면 마르크스는 물질로 상징되는 유물론을 근거로 철학을 전개했고, 헤겔은 관념론으로 철학을 전개했다고 볼 수 있는 것이다. 그리고 관념론을 신비주의로 표현

---

219) 칼 마르크스 『자본론 1-1』 김영민역 이론과 실천 1987년 26쪽.

하고 유물론을 과학으로 설명한다. 이는 한철학에서 100의 수로 표현된 전체에서 마르크스는 물질을 표현하는 감 45를 말한 것이며 헤겔은 마음을 표현하는 밝 55를 말한 것이다.

그러나 이와 같이 볼 때 마르크스가 헤겔을 비판한 논리는 조금도 인정될 수 없다. 모두 부정되어야 하는 것이다. 마르크스는 단지 헤겔의 맞은편에 서기 위해 노력한 것일 뿐 헤겔이 틀렸다고 말할 권리는 조금도 없었다.

우리는 헤겔과 마르크스의 변증법이 긍정적인 것인지 부정적인 것인지에 대해서 간단히 이해할 수 있었다. 우리는 그들이 말하는 박멸과 부정성의 위력에서 짜라투스트라 변증법이 말하는 것 즉, 선이 악을 멸하고 새로운 지복의 세계를 연다는 그 이원론적 일원론의 화려한 부활을 느낄 수 있다. 마르크스는 이렇게 말한다.

> 공산주의자는 자신의 견해와 의도를 숨기는 것을 경멸한다. 공산주의자는 종래의 사회질서 전체를 강력한 힘에 의해 전복하지 않고는 그들의 목적이 달성되지 않는다는 것을 공공연히 언명한다. 지배계급으로 하여금 공산주의 혁명 앞에 전율하게 하라.[220]

마르크스는 노동자가 주체요 주인으로서 진선미眞善美라고 주장하는 것이다. 동시에 자동적으로 자본가는 객체로서 노예이며 자본가는 거짓이며 악이며 추함이라고 주장하는 것이다. 따라서 그의 부정성의 변증법은 부정성의 변증법에 의해 노동자는 자본가를 부정하고 박멸하여 자본가가 가진 모든 것을 빼앗을 권리가 있다고 주장하는 것이다.

---

220) 마르크스와 엥겔스 『공산당선언』 서연석역 범우사 1995, 108쪽.

1) 마르크스와 소외

포이에르 바하는 '인간은 종교의 시초이며, 종교의 중간점이며, 종교의 종점이다'[221]라고 주장한다. 즉 종교가 인간을 규정하는 것이 아니라 인간이 종교의 모든 것이라는 주장이다. 그는 이렇게 말한다.

> 삶이 공허하면 할수록 신은 풍요로우며 더욱 구체적이 된다. 현실세계가 공허하게 되는 것과 신성이 충만한 것은 같은 작용이다. 오직 가난한 인간만이 부유한 신을 가진다. 신은 결핍이라는 심정으로 발생한다. 인간이 필요로 하고 있는 것, 그것이 신이다.[222]

결국 신은 인간이 소망하는 것을 형상화한 존재라는 것이다. 따라서 인간이 공허하면 할수록 신은 풍요로워진다는 것이다. 신은 인간이 필요로 하는 것이 크고 많을수록 신은 더 풍요롭게 묘사된다는 것이다.

그러므로 포이에르 바하가 '신은 사랑이다' 라고 하는 의미는 마치 인간에 대해서도 역시 '그는 사랑 그 자체이다'라고 말하는 의미와 같은 것인가? 확실히 그렇다는 것이다. 포이에르 바하는 마침내 이렇게 말한다.

> 신은 인간 자신으로부터 추상화된 최고의 주체성이다. 그러므로 인간은 자신으로서는 아무것도 할 수가 없고 모든 선은 신으로부터 나온다. 신이 주체가 되면 될수록 인간은 더욱더 자신의 주체성을 상실한다. 왜냐하면 신 자신은 인간이 포기한 인간 자신이고 그 포기한 자신을 자시 소유한다고 자신에게 변명한다.[223]

---

221) 포이에르 바하 『기독교의 본질』 박순경역 종로서적 1982, 126쪽.
222) 포이에르 바하 『기독교의 본질』 박순경역 종로서적 1982, 112쪽.

결국 포이에르 바하는 이렇게 묻는 것이다. 인간은 스스로 신을 만들었는데 그 신이 주체가 됨으로써 인간은 주체성을 상실한다는 것이다. 다시 말해 인간은 자기가 만든 자기의 관념이 주체가 되어 자기의 주체를 부정성의 위력으로 박멸한다는 말이다. 결국 인간은 신을 만듦으로서 자신이 만든 신에 의해 자살의 위기에 내몰린다는 것이다.

포이에르 바하의 주장은 대부분의 고대문명이 엄청난 규모로 신전과 신상을 건설했지만 그것을 만든 진정한 주체인 인간들은 풀집에서 비참하게 살았던 것에서 잘 말해준다. 그들 풀집에서 살았던 인간들은 자신들이 지은 그 어마어마한 규모의 신전 안에 있던 신상에 소외된 존재였던 것이다. 그 신전과 신상의 규모가 크면 클수록 그것을 지은 인간들은 더욱더 왜소해지고 그것들에게서 소외되는 것이다.

마르크스는 이 포이에르 바하의 논리를 그대로 그의 철학에 대입한다. 마르크스는 신이 주체가 되면 될수록 인간이 소외되는 것처럼 자본이 주체가 되면 될 수록 노동자는 더 가난해지고 자신들의 노동력이 축적되어 이루어진 자본에게서 자신이 소외된다는 것이다.

삶이 공허하면 할수록 신은 풍요로우며 더욱 구체적이 된다는 포이에르 바하의 주장을 노동자가 일을 하면 할수록 가난해지고 대신 자본가는 부유해진다는 말로 마르크스는 바꾸어 놓은 것이다.

인간이 신을 만들었지만 그 신은 인간을 소외시켜 버리게 되고, 노동자가 자본을 만들었지만 노동자는 자본에 소외된다는 것이다.

즉 인간이 만든 신이 인간을 부정성의 위력으로 대하며 박멸하게 되고, 노동자가 그들의 노동으로 만든 자본이 노동자를 부정성의 위력으로 대하고 박멸하게 된다는 것이다. 마르크스는 이러한 논리를 소외라는 애매한 말로 표현하는 것이다.

---

223) 위의 책 66쪽.

그의 화폐론은 이 논리의 정점을 이룬다. 인간이 신을 만들었지만 그 신이 인간을 부정성의 위력으로 대하듯 인간이 화폐를 만들었지만 화폐는 인간을 부정성의 위력으로 대한다는 것이다. 인간이 만든 화폐가 인간사회의 최고선으로 군림하며 인간의 모든 부분을 지배하는 논리를 마르크스는 적나라하게 폭로하고 있다. 학식이 풍부한 사람들까지도 화폐를 사들임으로써 인간의 정신까지도 지배한다는 것이다. 인간이 신을 만들었지만 그 신이 인간을 지배하고, 인간이 화폐를 만들었지만 그 화폐가 인간을 지배한다는 논리를 일목요연하게 전개하고 있는 것이다. 결국 인간을 부정성의 위력으로 몰아넣는 것은 인간 자체라는 것이다. 인간을 자살하게 만드는 것은 인간 자체라는 것이다. 마르크스는 여기에서 포이에르 바하가 가르친 종교적인 소외를 물질적인 소외로 설명하면서 물신숭배物神崇拜라는 말을 만들어낸다.

가령 노동자가 최고급 아파트나 최고급 자동차를 상품으로 생산했다고 했을 때 그것을 땀 흘려 만든 사람들은 노동자이지만 그 최고급 아파트와 최고급 자동차가 상품으로 생산되자마자 그것들을 만든 장본인인 노동자에게 영원히 접근을 허용하지 않으며 노동자 위에 군림하게 되는 것이다. 물론 화폐도 마찬가지이다.

그것은 단지 그림의 떡이 아니라 노동자에게 있어서는 자신이 만든 상품이 자신을 억누르고 숭배하기를 강요하는 것이다. 이를 물신숭배라고 마르크스는 말하는 것이다.

결국 이러한 상황은 인간이 인간을 즉, 노동자와 자본가가 서로를 배척하고 부정하는 결과를 낳는다고 말한다. 마르크스는 노동자와 자본가는 서로가 서로를 비존재로 생각한다고 주장한다. 그리고 이들은 상대방으로부터 현존성을 탈취하려고 한다는 무서운 말을 했다.

그런데 여기서 말하는 배척은 알타이어족의 신화에서 보듯이 서로 대립하는 영원한 관계가 아님은 물론이다. 노동자는 자본가를 자신의 비존재로 생각하고, 자본가는 노동자를 자신의 비존재로 생각한다는 것이다. 여기서 비존재란 곧 무無이다. 우리가 짜라투스트라의 교리에서 보았던 그 무화無化된 존재가 곧 비존재인 것이다. 지옥에서 꺼내져서 불태워져 소멸되어버리는 존재가 아닌 존재인 악이 곧 비존재인 것이다.

노동자와 자본가는 각각 그 상대방으로부터 현존성을 탈취하고자 한다는 말은, 노동자는 기존의 잘못된 관념을 부수고 스스로 선이 되어 악인 자본가를 부정성의 위력으로 박멸하여야 한다는 것이다. 자본가는 노동자를 마찬가지로 그렇게 대한다는 것이다.

이 무시무시한 상황이 노동자와 자본가 사이에 존재하는 것이다. 노동자는 자본가를 소멸시켜 무화無化된 존재로 만들려 하고, 자본가는 노동자를 소멸시켜 무화無化된 존재로 만들려 한다는 것이다. 짜라투스트라교에서 악으로 내몰린 자는 지옥에 갇혀 고생하고 최후의 심판의 날에는 불에 태워져 완전히 무화되어버리는 그러한 존재가 되도록 자본가와 노동자는 서로를 내몬다는 것이다.

우리 한겨레공동체의 긍정성의 문화, 생명의 문화에서 생각할 때 짜라투스트라에서부터 마르크스에 이르는 이 부정성의 위력과 박멸의 의지라는 공통점에는 그만 기가 질리고 입이 얼어붙어 말이 나오지 않을 뿐이다.

이것이 마르크스의 한계가 아닌가? 그는 결국 부정성의 위력에 대하여 부정성의 위력으로 부정하는 논리를 제시하고 있는 것이다.

포이에르 바하가 짜라투스트라 이래의 종교들이 가지고 있는 문제의 핵심을 공격했다면 마르크스는 좀 더 나아간 단계를 말하고 있다. 마르크스는 짜라투스트라와는 반대로 이 현상세계가 진리의 대상이라는 것이다. 즉 더 이상 피안의 세계를 진리의 대상으로 남겨두지 않겠다는 것이다. 따라서 마르크스는 다음과 같이 말했다.

> 종교상의 불행은 한편으로는 현실의 불행의 표현이자 현실의 불행
> 에 대한 항의이다. 종교는 곤궁한 피조물(피압박 민중)의 한숨이며
> 정한 세계의 감정이고 또 정신을 상실해버린 현실의 정신이다. 종
> 교는 민중의 아편이다.
> 민중의 환상적 행복인 종교의 지양은 바로 민중의 현실적 행복에
> 대한 요구이다. 민중의 상황에 대한 환상을 타파하라는 요구는 이
> 환상을 필요로 하는 상황을 타파하라는 요구이다. 따라서 종교에
> 대한 비판은 종교를 자신의 후광으로 받들고 있는 속세에 대한 비
> 판의 맹아이다.
> 비판은 질곡으로부터 가상의 꽃들을 뽑아내버린다. 그것은 인간의
> 환상을 벗겨냄으로써 상상과 위안이 사라져버린 질곡 속에 머무르
> 기 위해서가 아니라, 그 질곡을 떨쳐버리고 생생하게 살아 있는 꽃
> 을 얻기 위해서이다. 종교에 대한 비판은 미몽에서 깨어나고 사리
> 분별을 획득한 인간처럼 사유하고 행동하면서 그의 현실을 형성시
> 켜 나갈 수 있도록, 그리고 자기를 중심으로 활동하고 동시에 자기
> 자신의 현실적 태양을 중심으로 활동할 수 있도록 인간을 깨우친
> 다. 인간이 자기 자신을 중심으로 활동하지 않는 한 종교는 단지
> 인간의 주위를 맴도는 환상적 태양일뿐이다. 그러므로 진리의 피
> 안이 사라진 뒤에 차안의 진리를 확립하는 것은 역사의 과제이
> 다.[224]

진리의 피안이 사라진 뒤에 차안의 진리를 확립하는 것은 역사의
과제이라는 말은 짜라투스트라의 변증법의 그것을 뒤집은 말이다. 종
교는 피안의 세계를 진리의 세계로 보지만 마르크스는 당연히 현 세상
인 차안의 세계를 진리가 이루어져야 할 대상으로 보는 것이다.

224) 마르크스『헤겔의 법철학비판』홍영두역 아침 1989, 188쪽.

다시 말해 마르크스는 차안의 세계로 피안의 세계를 부정성의 위력으로 대하고 박멸하겠다는 것이다. 이러한 논리는 종교의 그것과 완전히 반대의 것이다. 이로써 공산주의 또는 사회주의는 대부분의 종교와 불구대천不俱戴天의 원수가 되었다.

이러한 마르크스의 논리는 니체의 변증법과 일맥상통한다는 점에서 의미심장한 것이다. 종교와 플라톤은 감45와 밝55에서 밝55를 진리가 존재하는 실제 세계로 보고 감45를 그림자의 세계로 본 것이다. 그것을 마르크스와 니체는 뒤집어서 감45를 진리가 실현되어야 하는 실제 세계로 보고 밝55를 허구의 세계로 본 것이다. 이는 포이에르 바하가 생각한 것의 연장선상에 있는 것이다.

그러나 우리는 마르크스든 니체든 이러한 논리가 반쪽논리라는 것을 이미 안다. 뿐만 아니라 그것이 부정성의 위력을 다시 부정성의 위력으로 부정하는 대단히 위험한 집단자살 논리라는 것을 이미 알고 있다.

2) 마르크스의 실천과 능동성

마르크스의 철학은 이론보다는 실천을 강조한다는 점에서 뚜렷한 설명을 하고 있다. 마르크스는 이렇게 말한다.

인간의 사유가 객관적 진리를 포착할 수 있느냐 없느냐 하는 것은 이론의 문제가 아니라 실천의 문제이다. 인간은 실천을 통해서 진리를, 즉 그의 사유의 현실성과 힘을, 그 현세성을 증명해야 한다. 실천으로부터 유리된 사유가 현실적이냐 비현실적이냐 하는 논의는 순전히 스콜라적인 문제에 불과하다.[225]

---

225) 칼 마르크스와 프리드리히 엥겔스 『독일이데올로기』 청년사 2001, 185쪽

철학이 관념론에 머물 때 그것은 이론적이다. 그러나 유물론을 주장할 때 그것은 이론보다는 실천이 중요하다. 눈에 보이지 않는 관념은 실천을 할 대상이 주관적이지만, 유물론은 객관적인 대상으로서의 자연이 실천의 대상으로 존재하는 것이다.

그의 실천사상은 포이에르 바하의 테제의 마지막 부분인 11번째 테제에서 "이제까지 철학자들은 단지 세계를 다양하게 해석해왔을 뿐이다. 문제는 세계를 변혁시키는 것"이라고 말했을 때 절정을 이룬다.

이 유명한 대목에서 마르크스의 실천사상은 최고조에 달한다. 그러나 우리는 그가 이렇게 말했을 때 그것이 한계를 가지고 있다는 사실을 알아야 한다. 마르크스가 이 대목에서 말하는 세계의 변혁은 지금까지 존재해왔던 철학 특히 헤겔 철학에 대한 전복을 의미하는 것이다. 마르크스가 말하는 실천을 현실 세계에서 정권의 생사를 결정짓는 행동강령으로 사용하여 성공을 거둔 사상가이자 정치가는 모택동을 예로 들 수 있다.

4

모택동의 변증법

모택동은 마르크스주의가 가지고 있는 부정의 변증법의 근본
적인 문제에 대하여 분명하게 인식하고 있었을 뿐 아니라
그 부정의 원리에 의해 마르크스주의 또한 언젠가는 부정된다는 사실
을 알고 있었다. 역사상 부정성의 변증법은 여러 가지 형태로 나타났
지만 그 부정의 변증법을 사용하는 자가 그것의 한계를 분명하게 인식
한 경우는 없었다. 이러한 관점에서 볼 때 모택동은 부정성의 변증법
에 대한 가장 탁월한 통찰력을 가졌던 사상가였다는 사실에 대해 관심
을 가질 필요가 있다.

나는 말하건대, 마르크스주의에도 역시 발생 소멸이 있다. 이 말은
이상하게 들릴지 모른다. 그러나 마르크스주의 이론이 모든 발생
한 사물에 대해 그것이 언젠가는 소멸할 것이라고 주장하는 것이
라면, 이 이론이 마르크스주의 자체에는 적용되지 않는다고 말할
수 있는가? 마르크스주의가 소멸하지 않는다고 주장한다면, 그것
은 이미 형이상학이다. 물론, 마르크스주의의 소멸은 그보다 더 나
은 것으로 대치된다는 것을 의미한다.226)

---

226) '關於坂田文章的談話(1964.8.24)'. 송영배 『중국사회사상사』 한길사
1986, 473쪽.

서양의 경직된 마르크스주의자들의 경우와는 달리 모택동은 마르크스주의 자체의 부정성에 대해 마르크스주의 자체의 부정성의 이론을 적용한 마르크스주의자라는 점에서 그는 이미 마르크스주의를 넘어서 자체적인 사상을 개척하고 있는 것이다.

지난 100년간 동양에는 두 사람의 탁월한 정치가이며 철학자였던 인물이 있었다. 그 두 사람은 김구와 모택동이다. 김구는 긍정성의 변증법을 주장했고 모택동은 부정성의 변증법을 주장했다. 김구의 긍정성의 변증법은 이제부터 사용해야 할 철학이며 모택동의 부정성의 변증법은 이제부터 폐기해야 할 변증법이다. 김구는 실패했지만 성공했고, 모택동은 성공했지만 실패했다. 김구 선생의 긍정성의 변증법은 뒤에서 다시 살펴보기로 하자.

모택동은 짜라투스트라 이래 부정의 변증법을 사용한 사람들 중에서 이론철학이 아니라 실제상황 특히 부정성의 위력이 가장 적나라하게 드러나는 전쟁에서 가장 능란하게 부정의 변증법을 사용했다는 점에서 그는 부정성의 변증법의 역사에서 압권이다. 그는 이렇게 말한다.

> 종합이란 무엇인가?··· 합은 바로 이와 같다. 그들의 군대가 왔다. 우리는 그들을 삼켜버렸다. 우리는 그들을 한쪽 씩 한쪽 씩 먹어치웠다.··· 상대방이 25만이고 우리가 2만 5천이다.··· 분석이 되었으니 이제 어떻게 종합할 것인가? 1947년 3월부터 1948년 3월까지 (적의) 일개부대 전체가 완전히 도망쳐버렸다.··· 그 부대가 더 이상 존재하지 않는다. 이것이 종합이었다.··· 어떤 것이 다른 하나를 먹는 것, 큰 고기가 작은 고기를 먹는 것, 이것이 종합이다.[227]

모택동은 복잡하게 엉켜 있는 마르크스의 사상을 단순한 실전의

---

227) 송영배 『중국사회사상사』 한길사 1986, 471쪽.

원리로 사용했다. 그가 말하는 종합보다 더 단순명쾌한 부정성의 변증법에 대한 설명은 없을 것이다. 강자가 선이요 약자가 악이라는 것이다. 약육강식이 진리라는 것이다. 한마디로 말하자면 '너 죽고, 나 살자!'라는 것이 종합이라는 것이다. 그는 얼마나 예리하고 또한 정직한가?

그는 짜라투스트라교에서 자신이 속한 농경문명을 선으로 설정하고 농경문명을 괴롭히는 유목문명을 악으로 설정한 것과 같이 단순하고 명쾌하게 설명하는 것이다.

모택동에게 부정의 부정이 종합이라는 말은 잠꼬대에 불과한 것이다. 대상에 대한 부정이 곧 종합이라는 것이다. 사실 이 말은 오늘날 대단히 현실적인 논리이다. 오늘날과 같은 핵전쟁 시대에 부정은 단 한번밖에 기회가 없다. 부정의 부정이 종합이라는 말은 이 시대와 미래의 세계에는 조금도 안 맞는 논리인 것이다. 핵폭탄은 두 번 부정할 기회를 주지 않는다. 부정의 부정이 종합이라는 주장은 오늘날도 여전히 어느 면으로 보나 잠꼬대에 불과한 것이다.

모택동에게 가장 중요한 것은 모순을 실천으로 극복한다는 것이다. 그런 의미에서 마르크스의 포이에르 바하의 테제는 모택동에게 금과옥조와 같은 것이었다. 그는 이렇게 말한다.

> 마르크스주의적 철학의 견해에 따르면 가장 중요한 문제는 세계를 해석하기 위해 객관적 세계의 법칙성을 이해하는 것에 있는 것이 아니라, 이러한 객관적 법칙성의 인식을 이용하여 세계를 능동적으로 변혁하는 데에 있다.[228]

그가 세계를 능동적으로 변혁한다는 말에는 중요한 의미가 담겨

---

228) 송영배 『중국사회사상사』 한길사 1986년 465쪽.

있다. 그는 세계의 능동성을 물질이 아닌 인간에게서 찾았다는 점에서 사회주의 사상가 중에서 발군의 면모를 보인다. 이와 같은 점은 그가 긴 역사를 가진 동양의 지식인이라는 면모를 보여주는 것이다. 그는 인간의 능동성에 무엇보다 기대를 걸었다.

> 모든 행동은 인간에 의해 수행된다. 인간의 관여 없이는 지구적인 전쟁도 궁극적인 승리도 실현될 수 없다. 어떤 것을 성공적으로 이룩하려면 우선 객관적 사실을 근거로 일정한 이념과 주지主旨 및 견해에 도달하고 계획을 수립하여 진로 및 구체적 정책과 전략 및 전술을 확립하는 사람이 있어야 한다. 이념 등은 객관적인 것 속의 주관적인 것이다. 사고와 행동이 인간의 고유한 활동을 이룬다. 우리는 이 활동을 의식적 능동성이라고 표현한다. 그리고 그것은 인간을 다른 생명체와 구별시켜주는 특징이다. 의식적 능동성은 인간 특유의 특성이다. 이 특성은 전쟁에서 두드러지게 나타난다. 분명히 승패는 전쟁을 수행하는 쌍방에 고유한 일련의 조건들 전체에 의해 결정된다. 즉 군사·정치·경제·지리적 조건들과 전쟁의 성격에 의해 결정된다. 하지만 전적으로 이 조건들만이 결정하는 것은 아니다. 이 조건들은 승패의 가능성만 결정할 뿐이며 그것들만으로 승패가 결정되지는 않는다. 승패에 대한 결정을 초래하는 데에는 주체적 노력이 즉, 전쟁 지도와 정쟁수행이, 다시 말해서 전쟁에 있어서의 능동성이 필요하다.229)

모택동은 위의 글에서 의식적 능동성과 주체적 노력을 같은 의미로 사용한다. 인간과 자연에 관한 입장에서 인간에 대하여 큰 의미를 주는 것은 모택동 사상의 특징이다. 이와 같은 의미에서 오강吳江은 다음과 같이 말한다.

---

229) 위의 책 476쪽.

변증법적 유물론의 옹호자는 인간의 주관적 능동성이 객관적 가능성을 넘어설 수 없으며 주관적인 것은 객관적인 것에 불가피하게 굴복해야 한다는 사실을 확신한다. 당시에 우리 상황에서는 공산주의로의 이행을 불과 몇 년 동안에 완성하려는 모든 시도는 완전히 정도를 벗어난 것이었을 것이다. 왜냐하면 그런 시도는 객관적 가능성을 주관적으로 넘어뛰는 것과 같을 것이기 때문이다. 그러나 그렇다고 해서 인간이 객관적 현실의 노예인 것은 결코 아니다. 인간의 인식이 세계사의 객관적 발전법칙에 상응한다면, 그것만으로도 이미 인민의 주체적 행동력은 충분히 전개될 수 있다. 그래서 모든 어려움을 극복하고 필수적인 전제 조건들을 창출하여 혁명을 충분히 앞당길 수 있었다. 이러한 점에서 객관적인 것은 주관적인 것의 작품이다.[230)]

중국혁명 당시 모택동이 의지할 수 있었던 것은 오직 인간들뿐이었다는 것은 그가 처한 상황에서는 당연한 것이었다. 따라서 모택동 사상은 마르크스의 물질 우위와는 근본적으로 다른 것이었다. 주관적인 인간이 객관적 세계를 움직이고 지배할 수 있다는 자신감을 보여준 것이다. 이 같은 점은 그들 스스로도 확신을 갖지는 못했지만 행동으로 그것을 확인했다는 자신감이 나타나고 있다.

---

230) 송영배 『중국사회사상사』 한길사 1986, 477쪽.

5

슘페터의 변증법

숨페터는 오스트리아학파의 거두로 1911년 오스트리아의 체르노비츠·그라츠 대학 교수를 지내고 제1차 세계대전 후 오스트리아의 재무장관과 비더만 은행 총재를 역임하고 1922년 미국으로 건너가 하버드대학에서 경제학을 강의했다.

그의 경제학은 창조적 파괴라는 유명한 말로 잘 알려져 있다. 그리고 하이에크 등 신자유주의 학자들이 그의 창조적 파괴 이론을 계승한 바 있다. 그는 이렇게 말한다.

> 자본주의 엔진을 가동시키며 그 운동을 계속시키는 기본적 충격은 자본주의 기업이 창조해내는 신소비재, 신생산방법 내지 신수송방법, 신시장, 신산업 조직형태에서 연유하는 것이다. 부단히 낡은 것을 파괴하고 새로운 것을 창조하여 끊임없이 내부에서 경제구조를 혁명화하는 바로 그 산업상의 돌연변이突然變異 –생물학적 용어를 사용해도 좋다면–의 과정을 예증하는 것이다. 이 창조적 파괴의 과정이야말로 자본·주의에 관해서의 본질적인 사실이다.[231]

---

231) 슘페터 『자본주의·사회주의·민주주의』 이상구역 삼성출판사 1977, 133쪽.

슘페터는 자본주의의 엔진은 부단히 낡은 것을 파괴하고 새로운 것을 창조함으로써 가능하다고 주장한다. 즉 기업이 창조해내는 신식 소비재, 신식생산방법 내지 신식수송방법, 신식시장, 신식산업 조직 형태가 참이며 선이며 아름다움이다. 구식소비재, 구식생산방법 내지 구식수송방법, 구식시장, 구식산업 조직형태는 거짓이며 악이며 추함 이라는 것이다.

따라서 진선미를 가진 주체로서의 주인은 거짓과 악과 추함을 가진 객체로서의 노예를 부정성의 위력으로 대하여 일체대상을 박멸시키 고 모든 것을 빼앗을 권리가 있다. 이 권리의 행사를 창조적 파괴라고 슘페터는 주장하는 것이다.

그런데 이 논리에 무슨 새로운 것이 있는가? 새로운 것이 있다면 경제학자에 어울리지 않게 창조적 파괴라는 현란한 용어를 만들어내 는 문학적 능력 정도인 것이다. '너 죽고, 나 살자!'에서 '너'는 구식소 비재, 구식생산방법 내지 구식수송방법, 구식시장, 구식산업 조직형 태이며, '나'는 신식소비재, 신식생산방법 내지 신식수송방법, 신식시 장, 신식산업 조직형태이다. 너를 내가 죽여서 그것을 먹어치운다는 부정성의 위력과 박멸의 논리에서 조금이라도 벗어난 새로운 것이 슘페터에게 있는가?

이 논리는 이미 마르크스가 공산사회로 도달하기 위해 혁명이 필요 하다고 주장했을 때의 그 혁명과 다를 바가 없는 것이다. 또한 이 모든 논리는 짜라투스트라가 최후의 전쟁 이후에 존재하는 것과 무화 되는 것이라는 부정성의 변증법의 틀에서 조금도 벗어난 것이 없다.

크리스 하먼은 '하이예크 추종자들 식으로 표현하면 시장의 동학動 學은 모든 산업분야와 그 안에서 일하는 노동자들의 생계에 대한 창조 적 파괴232)'라고 말한다. 여기서 말하는 하이예크식의 시장의 동학이

---

232) 크리스 하먼 『신자유주의 경제학 비판』 심인숙역 책갈피 2001, 148쪽.

란 부정성의 변증법에 지나지 않는 것이다. 하이예크가 말하는 시장의 동학은 언뜻 들으면 헤겔이 그러했듯이 생성의 과정을 말하는 것 같이 들린다. 그러나 헤겔의 변증법에 생성이 없듯이 하이예크의 시장의 동학에도 생성이 없는 것이다.

창조적 파괴의 과정이야말로 자본주의에 관해서의 본질적인 사실이라는 슘페터의 주장에 대해 경제학자 조순은 이렇게 말한다.

> 자본주의가 슘페터적 역동성을 가지고 발전하는 동안, 그것은 여러 가지 모순과 갈등을 빚어냈다. 그 중에서도 가장 중요한 것은, 노동계급의 대두, 기업의 집중 및 경기변동의 심화라 하겠다.[233]

조순은 슘페터적인 창조적 파괴가 미치는 모순과 갈등에 의한 악영향을 설명하고 있다. 오늘날 세계를 지배하고 있는 신자유주의에 대한 통렬한 비판을 가하고 있는 크리스 하먼은 하이예크와 슘페터의 관계를 이렇게 말한다.

> 영국의 대처주의자들은 오스트리아학파로부터 적지 않은 영향을 받았다. 이 학파의 가장 유명한 사람은 하이예크였다. 그는 국가개입이 전제정을 낳고 동학을 위협한다는 이유로 케인즈주의와 국가개입에 대하여 시종일관 반대했다. 그러나 그는 신고전주의의 한계효용파의 도식도 받아들이지 않았으며, 그들이 위기를 부정한 것도 받아들이지 않았다.… 하이예크의 가장 솔직한 주장은, 시장이 수요와 공급의 순조로운 균형으로 나아가기보다는 자신의 동료인 오스트리아학파의 조셉 슘페터Joseph Schumpeter가 창조적 파괴라고 부른 과정을 거쳐 결국 경제적 균형이 아닌 경제적 질서로 귀결된다는 것이었다.[234]

---

233) 조순 『경제학원론』 법문사 1987, 741쪽.

크리스 하먼은 오늘날 하이예크 것으로 설교되는 사상은 '창조적 파괴 대신 신고전학파의 순조로운 균형개념이 들어선 잡종에 불과하다.'[235]고 주장한다. 무엇이 창조적 파괴인가? 오래 전의 예를 들어 보자.

영국에서는 18세기 말까지도 수십만 명의 수공업 방직공들이 존재했다. 그런데 50년도 채 안되어 그들은 기계식직조기를 사용하는 자본가 회사들로 인해 몽땅 망해버렸다.[236]

이 예는 그야말로 호랑이 담배 필 때의 이야기에 불과하다. 이와 같은 창조적 파괴의 개념이 국가적 정책의 바탕에 적용될 때 창조적 파괴는 '수백만 대중의 생계-때로는 목숨까지도-에 대한 파괴라는 것'[237]이다. 물론 이것이 세계를 휩쓸 때 얼마일지 모르는 사람들의 생계에 문제가 될 것이다.

이제 창조적 파괴가 의미하는 변증법이 무엇인지 그 대략의 모습이 드러났다. 결과적으로 볼 때 창조적 파괴의 창조라는 말은 대립하는 쌍방에서 어느 한쪽의 일방적인 이익이 창조된다는 것이다. 그 창조는 반드시 그 반대편에서 대립하는 한 쪽을 파괴함으로써 발생한다는 것이다.

아리스토텔레스의 경우 부정당하는 것은 가능태이며 부정하는 것은 현실태이다. 현실태가 존재하는 한 가능태는 의미도 없는 것이다. 새로운 자는 오래된 자에게 부정성의 위력으로 대해주는 것으로서 그것이 곧 파괴이다. 결국 파괴되는 자는 악이며 파괴하는 자는 선이

---

234) 크리스 하먼『신자유주의 경제학 비판』심인숙역 책갈피 2001, 63쪽.
235) 위의 책 63쪽.
236) 위의 책 47쪽.
237) 위의 책 63쪽.

다.

이는 변증법의 전형적인 예이며 대립하는 어느 한쪽이 다른 한 쪽에게 부정성의 위력을 가하는 것이며 박멸의 의지를 실현하는 것이라는 사실이 드러난 것이다. 결국 오늘날 세계를 지배하는 신자유주의의 실체는 가깝게는 마르크스의 변증법과 헤겔의 변증법의 직접적인 제자임이 드러나고 크게는 짜라투스트라의 부정성의 변증법의 새로운 유형임이 드러난 것이다.

이제 슘페터주의가 노동계급의 대두를 가져왔다는 조순의 주장이 무었을 의미하는지도 분명해졌다. 창조적 파괴는 한사람의 자본가의 성공이 수많은 노동자를 부정성의 위력으로 대하고 박멸한다는 것이 드러났다.

이는 지나족의 전국시대에 회자되던 말로서 '한사람의 유명한 장군이 출현하기 위해서는 만 명의 병사가 죽어주어야 한다'는 말과 같은 의미의 것이다. 쉽게 말하자면 창조적 파괴는 '너 죽고, 나 살자!'에서 죽어주어야 할 '너'의 숫자와 죽이는 '나'의 숫자가 천문학적 차이를 보인다는 것이며 그것은 자본의 축적이 강화될수록 갈수록 더 커진다는 것이다.

어느 한쪽에서 부정성의 위력과 박멸의 의지가 나타나면 그 반대쪽에서도 똑같은 강도의 부정성의 위력과 박멸의 의지가 나타나기 마련이다. 슘페터가 말하는 자본주의의 동력이 기업이 창조해내는 신소비재, 신생산방법 내지 신수송방법, 신시장, 신산업 조직형태에서 연유하는 것이라면 그 동력은 반드시 수많은 노동자들의 생계를 당장에 위협하는 것이며 그에 대한 노동자들의 똑같은 강도의 반발이 일어나는 것은 당연한 것이다.

그러나 자본가들의 창조적 파괴는 끊임없이 맹목적으로 일어나며 그렇지 못하면 기업은 도태되는 것이다. 따라서 창조적 파괴는 더욱더 대규모로 또 급속히 일어나며 기업의 집중과 경기변동의 심화가 일어날 수밖에 없는 것이다.

노동자들이 강력히 연대하여 파업으로 이에 맞서는 것은 그들에게 가해진 파괴적 강도에 비례하는 것이라고 볼 수 있다. 결국 이 노동자들의 부정성의 위력과 박멸의 의지는 자본가들에게도 마찬가지로 타격이 되는 것이며 그것은 이 부정성의 변증법이 가지고 있는 결정적인 취약점이 드러나는 것에 지나지 않는다. 철학이 죄이지 자본가도 노동자도 정해진 틀에서 살기 위해 발버둥치는 것에 불과한 것이다.

이러한 경제적인 부정성의 변증법은 반드시 제로섬게임이다. 즉 한쪽이 창조적 이익을 보면 그 이익은 반드시 그 창조적 이익을 본만큼 파괴적 손해를 보는 것이다. 즉 전체를 100이라할 때 대립하는 쌍방이 45:55의 균형이 이룰 때 생성적 존재로서 진정한 창조가 가능하며 그것은 현실적 존재로 나아갈 수 있다. 그러나 45:55의 균형이 20:80이라는 신자유주의적인 빈부간의 격차로 벌어질 때 그것은 창조적 파괴가 결코 아니다. 그 20:80은 영원한 대립을 만들 수 없는 비율이다. 20:80의 비율만으로도 이미 그 공동체는 생명력을 잃은 것이며 그것은 반드시 더욱더 큰 격차로 벌어지게 될 수밖에 없다.

창조적 파괴는 교묘한 언어의 유희에 불과한 것이다. 경제학적 성취가 교묘한 언어의 구사라는 능력으로 평가받는 것은 조금도 웃고 싶지 않은 유머이다. 그러나 경제학자가 아무리 뛰어난 문학적 능력을 구사한다 해도 창조적 파괴가 가장 위험한 부정성의 변증법이며 또한 명백한 현문명의 집단 자살론이라는 사실이 가려지지는 않는 것이다. 해체의 테두리는 곧 무질서의 테두리의 전조이며 이때는 빈부간의 누구도 가리지 않고 치명적인 타격이 가해지는 것이다. 필자가 슘페터의 창조적 파괴는 단지 창조력의 파괴에 불과한 것이라고 주장한다면 슘페터는 얼굴을 붉히며 화를 낼까?

6

나가르주나의 불교변증법

불교의 교리에 따르면 완전한 해탈(니르바나)에 이르는 길은 두 가지가 있다. 그 중 하나는 논리적 작업(변증법)에 의하여 올바른 통찰에 이르는 점진적 발전방향이 그것이고, 다른 하나는 장기간에 걸친 內觀自省的 修道(명상)이 그것이다.[238]

여기서 우리는 불교변증법이라는 독특한 해탈의 방법을 살펴볼 필요가 있다. 이 변증법은 칸트와 헤겔과 마르크스 등의 변증법과 유사하다는 점에서 관심을 끈다. 아니 칸트와 헤겔과 마르크스의 변증법이 불교변증법과 유사하다는 것이 보다 더 가까운 말일 것이다. '이 방법을 완성시킨 나가르주나(龍樹)는 인도 남부에서 서기 125년에 출생한 흔히 가장 탁월한 불교철학자로 불리는 인물이다.'[239]

그러면 무엇이 나가르주나로 하여금 가장 탁월한 불교철학자의 위치를 확립하게 하였는가? 나가르주나 연구의 권위자인 인도의 자야데바 싱은 그 문제에 대하여 다음과 같이 단적으로 잘라 말한다.

무엇이 나가르주나의 근원적이고 독창적인 공헌인가? 그의 원천적이고 고유한 공헌은 그가 발전시킨 변증법인 것이다.[240]

---

238) H.J. 슈퇴릭히 『서양철학사 상』 임석진역 분토출판사 1987, 73쪽.
239) 위의 책 73쪽.

나가르주나의 변증법은 철저한 부정성의 논리로서 그 세련된 논리는 지금까지 다루어 온 부정성의 변증법들과는 전혀 다른 차원의 변증법논리를 전개한다.

나가르주나는 특이한 변증법을 사용했으니 이것이 유명한 8불설(8종의 부정설)이다. 이것은 세상이 생生·멸滅·단斷·상常·일一·이異·거去·래來와 같은 것이 아니라고 주장하고, 모든 것을 부정적 태도로서 불생不生·불멸不滅·부단不斷·불상不常·불일不一·불이不異·불거不去·불래不來하는 것이라고 주장했다.[241] 나가르주나(龍樹)는

> 인간에게 어떤 불변의 형이상학적 실제가 있다고 인정하는 유有의 입장도 거부했으며, 동시에 인간은 죽음으로 돌아간다는 무無의 입장도 거부했다. 세계의 모든 법法은 스스로 존재하는 자성自性이 없기 때문에 공空한 것이다. 그러나 공空은 결코 무無가 아니다.[242]

라고 주장한다. 나가르주나는 유有와 무無의 대립에서 유와 무를 모두 부정한 상태를 공空이라고 부르며 그것이 실재하는 중도中道의 세계라고 주장하고 있는 것이다. 이에 따르면 대립하는 선과 악을 모두 부정하는 변증법이다. 따라서

> 공空이란 비유비무非有非無이며 중도中道인 것이다. 비유비무非有非無라는 것은 공空이란 말과 같이 실재實在를 부정적으로 표현하는 파사破邪의 말이요, 중도中道는 적극적으로 표현하는 현정顯正의 말이다.[243]

---

240) 자야베바 싱 『용수의 마디아마카철학』 김석진역 민족사 1987, 40쪽.
241) 한정섭 『불교개설』 상락향수도원 2000, 345쪽.
242) 길희성 『인도철학사』 민음사 1989, 144쪽.
243) 길희성 『인도철학사』 민음사 1989, 144쪽.

라는 것이다. 여기서 파사현정破邪顯正이란 곧 유有와 무無를 모두 부정하는 것이 파사破邪이며 그럼으로써 중도中道를 드러내는 것을 현정顯正이라는 것이다.

이 철두철미한 부정성의 변증법은 무릇 타인他人을 파쇄破碎한다 하면 외견상外見上 매우 무자비無慈悲한 것같이 들일는지 모른다. 그러나 종교宗敎에서 타他를 파破한다는 것은 그 진의眞意가 대자비심大慈悲心의 발로發露에 있는 것[244]이라고 주장된다. 즉 종교적으로 다른 사람을 파쇄하는 것은 무자비한 것이 아니라 대자대비한 종교심의 발로라는 주장이다. 또는 이렇게 말해진다.

> 경솔하고 부주의하게 나가르주나의 책을 읽는 독자들에게 나가르주나는 모든 체제들에 대항하여 논박하고 부정하며, 심술꾸러기 같은 말썽을 부리는 철학자나 또는 기교를 부리는 교모하고 모호한 말로 논쟁함으로써 확실한 양보와 꾀로 얻는 이점을 발휘하여 의심하지 않고 믿고 있는 반대의 입장에 서 있는 사람을 비틀어 짜내는 궤변론자와 같은 책략가나 사기꾼 내지는 협잡꾼처럼 여겨질 것이며, 계속하여 그는 아무것도 긍정하지 않으면서 모든 견해들을 무뚝뚝하고 퉁명스럽게 부정하는 파괴적인 허무주의자로서 혹은 이러한 태도들의 결과로 빚어지는 그의 패배와 좌절마저 팽개쳐버리는 무책임한 인간으로 파악되게 될지도 모른다.[245]

라고 말해진다. 그러나 그 방법은 차디찬 냉혹한 논리로 현상속에 숨은 참다운 세계를 보여주기 위한 것이라는 것이다.

그 방법은 단순한 것이 아니다. 즉 어떤 명제가 참임을 직접 증명하는 대신, 그 부정 명제가 참이라고 가정하여 그것의 불합리성을 증명

---

244) 김동화『불교학개론』보연각 1984, 344쪽.
245) 자야베바 싱『용수의 마디아마카철학』김석진역 민족사 1987, 43쪽.

함으로써 원래의 명제가 참인 것을 보여 주는 간접 증명법인 귀류법歸謬法246)을 그 수단으로 사용하는 것이다. 자야베바 싱은 변증법의 기법은 그 스스로 받아들인 원리들의 기본적인 것에 관하여 반대하는 사람의 견해가 지니고 있는 함축된 것을 밝혀내어 그 견해가 스스로 자기 모순적인 요소를 가지고 있음을 보여주는 것으로 구성되어 있다. 따라서 그 반대하는 사람은 자승자박自繩自縛 곧 남잡이가 제잡이 꼴이 되는 경지에 빠지게 된다. 그는 그의 고유한 가정들의 결과가 자기 모순적이라는 것이 밝혀질 때 스스로 불합리 부조리의 입장으로 환원되어진다. 따라서 변증법은 귀류법歸謬法에 의한 부정의 논증방법이다. 삼스크리탐으로 된 논리학적 전문용어는 프리상가로 알려져 있다.247) 따라서 용수의 변증법 즉 귀류법에 의한 부정의 논증방법은 이렇게 말해진다.

　　나가르주나는 그의 마디아마카 철학을 형성하는 데 있어 프리상가의 방법을 사용하였다. 프리상가는 귀류법歸謬法을 뜻하는 한 논증의 전문적 용어이다. 나가르주나는 그의 고유한, 어떤 이론도 발전 전개시키지 않았기 때문에 그의 이론을 증명하기 위하여 어떠한 논증도 전개시킬 필요가 없었다. 그는 다만 그의 반대하는 자들에 의해서 제기되고 전개되었던 이론들이 오직 그들에 의해서 받아들여지고 옳다고 믿은 그 원리들에 있어 부조리不條理 곧 정당하지 않다는 사실을 증명하기 위하여 이 프리상가-비카아(귀류법)

---

246) 논리적 활동의 중심적 수단은 동일률同一律이며, 그것을 부정적否定的 형식으로 표현하면 모순률矛盾律이된다. 모순률에 의거하여 귀류법歸謬法이 성립된다. 변증론자가 상대방과 논쟁할 때 거의 전적으로 의존하는 것이 이 귀류법이다. 상대방을 반박한다는 것은 상대방의 명제가 가장 뚜렷한 사실, 또는 그의 명제 가운데 다른 것과 모순됨을 보여주는 것이다. 모순되는 명제들이 동시에 참일 수는 없으므로 상대방은 자기가 틀렸다는 것을 시인할 수밖에 없게 된다. (폴 풀키에『변증법의 이해』최정식/임희근역 한마당 1992, 11쪽)
247) 자야베바 싱 용수의 마디아마카철학 김석진역 민족사 1987 45쪽

를 사용했을 뿐이다. 그것은 실재란 사유의 구성물 곧 사고 저 너머에 사고를 초월하여 존재한다는 사실을 함축하고 있다.[248)

라고 말할 때 자야데바 싱이 나가르주나(龍樹)의 근원적이고 독창적인 공헌이라고 설명하는 나가르주나의 변증법은 포괄적으로 설명되는 것으로 보인다.

슈퇴릭히는 나가르주나가 번뇌를 부정하고 타파하는 부정否定의 논리論理에 있어서 가장 탁월한 사상가로 설명한다. 즉 '불타에 따르면 무명無明 또는 무지無知야말로 일절의 생生의 현상을 이루는 원인이다. 즉 생이란 다름 아닌 번뇌에 지나지 않는다는 점을 깨닫지 못한다는 뜻… 그런데 불교철학에서 이와 같은 무지의 암흑을 점차적으로 꿰뚫어보고 이를 초극하기 위하여 부정의 논리(무상개공의 사상)라는 독특한 방법을 발전시켰다. 특히 이와 같은 방법을 완성시킨 사람은 인도 남부지방에서 출생하여 기원 후 125년경에 활동한 나가르유나─흔히 가장 탁월한 불교철학자로 불린다─였다.'[249)는 것이다.

여기서 나가르주나의 독특한 부정否定의 논리論理의 대상은 곧 번뇌이며 무지이다. 선악의 이분법과 부정성의 변증법이라는 큰 틀로 볼 때 번뇌와 무지가 부정되어야 하고 박멸되어야 할 대상인 것이다.

후기 불교사상에서 중요한 의미를 차지하는 두 가지 진리론(眞俗二諦說)은 나가르주나의 연구성과였다. 그 진속이체설眞俗二諦說은 이러하다.

나가르주나에 의하면 우리는 사물을 볼 때 두 가지의 높고 낮은 관점에서 볼 수 있다고 한다. 그리고 이 두 가지 관점에 따라 진체眞諦와 속체俗諦가 성립된다는 것이다. 진체眞諦는 사물을 있는

---

248) 자야베바 싱 『용수의 마디아마카철학』 김석진역 민족사 1987, 35쪽.
249) H.J. 슈퇴릭히 『서양철학사 상』 임석진역 분도출판사 1987, 73쪽.

그대로의 반야(智慧)의 눈으로 보는 것으로서 언어를 초월한 空의 진리를 말하는 것이며, 속체俗諦란 세상 사람들의 상식적인 눈으로 보는 세계로서 진리가 가리워진 모습을 말한다. 진체眞諦인 공空의 세계는 모든 차별과 대립이 사라져버린 不二의 세계로서 유와 무, 생사와 열반, 미와 오, 중생과 불타, 그리고 속체와 진체의 구별마저도 부정되며 공空마저도 공空인 一切無所得의 세계이다.[250)

나가르주나는 모든 것을 부정하고 나중에는 공空 마저 공空이 되는 부정성의 변증법을 제시하고 있는 것이다.

나가르주나의 진속이체설眞俗二諦說의 거듭되는 부정과 부정은 다음과 같이 설명된다.

그는 저속한 진리(世俗諦)와 고차적 진리(第一義諦)를 구별하였다. 즉 하나의 주장이 상식적인 판단에 따라서는 진리일 수 있으나, 또 다른 고차적 입장에서 볼 때는 허위일 수도 있다는 것이다.

A= 상식적진리(有)

B= 고차적진리(空)

그런데 이 양측의 대립적 입장인 AB가 통합된 것을 하나의 더 한층 고차적인 시점을 획득한 연후에 따지고 보면, 이것도 다시금 그릇된, 저속한 진리(有空=俗諦)로 보일 수가 있는 것이다.(즉, 이것을 우리는 그릇된 양자택일적 방법이라 할 수 있겠다.)

AB= 저속한 진리(有空)

C = 고차적 진리(非有非空)

이와 같은 방법을 구사하면 다음과 같은 결과가 나온다.

ABC= 저속한 진리(有空 및 非有非空)

D = 고차적 진리(非有非空 및 非非有非非空)[251)

250) 길희성『인도철학사』민음사 1989, 146쪽.

나가르주나의 두 번째 이론은 이른바 사중적 변증방법四重的 辨證
方法이었다.

> 긍정肯定(有)이나 부정否定(空)의 형태로 답이 주어져야만 하는 어
> 떤 임의 문제에 대하여 우리는 정면으로 그렇다 혹은 아니다 로
> 대답할 수도 있는가 하면 또한 그때 그때의 경우에 따라서 긍정적
> 일 수도 혹은 부정적일 수도 있는가 하면 또한 그때 그때의 경우
> 에 따라서 긍정적일 수도 부정적일 수도 있는 좀더 세밀한 조건하
> 에서 그렇다 혹은 아니다 라고 대답할 수도 있다. 그러나 이 문제
> 에 대하여 우리는 긍정도 부정도 아닌, 즉 그렇다도 아니다도 아닌
> 식의 대답을 할 수도 있는가 하면, 또한 결국에 가서는 '그 문제는
> 나와 아무런 관계도 없다' 혹은 '나는 그에 대하여 긍정과 부정의
> 어느 쪽에도 치우치지 않은, 즉 양측에 다같이 초연한 입장에 있
> 다'는 답이 나올 수도 있다는 것이다. 이상과 같이 나가르주나는
> 언제나 최고의 진리란 이와 같은 '유도 무도 아닌 것' 즉 일절의
> 특수화나 또는 이해 가능한 언표 내용을 초월하는 속체적俗諦的인
> 유무의 이변을 떠난 것이라고 보았다.[252]

나가르주나는 그의 원리를 아래의 순서대로 14가지의 예로 설명하
고 있다.

첫째 이 세계는 ㉠영원한가 ㉡영원하지 않은가, 혹은 ㉢영원하고
영원하지 않은가? 혹은 ㉣영원하지도 않고 영원하지 않지도 않은가
의 4가지 의문

둘째 ㉠유한한가 ㉡무한한가 혹은 ㉢유한하며 무한한가, 혹은 ㉣
유한하지도 않고 무한하지도 않은 것이 아닌가의 4가지

251) H.J. 슈퇴릭히『서양철학사 상』임석진역 분도출판사 1987. 74쪽.
252) 위의 책 74쪽.

셋째 타타가타Tathagata는 ㉠후에 존재하는가 ㉡존재하지 않는가, 혹은 ㉢죽은 후에 존재하며 동시에 존재하지 않는가, 혹은 ㉣사후에 존재하지도 않으며 동시에 존재하지도 않는 것이 아닌가의 4가지

넷째 영혼은 육체와 같은 것인가 아니면 육체와 다른 것인가의 2가지 이상의 것을 다 합하면 전부 14가지이다.[253]

나가르주나가 말하는 부정성의 변증법은 복잡한 듯 보여도 결국은 단순한 것이다. 즉 스스로는 아무런 고유한 견해도 주장하지 않는 것이다. 그리고 현존하는 모든 대립되는 견해들을 모두 부정함으로써 그 견해들이 그릇되어 있다는 사실을 밝히는 방법론을 세우는 것이다.

우리는 나가르주나의 변증법이 지금까지 다루어온 부정성의 변증법 중 가장 세련되고 또한 가장 철저한 부정성의 변증법이라는 사실을 확인할 수 있다.

---

253) 자야베바 싱 『용수의 마디아마카철학』 김석진역 민족사 1987, 41쪽.

7

칸트의 변증법

칸트의 변증법은 종교와 철학이 수천 년 동안 그 모습만 바꾸어가며 진행해오던 부정성의 변증법의 형태를 결정적으로 부정하고 새로운 변증법을 내놓았다는 점에서 획기적이다. 칸트의 철학은 단순히 서양의 철학으로 치부할 수 있는 철학이 아니라 짜라투스트라 이후 가장 획기적인 철학이라는 점에서 관찰되어야 하는 것이다.

이러한 획기적인 철학을 담은 칸트의 주저인 『순수이성비판』은 이 변증법이 바탕이 되고 있으며, 그것은 부량負量에 관한 두 가지의 명제에서 잘 드러나 있다.

> 제 1명제. 세계의 모든 자연적 변화를 통하여 같은 부호(서로 반대가 아닌)항목은 서로 합치고 실질적 반대가 되는 항목은 상쇄한다면 그 총계는 결국 감소하지도 않고 증가하지도 않는다.[254]

> 제2명제. 우주의 모든 실질적 근거는 같은 부호의 것을 서로 합치고 서로 반대되는 것을 상쇄한다면 그 총계는 제로가 된다. 세계전체는 그 자체로는 무이다.[255]

---

254) 칸트 「부량개념을 철학에 도입하려는 시도」 한정석역 151쪽 (A. Deborin 한정석역 『칸트의 변증법』 경문사 1993년의 합본)
255) 칸트 「부량개념을 철학에 도입하려는 시도」 한정석역 155쪽 (A. Deborin

부량개념을 철학에 도입하려는 시도의 이 두 명제는 사실상 『순수이성비판』전체의 핵심을 압축하고 있는 것이다. 칸트는 놀랍게도 수천 년 동안 한번도 패배하지 않고 전해지던 부정성의 변증법에 대한 사고의 틀을 결정적으로 파괴한 것이다. 칸트는 "A가 생긴다면 세계의 자연적 변화에서는 -A도 생기지 않으면 안 된다고 나는 주장한다. 요컨대 하나의 결과의 자연적 근거가 있다면 동시에 그것과 부호를 달리하는 또 하나의 결과의 근거가 있지 않으면 안 된다."256)고 했다. 칸트는 뉴턴의 물리학을 철학에 적용하여 세계는 두 개의 서로 다른 부호의 것이 서로 합치고 상쇄하는 것으로 보았다. 쉽게 말해서 "명성에 대한 아주 강한 욕망이 생긴다면 그것에 대항하여 명성에 대한 같은 강도의 혐오도 동시에 생긴다."257)고 이 원리를 설명하는 것이다.

세계에 존재하는 서로 반대되는 것들이 상쇄한다면 세계는 제로라는 것이다. 즉 세계 전체는 그 자체로는 무라는 것이다.

칸트는 흄의 영향을 받아 독단의 선잠에서 깨어났다고 했다. 그것은 독단으로부터 벗어났다고 주장하는 매우 중요한 언표이다. 그런데 독단의 선잠에서 깨어나 무엇을 주장했는지에 대해서 『순수이성비판』이라는 책 한권의 분량으로 설명을 한 것이다. 핏셔는 다음과 같이 말한다.

> 우리들은 바르게 다음과 같이 말할 수 있다. 칸트의 우주개벽론의 근본사상 중에는 이미 부량에 관한 시도가 있었다. 그리고 칸트의 견해로는 그가 이 대상을 보다 길게, 보다 깊게 숙고하면 할수록

　　한정석역 『칸트의 변증법』 경문사 1993년의 합본)
256) 칸트 「부량개념을 철학에 도입하려는 시도」 한정석역 152쪽 (A. Deborin
　　한정석역 『칸트의 변증법』 경문사 1993년의 합본)
257) 칸트 「부량개념을 철학에 도입하려는 시도」 한정석역 154쪽 (A. Deborin
　　한정석역 『칸트의 변증법』 경문사 1993년의 합본)

부량의 의미는 깊어지고 그 적용범위는 넓어져간다. 모든 자연적인, 또 제한을 받았던 힘은 다른 힘에 대항하여 적용한다. 그것은 동시에 정 및 부의 작용을 갖는다. 즉 자력이 나타나고 있고 일찍이 에피누스가 전력에서 지시하려고 한 양극성과 같은 정극正極 및 부극負極을 갖는다. 인력과 반발력의 관계는 정의 인력과 부의 인력과 같다. 한寒과 난暖의 관계는 정의 온난 작용과 부의 온난 작용의 관계와 같다. 즉, 자기 및 전기의 작용에서 대립은 양극성의 형식으로 나타난다. 일반적으로 자연의 힘은 그 작용의 방식에서 비상하게 많은 일치를 나타내고 있기 때문에 칸트는 이미 그 연결의 발견을 예상하고 있다.[258]

칸트의 이율배반은 서로 다른 부호의 것이 팽팽하게 대립하듯 정립과 반정립을 대립시키고 있다. "이율배반은 해결될 수 없는 모순을 나타내고 있다. 이와 같이 칸트가 정립에 반정립을 대립시켰던 것은 정립은 반정립을 배척하고, 양자는 그렇기 때문에 이것을 합일 시켜 해결할 수 없음을 증명하기 위해서였다."[259]는 것이다. 이것은 서로 작용과 반작용이 똑같은 양으로 대립한다는 정적세계의 법칙을 설명할 수는 있지만 그 대립이 합일하여 해결할 수 있는 것은 없다.

칸트가 『순수이성비판』에서 제시한 네 가지의 이율배반은 물론 부량의 개념을 철학에 도입하려는 시도에서 제시된 두 가지 개념에서 이미 정립된 것이라는 사실을 알 수 있는 것이다. A.Deborin은 이렇게 정리한다.

칸트가 강조하려고 한 것은, 힘의 개념 혹은 실재적 이유의 개념은 논리적 분석에 의하여 획득될 수 있는 것이 아니고 경험에 의하여

---

258) 핏셔 「근대철학사」 제4권 1909, 226쪽 (A. Debon 『칸트의 변증법』 한정석역 경문사 22쪽 재인용)
259) A. Deborin 한정석역 『칸트의 변증법』 경문사 1993 95쪽

획득될 수 있다는 점이다. 실재적 대립의 원칙은 세계에서의 모든 현상이 상호 현실적 혹은 잠재적 대립을 이루고 있다고 주장한다. 이 원칙으로부터 경험의 총 내용이 도출되지 않으면 안 된다. 세계의 법칙은 결국에는 통일의 실재적 대립으로의 분화 및 이 대립의 통일로의 지양으로 돌아갈 것이다. 그 공식은 다음과 같다. 0=+- 및 +-=0 이다.

이미 기술하였듯이 우리가 여기서 설명한 칸트의 독특한 변증법은 뉴턴의 과학에 그 근저를 두고 있다. 칸트는 철학이 경험적 과학, 즉 뉴턴의 설과 조화되기를 바랐다. 다른 한편에서는 뉴턴의 학설은 역시 철학적 정초가 필요하였다. 칸트는 이 결점을 보충하려고 했고, 뉴턴의 학설을 조화시키려고 생각했다.

칸트의 철학을 수학으로 적절하게 표현한 '0=+- 및 +-=0'이라는 공식을 한철학적으로 다시 옮기면 '50-50=0, 50+50=100' 이

칸트의 변증법

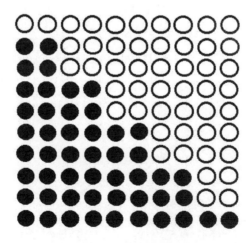

50-50=0   50+50=100

256

된다.

단지 두 개의 식이면 그의 철학 전체의 근본적인 내용이 설명되는 것이며 동시에 칸트의 철학은 유목시대부터 알타이어족들의 신화시대까지 축적된 인류의 지식세계인 한철학과 단숨에 합류가 되는 것이다. 칸트의 철학은 지금까지 그림으로 여러 번 제시한 천부도와는 비슷하지만 자세히 보면 다른 모습으로 나타난다.

칸트의 이율배반이 설명하는 정립과 반정립은 영원히 대립할 뿐 그것의 가운데에 정립과 반정립을 객체화하여 생명체로 창조할 수 있는 주체가 없다. 다시 말해 칸트의 이율배반은 정립과 반정립을 합일시켜 해결할 수 없음을 증명하기 위해서였지만 한철학의 온이 설명하는 긍정성의 변증법은 정립과 반정립을 객체로 삼는 주체가 양자를 합일시켜 문제를 해결할 수 있는 것이다. 이 점에서 칸트의 철학은 한철학의 긍정성의 변증법이 설명하는 $45+55=100$이라는 온의 철학과 완전히 다른 차원으로 갈라지는 것이다.

칸트가 만일 20세기에 태어나 끔찍하게 더운 여름날에 덜그럭거리는 고물 선풍기에 의지하며 더위를 달랜 적이 있다면 그의 철학은 근본적으로 바뀌었을지도 모른다.

선풍기가 움직이기 전에는 움직이려는 힘과 움직이지 않으려는 힘이 같다. 즉 $50-50=0$ 이다. 칸트가 본 정적자연인 것이다. 그러나 스위치를 트는 순간 아주 짧은 순간 우~우~웅 하면서 선풍기가 돌아가는 것도 아니고 안돌아가는 것도 아닌 묘한 상태가 존재하게 된다.

이러한 묘한 상태는 거의 망가져버리기 직전의 선풍기를 소유한 사람이 아니면 감지하기 어렵다는 점에서 아무에게나 그러한 기묘한 상태를 감지할 수 있는 행운이 주어지는 것은 아니다.

이 기묘한 상태에서 뉴턴의 물리학은 적용되지 않는다. 이 묘한 상태에 칸트가 철학에 도입하려는 작용과 반작용이 같다는 법칙을 넘어선 법칙이 존재하는 것이다.

즉 선풍기가 돌아가려는 힘과 돌아가지 않으려고 하는 힘이 같다면 선풍기는 정지상태가 되는 것이다. 이것을 철학화한 칸트의 이율배반은 여기까지가 한계인 것이다.

선풍기가 전기와 접속이 되어 스위치가 켜졌음에도 아직 선풍기는 돌아가지 않고 있으면서 괴상한 소리를 내며 아주 미세하게 움직이고 있는 그 짧은 순간의 물리학은 무엇이며 철학은 무엇인가를 한철학의 '온'이 설명하는 것이다.

하지만 오로지 칸트만이 한철학이 접근하는 과학과 철학의 세계의 중간지점에서 밀접하게 접근하고 있는 것이다.

1) 칸트의 변증법과 키신저의 냉전논리

칸트는 그 이전까지 철학을 지배하던 독선의 논리를 이율배반의 논리로 바꿈으로써 그 후 정치철학에도 심대한 영향을 끼치게 된다. 그 대표적인 인물이 메테르니히와 키신저이다.

메테르니히는 나폴레옹 이후의 유럽의 정세를 균형의 정치구도로 이끌었다는 점에서 칸트의 철학이 알게 모르게 적용되어 있다. 키신저는 메테르니히를 승계한 인물로 말해지며 냉전논리의 중요한 이론가이다. 키신저는 이렇게 말한다.

> 핵시대의 승리는 그의 전통적 의의를 상실해버렸다. 전쟁의 발발을 최악의 재난으로 생각하는 경향이 짙어가고 있다. 이제부터는 어떤 군사적 편제도 그 적절성은 평화를 유지하는 능력에 의해 판가름날 것이다.[260]

---

260) 헨리 키신저 『선택의 필요성』 우병규역 휘문출판사 1983, 254쪽.

키신저는 핵시대의 전쟁의 승패는 그 이전의 모든 전쟁의 승패의 법칙과는 다른 것이라고 주장하고 있는 것이다. 핵전쟁은 곧 공멸을 가져오므로 핵시대는 공생의 추구할 수밖에 없다는 논리를 전개하고 있는 것이다. 따라서 상대를 부정성의 위력으로 대하여 파멸시키는 것은 곧 자신을 파멸시키는 것과 같으므로 키신저는 그러한 정책을 말하지 않는다.

키신저는 더 이상 '너 죽고, 나 살자!'는 자살적인 부정성의 위력을 말하지 않고 대신 칸트의 이율배반에 입각한 영구평화론을 주장하는 것이다.

그가 말하는 선택은 공존이며 그 공존을 유지하기 위해서는 억지력을 갖추어야 한다는 것이다. 그 억지력이란 곧 보복이다. 보복은 공격을 당하고 나서는 서로 공멸하는 것이므로 공멸하지 않기 위해서는 공격을 받으면 반드시 보복한다는 사실을 상대방에 심어주는 것이 반드시 필요하다는 것이다. 키신저가 말하는 공존은 $50+50=100$이며 공멸은 $50-50=0$이다. 이는 정확하게 칸트의 변증법이다. 키신저는 핵무기가 인류의 집단자살용 도구라는 사실을 정확하게 인식하고 그에 대한 최적화된 방책을 제시하는 것이다. 적어도 이 철학은 집단자살의 철학을 뛰어넘은 것이다. 그래서 키신저는 이렇게 말하는 것이다.

억제력은 힘과 힘을 사용하려는 결의와 그리고 잠재침략자에 의한 이들의 평가, 이 세 가지의 결합을 필요로 한다. 더욱이 억제전략은 이들 요인들의 적績이지 그 합이 아니다. 이 요인들 중 어느 하나라도 제로가 되면 억제전략은 실패한다. 힘이 아무리 압도적이더라도 이에 부합되는 결의가 없으면 아무 소용이 없다. 힘과 결의가 결합되더라도 만약 침략자가 이를 믿으려 들지 않거나 또는 전쟁의 위험이 충분히 정나미 떨어지게 보이지 않는다면 효과가 없

어지는 것이다.[261]

키신저가 보여준 정치력이 매우 교묘하고 복잡한 듯 보였어도 그의 정치철학은 매우 단순한 것이다. 그가 알았던 몰랐던 그가 말하는 공존, 억지력, 보복의 필연성 등에는 한가지로 칸트의 이율배반의 철학이 존재하는 것이다. 키신저는 처음부터 이러한 철학으로 출발하여 시종일관했다.

> 전기작가 월터 아이작슨에 따르면 키신저의 학위논문은 하버드 대학의 대학 교수들을 어리둥절하게 했다. 그때는 정치학자들이 핵전쟁에 대한 인류절멸의 위험에 사로잡혀 있던 시절이었다. 그런 시절에 19세기 초 유럽의 궁정외교에 관한 키신저의 논문은 기이하고 엉뚱해 보였다. 그러나 키신저의 의도는 전쟁 기술이 변해도 정치가의 과제는 변하지 않는다는 것이었다. 그 과제란 질서 있는 국가체제- 반드시 정의롭고 공정한 것은 아니더라도 주요 참가국들에 의해 합리적이라고 인정된 체제-를 유지관리하는 방법으로 강대국들 사이에 공포의 균형을 이루는 것이었다.[262]

그런데 우리는 칸트의 변증법이 정적세계의 법칙이라는 사실을 알고 있다. 하지만 세계는 대체로 정적 세계가 아니라 동적 세계인 것이다. 키신저가 핵무기라는 집단자살의 수단을 다룸에 있어 50:50의 변증법을 사용한 것은 당시로서는 최선이었을 것이다. 따라서 칸트의 변증법을 동적 세계 특히 살아 있는 하나의 생명체로서의 정치세계에 적용하여 성공할 가능성은 조금도 없는 것이다.

키신저의 정치철학의 문제는 바로 이러한 점에 있는 것이다. 따라

---

261) 헨리 키신저 『선택의 필요성』 우병규역 휘문출판사 1983, 254쪽.
262) 로버트 D.카플란 『무정부시대는 오는가』 장병걸역 2001, 143쪽.

서 키신저가 소련을 항구적이고 질서 있는, 그리고 정통성 있는 존재로 인식한 것은 여타 외교정책 엘리트들과 똑같은 분석상의 오류였다[263]는 주장은 칸트와 키신저가 공통적으로 안고 있는 문제의 본질을 제대로 짚은 것이다. 무엇보다도 키신저는 서방과 소련이 모두 다 정적 존재처럼 항구적이고 정적 질서에 지배되고 있는 것으로 본 것이 오류인 것이다.

키신저가 메테르니히에 대하여 "어떤 한 체제가 아니라 영원한 원칙들을 대변했다." [264]라고 말했을 때 그 영원한 원칙이란 바로 칸트의 정적철학이 말하는 50:50의 이율배반의 법칙에 입각한 영구평화론을 말하는 것임을 아는 일에는 어려움이 없는 것이다. 또한 그는 "메테르니히의 외교는 웅대한 구상도 만들어내지 않았고 성급한–혁명적인–세대의 숭고한 꿈도 이용하지 않았다. 메테르니히 외교술의 본질은 창조성이 아니라 균형감각, 다시 말해서 이미 주어진 요소들을 결합하는 능력이다."[265]라고 말했다.

여기서 키신저가 말하는 메테르니히의 정치철학인 이미 주어진 요소들을 결합하는 능력은 이미 주어진 요소들을 부정하여 박멸하는 서양의 전통적인 정치종교적인 능력과는 철저하게 다른 차원의 것이다. 바로 이것을 키신저가 사용한 것이다. 그런데 그는 이미 주어진 요소를 결합하는 능력이 이율배반적인 결합 즉 50+50=100이라는 전체만을 알았다는 점에서 그의 정치철학의 비극성이 있는 것이다.

이미 주어진 요소들을 결합하는 능력에도 다른 차원의 능력이 있다는 사실을 키신저는 꿈에도 상상하지 못한 것이다. 그것은 생성적 존재를 이루는 45+55=100이라는 긍정성의 철학이다.

칸트의 이율배반은 부정성의 위력이 지배하던 서구의 정치종교적

---

263) 로버트 D.카플란 『무정부시대는 오는가』 장병걸역 2001, 147쪽.
264) 위의 책 154쪽.
265) 위의 책 154쪽.

환경에 결정적인 혁명을 일으킨 것이지만 그 철학의 진면목은 메테르니히와 키신저와 같은 걸출한 정치가가 등장하고서야 비로소 현실에서 사용될 수 있었다. 그러나 이러한 칸트의 위대한 발견이 헤겔에 의해 다시 더 숨막히는 부정성의 위력으로 나타나게 된 것은 끔찍한 역사의 퇴보인 것이다.

그리고 키신저의 공존공생의 철학이 신자유주의자들과 신보수주의자들인 네오콘에 의해 더 심한 부정성의 위력으로 퇴보한 것은 칸트와 헤겔의 경우와 똑같은 일이 다른 모습으로 역사에서 반복된 것이다.

그 이유는 역시 단순한 것이다. 이 모든 문제는 칸트의 변증법이 가지고 있는 정적철학을 대체할 45＋55＝100이라는 팔상태의 철학, 생명의 철학이 나타나지 않았기 때문인 것이다. 다시 말해 서로 같은 힘으로 대립하는 정립과 반정립을 객체화하는 대화와 타협과 통일을 주도할 주체세력이 출현할 철학의 부재가 모든 불행의 근본원인인 것이다.

8

니체의 변증법

칸트만이 짜라투스트라 이후 획기적인 철학을 제시한 것은 아니다. 니체의 변증법도 짜라투스트라 이후 전에 없던 획기적인 것이다. 어떤 면에서는 니체의 변증법이 칸트보다도 훨씬 강력하고 근본적인 철학적 혁명이라 할 수 있는 것이다.

니체는 짜라투스트라 이후 전해지던 그 전형적인 선악론을 완전히 뒤집어서 설명했고 그것은 그의 사후 출중한 철학자들에게 계승되어 지금에 이른다. 20세기 최대의 형이상학적 세계를 건설한 하르트만은 그의 윤리학 첫 페이지에서 이렇게 말했다.

> 선과 악이 무엇인가를 아직도 모르고 있다는 처음 듣는 주장을 들고 나온 사람은 오직 니체뿐이었다. 그러나 새로운 가치관조價值觀照에 대한 그의 진지한 호소는 경솔한 비판자와 그 방면의 대가들에게 거의 묵살되고 말았던 것이다. 이미 역사 속에 매몰된 그의 호소를 알아들을 수 있는 귀가 열리기까지는 수십 년이 경과하였다.[266]

니체의 경우 3천 년의 철학사를 뒤집어버리는 경천동지할 철학을

---

266) 니콜라이 하르트만『윤리학』전원배역 원광대학교출판국 1979, 1쪽.

제시했지만 그의 진면목이 드러난 것은 그의 사후 수십 년의 세월이 지나고 하르트만이나 베르그송, 푸코, 들뢰즈 등의 등장에 힘입어 비로소 그 진면목이 알려지기 시작했다. 사실상 오늘날의 세계는 칸트의 시대도 헤겔의 시대도 마르크스의 시대도 아닌 니체의 시대가 된 것이다.

니체의 저술은 적지 않은 양이지만 니체 자신이 가장 큰 기대를 걸었던 작품은 『짜라투스트라는 이렇게 말했다』인 것으로 생각한다.

여기서 그가 짜라투스트라라는 인물을 제시했다는 것은 역설적인 것이다. 짜라투스트라는 전혀 니체가 말한 것 같은 개념의 주장을 하지 않았음에도 그는 '짜라투스트라는 이렇게 말했다'라고 주장했다. 오히려 니체는 철저하게 짜라투스트라의 주장을 뒤집어서 주장한다는 점에서 니체가 말하는 짜라투스트라는 저 페르시아의 짜라투스트라가 아니라 독일의 니체이며 동시에 세계를 흔들어 놓은 바 있는 게르만의 노랑머리의 야수들을 말하는 것이다. 그런데 니체는 짜라투스트라를 페르시아의 짜라투스트라와 노랑머리의 야수들과 뒤섞어 놓아 독자들에게 혼란을 주고 있다. 그것은 니체식 철학적 유머이다. 니체는 유머를 아는 철학자인 것이다.

니체가 고전문헌학을 전공했다는 사실은 그가 그의 철학에서 제시하는 철학사적 의미를 무엇보다도 튼튼하게 하는 힘이다. 니체 이전에는 아무도 보지 못했던 니체만의 세계는 그의 고전문헌학이라는 충실한 기초 위에 놓여진 것이다. 그는 총명하게도 짜라투스트라의 철학사적인 가치를 꿰뚫었을 뿐 아니라 그 3천 년을 지배해온 개념을 정반대로 뒤집어버렸다.

그리고 그동안 철학자들이 보여주었던 글들은 절망적으로 딱딱하고 볼품없는 것들이었다. 특히 독일의 칸트와 피히테, 쉘링, 헤겔 등으로 이어지는 철학자들은 수면제를 능가하는 무미건조한 글들을 인정

사정없이 마구 늘어놓아 철학책을 읽는 사람들이 책을 펴자마자 순식간에 잠이 오게 했다.

칸트가 칸트철학에 비교적 능통했을 것으로 믿고 있었던 친구인 헬쯔Herz에게 『순수이성비판』의 원고를 보였을 때 그는 그 책을 절반도 못 읽고서 '이것을 이 이상 읽어 가면 발광할 것 같다고 한탄하면서 이 책 읽기를 포기했다'[267)는 일화가 전해지고 있다. 헤겔의 경우 이러한 경향이 가장 심하다. 프리드릿히 헷베르는 그의 일기장에 '나는 자살하고 싶지 않다고 생각하면 헤겔의 문장적 결함 때문에 그의 책을 읽지 않을 수 없다'[268)라고 기록하고 있다.

그러나 니체는 이 독일철학을 문학화했다. 놀라운 재능이 아닐 수 없는 것이다. 마침내 그는 이렇게 말한다.

모든 신은 죽었다. 이제 우리는 초인이 살기를 원한다.[269)

들어라 나는 그대들에게 초인에 대하여 가르치노라!
초인은 대지를 의미한다.[270)

이 두 개의 문장은 '신은 죽었다'는 내용과 '초인은 대지이다'라는 내용이 이원적으로 대립하는 관계를 담고 있다. 그런데 그는 이 대립에서 신은 죽었다고 말함으로써 신이 존재하던 세계는 이미 부정되었다고 말하고 있는 것이다. 그리고 초인은 대지이며 이제 우리는 초인이 살기를 원한다고 말함으로써 신이 존재하던 세계가 사라지고 대신 인간이 사는 대지가 새로운 의미를 가지게 되었음을 말한다. 초인은

---

267) 서동익 『칸트의 생애와 사상』 (휘문문화사 세계의 대사상 16권) 1986, 24쪽.
268) 헤겔 『역사철학』 김승옥역 대양서적 1972, 17쪽.
269) 니체 『짜라투스트라는 이렇게 말했다』 사순옥역 홍신문화사 1999, 98쪽.
270) 위의 책 13쪽.

그 대지를 지배하는 자이다. 이는 짜라투스트라의 이원론적 일원론의 정반대편에 서 있는 이원론적 일원론이다. 그야말로 경천동지할 새로운 철학의 출현인 것이다.

이 문장 안에 담긴 내용은 니체 철학의 핵심을 말해주고 있다. 짜라투스트라 이후 많은 종교와 철학은 신이 존재하는 세계를 실재의 세계이며 인간이 사는 이 세계는 그림자이며 실재하지 않는 세계로 말해져 왔다.

니체는 이러한 짜라투스트라 이래의 모든 논리를 한꺼번에 부정하고 나선 것이다. 그는 종교가 말하는 하늘의 세계를 완전히 부정하고 철학이 말하는 형이상학의 세계를 또한 완전히 부정한 것이다. 플라톤의 철학과 여러 종교는 니체에 의해 전대미문의 엄청난 공격을 받은 것이다.

그는 이렇게 말한다. "나는 쓸모없는 인간들이 말하는 그런 하늘을 좋아하지 않는다. 나는 천국의 그물에 걸려든 이 동물들을 조금도 좋아하지 않는다."271) 그는 천국이라는 개념을 부정하고 그 개념의 포로가 된 사람들을 동물로 표현한다. 즉 양떼라는 가축으로 격하시켜 버리는 것이다.

대신 인간이 사는 이 대지야말로 삶이 약동하는 세계이며 실제의 세계라는 것이다. 모든 것을 떠나 지난 삼천 년간 이보다 더 혁명적인 논리는 없었다. 그동안 인간이 머릿속으로 생각하던 모든 형이상학적 세계는 부정되고 객관적으로 존재하는 저 형이하학적 자연이야말로 실재하는 세계라는 것이다.

그가 "모든 일 중에서 불가능한 일이 한 가지 있다. 그것은 합리성이다."272) 라고 말할 때 플라톤 이래의 형이상학적 전통은 여지없이

---

271) 니체『짜라투스트라는 이렇게 말했다』사순옥역 홍신문화사 1999, 87쪽.
272) 니체『짜라투스트라는 이렇게 말했다』사순옥역 홍신문화사 1999, 206쪽.

부정되는 것이다. 그는 땅의 원리로 하늘의 원리를 부정성의 위력으로 대하여 박멸하고 있는 것이다.

더구나 니체는 지금까지 종교인들과 철학자들이 주장해온 선악론에 대해 그 허구성을 적나라하게 파헤쳤다. 지금까지의 모든 선악론은 단지 강한 힘을 가진 이익집단들의 이익을 위한 것에 지나지 않는다는 것이다. 그것은 선악을 나누는 기준이 아니라 권력의 의지를 나타내는 기준에 지나지 않는다는 것이다. 그는 이렇게 말한다.

> 살아 있는 자들을 발견할 때마다 나는 힘에의 의지를 더불어 발견했다. 심지어 복종하는 자의 의지 속에서조차도 나는 주인이 되려는 의지를 발견했다.… 무릇 삶이 있는 곳이라면 그곳에 의지도 있다. 그러나 그것은 삶에 대한 의지가 아니라 – 나는 그대들에게 가르치노니– 권력에 대한 의지인 것이다.[273]

여기서 말하는 힘의 의지는 대지 그리고 육체를 근거로 하는 힘에의 의지를 말한다. 즉 5S가 이미 부정된 신의 영역, 형이상학의 영역이라면 그가 말하는 대지와 육체의 힘의 의지는 4S의 영역이다. 그는 4S의 영역을 지배하는 것은 힘의 의지라고 말하면서 또한 그것은 권력의 의지라고 말하는 것이다. 이 권력의지는 마키아벨리의 권력의지와는 차원이 다른 것이다.

권력의 의지는 대지의 긍정이며 물질의 힘에 대한 적극적인 긍정이다. 그리고 그것이 가장 잘 나타나는 것은 기계력의 긍정이며 모터 Motor의 힘에 대한 긍정이다. 니체는 이 기계문명의 시대를 능동적으로 지배하는 긍정적 철학을 제시하는 것이다. 그에게 있어 긍정은 부정과 파괴인 것이다.

---

273) 위의 책 142쪽.

신의 영역을 말하는 종교인들과 형이상학을 말하는 철학자들도 니체의 논리에 따르면 그들도 살아 있는 자들이며 그들의 삶도 삶의 의지가 지배하며 또한 권력의 의지가 지배한다는 결론이 된다. 아무리 종교인이 천국의 세계를 예찬하고, 철학자가 형이상학적세계를 침이 마르도록 주장한다고 해도 실제로 그들이 추구하는 것은 오로지 권력의 추구이며 형이하학적 세계의 물질적 행복이라는 것이다.

또한 그에게는 자본주의도 공산주의도 그 어떤 주의를 주장하던 그것의 배경에는 예외 없이 권력의 의지가 작용한다는 것이다. 서양철학의 비조인 플라톤이 이데아의 세계를 주장하고 그것이 실체라고 했지만 플라톤이 원한 것은 현실세계의 철학왕이라는 권력임을 생각할 때 니체의 주장에 대해 플라톤은 과연 부정할 수 있을까?

니체는 선악에 관하여 기존의 관념이 가지고 있는 모순을 폭로한 철학자로 통한다.

> 그러나 나의 벗들이여, 나는 그대들에게 이렇게 충고한다. 처벌하고자 하는 충동이 강하게 작용하는 자들을 믿지 말라! 그들은 불순한 종족이며 불순한 피를 이어받는 자들이다. 그들의 얼굴에는 사형집행인과 스파이의 눈빛이 번득인다. 자신의 정의에 대해 곧잘 떠벌리는 자들을 믿지 말라. 그들의 영혼에 결여되어 있는 것은 단지 꿀만이 아니다. 그들이 자신을 선하고 의로운 자라고 칭할 때 그들이 바리새인이 되는 데 부족한 것은 오직 권력 한 가지뿐이라는 점을 잊지 말라![274]

악을 저주하는 강도가 높을수록 자신이 선이라고 주장하는 강도가 높은 것이되 그들이 선을 주장하는 배후에 숨어 있는 진실은 단지

---

274) 니체 『짜라투스트라는 이렇게 말했다』 사순옥역 홍신문화사 1999, 124쪽.

아직 권력이 부족하기 때문이라는 것이다. 그들이 충분한 권력이 있다면 선을 주장할 절실한 필요가 없으며 동시에 악을 극도로 저주할 이유도 없다는 것이다.

니체는 결국 짜라투스트라 이래의 종교와 철학이 주장한 부정성의 변증법을 뒤집어서 주장한 부정성의 변증법에 지나지 않는다. 다만 그는 능동적인 파괴를 주장하는 것이다.

'모든 신은 죽었다. 이제 우리는 초인이 살기를 원한다'[275]라고 말할 때 니체의 변증법은 어김없는 부정성의 변증법이다. 니체는 인류를 승려계급과 전사계급이라는 이원론으로 나눈다. 이는 한철학으로 볼 때 승려계급은 마음을 상징하는 밝55이며 전사계급은 육체를 상징하는 감 45이다. 니체는 승려계급의 상징을 유태민족으로 보고 전사계급의 상징을 독일민족으로 본다.

> 기사적 귀족적 가치판단은 억센 육체, 젊고 풍요하고 넘치는 건강 및 그것을 지니기 위하여 필요한 여러 가지 조건 즉 전쟁, 모험, 수렵, 무도舞蹈, 투기鬪技 및 일반적으로 억세고 자유롭고 쾌활한 행동에 속하는 것[276]

이라고 말한다. 반대로 승려계급은 최악의 적이라고 말한다. 왜냐하면 그들은 가장 무력한 자이기 때문이라는 것이다.

> 그들에게 있어서는 그 무력한 데서 증오가 태어났으며, 이윽고 그것이 기괴하고 불쾌한 것, 가장 정신적이며 가장 유독한 것에까지 성장한다.- 세계사에 있어서 거대한 증오자는 항상 승려였었다. 가장 영리한 증오자도 또한 승려였다- 승려적 복수정신에 비하면,

---

275) 위의 책 98쪽.
276) 니체『도덕의 계보』박준택역 박영사 1981, 27쪽.

대개 다른 모든 정신 같은 것은 거의 문제도 되지 않는다.[277]

는 것이다. 니체가 승려계급과 전사계급을 변증법으로 끌어들여 전사계급을 찬양하고 승려계급을 최악의 적으로 몰아붙이는 것은 니체의 변증법의 핵심을 드러내는 것이다. 즉 '너 죽고, 나 살자!'라는 철학원리에서 '너'인 승려계급은 곧 '신은 죽었다'를 상징하는 것으로서 밝55를 부정하는 것이다. '나'인 전사계급은 억센 육체, 젊고 풍요하고 넘치는 건강으로 상징되는 것은 육체이며 땅을 상징하며 감 45를 상징하는 것이다. 이는 니체가 '초인은 대지이다'라고 말할 때 이미 설명한 것이다. 따라서 니체에게 선은 당연히 육체이며 대지이다. 그래서 니체는

우리들의 생의 위대한 시기는, 우리의 악을 우리가 선이라고 고쳐 부를 용기를 지니게 된 그때이다.[278]

라고 말하는 것이다. 짜라투스트라의 변증법을 거의 삼천 년 만에 정면으로 뒤집은 대대적인 사건을 단적으로 말하고 있는 것이다. 니체는 다른 철학자들처럼 논리를 이러 저리 빙빙 돌리며 말하지 않는다. 하고 싶은 말을 직설적으로 한번에 말해버리는 것이다.

따라서 니체에게 '너 죽고, 나 살자!'에서 '너'인 악惡은 마음이며 신이다. 니체가 울분을 토하는 것은 '나'인 선善인 억센 육체, 젊고 풍요하고 넘치는 건강으로 상징되는 전사들이 부정되고 박멸되어야 할 악惡인 기괴하고 불쾌한 것, 가장 정신적이며 가장 유독한 것으로 상징되는 승려들에 의해 뒤집혔기 때문이다. '나'인 그 전사적인 민족이 바로 독일민족이며 '너'인 승려적인 민족이 유태민족이라는 것이

---

277) 니체 『도덕의 계보』 박준택역 박영사 1981, 27쪽.
278) 니체 『선악의 피안』 박준택역 박영사 1985, 116쪽.

다.

니체의 이 변증법은 짜라투스트라 이래의 선악변증법을 뒤집은 것임과 동시에 새로운 선악의 변증법은 아리안민족과 유태민족의 변증법으로 설정하고 있다. 니체는 이렇게 말한다.

> 바로 유태인이야말로 무서운 철저성으로 귀족적 가치방정식(좋은=고귀한=강력한=아름다운=신의 사랑을 받는)에 대한 역전을 감행하고, 가장 심각한 증오(무력한 증오)의 이齒를 갈면서 이것을 고집했던 장본인이다. 즉 그들의 말에 의하면, "가련한 자만이 착한자이다. 가난한 자, 힘없는 자, 추한 자만이 착한 자이다. 괴로운 자, 결핍된 자, 병든 자, 추한 자만이 유일한 경건한 자이며, 신에 귀의하는 자이며, 그들을 위해서만이 축복이 있다. 이에 반해서 그대들 고귀하고 강력한 자에 그대들은 영원히 나쁜 자, 잔인한 자, 음난한 자, 탐욕한 자, 신에 거슬리는 자이다. 뿐만 아니라 그대들은 영원히 구제받을 수 없는 자, 저주받을 자, 죄 많은 자일 것이다." 이 유태적 가치전환의 유산을 상속한 자가 누구인가를 우리는 알고 있다…. 유태인과 더불어 도덕상의 노예폭동은 시작되었다라고. 이 폭동은 그 배후에 2천 년의 역사를 가지고 있으며, 더욱이 그것이 오늘날 우리의 눈앞에 물러선 것은 그것이 이미 승리를 획득했기 때문에 불과한 것이다.[279)]

니체는 2천 년 동안의 유태·기독교 전통을 도덕상의 노예폭동이라고 규정한다. 니체가 분노하는 이유는 니체에게서 선인 육체적 가치가 악인 정신적 가치에게 부정당하고 박멸당했기 때문이다. 그래서 마침내 니체는 선인 육체적 가치가 악인 정신적 가치를 최악의 적으로 규정한 것이다. 따라서 선을 상징하는 전사계급인 독일민족은 위대한

---

279) 니체『도덕의 계보』박준택역 박영사 1981, 28쪽.

가치를 지닌 민족이며, 악을 상징하는 승려계급인 유태민족은 가축적인 가치를 상징하는 노예의 민족이라는 것이다. 따라서 니체는

유혹하고, 도취시키고, 마비시키고, 타락시키는 힘에 있어서 신성神聖한 십자가十字架라는 상징에 견줄만한 것은 십자가 위의 신이라는 무서운 역설, 인간구원을 위해서 신 스스로 십자가에 걸린다는 상상을 넘어선 극단적인 잔인무도한 기적극奇蹟劇에 견줄만한 것을 그 누가 생각해낼 수가 있을 것인가?[280]

라고 묻고 있는 것이다. 참으로 니체는 어마어마한 변증법의 전도를 시도한 것이다. 니체는 지난 3천 년 동안 진행되어온 모든 선악의 변증법을 도치된 선악론이라고 맹렬히 비난하고 그가 말하는 새로운 선악론에 대하여 하나하나를 빈틈없이 논증해나가고 있다.

오로지 그 혼자서 지난 3천 년간의 모든 종교와 철학자들을 비웃고 부정하고 또 새로운 가치론을 논증하고 있는 것이다. 그는 미래는 자신이 말하는 선악의 변증법의 시대일 것으로 확신하고 있다. 즉

여기에 울려오는 정오正午와 커다란 결의의 종소리는 다시금 의지를 자유롭게 하며, 대지에는 그 목표를, 인간에게는 그 희망을 되돌려 줄 것이다. 이 반기독자, 반허무주의자, 이 신과 허무와의 초극자 그는 언젠가는 오지 않을 수 없는 것이다.[281]

그가 말하는 반기독자, 반허무주의자, 신과 허무의 초극자는 히틀러라는 이름으로 이미 왔고 많은 대소大小 히틀러가 존재해왔다. 그러나 이미 수차례 말했지만 부정성을 부정성으로 대하는 자야말로 이미

---

280) 니체 『도덕의 계보』 박준택역 박영사 1981, 30쪽.
281) 니체 『도덕의 계보』 박준택역 박영사 1981, 118쪽.

죽어가는 인류를 다시 한번 확실하게 죽여 버리는 방법을 가르치는 자로서 인류적 규모, 인간적 규모의 집단자살론의 교사이다.

그는 마르크스가 헤겔의 변증법을 거울에 비추었듯이 단지 짜라투스트라의 변증법을 거울에 비추어서 거꾸로 말하고 있는 것이다. 니체는 부정성의 변증법 자체를 파괴한 것은 전혀 아닌 것이다.

짜라투스트라가 낮이 밤을 그리고 마음이 몸을 부정하고 박멸하여야 한다고 주장했지만 니체는 밤이 낮을 그리고 몸이 마음을 부정하고 박멸하여야 한다고 주장한 것에 지나지 않는다.

감45로 밝55를 부정했다는 점에서 니체와 마르크스는 공통적이다. 그러나 마르크스의 45는 노동자를 상징하는 데 그쳤지만 니체는 짜라투스트라 이래의 대부분의 철학과 종교를 단번에 부정하고 있는 것이다. 이로서 니체의 철학은 오늘날 가히 당할 자가 없는 것이다.

그런데 우리는 니체가 가치의 전도를 말했을 때 그가 한 말을 주의 깊게 잘 살펴보아야 한다. 니체가 니체 이전의 사람들이 확신하고 있었던 선악론을 비웃고 그들이 사실은 선악에 대해 아무것도 알지 못한다고 말한 것은 철학자로서 철학자가 취해야 할 가장 바람직하고도 정당한 태도라는 점을 자칫 놓치기 쉬운 것이다.

그러나 그렇다고 해서 니체가 말하는 새로운 관점에서의 부정성의 선악론도 그가 비웃은 그 비웃음의 대상으로서 부정되지 않아도 좋다는 권리를 가진 것은 전혀 아닌 것이다.

모든 부정성의 변증법은 스스로를 긍정하고 그 대상을 부정한다는 점에서 니체의 변증법이라 할지라도 그 이전의 부정성의 변증법과 그 구조가 달라진 것은 아무것도 없다. 니체가 그 이전의 부정성의 변증법을 부정하고 새로운 부정성의 변증법을 제시하는 순간 그에게서 부정된 변증법은 기적처럼 부활하여 니체의 변증법을 부정성의 위력으로 박멸한다. 이것은 부정성의 변증법이 갖는 운명적인 법칙이고 동시에 역사적인 법칙이기도 하다.

물론 우리는 니체의 반대편에 서 있는 사람들이 니체의 철학을 정신병자의 철학으로 취급하는 그 놀라울 만큼 저질스럽고 야비한 태도에 대해서 조금도 동의할 필요는 없다.

그러나 니체의 진정한 존재의미는 짜라투스트라를 비롯한 모든 부정성의 변증법을 부정한 것에 있는 것이 결코 아니었다. 인간은 선악에 대하여 알지 못하고 있다는 주장 그 자체에 이미 니체의 영원한 존재의미가 있는 것이다. 그 점을 이해하지 못한 철학자와 정치가들이 인간사회를 두 배의 고통 속으로 몰아간 것이다.

부정성을 부정성으로 대할 때 두 배의 고통이 인간을 덮친다. 그러나 부정성을 긍정성으로 대할 때 두 배의 고통 대신 창조력이 발생하며 두 배가 아니라 수십 배, 수백 배 아니 비교가 안 되는 생산적인 힘이 인간사회에 주어지는 것이다. 즉 죽은 것과 살아있는 것의 차이가 거기에 있는 것이다.

아무도 부정하지 않고 부정성의 위력을 주장하는 사람들까지도 모두 합하여 함께 일을 하고 그 과실을 함께 나누게 되는 것이 긍정성의 변증법이요 긍정성의 위력이다. 우리는 그 철학을 한철학이라고 부르며 그 방법론을 한변증법이라고 부르는 것이다.

4장

감밝론

감과 밝은 밤과 낮과 같은 개념으로 만물萬物과 만상萬象의 내부에서 대립하는 두 개의 개념이다. 감은 어둡다는 순수한 우리말로, 음陰이며 원체元體이며 상극오행相剋五行이며 45이다. 밝은 밝다는 순수한 우리말로, 양陽이며 원기元氣이며 상생오행相生五行이며 55이다.

감과 밝은 분리되어 있지만 하나의 전체로 조직할 때 생성적 존재가 된다. 인간과 세계는 대단히 다양한 상태를 가지고 있다. 감과 밝은 모든 세계를 다양한 상태로 인간과 세계를 설명할 준비가 되어있다.

언제나 기존의 철학은 새로운 철학의 부정성의 위력과 박멸의 의지에 대한 대상이었다. 이 무시무시한 철학세계의 살육전을 우리는 철학의 역사라고 부르고 있는 것이다. 그리고 철학의 역사는 곧 인류의 모든 분야의 역사에 근본원리가 되고 있는 것이다.

철학과 철학의 하위학문들은 하나의 원리를 왕좌에 올려놓음으로써 다른 모든 철학이 가지고 있는 그 다양한 상태를 부당하게 부정하는 것이다. 그것은 철학 그 자체의 자살론이다. 인류의 자살론과 국가의 자살론, 집단의 자살론, 개인의 자살론 등은 다른 무엇보다도 철학 그 자체의 자살론에 의해 강력하게 뒷받침되고 있는 것이다.

우리가 철학의 눈을 조금만 기존의 자살철학의 한계에서 벗어나 관찰한다면 지금까지 존재한 모든 철학이론은 이 세계의 다양한 원리를 다양하게 설명하고 있다는 대단히 중요한 사실을 찾아낼 수 있다.

그러나 지금까지 존재한 모든 철학이론들이 하나의 전체를 이루어도 지금까지 존재한 모든 철학이론들이 인간과 세계의 다양성을 설명하기에는 심하게 부족한 것이다. 하물며 단 하나의 이론으로 인간과 세계를 설명하겠다는 생각은 그 자체가 무지無知의 발로이며 철학 그 자체가 자살론 이외에는 아무것도 아닌 것이다.

각 시대마다 철학자들은 단 하나의 이론으로 세계를 설명할 수 있다고 주장했다. 물론 그러한 철학을 주장한 철학자야말로 그 집단적 최면술에 가장 심하게 걸려있었을 것이다. 그리고 사람들은 그 어처구니없는 주장 속에 숨어 있는 집단적 최면술을 알아채지 못하고 순진하게도 믿어왔던 것이다. 그러한 철학이야말로 가장 수상스럽고 어두운 학문이었음에도 말이다.

1

팔상태론

인간과 세계는 정적철학靜的哲學의 영역과 동적철학動的哲學의 영역이 공존하고 있다. 그리고 그 각각은 다시 다원적多元的인가 아니면 전체적全體的인가에 따라 네 개의 테두리로 분류된다. 따라서 우리는 정적세계靜的世界와 동적세계動的世界를 이루는 여덟 개의 테두리를 찾아낼 수 있는 것이다. 이것이 팔상태八狀態이다.

	감:원체 45		밝: 원기 55	
	전체적원체	다원적원체	전체적원기	다원적원기
동적	동적전체적원체	동적다원적원체	동적전체적원기	동적다원적원기
정적	정적전체적원체	정적다원적원체	정적전체적원기	정적다원적원기

감 45를 원체元體라고 할 때 원체는 전체적원체全體的元體와 다원적원체多元的元體가 있는 것이다. 그리고 이들은 다시 동적전체적원체動的全體的元體와 동적다원적원체動的多元的元體 그리고 정적전체적원체靜的全體的元體와 정적다원적원체靜的多元的元體로 존재하는 것이다.

밝 55를 원기元氣라 할 때 원기는 전체적원기全體的元氣와 다원적원기多元的元氣가 있는 것이다. 그리고 이는 다시 동적전체적원기動

的全體的元氣와 동적다원적원기動的多元的元氣 그리고 정적전체적원기靜的全體的元氣와 정적다원적원기靜的多元的元氣로 존재하는 것이다.

필자가 한철학을 다양성多樣性의 철학哲學이라고 부를 때 그것은 다원적인 원체나 다원적인 원기를 말하는 것이 아니다. 동적·정적 그리고 다원적·전체적인 모든 다양한 상태狀態를 수용한다는 점에서 다양성의 철학이라고 말하는 것이다. 그뿐만 아니라 그것은 상태狀態와 과정過程에서 모두 다양하다는 점에서 다양성의 철학이라고 말하는 것이다.

마찬가지로 필자가 한철학을 전체적 철학이라고 부를 때 그것은 전체적인 원체나 전체적인 원기를 말하는 것이 아니다. 동적·정적 그리고 다원적·전체적인 모든 상태를 전체로서 수용한다는 점에서 전체적인 철학이라고 말하는 것이다. 그뿐만 아니라 그것은 상태와 과정이 하나의 전체를 조직組織한다는 점에서 전체적인 철학이라고 말하는 것이다. 다시 말해 상태가 여덟 가지로 조직되며 그것들이 과정을 가진다는 사실에서 다양하며 그것이 하나의 전체를 조직하는 과정을 가진다는 점에서 전체적이라는 것이다. 그리고 여덟 가지 상태가 8!의 엄청난 경우의 수를 가진 복합적인 상태를 만들어낸다는 점에서 다양하고 전체적이라는 것이다.

8!의 가능성이 이루어내는 $8 \times 7 \times 6 \times 5 \times 4 \times 3 \times 2 \times 1 = 40,320$이라는 어마어마한 상태의 다양성이 만일 1000개의 다양한 상태를 만들어냈다고 가정한다면 그 순간 또다시 새로운 $1000 \times 8!$의 다양한 가능성이 창조되는 것이며 그에 따른 새로운 생성적 존재가 창조되는 것이다.

이러한 가능성의 세계는 끝없이 계속되는 것이다. 그 수로 계산하기 불가능한 가능성은 과정에서 또 다시 변화變化와 혁신革新한다는 점에서 필자는 다양하고 전체적이라는 것이다.

예를 들자면 양자역학 이후 오늘날 지식계에서 무시의 대상이 되고 있는 고전적인 정적 세계도 현실에서는 엄연히 하나의 상태로 존재하는 것이다. 한 가지 예를 들어보자. 동물생태학자 콘라드 로렌츠는 '야생거위의 새끼들은 태어나서 제일 먼저 사람을 만나게 되면 그 사람을 엄마로 생각하고 줄곧 따라다니게 된다.'[282]는 이른바 각인현상에 대해 설명했다. 그것은 거위가 알에서 깨어난 생성의 초기에 한번 뇌리에 찍히면 영원히 지워지지 않는 것이다.

늑대에서 유래한 개도 이와 비슷한 현상이 있다. 콘라드 로렌츠는 개가 인간을 주인으로 여기게 되는 데에는 시기가 있음을 알아냈다. 즉 '늑대에서 유래된 이 종은 대개 생후 5개월쯤에 주인과 강하게 결합된다.'[283]는 것이다. 그는 이 시기에 단 일주일간 함께 머문 사람을 평생 동안 주인으로 따랐음을 보고하고 있다. 이 경우 각인된다는 것은 시공간의 세계 안에서 시간의 변화를 무시한 정적세계로서 존재한다는 것을 의미하는 것이다.

인간에게도 거위나 개와 같은 각인현상이 있다. 태어나며 만난 가족들, 어려서 매일같이 보고 자란 고향산천, 열정의 시절 설레는 마음으로 뜨거운 마음을 주고받던 첫사랑 등은 한번 각인되면 그대로 정지해버리며 우리들의 뇌리 안에 정적세계를 구축하여 시간을 초월하여 떠나지 않는 것들이다. 적어도 각인된 것은 시공간의 세계에 살고 있는 것이 아니라 정적세계에 살고 있는 것이다.

누가 무슨 권리로 이것을 부정하겠는가? 오늘날 철학에서 유행하고 있는 사건과 의미의 연쇄만이 현실적 세계는 아닌 것이다. 플라톤 이래 가장 고전적인 정적세계도 쓰레기통에 버려져야 할 무시해도 좋은 세계가 아닌 것이다. 플라톤 이래의 정적세계도 다만 그것만이

---

282) 콘라드 로렌츠『솔로몬왕의 반지』김천혜역 문장사 116쪽.
283) 위의 책 74쪽.

전체라는 주장이 폐기될 뿐 그것이 현실적 세계를 구성하는 중요한 부분들 중 하나로서 여전히 진실이다.

이번에는 양자역학 이후 받아들여지고 있는 사건과 의미를 생각해 보자. 우리는 사건이라는 개념이 도입되면서 사건이라는 개념이 마치 요술방망이처럼 이 세상 모든 것을 설명하는 도구가 되는 것으로 생각했다. 그런가하면 사건과 의미가 도입되면서 이번에는 사건과 의미가 요술방망이의 자리를 물려받았다. 팔상태가 설명하는 것은 이 모든 것이 얼마나 부족한 사유인가를 알게 하는 것이다.

또한 철학에서 개인과 전체는 언제나 치열한 논쟁의 대상이 되어왔다. 그러나 그동안 철학은 개인이 동적인 테두리의 개인인가 아니면 정적인 테두리의 개인인가 또는, 물질의 테두리의 개인인가 정신의 테두리의 개인인가에 대해 진지하게 구분지어 생각하려 하지 않았다. 전체도 마찬가지로 동적테두리와 정적테두리, 그리고 물질의 테두리와 정신의 테두리로 구분되어 생각해야 한다는 사실에 대한 인식이 없었다.

뿐만 아니라 한철학의 팔상태는 이러한 다양한 구분으로 설명되어야 할 개인과 전체가 하나의 살아 있는 생명체로서의 전체를 조직하는 것을 근본적인 바탕으로 설정하고 있는 것이다. 그리고 다양한 개인과 전체를 다섯 가지 특이성으로 구분하는 오행론을 전개하며 그것이 하나의 살아있는 생명체로서 조직되는 조건으로 45+55=100이라는 수론을 제시하고 있는 것이다.

이 모든 구분을 무시하고 그동안 인류는 단순하게 개인이 선이고 전체가 악이라던가 아니면 전체가 선이고 개인이 악이라는 주장을 하면서 선이 악을 부정하고 박멸하여야 한다는 부정성의 변증법적 주장과 그에 따른 행동을 전인류적으로 실행해온 것이다. 이 같은 철학의 빈곤이 그동안 인류에게 가져다준 불행은 측량이 불가능하다.

1) 원기체元氣體

만물은 원기와 원체가 하나의 전체로 구성된다. 알타이신화에서 원체는 '검은 캄', 원기는 '흰 캄'으로 설명되며 원체는 땅으로 원기는 하늘로 상징되었다.

하나의 전체를 설명하는 온이란 이 원체와 원기로 구성된 것이다. 즉 감과 밝이 하나로 이루어진 것이 전체이며 전체란 생성적 존재를 조직함으로서 하나의 과정을 가지게 되는 생명체인 것이다.

또한 원기체는 인간과 자연에서 그 상태가 다르게 나타난다. 정적인 세계와 동적인 세계는 그에 따라 다른 원기체가 되는 것이다.

정적인 세계에서 원체는 산이나 바다 또는 인간의 육신과 같은 것이다. 원기는 하늘이나 마음과 같은 것이다. 정적인 세계에서도 다원적 관찰방법과 전체적 관찰방법에 따라 모든 것은 달라진다. 산이나 바다 또는 인간의 육신도 전체적 관찰방법에서는 하나의 덩어리로 생각되는 것이다.

그러나 다원적 관찰방법에서 바라보면 그 덩어리는 무수한 씨알로 구성되어 있는 세계이다.

천부경과 원기체

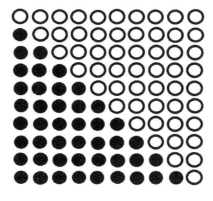

감=
원체元體
=검은씨알
45개

밝=
원기元氣
=흰 씨알
55개

한철학에서 정적인 세계의 전체는 45+55=100이다. 이 전체를 정적인 다원론으로 관찰할 때는 45개의 씨알과 55개의 씨알이 하나의 전체를 구성하고 있다. 그러나 정적인 전체론으로 본다면 45개의 씨알이 모여 이루어진 전체와 55개의 씨알이 모여서 이루어진 전체만이 고려될 것이다.

즉 감과 밝으로만 고려되는 것이지 그것이 각각 45와 55개의 씨알로 이루어져 있다는 사실과 그 하나하나의 씨알의 내부에 또 다른 전체가 있다는 사실들은 고려되지 않는 것이다.

정적세계도 이와 같이 관찰하는 방법에 따라 정적다원적원기와 정적다원적원체 그리고 정적전체적원기와 정적전체적원체라는 네 가지의 상태로 나타나는 것이다.

동적세계도 45+55=100으로 전체가 이루어지는 점은 같다. 원체가 응축을 상징하며 원기가 확산을 상징한다는 점에서 동적세계와 정적세계는 같은 것이다.

그러나 근본적인 차이가 있다. 동적 다원적 원체의 경우 그 45를 이루는 씨알 하나하나의 그 자신도 쉴 새 없이 움직이며 그 내부도 쉴 새 없이 움직이고 그것이 속하는 사회도 쉴 새 없이 움직인다. 다만 응축이라는 기본개념을 가지고 그렇게 움직인다.

동적전체적원체의 경우 45가 하나의 덩어리를 이루지만 그 덩어리 그 자신도 끊임없이 움직이며 그 덩어리가 속하는 사회도 끊임없이 움직이며 그 내부도 끊임없이 움직인다. 마찬가지로 응축이라는 기본개념을 가지고 그렇게 움직인다.

동적다원적원기와 동적전체적원기의 경우도 마찬가지이다. 이들도 확산이라는 기본개념을 가지고 다원적이고 전체적인 개념으로 동적으로 움직이는 것이다.

2) 팔상태와 독선

인간이 이 여덟 가지 상태 중 하나만을 실재하는 것이라고 믿고 그것을 이상으로 삼을 때 그것은 예외 없는 독선獨善이다. 원체건 원기건, 동적이건 정적이건, 다원적이건 전체적이건 간에 그 어느 경우에도 인간과 세계는 이 여덟 가지 상태가 홀로 존재하는 경우는 없다. 어떤 형태로든 항상 서로 결합된 상태로 존재하는 것이다.

따라서 우리는 인간과 세계의 상태가 이루어낼 수 있는 경우의 수가 이 여덟 가지의 상태가 서로 결합하며 이루어내는 8!에 달하는 어마어마한 경우의 수로 나타나는 다양성을 가지고 있으며 그 수는 다시 거듭 커지는 것이다.

미제스가 자유주의냐 사회주의냐 라고 묻고 또 하이예크가 자본주의냐 사회주의냐고 물었을 때 그들은 이 세계가 단 두 개의 주의만이 존재가능하며 실제로는 오로지 자본주의만이 가능하다고 주장한 것이다. 이것은 짜라투스투라 이래의 독선적 존재론의 표본이며 서양철학의 전통적인 이원론적 일원론의 전형으로 지금까지 서양의 과학과 철학을 비롯한 모든 분야를 지배하는 논리라고 할 수 있다.

그러나 팔상태에서 볼 때 미제스나 하이예크가 주장하는 자본주의는 정적다원적원체이며 사회주의는 정적전체적원체이다. 이 두 가지만이 가능하다고 보고 그 중 정적다원적원체만이 가능한 주의라고 보는 것만으로도 독선獨善인 것이다. 마르크스가 사회주의 즉 정적전체적원체만이 가능하다고 본 것도 마찬가지로 독선獨善의 전형이다. 팔상태 중 어느 하나만으로 존재가 가능하다고 보는 것은 어느 경우에도 불가능한 것이다.

왜 팔상태 중 하나만으로는 사회체제로서 불가능한가? 그것은 아직까지 팔상태로 이루어진 사회체제는 철학자들의 머릿속에서만 그것도 억지로 괴상한 상태로만 존재할 수 있었지 실제로는 존재한 적이 없었고 존재할 가능성도 전혀 없기 때문이다.

미제스가 주장하는 자본주의를 예를 들어보자. 사실 미제스나 슘페터, 하이예크, 프리드만 등은 모두 같은 주장을 하고 있다. 그가 자유주의라고 주장하는 것은 흔히 자본주의라고 불리는 것이다. 그는 이렇게 자유주의에 대해 말한다.

> 자유주의는 인류의 외부적이며 물질적인 복지를 증진시키는 것 이외에는 관심이 없으며 인간의 내면적이며 정신적이고 또 형이상학적인 욕구들에 대하여 직접적인 연관을 가지고 있지 않다. 자유주의가 인류에게 행복과 안심입명安心立命을 약속하는 것은 아니며 단지 외적사물로 충족될 수 있는 인간의 모든 욕구를 가능한 한 풍부하게 채워줄 것을 약속하고 있을 뿐이다.[284]

여기서 미제스는 자본주의가 추구하는 바는 물질적인 욕구를 풍부하게 채워주는 일이며 그 외에는 관심이 없다고 말한다. 여기서 미제스가 말하는 물질적 욕구를 약속하는 자본주의는 물질이라는 테두리에서 원체이며 그것이 사회전체가 아니라 개인에게 나누어져 있다는 점에서 다원적이며 그것이 동적이 아니라 정적세계를 염두에 두고 있다는 점에서 정적다원적원체의 테두리이다.

그런데 외부적이며 물질적인 욕구를 채워주는 일과 자유라는 개념은 서로 다른 것이다. 물질적 욕구 즉, 물욕과 자유가 어떻게 같은 개념으로 사용될 수 있는 것인가? 물욕이 사회적이 아니라 개인적으로 보장된다는 이유만으로 단순하게도 자유라고 말해지는 것은 참으로 깜짝 놀랄 만큼 비약이다. 물질의 자유는 자유가 갖는 광범위하고

---

284) 루드비히 폰 미제스 『자유주의』 이지순역 한국경제연구원 1988, 19쪽.

도 다양한 테두리 안에 자리 잡을 수 있는 극히 작은 개념에 불과하다. 물욕 그것도 개인의 물욕이 갖는 그 작은 개념의 테두리 안에 자유라는 거대한 개념을 억지로 꾸겨 넣어질 수는 없는 것이다. 그가 자본주의를 자유주의라고 말하는 순간 엄청나게 무모한 개념의 비약을 강행하고 있는 것이다.

우리는 자본주의가 많은 사람들의 자유를 강탈하고 억압하면서 성장했던 과거를 이미 검토한 바 있다. 그것은 대다수의 사람들이 누릴 권리가 있는 자유와 반대되는 것이며, 소수만의 물욕의 자유에만 관련되는 것이었다. 그 물욕이 아담 스미스가 말하는 것처럼 보이지 않는 손에 이끌려 사회 전체를 풍요롭게 만든다는 주장을 비판 없이 그대로 받아들인다고 하자. 그렇다 해도 그것은 자유라는 어마어마하게 거대한 개념으로 대체될 가능성은 전혀 없는 것이다.

같은 정적 세계의 물질을 다루는 원체의 테두리에서 그것이 개인을 존중하는 다원적이냐 아니면 전체를 존중하는 전체적이냐를 놓고 미제스는 마르크스와 다투고 있는 것이다. 즉 생산수단이 사유이냐 공유이냐가 자본주의와 사회주의의 차이인 것이다.

미제스의 자본주의는 개인이 물질을 사유재산으로 한다는 사실만으로 존재할 수 있는 것이 아니다. 그것은 최소한 국가라는 테두리 안에서 작동한다. 그런데 국가란 무엇인가? 국가는 아직까지 그 누구도 제대로 설명한 적이 없는 개념으로 국가를 논하는 것은 대단히 복잡한 일이다. 그러나 자본주의라는 정적다원적원체가 국가라는 테두리와 하나로 결합해야만 존재할 수 있다는 것은 적어도 아직까지는 불문가지不問可知이다. 그리고 국가는 아직까지는 대체적으로 전체적인 테두리 안에 있다.

적어도 미제스가 말하는 자본주의의 물질적 풍요라는 약속만으로 국가가 이루어지는 것은 아니다. 국가는 미제스가 말하는 물욕, 다시 말해 사욕과는 다른 많은 요소들에 의해 구성되고 유지되는 것이다. 다시 말하면 다양한 형태의 국가라는 전체가 각각 살아서 움직이는 데는 다양한 것들이 필요하며 그것을 효율적으로 움직이는 데 자본주의가 요긴하다고 말한다면 그것은 그다지 틀린 말이 아닌 것이다.

그러나 자본주의라는 하나의 상태만으로 이 세계가 움직인다는 생각은 절대로 실현 불가능한 것이다. 그것은 심각한 독선이 된다. 물론 그것은 자본주의만에 해당하는 것은 아니다. 오늘날 주의라는 이름을 가지고 있는 것들은 모두 그것 하나만으로는 독선을 면하기 어려운 것이다.

더구나 오늘날의 자본주의는 더 이상 물질의 소유가 아니라 지식의 소유로 설명된다. 피터 드러커는 이렇게 설명한다.

> 대학생의 수가 폭발적으로 증가하고 지식이 경제활동의 기반이 되고, 참된 의미로서의 자본이 된 제2차대전 후의 수십 년 동안 ….[285)]

이제 자본주의는 원체가 아니라 원기의 테두리 안에서 그것이 동적이냐 정적이냐 전체적이냐 다원적이냐를 놓고 설명해야 하는 것이라고 그는 말하는 것이다. 즉 자본주의는 제2차 세계대전 이후에는 이미 물질이 자본이 아니라 지식이 자본인 시대에 접어들었다는 것이다. 즉 자본주의는 동적다원적원기의 테두리로 변했다고 피터 드러커는 주장하고 있는 것이다. 이 사실은 자본주의라는 주의 하나만으로도 팔상태에서 여러 가지로 해석될 수 있다는 것이며 또한 그것은 고정된 것이 아니라 많은 가능성의 세계를 가지고 항상 변화하는 것이라고 말해주고 있는 것이다. 그것은 자본주의만이 아니라 다른 주의도 마찬

---

285) 피터 드러커 『새로운 현실』 김용국역 시사영어사 1990, 212쪽.

가지이다.

　팔상태는 각기 세계의 상태를 설명하며 인간은 그것을 여덟 가지 주의로 표현하고 있다. 그 여덟 가지 주의는 현실세계에서 혼자서는 한번도 존재한 적이 없고 존재할 가능성도 없는 독선獨善인 것이다. 또한 그와 비슷하기 만해도 독선毒善이 된다고 말할 때 그 주장에 동의하지 않기는 어려울 것이다.

2

팔상태의 대립과 합일

여덟 개의 상태 중 어느 상태도 홀로 독립하여 존재하지 않고 대체로 각각 짝이 있어 서로 대립하며 합일한다. 그것은 두 개 혹은 두 개 이상의 상태들이 모여 하나의 전체를 구성한다. 그것들이 이루어내는 경우의 수 8!에 달하는 모든 상태를 모두 설명하기에는 불가능하다. 아니 설명은 고사하고 생각해내는 것만으로도 엄청난 시간과 노력을 필요로 할 것이며 그 일에 매달리다보면 정작 설명해야 할 한철학의 전체적인 조직론은 손도 대지 못할 것이다. 그래서 여기에서는 이 개념을 이해하는 수준에서 크게 네 개의 전체가 조직되는 것만을 살펴보기로 하자. 물론 여기서 예로 든 것은 가장 이해하기 쉬운 것을 예로 든 것에 불과하다. 실제로 조직되는 전체상태는 셀 수 없는 것이며 그만큼 다양한 것이다.

1) 정적전체적원체와 정적전체적원기

전체로서의 온은 100으로서 45+55이다. 원체元體라는 것은 체體를 이루는 근본으로서 45개의 검은 씨알을 말하며, 원기元氣라 함은 기氣를 이루는 근본으로서 55개의 씨알을 말한다. 여기서 원체인 45개의 검은 씨알은 응축을 하고 있으며 원기인 55개의 흰 씨알은 확산을 하고 있다. 그런데 이들이 정적이라는 것은 시간이 고려되지 않는 상황이라는 것이다. 전체적이라는 것은 45와 55의 씨알 하나 하나가 독립적으로 존재하지 못하고 45와 55가 각각 하나의 단위의 전체로 존재한다는 것이다.

정적전체적원체는 하나의 정적인 전체로서 존재하는 응축적인 존재이다. 정적전체적원기는 하나의 정적인 전체로서 존재하는 확산적인 존재이다. 우리가 그동안 흔히 말해온 유물론과 관념론이 이 두 개의 테두리를 설명하는 것이라면 그리 빗나간 말은 아닐 것이다.

정적전체적원체는 정적세계에서 전체적이며 또한 물질에 관한 테두리이므로 물질을 전체가 공유한다는 정적세계로서 우리가 말해온 공산주의 또는 사회주의에 해당할 것이다.

정적전체적원체는 사회의 생산수단의 대형화로 설명되는 것이다. 그리고 그보다는 동력원을 얻기 위한 높은 비용과 대형화와 가 더욱 정적 전체적 원체로서의 중요한 의미를 지닌다. 사회를 물질적인 전체 개념으로 구성하지 않을 수 없는 이유가 바로 동력을 얻기 위한 높은 비용과 대형화에 있기 때문이다.

정적 전체적 원기는 정적세계에서 전체적이며 또한 정신적인 테두리이므로 정신이 전체를 지배한다는 정적세계로서 우리가 말해온 종교적인 세계 또는 종교를 국가나 민족으로 대체한 국가주의나 민족주의에 해당할 것이다. 물론 국가주의나 민족주의가 그러한 이름으로 사용되어온 바가 있다는 것이지 국가주의와 민족주의가 정적전체적원기라는 말은 결코 아니다.

그런데 우리는 스탈린의 공산주의에서 보듯 그는 적어도 이 두 가지를 함께 사용해서 하나의 전체적 국가를 이루었다. 히틀러의 국가사회주의도 이 두 가지를 함께 사용해서 하나의 전체적인 국가를 이루었다. 히틀러의 제3제국의 철학자 칼 슈미츠는 이렇게 말한다.

종교는 인간학적 관점에서 오로지 결정적인 양자택일, 신 아니면 세상이 있을 뿐이다. 신은 인간을 부르고 명한다. 그리고 이 세상은 신을 받아들이고, 복종하는 자들의 세상과 그를 거절하고 무관심한 사람들의 세상을 나눈다. 개인도 이런 면과 저런 면으로 나뉜다. 개인 안의 한 면은 듣고 복종하려하고, 다른 한 면은 원하지 않고 반항한다. 신의 개념을 대립되는 것을 넘어서 떠도는 것이라고 파악한다면 인간에게 도움이 되지 않는다. 인간이 정말로 연관시킬 수 있는 신의 측면은 인간을 결정의 세계로 즉시 되던진다. 종교전쟁, 즉 복음의 전파와 폭력의 결합은 그것을 충분히 증명한다.[286]

종교에 있어서의 복음의 전파와 폭력의 절묘한 합일은 히틀러의 제3제국에 있어서는 선전과 군사력의 합일로 바뀌었다. 그 새로운 합일이 이 얼마나 폭발적인 힘이 되어 나타나 어떻게 히틀러를 성공시켰는가를 모르는 사람은 없을 것이다. 그것은 스탈린에게도 그대로 적용되는 것이다.

스탈린과 히틀러는 그 정도의 차이만 발견될 뿐 정적전체적원기와 정적전체적원체를 하나의 전체를 이루어 전체주의적 국가를 이루었다는 점에서 공통점이 있는 것이다. 다만 스탈린은 생산수단을 국가가 강력하게 통제했고 히틀러는 그보다는 조금 완만하게 통제한 차이뿐이다.

히틀러는 자본가들의 자본을 사실상 국유화하되 자본가를 단지 명목상의 자본가로 남겨둔 채 국가를 만들었던 것이다. 그것은 그가 주장하는 국가주의, 민족주의와는 조금도 관련이 없는 개념이었다.

마찬가지로 스탈린도 공산주의만으로 국가를 이루는 일은 불가능

---

286) 뤼디거 쟈프란스키 「칼슈미트의 적, 형상화된 우리의 내면의 문제」. 『악 또는 자유의 드라마』 곽정연역 문예출판사 2002, 174쪽.

했다. 그는 러시아민족주의를 최대한 활용함으로써 소련이라는 제국을 유지하고 관리할 수 있었다. 그것들 역시 공산주의가 주장하는 생산수단의 공유와는 전혀 무관한 테두리의 것들이다. 그러나 일원론적 사고가 강력하게 지배하는 사회에서 히틀러의 독일은 파시즘으로, 스탈린의 소련은 당연히 공산주의라는 일원론으로 포장되었다.

정적전체적원기는 플라톤의 이데아의 세계로 설명될 수 있다. 물론 그에게는 정적전체적원체는 동굴 안의 그림자의 세계인 것이다. 이 개념들은 가장 오래전의 개념 같지만 인류의 전체 역사에서 본다면 약 삼천 년 전이라는 최근에 생겨난 것이다.

2) 정적다원적원체와 정적다원적원기

다원적이라는 것은 45와 55의 씨알 하나 하나가 독립적으로 존재한다는 것이다. 즉 100개의 씨알 하나 하나가 더 이상 나누어지지 않는 독립적인 존재로서 세계를 구성한다는 것이다. 그 100개의 씨알은 각각 45개의 응축하는 씨알들과 55개의 확산하는 씨알들로 구성되어 있다.

세계가 무한히 많은 씨알들이 모여 이루어진 것이라는 주장은 국가가 가진 권력을 인간 개개인들에게 권력을 나누어가져야 한다는 주장을 정당화시킨다.

정적다원적원체는 물질을 국가가 독점할 것이 아니라 수많은 개인들이 자유롭게 경쟁하여 나누어 가질 수 있도록 하는 고전적인 자본주의에 해당할 것이다.

자본주의는 물질에 관한 것이며 아나키즘은 물질의 소유자체를 부정함으로써 물질을 초월한 정신에 관한 분야로 넘어갈 수밖에 없다는 점에서 이들은 반대편에서 대립하는 것이다. 따라서 정적다원적원기는 아나키즘에 해당하는 것이다. 밀튼 프리드만은 이렇게 말했다.

> 자유주의자라는 말은 스스로 정의되는 말이 아닙니다. 이 말에는
> 여러 가지 뜻이 있습니다. 여기에는 무정부주의와 같이 무정부를
> 지향하는 자유주의가 있고 제한된 정부를 지향하는 자유주의가 있
> 습니다. 저는 무정부 자유주의자가 되기를 원했습니다. 그것이 실
> 행 가능한 사회구조라고 생각하지 않기 때문입니다. 역사를 살펴
> 볼 때 세상 어느 곳에서도 그런 형태의 제도가 발전했던 역사적
> 예는 찾아볼 수 없습니다.[287]

신자유주의자의 대표 중 한명인 밀튼 프리드만이 스스로 무정부
자유주의자가 되기를 원했다는 말을 필자는 믿는다. 피에르 조세프
프루동이 소유는 도둑질이라고 말했을 때 그 말이 가지는 진리성에
대해 설복당하지 않을 사람이 과연 얼마나 있을까?
　하이예크는 프랑스의 사회학자 배쉴러의 다음과 같은 주장을 인용
하여 자본주의와 아나키즘과의 관계를 설명한다.

> 자본주의의 확산과 근원과 그 존재는 아나키에 기인한다.[288]

하이예크는 "중세는 전적으로 고대 그리스인들의 이론에 기반을
두었던 것이다. 이들은 어느 정도는 정치적인 아나키의 결과로서 개인
의 자유와 사적소유를 발견했을 뿐만 아니라 이 두 가지의 불가분성과
이에 따른 자유로운 인간의 첫 문명을 창출했다."[289]고 주장했다.
　두 개의 이론이 하나의 전체를 이룬다는 것은 서양의 이원론적 일원

287) 밀튼 프리드만 『밀턴프리드만과의 인터뷰』 자유기업센터 1997. 16쪽
288) 하이예크 『자본주의냐 사회주의냐』 민경국 역 문예출판사 1990, 28쪽.
289) 하이예크 『자본주의냐 사회주의냐』 민경국 역 문예출판사 1990, 28쪽.

론으로는 성립하기가 불가하다. 그러나 하이예크는 자본주의와 아나키즘이 하나의 전체로서 문명을 이루고 있다는 주장을 나름대로 피력하고 있는 것이다.

정적다원적원기의 테두리의 제도인 아나키즘은 이름부터 잘못 지어진 이름이다. 무정부주의가 아니라 무권위주의라고 하는 것이 옳을 것이다.

인류는 가장 오랫동안 이 무권위주의하에서 살아왔다. 백 명이 안 되는 친족들이 하나의 전체를 이루어 수렵채집을 해온 수십만 년 동안은 바로 이 아나키즘의 시대라고 불러도 과언이 아닐 것이다. 인류가 가장 익숙하고 잘 할 수 있는 제도도 또한 아나키즘인 것이다.

지금도 제대로 된 가정이라면 그것은 아나키즘이 지배하는 가정이다. 부모와 자식이 살고 있는 가정에서 그 집과 자동차 등을 아버지의 것이라고 생각하는 집이 있다면 그것은 불행한 가정일 것이다. 적어도 정상적인 가정 안에서는 그 집과 자동차는 소유자가 없는 것이 당연한 것이다. 그것이 아버지의 이름으로 등록이 되었으면 책임자로서 아버지가 나선 것일 뿐 일반적인 가정에서 아버지는 그 집과 자동차가 아내나 자식의 것이 아니라 오직 내 것이라고 주장하지 않는 것이다.

만일 공산주의 식으로 모든 가족이 재산을 공유해야 한다고 주장한다면 집이나 자동차는 모든 가족의 명의로 공동으로 등기하여 공동으로 소유해야 할 것이다. 그런 집이 있을 수는 있지만 그런 가정은 있을 수 없는 것이다.

적어도 가정 안에서는 어쩌면 그 범위를 전통적인 한국가정 안으로 한정해야 할지도 모르지만 그곳에는 아직도 수십만 년 동안 인류가 살아온 그 아나키즘이 존재하고 있는 것이다.

소유가 도둑질이라는 말은 공산주의 또는 사회주의가 말하는 생산수단의 공유도 역시 도둑질이라는 말이다. 그것이 사유와 다른 점은 사유는 개인에 의한 도둑질이고 공유는 전체에 의한 도둑질이라는 차이뿐이다.

프리드먼이 아나키즘은 실행가능하지 않는 제도이기 때문에 그것을 선택하지 않고 자본주의를 선택했다는 말은 전혀 성립되지 않는다. 왜냐하면 아나키즘이 홀로 실행가능하지 않는 제도임은 어김없는 사실이지만 자본주의도 또한 홀로 실행가능하지 않은 제도이기 때문이다. 자본주의와 아나키즘은 둘 다 혼자서는 성립가능하지 않은 제도이다. 이 두 가지를 합한 제도를 오늘날 우리가 자본주의라고 부르고 있다고 주장한다면 그것은 일리가 있을 수는 있다. 그러나 그 역시 다른 여러 가지 테두리와 함께 사용될 때 현실에서 실행가능하다.

그런데 자본주의자를 유물론자라고 말한다면 자본주의자들이 화를 낼까? 그러나 공산주의자가 유물론자일 때 자본주의자가 유물론자가 아닐 이유가 어디에 있는가? 생산수단의 사유를 주장한다면 자본주의자이고, 생산수단의 공유를 주장한다면 공산주의자이다. 이들은 모두 물질을 중심으로 생각하고 있는 유물론자라는 사실에 대하여 과연 반박할 여지가 있는 것일까?

마르크스가 스스로를 유물론자로 말한 것은 마치 자본주의자들이 유물론자가 아닌 것처럼 가정한 것이다. 그동안 마르크스뿐 아니라 자본주의자들조차도 팔상태에 대한 구별을 조금도 하지 못하였음을 알 수 있는 것이다.

3) 동적전체적원체와 동적전체적원기

동적이라는 것은 시간이 주어진 시공간에서 쉴 새 없이 움직이고 있다는 것이다. 동적이면서 전체적이라는 것은 전체로서의 온이 100으로서 45개의 검은 씨알들과 55개의 흰 씨알들이 각각 원체와 원기로서 두개의 전체를 구성한다는 것이다.

동적인 검은 씨알의 전체인 원체는 전체적으로 응축하며 흰 씨알의 전체인 원기는 전체적으로 확산한다.

동적이면서도 전체를 추구하는 이념을 찾기는 쉽지 않다. 그러나 그것처럼 찾기 쉬운 것도 없다. 바로 우리 알타이어족들이 전통적으로 보여주던 모습이기 때문이다. 투르크, 몽골민족들은 역동적인 사회구조를 가지고 있지만 개인주의가 아니라 전체주의이다. 농경민족인 우리 한겨레도 다른 농경민족들과는 달리 강력한 집단을 이루며 그 집단들은 역동적인 구조를 가지고 있었다는 점에서 동적이며 전체적이다.

동적이며 전체를 추구하면서 땅에 붙박이가 되는 농경민족인 우리 한겨레의 경우 비교적 원체가 강조되고, 땅에서 비교적 자유로웠던 유목민족의 경우 원기가 강조될 것이다. 그러나 그 강조된다는 것이 전체를 지배하는 개념은 아닌 것이다.

오늘날 서구의 신사회주의는 원래 생산수단의 공유를 바탕으로 출발했지만 과거 스탈린주의와는 근본적으로 다른 역동적인 모습을 보여준다. 이것은 동적 전체적 원체의 테두리로 생각해 볼 수 있을 것이다.

4) 동적다원적원체와 동적다원적원기

동적이라는 것은 시간이 주어진 시공간에서 쉴 새 없이 움직이고 있다는 것이다. 동적이면서 다원적이라는 것은 전체로서의 온이 100으로서 45개의 검은 씨알과 55개의 흰 씨알 하나 하나가 독립적인 최소단위로서 세계를 이루며 각각 응축과 확산을 하고 있다는 것이다. 이와 같이 응축하는 검은 씨알들이 원체들이며 확산하는 흰 씨알들이 원기들이다.

인간이 정적세계에 살고 있다면 아름다움을 표현하는 방법은 건축이나 조각 또는 그림이 적당할 것이다. 서양식 사고방식은 근본적으로 이 정적인 미를 추구해왔다. 그리스와 로마의 건축물들과 그림과 조각 등은 그들이 전통적으로 추구해온 정적인 미를 잘 표현하며 그것은 비교적 정적철학과 어울리게 잘 보존되어 있다.

그런데 알타이어족들은 유목알타이민족인 투르크와 몽골민족은 물론 농경알타이민족인 우리 한겨레도 정적인 미를 추구하지 않았다. 우리나라 사람들 가운데 서양에서 공부하고 온 사람들은 바로 이 점을 들어 우리민족을 비하하는 생각을 가지고 있는 사람들을 적지 않게 보아왔다. 서양의 그리스 로마의 역사적 유물에 비하여 한국의 고조선의 역사적 유물은 거의 없지 않느냐는 것이다.

그것은 테두리의 다양성을 이해하지 못한 짧은 생각인 것이다. 물론 우리의 고대역사 유물은 대부분 중국대륙과 만주대륙의 땅 밑에서 발굴을 기다리고 있을 것이다.

그러나 우리는 아름다움을 주로 동적인 노래와 춤을 통해 표현했다. 그것은 동적세계에 살고 있는 사람들의 특징이다. 노래와 춤은 건축이나 조각 또는 그림과 같이 죽어 있는 정적인 세계를 재현하려고 노력하지 않는다. 대신 살아서 움직이는 삶의 과정에 충실한 것이다. 이 노래와 춤 그리고 그것에 담긴 인간의 육체와 감정이 하나 되면서, 또한 우주와 하나의 전체가 되어 함께 살아서 움직이는 것이다. 그것으로 더 이상 부족할 이유는 없는 것이다. 특히 세계제국들을 십 수개 세운 투르크와 몽골족은 스스로는 아예 도시라는 것을 만들지도 않았다. 그러나 그들은 그들 민족 자체가 하나의 생명체가 되어 움직이며 세계를 지배했다.

이른바 사건이라는 개념은 동적다원적원체의 테두리로 설명되는 것이라 할 수 있다. 또한 의미라는 것은 동적 다원적 원기의 테두리로 설명되는 것이라고 말할 수 있다. 물론 이들 테두리는 사건과 의미만으로는 설명하기에는 그 질과 양이 너무 큰 것이다.

동적다원적원체가 또한 원자 이하의 소립자들의 세계를 설명하지만 그것만으로 홀로 세계를 설명하기에는 불가능할 것이다. 동적다원적원기가 또한 무한히 확산하는 파동을 설명하지만 이 또한 홀로 세계를 설명하기에 불가능할 것이다.

이 두 가지가 하나의 전체가 될 때 그것은 새로운 세계를 설명할 수 있다.

동적다원적원체가 보여주는 그 역동적인 움직임은 유목민들을 닮았다. 그것이 물질세계를 설명하는 원체일 때 유목민족적 자본주의로 설명될 수 있을 것이다.

동적다원적원기가 보여주는 그 역동적인 움직임은 새로운 아나키스트의 모습을 보여준다. 우리는 이와 같은 새로운 아나키즘을 인터넷에서 볼 수 있다. 이는 직접참여민주주의로 발전할 수 있는 것이다.

또한 피터 드러커는 새로운 자본주의 사회의 대기업의 주인은 과거와 같이 자본가가 아니라고 주장한다. 대기업을 움직이는 대주주는 각종 기금이라는 것이다. 그는 이미 자본가 없는 자본주의에 들어섰다고 주장하고 있다.

> 선진국에서 지금과 같이 막대한 규모의 자금이 기관투자자들, 주로 연금기금에 의해 조성된 적은 일찍이 없었다. 이러한 것의 출발점이며 또한 가장 발달한 미국에서 최대의 연금기금은 800억 달러의 재산을 가지고 있다. 그리고 규모가 작은 연금기금조차도 미국 경제에 약 10억 달러 전후를 투자하고 있다. 이런 공동자본은 과거 최고의 자본가라고 인정되던 사람들을 왜소하게 보이게 한다. 선진국의 연령구조로 볼 때 앞으로 연금기금은 모든 선진국에서 실질적으로 더욱 중요하게 될 것이 틀림없다.[290]

이 기금은 노동자들의 월급이 모여서 이루어진 것이므로 오늘날 대기업은 노동자들의 것이라고 말하는 것이다. 더 나아가 드러커는 "연금기금을 통해 피고용자가 생산수단의 소유권을 갖고 있는 것은 기술적으로는 오히려 자본주의가 아닌 사회주의이다"[291]라고 까지 말하고 있다. 이는 대단한 설득력을 가지고 있는 말이다.

더 이상 현대사회는 마르크스가 말하던 자본주의 즉 정적다원적원체의 시대는 아닌 것이다. 오늘날은 자본주의 자체가 여러 가지로 해석되는 시대이다. 지식을 자본으로 하는 자본주의라고 볼 때 그것은 동적다원적원기이다. 또 자본가의 자본이 아니라 노동자들의 기금을 자본으로 움직이는 자본주의라고 볼 때 그것은 다수의 움직이는 개인 즉, 노동자들이 지배하는 자본주의의 시대인 동적다원적원체의 시대로 접어드는 조짐을 보이고 있는 것이다. 미제스를 비롯한 신자유주의자들이 생각한 이른바 신자유주의라고 하는 자본주의가 얼마나 독선적인 자본주의인가를 잘 말해주는 것이다.

동적다원적원체와 원기는 오늘날 혹은 미래의 인류가 갖게 될 역동적인 개인주의를 보여주고 있는 것이다. 이것은 아직 확실하게 드러나지 않았지만 그 모습은 이미 드러내고 있는 새로운 경향의 주의를 보여주고 있는 것이다.

5) 고도로 발달한 오프라인과 온라인의 세계

동적다원적원체와 동적다원적원기가 하나의 전체가 되는 모습은 분명히 오늘날 또는 미래의 세계를 그리고 있다. 동적다원적원체는 극도로 발달된 물질세계로서 오프라인을 형성한다. 그것은 45라는

---

290) 피터 드러커 『자본주의 이후의 사회』 이재규역 한국경제신문사 1994, 124쪽.
291) 위의 책 127쪽.

천부도와 온라인과 오프라인

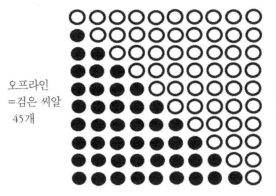

오프라인
=검은 씨알
45개

온라인=
흰 씨알
=55개

온 100= 오프라인 45+온라인 55

숫자로 설명된다. 동적다원적원기는 극도로 발달한 인터넷 세계로서 온라인을 형성한다. 그것은 55라는 숫자로 설명된다.

이것은 마치 45와 55가 이루어내는 알타이 신화에서의 모습이다. 그러나 이미 우리는 이와 같은 현실에서 살고 있는 것이다. 온라인 없는 오프라인은 존재할 수 없고 물론 그 반대도 마찬가지이다. 이것은 이미 미래가 아닌 현실이다.

오프라인 세계가 땅 위에 존재하는 세계로서의 감 45를 설명하는 것은 과거나 지금이나 같다. 하늘에 존재하는 것으로 사유되어온 밝 55의 세계는 주로 마음의 세계로 비유되어왔다. 하늘이나 마음은 형이상학의 세계이다. 플라톤이 그 형이상학적 세계가 실재하는 것이고 형이하학적 세계는 그림자의 세계라고 주장했지만 그것은 종교의 연장에 불과한 것이다.

그런데 오늘날 각종 통신망으로 연결된 온라인 세계의 대표적인 예로 인터넷은 그야말로 실재하는 밝 55의 세계의 일부이다. 그 누구도 이 온라인 세계를 부정할 수 없는 것이다.

이제야말로 인류는 감과 밝의 세계를 실재의 세계로서 하나의 전체로 구성하고 있는 것이다. 오늘날의 인터넷은 사실상 시작에 불과하다. 앞으로 대부분의 가정이 자체적으로 서버를 가짐으로써 전 세계와 연결되는 독자적인 연결망을 구성하고 또한 가정 안의 모든 전자기기를 전 세계의 어디에서든 작동시킬 수 있는 것이다.

이러한 오프라인 45와 온라인 55로 구성되는 새로운 상태의 온의 세계가 이미 와있고 그것은 발전일로에 있다.

6) 열린사회=선? 닫힌사회=악?

열린사회와 닫힌사회를 처음으로 말한 베르그송이 "열린사회는 모든 인간을 포용하고자 하는 원칙에 기초를 둔 사회이다"292)라고 말할 때 그는 열린사회를 도덕적 의무에 종속되는 닫힌사회와 대립시켰다. 그러나 베르그송이 이 대립을 정적철학에서 말하는 선악의 대립으로 말한 것으로 보기는 어렵다.

칼 포퍼가 열린사회와 적들에서 설명하는 열린사회와 닫힌사회와의 변증법은 명백히 선과 악의 이원론적 일원론에서 설명하는 대립으로 열린사회는 선이며 닫힌사회는 악이라고 말하는 것과 같다.

칼 포퍼는 플라톤과 헤겔과 마르크스, 화이트헤드 등을 비판하느라 책 두 권을 모두 할애한다. 그는 열린사회와 닫힌사회를 이렇게 정의한다.

> 마술적 사회나 부족사회, 혹은 집단적 사회는 닫힌사회closed society라 부르며, 개개인이 결단을 내릴 수 있는 사회는 열린사회 open sosiety라 부르고자 한다.293)

292) 베르그송 『도덕과 종교의 두 원천』 강영계역 삼중당 1976, 335쪽.
293) 칼 포퍼 『열린사회와 그 적들』 이한구역 민음사 2002, 141쪽.

그의 정의에서 나타나는 열린사회와 닫힌사회의 가장 큰 기준은 그 사회의 체제가 집단적인가 아니면 개인적인가인 것이다. 우리는 이미 그가 말하는 전체적인 것과 개인적인 것은 팔상태에서 전체적인 테두리와 다원적인 테두리로 다루어지는 문제임을 알고 있다. 그러나 인간과 대자연을 조직하는 상태에서 그것이 전체적인가 아니면 다원적인가하는 문제가 모든 것을 결정하는 것은 물론 아니다. 포퍼의 기준은 그 빈약한 테두리 안에서 모든 것을 결정하려한다는 점에서 문제가 되는 것이다.

우리는 열린사회가 진선미이고 닫힌사회가 거짓이며 악이며 추함이라는 부정성의 변증법이 얼마나 빈곤한 철학적 근거를 가지고 있는가하는 것을 알고 있다. 이 이론은 인간세계를 새롭게 열린사회와 닫힌사회의 세력으로 편 가르기 하여 대립과 갈등과 전쟁으로 열린사회세력이 닫힌사회세력을 부정성의 위력으로 박멸하도록 부추기고 있는 것이다. 이 이론은 실제로도 맞지 않는다.

우리는 열린사회의 대표적인 예로 남아공화국을 들 수 있고 닫힌사회의 대표적인 예로 중국을 들 수 있다. 오늘날 사회적으로 남아공은 가장 혼란한 나라중 하나로 지목되고 있다.

> 민주화 이후의 남아공은 지구상에서 전쟁터가 아닌 지역 가운데 가장 폭력적인 장소의 하나가 되었다는 것이 미국의 경호경비 전문회사 크롤 어소시에이츠의 분석이다.[294]

물론 상황은 시시각각으로 변하는 것이지만 지난 10년간의 예만으로 볼 때 남아공화국을 성공적인 사회로 보는 경제학자와 사회학자는 드물 것이다. 마찬가지로 중국을 실패한 사회로 보는 경제학자와 사회

---

294) 로버트 카플란 장병걸역 『무정부시대는 오는가』 2001 들녘 95쪽.

학자는 드물 것이다.

이 사실만으로도 열린사회가 선이며 닫힌사회가 악이라는 주장이 불변하는 진리라는 생각은 옛날의 그 진부한 철학이 틀린 것과 마찬가지로 틀린 것이다.

무엇보다도 우리는 이미 대립하는 두개의 대상을 놓고 하나를 선이라 보고 나머지를 악이라 보아 선이 악을 이긴다는 부정성의 변증법 그 자체가 인간의 상상의 세계에서는 옳을 수 있지만 현실의 인간과 대자연의 세계에서는 이루어지기 불가능함을 안다. 세상은 8개의 다양한 상태가 이루어내는 $8! = 8 \times 7 \times 6 \times 5 \times 4 \times 3 \times 2 \times 1 = 40,320$개의 다양한 상태를 가지고 더욱더 복잡한 가능성의 세계를 만들어내고 있다.

이제 우리는 열린사회와 닫힌사회에 이원적일원론을 적용하여 어느 것이 선이며 악이냐고 묻지 말아야한다. 철학에서는 이원적일원론 자체가 옳은가 그른가를 물어야하는 것이다.

우리는 한철학의 긍정성의 변증법이 설명하는 진정한 열린사회와 닫힌사회의 변증법이 무엇인지에 대해서 논의하는 일은 서두르지 않기로 하자. 왜냐하면 한철학은 무궁무진한 세계가 과정을 가지면서 이루는 여러 가지 변화와 혁신의 원리에 대한 테두리를 여러 권의 책으로 나누어 설명하기 때문이다. 한철학에 있어서 제1권인 이 책은 한철학을 설명하기 위한 바탕을 마련하는 정도의 작업만으로도 벅차기 때문이다

7) 좌흑묘 우백묘론左黑猫 右白猫論 !

등소평이 흰고양이든 검은 고양이이든 고양이만 잘 잡으면 좋은 고양이라고 흑묘백묘론黑猫白猫論을 펴면서 중국의 큰 변화는 시작되었다. 전통적인 선악론에 의하면 흰고양이는 선이며 검은 고양이는

악으로서 언제나 흰 고양이는 검은 고양이를 이겨야 하는 것이다. 이와 같은 선악은 관념적인 것으로서 선이라는 것은 인간의 실생활을 고려하지 않고 정해지기 마련인 것이다. 따라서 등소평이 쥐를 잘 잡는 고양이가 선이라는 주장은 이전의 진부한 선악론을 결정적으로 뒤집는 철학이 담겨 있었다. 이른바 중국식 실용주의가 그것이다. 인간의 실생활에 도움을 주는 것이 선이라는 것이다. 자본주의이던 사회주의이던 인간에게 도움이 되면 그것을 사용하는 일에 주저하지 않겠다는 주장인 것이다. 중국은 등소평의 이 노선으로 새로운 중국으로 태어나는데 성공했다.

그러나 과연 등소평의 생각은 옳은 것인가? 아니 그의 주장처럼 흑묘백묘론이 얼마나 실용적인 것인가? 쥐를 잡는 목표가 있다고 하자. 그 수단으로 고양이가 필요하며 그 고양이가 흰 고양이와 검은 고양이가 있다고 했을 때 슬기로운 사람에게 선악론은 고려의 대상이 아니다. 즉 선인 흰 고양이가 악인 검은 고양이를 제거함으로써 흰 고양이는 선이어야 한다는 내용은 쥐를 잡는다는 목표와는 아무런 상관이 없는 행동으로 받아들인다.

이 점에 있어서 등소평의 주장도 큰 차이는 없는 것이다. 쥐를 잡는 일에 검은 고양이와 흰 고양이를 대립시켜 쥐를 잘 잡는 고양이를 좋은 고양이라고 선택하는 것은 결국 쥐를 못 잡는 고양이는 나쁜 고양이라는 말이다. 다시 말해 쥐를 잘 잡는 고양이가 선이며 쥐를 못 잡는 고양이는 악인 것이다. 결국 대단히 혁명적인 것으로 보이는 등소평의 주장도 지난 3천 년간의 진부한 이원론적 일원론식의 선악론의 테두리에서 조금도 벗어나는 것이 아니다.

쥐를 잡는 일은 쥐의 입장에서 생각해야하는 것이다. 즉 인간의 눈에 아무리 무능한 고양이라 해도 쥐 앞에 고양이는 거의 똑같은 존재이다. 또 인간의 눈에 아무리 무능해보여도 모든 고양이는 쥐를 잘 잡도록 프로그램 되어 있다.

따라서 쥐를 잡는 일에 검은 고양이와 흰 고양이가 수단으로 주어져 있다면 필자는 두 마리의 서로 다른 능력을 가진 고양이를 모두 사용할 것이다. 고양이가 한 마리는 무능하고 한 마리는 유능하다해도 그 두 마리를 함께 사용하면 그 효과는 10배가 될 수 있는 것이다. 왜냐하면 하나의 관점에서 유능한 것은 다른 관점에서는 무능할 수 있고 또 하나의 관점에서 무능한 것은 다른 관점에서는 유능할 수 있기 때문이다. 따라서 이 두 개의 서로 다른 능력을 하나로 결합해서 사용하는 것은 하나만 사용하는 것보다 10배는 더 큰 능력을 보여줄 수 있기 때문이다. 즉 $55-45=10$ 이지만 $55+45=100$으로 10배가 더 크기 때문이다.

만일 목표가 쥐를 잡는 것이 아니라 고양이를 지배하는 수단이라면 이원론적 일원론의 선악론은 유용할지도 모른다. 두 마리의 고양이를 싸우게 하여 그 중 한 마리가 나머지 한 마리를 죽이게 하면 인간은 고양이를 지배하는 일에 편리함을 얻을 것이다. 싸우느라 힘이 빠진 나머지 한 마리만 더 죽이면 고양이 없는 인간의 세상도 만들 수 있는 것이다.

그러나 쥐를 잡는 것이 목표라면 고양이는 한 마리보다는 두 마리가 좋은 것이다. 그래서 두 마리의 고양이 중 검은 고양이를 좌측에 배치하고 흰 고양이를 우측에 배치할 것이다. 굳이 문자를 만들어 말하자면 우리는 이 방식을 좌흑묘 우백묘론이라고 말할 수 있는 것이다.

혹자는 그렇다면 나는 좌흑묘 우백묘에 더하여 남과 북과 중앙에도 고양이를 배치하겠다고 나설 수 있을 것이다. 원숭이가 인간을 흉내 낼 때 원숭이에게는 그것이 자랑이겠지만 인간에게는 수치스러운 모습일 따름이다. 남이 오래전에 벗어던진 허물 안에 집을 짓고 살며 그 허물의 주인인 것처럼 행세하는 사람들을 보면 우리는 그를 보고

웃어야하는가 울어야 하는가?

좌는 감이며 우는 밝이다. 이는 상극과 상생의 오행이 서로 맞물리어 돌아가는 톱니바퀴처럼 하나의 전체가 되는 상황보다 훨씬 더 다양한 살아 있는 생명체로서의 조직을 말한다. 말하자면 팔상태에 오행에 적용되어 하나의 전체를 조직하는 상황을 말하는 것이다.

8) 세균의 가축화

과학이 가진 문제는 인간과 자연을 대하는 태도에서 두드러지게 나타난다. 의학은 질병의 원인이 되는 세균을 죽이기 위해 세균에 대하여 무서운 부정성의 위력을 발휘하기를 원했다. 여기서 의학이 만들어낸 약은 선이요 세균은 악이다. 그러나 악인 세균은 갈수록 그 약에 내성을 갖는 종으로 진화해나갔다. 이제 의학이 만들어낸 약은 더 이상 악인 세균을 죽이지 못하는 사태를 불러일으키고 있다.

여기서 드러난 것은 부정성의 위력으로 박멸하려는 악은 반드시 그 반대편에 더 강력한 악으로 진화하여 그 부정성의 위력을 무력화시킨다는 사실이다. 인간이 이 사례에서 지혜를 얻었다면 세균을 부정성의 위력으로 박멸하려는 의지를 버려야 세균으로부터 인간이 자유로워질 수 있다. 여기에는 두 가지의 방법을 생각해낼 수 있다. 하나는 해로운 세균을 죽이려고 할 것이 아니라 인간에게 덜 해롭게 또는 해롭지 않게 또는 유익하게 진화하도록 유도하는 일에 노력을 기우려야한다는 것이다. 또 하나의 방법은 세균을 우리와 하나가 되게 진화시킬 능력이 아직 부족하다면 우리 인간이 스스로 그 세균에 대항하도록 대처하거나 진화하는 방법을 강구하는 일이다.

우리 인간은 이미 만 년 전에 이와 같은 일을 성취한 경험이 있다. 즉 자연은 인간을 묶어두는 악이었지만 인간은 자연을 길들임으로써 농사를 지어 그 자연을 인간에게 이롭게 만들었다. 땅만 그렇게 한 것이 아니다. 인간을 5가지 동물 즉 돼지, 개, 양, 소, 말을 야생상태에서 길들여 인간에게 유익한 것으로 전환시켰다. 여기서 특히 개는 인간을 늘 위협하던 늑대라는 위협적인 종을 인간에게 가장 이로운 종으로 만든 것이다. 세균도 마찬가지인 것이다. 이들을 부정성의 위력으로 무조건 박멸하려고 할 것이 아니라 긍정성의 위력으로 대하여 우리 인간과 하나가 되도록 만들거나 인간이 스스로 그들을 다루는 능력을 갖추는 노력이야 말로 이제부터 시급히 필요한 것이다.

세균을 가축화하자는 나의 주장은 우리가 상대적인 악으로 설정하여 박멸하려는 대상을 인간과 하나의 전체가 되어 이로운 존재가 되도록 할 때 그 해결방법이 찾아진다는 말이다. 생명체로서의 인간은 세균과 어떤 형태로든 하나의 전체를 조직한다. 인간이 세균을 악으로 설정하여 박멸하려는 노력은 부정성의 변증법이라는 교만한 방법론이 만들어낸 수많은 비극 중 또 하나의 자살론에 불과한 것이다.

대립하는 상대를 부정성의 위력으로 대하여 박멸하려는 의지는 호랑이나 늑대도 인간만큼은 가지고 있다. 개도 그 정도의 부정성의 위력은 충분히 가지고 있다. 심지어 세균조차도 인간이 발휘하는 부정성의 위력에 대항해 그보다 더 강력한 부정성의 위력으로 진화하는 능력이 있음을 스스로 증명하지 않았는가?

그러나 긍정성의 위력으로 만물을 길들이고 생명체로서 하나의 전체를 합일하고 통일하여 조직하는 능력은 만물 중에서 오로지 인간만이 가지고 있는 것이다. 그것이 또한 한겨레의 위력이며 한철학의 위력이다.

긍정성의 위력은 부정성의 위력이 적용된 모든 분야의 모든 문제를 해결하는 유일무이한 방법론이라는 사실에 이 설명만으로 부족할까?

9) 팔상태와 미학

미학의 원천은 상태에 대한 작가의 미적 인식이다. 예술가는 팔상태를 각각 예술학적 세계로 표현함으로서 예술작품으로 창조한다. 플라톤은 향연饗宴에서 이렇게 말한다.

이 세상의 개개의 아름다운 것들로부터 출발하여, 저 아름다움을 향하여 위로 올라가되 마치 사다리를 올라가듯 (중간생략) 그리고 마지막으로 자 아름다움 자체만을 아는 것인 완전한 학문으로 나아가, 마침내 미의 완성체를 알게 될 수 있는 것입니다. 인생은 여기에 이르러, 그리고 여기에서만, 오오 소크라테스여, 아름다움 자체를 바람으로써만 살 가치가 있는 것입니다.[295]

여기서 플라톤은 미美를 인생의 최고 가치를 제공하는 목적으로 보면서 진선미가 하나가 되는 경지에서 말하고 있다. 그리고 그가 말하는 미美는 팔상태의 정적세계이며 전체적이며 원기이다. 고대 그리스의 예술품이 팔상태의 어느 것이 적용되었나를 보면 고대 그리스의 철학을 알 수 있는 것이다. 고호는 그리스 이래의 정적세계를 거부하고 동적세계를 표현했다. 세계는 이미 고호의 시대에 와서 기계의 엔진이 세계를 지배하는 시대였던 것이다. 피카소는 그 이전의 이원론적일원론의 세계를 대립되는 두개의 존재를 포함하는 전체로 표현했다. 행위예술performance은 동적다원적 세계가 설명하는 과정을 표현한다. 시공간이 예술에 적용되기 시작한 것이다. 백남준의 비디오아트는 동적이며 다원적인 세계를 나름대로 표현한다.

미학 분야뿐 아니라 문예학, 연극학, 음악, 건축학 등 다른 분야도 팔상태를 중심으로 같은 변화가 적용될 것이다. 그러나 예술학은 다른

---

295) 플라톤 『향연』 을유문화사 1970, 69쪽

분야와 마찬가지로 팔상태가 표현할 수 있는 그 다양한 세계의 극히 일부분만을 보여주고 있는 것이다. 한철학에서 팔상태는 여러 가지 변화와 혁신을 거치는 과정의 바탕이라는 말이다. 철학이 그러하듯 미학과 예술학은 이 과정에 대해서는 아직 아득한 상태로 남아 있다.

3
한철학 오행론

하나의 전체를 대립하는 두개의 세력으로 나누고 그것을 45와 55의 대립으로 본 것은 그 어떤 현대인들도 착안하지 못한 고대인들의 위대한 유산이다. 이 철학에 가장 근접했던 칸트는 대립하는 두 개의 세력을 나누는 일에는 성공했지만 그것을 50과 50의 대립으로 보는 것에 그쳤던 것이다. 그것은 45+55=100의 생성의 철학이 아니라 50-50=0, 50+50=100이 되는 정적인 것이다.

또한 그 대립하는 두 개의 세력 내부가 다섯 개의 보이지 않는 서로 다른 테두리에 의해 일정한 법칙에 따라 서로 상생하고 상극하는 원리를 가지고 있다고 생각한 것은 인류가 가진 추상적 능력의 진수를 보여주는 것이다.

오행이라는 다섯 가지의 테두리는 목화토금수木火土金水라는 특이성으로 구성된다. 이 다섯 가지 테두리가 상극오행은 서로가 서로를 극하며 상생오행은 서로가 서로를 생한다.

우리는 감이 땅과 육체를 상징한다는 것을 안다. 또 밝이 하늘과 마음을 상징한다는 것을 안다. 하늘과 땅이 하나의 전체를 구성하듯 땅과 육체가 갖는 상극오행과 하늘과 마음이 갖는 상생오행의 법칙이 하나가 되어 인간과 우주를 구성하는 것이다. 이와 같은 오행의 상생과 상극은 세계의 특이성들의 연쇄가 나타내는 순환을 보여주는 것이다. 서로 맞물린 톱니처럼 상극과 상생은 하나가 되어 움직이는 것이다.

1) 오행의 구성

오행의 원리가 지나족에게서는 놀랄 만큼 광범위하게 사용되지만 그들은 이 원리의 나뉘고 나뉜 지엽말단의 것들에만 집착하지 정작 그 근본 구성원리에 대해서는 알지 못한다. 그것은 알타이어족의 신화나 우리말 온, 그리고 천부경과 같은 자료에서만 45+55=100이라는 구체적인 설명을 하고 있는 것이다. 따라서 이 오행의 원리가 그들 지나족의 창작이 아니라 알타이어족의 창작이라는 사실은 이제 다시 강조할 필요조차 없는 것이다.

땅과 육체 또는 소립자적 사건은 각각 다섯 가지의 테두리를 가지며, 그 다섯 가지의 테두리는 서로가 서로를 극하면서 자체적 질서를 가지고 있다. 하늘과 마음 또는 의미 등은 각각 다섯 가지의 테두리를 가지고, 그 다섯 가지의 테두리는 서로가 서로를 생하면서 자체적인 질서를 가지고 있다.

땅과 몸 그리고 사건 등은 각각 45로 상징되는 감과 하늘과 마음 그리고 의미라는 55로 상징되는 밝은 서로 상생과 상극을 이루는 다섯 가지 테두리를 갖지만 그 다섯 가지 테두리는 목화토금수라는 점에서는 공통적이다. 다만 극헨하는가 생生하는가 하는 방향이 반대일 뿐이다.

2) 하도낙서河圖洛書 (龍圖龜書)

45:55라는 상극과 상생의 대립은 상대적인 것이며 45와 55의 내부

는 다시 오행으로 나누어져 각각 운동한다. 이것이 곧 하도낙서河圖洛書이다.

상극은 나무가 흙을 극하고, 흙이 물을 극하고, 물이 불을 극하고, 불이 쇠를 극하고, 쇠가 나무를 극한다는 것이다. 상생은 나무가 불을 살리고, 불이 흙을 살리고, 흙이 쇠를 살리고, 쇠가 물을 살리고, 물이 나무를 살린다는 것이다.

이 오행의 상생과 상극은 각각이 모두 상식의 세계를 벗어나지 않는 개념들이다. 또한 이 오행은 단지 이치만을 말하는 것이 아니라 숫자로 규정된다는 점에서 대단히 정교한 추상력을 말해주는 것이다.

상생오행에 있어서 3과 8=목, 2와 7=화, 5와 10=토, 4와 9=금, 1과 6=수이다. 각각의 오행이 홀수와 짝수로 이루어진 두 개의 수로 배치되어 모두 1, 2, 3, 4, 5, 6, 7, 8, 9, 10이라는 열 개의 수로 우주만물의 상생오행이 모두 표현되는 것이다.

물:水	불:火	나무:木	쇠:金	흙:土
1	2	3	4	5
6	7	8	9	10

우리는 감의 세계 즉 물질의 세계, 사건의 세계를 45로 표현하고 밝의 세계 즉 마음의 세계, 의미의 세계를 55로 표현했다. 그것은 다시 이와 같은 오행의 수로 표현된다.

즉 45=1+2+3+4+5+6+7+8+9

55=1+2+3+4+5+6+7+8+9+10이다.

상극오행에 있어는 3과 8=목, 2와 7=화, 5=토, 4와 9=금, 1과 6=수이다. 모두 1, 2, 3, 4, 5, 6, 7, 8, 9 라는 아홉 개의 수로 우주만물의 상생오행이 모두 표현되는 것이다.

여기서 상생오행은 10개의 수로 구성되며 상극오행은 아홉 개의 수로 구성된다. 상생오행은 토를 설명하는 수가 5와 10인데 비해 상극오행은 토를 설명하는 수가 5이다. 여기서 상생오행은 10이라는 수가 하나 더 들어가 있는 것이다.

오행상극의 45와 오행상생의 55에서 오행상생이 10이 더 크다. 여기서 더 큰 이유가 바로 이 토의 10에 있는 것이다.

이 10이 오행상생에 있음으로서 45:55에서 10이라는 차이를 가져온다. 감과 밝이 설명하는 팔상태와 오행상극과 상생의 원리에서 이 10이라는 차이가 가져오는 것보다 더 근본적인 개념은 없다. 실로 이 10이라는 차이가 생명의 생성과 과정의 원동력을 말해주는 근본적인 요소인 것이다. 결국 차이가 모든 것을 발생시키고 과정을 이끄는 것이다.

3) 음양陰陽의 음양이론陰陽理論

45:55라는 음과 양의 대립은 상대적인 것이며, 45와 55의 내부는 다시 음과 양으로 나누어져 각각 운동한다. 이것이 곧 하도낙서河圖洛書(龍圖龜書)이다.

상극오행과 상생오행이 그 내부에서 다시 홀수와 짝수 즉 음수와 양수로 나뉜다는 것은 놀라운 사유이다. 칸트는 세계를 50:50의 서로 다른 부호가 대립하는 것으로 보았다. 그런데 그 각각의 내부에 다시 다섯 가지의 요소가 법칙성을 가지고 움직이며 그것은 다시 서로 다른 부호를 갖는다는 것이다. 이는 칸트로서는 도저히 생각조차 할 수 없었던 사유의 세계인 것이다.

<그림 1>296)이 밝의 수 55를 설명하는 소위 하도河圖 또는 용마龍

---

296) 來知德撰 『易經來注圖解』 鄭燦 訂定 巴蜀書社 1988, 483쪽.

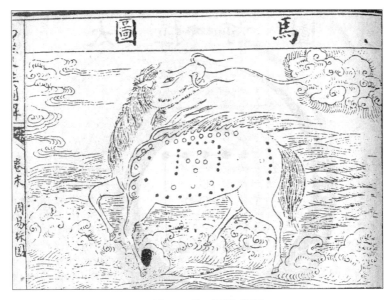

<그림 1> 하도河圖 龍圖

馬의 몸에 찍힌 그림이라고 말해지는 용도龍圖이다.

그리고 <그림 2>[297)]는 감의 수 45를 설명하는 소위 낙서洛書 또는 거북이의 등에 그려진 그림이라 해서 구서龜書이다.

이 두 개의 그림이 하도낙서河圖洛書 또는 용도구서龍圖龜書라고 불리며 줄여서 도서圖書라고 부른다.

우리가 단순히 사용하는 도서圖書라는 말에는 이와 같이 알타이어 족의 신화에서 나타나는 45:55의 긍정성의 변증법과 하도낙서의 수리철학이 모두 포함되는 것이다. 물론 우리는 지나족이 만들어낸 하도낙서의 괴상한 신화에 귀를 기울일 필요는 없다. 그보다는 하도낙서의 원리를 가능하게 한 수렵시대이래의 사건과 의미의 통합이론과 알타이어족의 신화에서 나타나는 정확한 수론체계와 도형 그리고 이 모든

---

297) 來知德撰 『易經來注圖解』 鄭燦 訂定 巴蜀書社 1988, 483쪽.

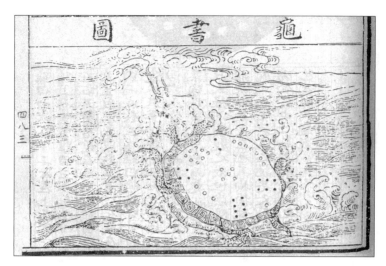

<그림 2> 낙서洛書 龜書

것을 포함하는 우리말 '온'이 주는 철학인 것이다. 또한 이 모든 것을 정교한 수론체계와 도형 그리고 문장으로 설명하는 천부경, 삼일신고, 366사라는 우리의 경전들인 것이다.

생각해보면 음은 양을 마주볼 때에 한해서 음이며 양 또한 음과 마주보는 한에서 양이다. 아무리 여성다움이 넘치는 여성이라도 그것이 나타나려면 그와 대비되는 남성을 만날 때에 한하여 여성다운 여성이다. 남성도 마찬가지이다.

여성다움이 넘치는 여성도 혼자 있을 때나 여성끼리 있을 때는 자신을 구성하는 음양에서 그 반대편이 나타난다. 이 원리를 음양의 음양이론이라 한다.

모든 인간은 남성이건 여성이건 동시에 그 반대편의 성적 특징도 가지고 있는 온적인 존재성을 가지고 있는 것이다. 헤라클레스에게도 분명히 마릴린 몬로와 같은 부드러운 여성적인 면이 있는 것이다. 봄날의 흰 구름이나 솜사탕같이 부드러운 마릴린 몬로에게도 헤라클레스와 같이 거친 남성적인 면이 그녀의 내부에 존재하고 있는 것이다. 남성들이 가지는 이러한 온적 존재로서의 특성을 여성들은 선천적으로 잘 알고 있으므로 대부분의 여성들은 남성들을 지능적이고 능숙하게 잘 조종해왔다.

반면에 마릴린 몬로와 같은 부드러운 여성에게 헤라클레스와 같은 무자비하고 난폭하며 또한 강렬한 온적 존재로서의 특성이 있다는 사실에 대해 남성들은 선천적으로 무지하다. 따라서 남성이 여성을 조종하기는 불가능에 가깝다. 조종은 고사하고 여성에게 제대로 대접다운 대접을 받을 수 있었던 남성은 어느 시대에건 극소수에 불과한 것이다. 이것은 만물의 온적 존재로서의 특성을 제대로 알고 모르고의 차이가 가져오는 작은 예에 불과하다.

여기서 더 나아가 남녀의 정체성 인식에 문제가 생기면 더욱 복잡한 문제가 생기게 된다. 육체적으로는 여성이면서 스스로를 남성이라고 인식을 하거나 반대로 남성이면서 스스로를 여성으로 인식하는 경우 등이 그것이다. 이는 온적 존재인 생성적 존재가 가지고 있는 내부의 또 다른 복합성을 말하고 있는 것이다. 우리는 이 같은 문제를 터부시해왔고 그것을 병적인 현상으로 생각해왔지만 한철학 이론은 그렇게 생각하지 않는다.

왜냐하면 인간이 온적 존재라는 사실은 근본적인 것이며 이 온적인 존재를 일원론적 존재라고 생각할 때, 그것은 형이상학적 문제와 사실 세계가 충돌하는 경우가 되기 때문이다. 남성을 오로지 남성이라고만 보고 여성적인 면을 부정해버리거나, 여성을 오로지 여성으로만 보고 남성적인 면을 부정해버리는 것이 그런 것이다.

문제는 세계는 결코 일원론적 존재가 아님에도 불구하고 사실세계가 다원론적임으로 해서 일어나는 여러 가지 현상에 대해 일원론적 해석을 강요하고 있는 데서 일어나는 문제인 것이다. 즉 지금까지 철학과 종교에서 생성적 존재를 존재하지 않는 유령과 같은 존재라고 주장함으로써 일어나는 문제를 말하고 있는 것이다.

다시 말해 우리는 지금까지 늘 무언가 소중한 것을 얻는 순간 그 소중한 것만큼이나 소중한 다른 무언가를 잃어야만 하는 비극적인 구조 속에서 살고 있는 것이다. 또 그와는 반대로 무언가 소중한 것을 잃어야 그만큼 소중한 것을 얻을 수 있다는 암시를 받고 있다. 왜 잃지 않고는 얻을 수 없고 얻은 만큼을 잃어야 하는가? 쉬운 예를 들자면 우리는 정신적인 것을 얻는 순간 그만큼의 가치 있는 물질적인 것을 잃어 왔고, 물질적인 것을 얻는 순간 그 만큼의 가치 있는 정신적인 것을 잃어온 것이다. 그것은 전체를 보지 못하고 대립하는 양자의 어느 한편만을 보면서 다른 한편을 희생시키는 일이 당연한 것으로 생각하는 일을 자연스러운 것으로 생각해왔기 때문이다. 그러나 이는 무지無知이다. 우리가 어쩔 수 없이 잃어야 한다면 그것은 단지 과정이 진행되는 동안의 시간이다. 우리가 얻을 것은 과정으로서의 진리 그 자체이지 과정을 이루는 바탕인 전체를 구성하는 대립하는 어느 한 쪽이 아닌 것이다. 그렇게 생각하는 한 진리로서의 과정에는 접근조차 할 수 없는 것이다.

4) 오행론의 팔상태화

	상극오행相剋五行		상생오행相生五行	
	전체적원체	다원적원체	전체적원기	다원적원기
동적	동적전체적원체	동적다원적원체	동적전체적원기	동적다원적원기
정적	정적전체적원체	정적다원적원체	정적전체적원기	정적다원적원기

우리는 이제부터 상극오행과 상생오행이 모두 여덟 가지의 상태를 갖는다는 것을 생각하지 않으면 안 될 것이다.

우리가 감과 밝의 테두리가 설명하는 여덟 가지 상태를 단지 음과 양이라고 부른다면 감과 밝의 다양성과 전체성이 갖는 많은 내용을 무시하는 것이다.

우리가 팔상태를 다루면서 생각한 것은 감 45와 밝 55가 동적인가 정적인가? 전체적인가 다원적인가? 원체인가 원기인가를 다룬 것이다.

오행은 감45와 밝45의 내부에 존재하는 법칙을 다룬 것이다. 따라서 우리가 감과 밝에 팔상태가 존재한다는 사실을 알았다면 오행도 역시 팔상태에 따라 각각 다르게 나타나는 것도 함께 알게 된 것이다. 우리는 이제부터 오행의 원리도 단순한 것이 아니라 팔상태가 만들어 내는 경우의 수 8!에 따라 분류하기가 불가능한 경우의 수의 지배를 받는다는 사실을 받아들여야 하는 것이다.

우리가 지금까지 상극오행과 상생오행이라고 사유해온 것들은 정적 세계의 오행에 불과하다. 그것도 정적 세계의 네 가지 테두리를 모두 다룬 것이 아니라 두 개의 테두리를 다룬 것에 불과하다.

우리가 팔상태를 알았다면 당연히 동적세계의 오행도 다루어야 하는 것이다. 동적세계의 네 개의 테두리에서 모두 상극과 상생의 오행을 설명할 수 있을 때 우리는 비로소 오행을 사용할 수 있다고 말할 수 있는 것이다.

예를 들면 오늘날 관심사가 되고 있는 사건과 의미를 새로운 한철학적 오행원리에 적용하면 동적다원적원체와 동적다원적원기가 될 것이다. 그리고 이들의 내부적인 원리로서 동적다원적원체는 상극오행이 적용될 것이며 동적다원적원기에는 상생오행이 적용될 것이다. 우리가 단순히 사건의 연쇄나 의미의 연쇄라는 생각은 부족한 것이다. 그것은 다시 그 내부적 원리로서의 오행이 존재한다는 것을 이제부터 밝혀내야 할 과제가 되는 것이다.

우리는 지금까지 오행을 팔상태에서 단 두개로 이해해왔지만 이제부터는 여덟 개의 모든 상태를 이해할 필요가 있는 것이며 나아가 오행을 이루는 팔상태가 조합을 이루는 8!에 달하는 경우도 분석해나갈 필요가 있는 것이다. 오행에 관한 한 연구는 지난 수천 년이래 지금까지 극히 협소한 분야를 제외하고는 거의 연구되지 못하고 있었다고 말할 수 있는 것이다.

오행과 팔상태는 따로가 아니라 하나의 전체로서 불가분한 것이다. 오행에 대한 연구는 팔상태와 하나가 되어 생각하면서 지금부터가 시작이라고 볼 수 있는 것이다.

5) 부분과 전체 그리고 생명원리

하나하나의 전체들이 모여 새로운 전체를 조직한다고 했을 때 그 전체는 역시 온으로서 100이다. 그 내적조건이 무엇이었던 말이다. 하나의 전체로서의 100은 그 내부가 수축하려는 존재 45개와 확산하려는 존재 55개로 이루어져 있음은 다른 모든 조직체와 다를 것이 없는 하나의 확정된 원리인 것이다.

전체가 모여 새로운 전체를 만들 때 그 외적인 조건은 45+55=100이라는 하나의 원리가 적용되지만 그 100은 하나하나의 전체로 조직된다. 우리는 전체 100을 조직하는 하나하나의 전체의 내부가 다시 100이라는 전체로 구성되어 있을 수 있다는 점에 대하여 생각하지 않으면 안 된다. 그리고 그 이러한 분할은 무한소를 향해 영원히 계속할 수 있다.

전체를 조직하는 100이라는 숫자는 그야말로 추상적인 숫자라고 이해해야 하는 것이다. 왜냐하면 100을 조직하는 각각의 하나하나에는 다시 100이라는 전체가 있고 그 전체 안에는 다시 100이라는 전체가 있으며 이러한 나눔은 영원히 계속될 수 있는 것이다. 그래서 무한소라는 것은 무한히 작아지는 과정일 뿐이지 무한소라는 존재가 존재하는 것은 결코 아닌 것이다.

물론 우리는 무한대에게도 똑같은 원리를 적용할 수 있는 것이다. 하나의 전체가 전체로서 100은 조직하고 있을 때 그 전체는 이미 그 보다 더 큰 전체로서의 전체인 100을 조직하는 하나의 알맹이로서의 1에 불과한 것이다. 더 큰 전체로서의 전체는 물론 그보다 더 큰 전체로서의 100을 조직하는 하나의 알맹이로서의 1에 불과한 것이며 이렇게 커지는 것은 무한한 것으로서 무한대라는 것도 하나의 과정일 뿐 무한대하는 존재가 존재하는 것은 아닌 것이다.

우리는 추상적인 전체를 우리말 온과 100으로서의 수론이 성공적으로 설명하고 있는 것이다.

다시 말하면 전체는 그 스스로가 내부적으로 무한히 작은 것이며 또한 무한히 큰 것이다. 즉 전체 100을 조직하는 각각의 전체들은 45와 55로 조직되며 45는 무한히 응축하려고 하며 55는 무한히 확산하려고 하는 것이다.

우리는 전체가 무한히 작아지고 커지는 어느 상태에서도 그것은 팔상태와 오행상생과 오행상극의 특이성 중 어느 것을 어떤 방법으로든 가지고 있다는 사실을 생각하지 않으면 부분과 전체 그리고 나아가 생명의 원리를 이해하지 못한 것이다.

6) 상생相生의 시대와 피안彼岸의 세계

우리가 부정성의 변증법을 다루었을 때 그것은 상극오행의 테두리가 상생오행의 테두리를, 또는 상생오행의 테두리가 상극오행의 테두리를 부정성의 위력으로 대하고 박멸의 의지를 보여주는 것이었다.

부정성의 변증법은 상극오행과 상생오행의 테두리가 두 개로서 하나의 전체를 구성하는 것을 결코 용납하지 않는 무서운 부정성의 위력을 가지고 있었다. 그러나 한철학은 이 두 개의 테두리가 하나의 전체를 구성하는 것을 기본법칙으로 삼고 있는 것이다.

그런데 우리가 여기서 분명히 알고 넘어가야 하는 것이 하나 있다. 그것은 오늘날 흔히 이상적인 시대를 상생의 시대라고 말하고 있는 것이다. 그러나 우리가 상생의 시대라고 말하는 순간 상극의 시대가 즉각적으로 눈앞에 나타난다. 어떤 경우에도 상생의 시대와 상극의 시대는 분리되어 나타나지 않는다. 항상 상극과 상생은 하나의 전체로서만 존재하는 것이다.

그러나 우리가 상생의 시대를 이상적인 시대라고 말한다면 그 논리의 배후에는 상극의 시대를 부정성의 위력으로 대하고 있다는 것을 발견할 수 있는 것이다. 언제나 존재하는 상극의 시대를 부정하고 없는 것으로 간주하는 논리이다.

상극과 상생의 원리는 감과 밝의 원리이며, 그것은 45와 55의 원리이다. 상생의 원리인 55를 이상적 세계로 간주하는 것은 이미 짜라투스트라에게서 본 것이다. 플라톤이 이데아를 실제라고 하고 현상세계를 그림자라고 말할 때 그 역시 원기인 밝 55가 원체인 감45를 부정하여 없는 것으로 간주한다. 여러 종교에서도 이와 같은 논리는 그대로 반복되고 있는 것이다.

상생의 시대를 이상적 시대로 말하는 논리에는 이 같은 논리가 오늘날 새삼스럽게 다시 발견되는 것이다. 그것은 상극의 시대를 부정해야 할 없는 것으로 간주하는 것이다.

상생의 세계는 차안의 세계를 부정하고 피안의 세계를 이상화하는 형이상학의 세계이며 또한 오래 전부터 종교가 주장하는 하늘에 존재하는 나라라고 말해지는 그것이다.

상생의 세계와 상생의 시대는 형이상학과 종교에서는 당연히 추구해왔고 당연히 추구해야 할 세계인 것이다.

그러나 그것에 대하여 조금이라도 새로운 주장이라고 받아들일 필요는 없을 것 같다. 새로운 것은 단지 오래 전부터 주장해오던 이상의 세계인 피안의 세계를 오행의 원리로 설명한 것에 지나지 않기 때문이다. 물론 상생과 상극의 개념과 상생과 상쟁의 개념은 차원을 달리하는 완전히 다른 개념들이다. 이 부분은 다시 설명한다.

6) 오행과 생명의 원리

낙서洛書의 상극의 원리를 살펴보면 그것은 끝없는 부정성의 순환원리이다. 어떤 긍정성도 이 부정성의 수레바퀴 안에 들어가면 그것은 반드시 부정되는 것이다. 이 무자비한 부정성의 순환원리가 세계의 반을 구성하는 것이다.

그러나 그 반대편에는 이와 반대의 긍정성의 순환원리인 하도河圖의 상생원리가 있다. 이 긍정성의 수레바퀴 안에 들어가면 그것은 반드시 긍정되는 것이다.

이 상극과 상생의 두 가지 수레바퀴에서 어느 하나를 주장하는 것은 곧 반대편의 것과 어떤 형태로든 연관을 갖게 된다. 끝없는 부정성의 수레바퀴를 돌린다면 그것은 그 반대편에 긍정성의 세계가 존재하지 않는다는 무지를 나타낸다. 그러나 그 반대편에 긍정성의 세계가 존재한다는 사실을 설명하기 위한 수단이 되기도 하는 것이다.

그러나 이 양자는 모두 무의미한 논증에 불과하다. 이 양자는 모두 지엽말단의 논리에 집착함으로써 진정으로 살펴야 할 진리를 보지 못하고 만 것이다.

왜냐하면 부정성의 수레바퀴와 긍정성의 수레바퀴가 서로 하나의 전체가 되어야 한다는 진리이기 때문이다. 부정성을 강조하여 긍정성이 나타나게 하는 논리는 부정성을 부정하고 긍정성을 긍정하는 논리에 지나지 않으므로 그것은 전체를 하나의 생명체로 볼 수 없는 것이다. 이것은 단지 교묘한 말장난에 취해 스스로 길을 잃어버리는 결과에 지나지 않는 것이다.

무지해서 길을 잃거나 꾀가 많아 길을 잃거나 길을 잃는 것에는 차이가 없으며 그것이 자살에 이르게 된다는 사실을 바꾸지는 못하는 것이다.

오행의 상극과 상생 중 어느 한편을 진리라고 생각하는 한 돌고 도는 순환원리에서 빠져나올 수 있는 길은 없다.

부정과 긍정 중 어느 한편을 진리라고 생각하는 한 돌고 도는 순환원리에서 영원히 빠져나올 수 없다.

부정을 통하여 긍정이 드러내는 방법에서 진리가 찾아진다고 생각한다면 그것은 결국 상생만을 진리라고 생각하는 방법론의 교묘한 변형에 지나지 않는다.

긍정을 통해 부정을 드러내는 방법에서 진리가 찾아진다고 생각한다면 그것은 결국 상극을 진리라고 생각하는 방법론의 교묘한 변형에 지나지 않는다.

무릇 진리는 전체를 먼저 보고 그 전체를 기준으로 부분을 살필 때 길을 잃지 않는다. 부분을 먼저 보고 전체를 보려 하는 사람치고 길을 잃지 않은 자를 보지 못했다.

우리는 지난 삼천 년간의 철학사에서 부정성을 강조함으로써 긍정성을 이끌어내려는 학자는 발견할 수 있었지만 긍정성을 강조함으로써 부정성을 이끌어내려는 학자는 발견할 수 없었다.

우리는 지난 삼천 년간의 철학사에서 상극을 강조함으로써 상생을 끌어내려는 학자는 발견할 수 있었지만 상생을 강조함으로써 상극을 이끌어내려는 학자는 발견할 수 없었다.

우리는 지난 삼천 년간의 철학사에서 악을 강조함으로써 선을 강조하려는 학자는 발견할 수 있었지만 선을 강조함으로써 악을 이끌어내려는 학자는 발견할 수 없었다.

우리는 지난 삼천 년간의 철학사에서 지옥을 강조함으로써 천국을 강조하려는 학자는 발견할 수 있었지만 천국을 강조함으로써 지옥을 이끌어내려는 학자는 발견할 수 없었다.

우리는 지난 최근의 사상사에서 과학을 강조함으로서 종교를 강조하려는 학자는 발견할 수 있었지만 종교를 강조함으로서 과학을 이끌어내려는 학자는 발견할 수 없었다.

왜냐하면 지금까지의 철학은 우리가 사는 현상세계가 긍정성, 상생, 선, 천국으로 설정된다면 이상세계가 부정성, 상극, 악, 지옥으로 설정할 수밖에 없는 어이없을 정도로 단순한 논리의 구조였기 때문이다. 현상세계가 긍정성, 상생, 선, 천국으로 설정된다면 이상세계라는 지난 삼천 년간 인간이 만든 최고의 가치는 아무런 가치를 지니지 못하는 것이다.

우리는 무엇보다도 이 모든 논리에서 생명을 발견할 방법이 없다. 우리는 모두 생명을 가지고 있음에도 불구하고 말이다. 상생과 상극, 긍정과 부정은 그 양자가 하나의 전체를 구성할 때 비로소 하나의 생명으로서 과정을 갖게 된다. 그 전체를 구성하는 방법론이 긍정성의 변증법인 것이다. 이것을 생명의 철학이라고 부르지 않을 수 있겠는가?

7) 오행과 제로섬 사회와 어부지리

만물을 상생과 상극이 서로 하나의 전체를 이루는 생명체라고 본다면 그 생명체는 살아서 과정을 거칠 수 있는 기본적인 자격을 갖추었다고 말할 수 있을 것이다. 그리고 이때의 대립관계를 창조적인 대립이라고 말할 수 있다.

그런데 하나를 둘로 나누어 대립하는 상생과 상극이 대립하는 것이 아니라 상대방을 부정성의 위력으로 박멸하려는 의지를 가지고 있다면 그것은 곧 생명을 가진 생명체가 생명을 잃어가는 과정이라고 말해도 조금도 어긋난 것이 아니다. 이때의 부정성의 위력을 파괴적인 대립 또는 자살적인 대립이라고 부를 수 있다.

인간의 사회가 이렇게 창조적인 대립에서 자살적인 대립관계로 접어들었을 때 그와 같은 상황을 레스터 C.더로는 제로섬 사회라고 부르고 있다. 그의 말을 들어보자.

> 집단(부유한 사람대 가난한 사람, 흑인 대 백인, 남성 대 여성, 농민 대 도시 주민)마다 상대적 소득의 차이가 있다는 문제를 가지고 사회는 씨름해야 하는데, 이 문제가 제기하고 있는 것은 패러다임으로서의 제로섬 게임(zero-sum game)이다. 어느 집단의 상대적 소득이 상승하는 것은 모두 다른 집단의 상대적 소득이 감소하는 일이다. 한쪽의 이득이 되는 몫은 동액의 손실합계와 균형이 잡힌다.[298]

우리는 선과 악의 대립에 대하여 다루어 보았다. 그 선과 악은 상생과 상극으로 생각하면 보다 더 다양한 세계를 보다 더 쉽게 설명할 수 있다.

가령 레스터 C. 더로와 같이 경제학자로서 세상을 보는 눈은 당연히 이익과 손해이다. 그런데 이익이라는 것을 경제적으로 생각한다면 그것은 상극의 원리로 설명되는 것이다. 또한 손해라는 것은 상생의

---

[298] 레스터 C.더로『제로·섬 사회』지철민역 한마음사 1999, 264쪽.

원리로 생각되는 것이다. 따라서 경제적으로 생각하는 것과 형이상학적 또는 종교적으로 생각하는 것은 완전히 반대방향으로 생각할 수 있다.

이렇게 생각할 때 선악의 대립이라는 말보다는 손해와 이익 또는 상생과 상극의 대립이라고 말하는 것이 훨씬 부드러운 표현이 되는 것이며 또한 현실적인 표현이 되는 것이다.

그런데 부유한 사람 대 가난한 사람, 흑인 대 백인, 남성 대 여성, 농민 대 도시 주민의 대립에서 어느 한편이 이익을 보았다는 것은 그 이익을 본만큼 다른 한편이 손해를 본 것에 지나지 않다는 원리가 이른바 제로섬 게임의 원리이다.

이 제로섬 게임이 설명하는 것은 바로 부정성의 위력이 이익과 손해라는 경제적 원리를 지배하고 있다는 사실을 말해주고 있는 것이다.

우리는 이미 아프리카 흑인의 손해가 유럽과 미국의 백인들의 자본의 축적으로 이어졌다는 사실을 확인한 바 있다. 또한 아메리카 원주민들의 몰살과 파산이 백인들의 자본주의의 바탕을 이루어준 어마어마한 이익으로 이어졌다는 사실을 알고 있다. 또한 한명의 마녀도 없는 마녀사냥에서 남성들이 죄 없는 여성들의 재산을 몰수하는 과정에서 엄청난 이익을 챙겼다는 사실을 알고 있다. 또한 자본주의 초기에 살인적인 가혹한 환경에서 노동자들의 손해로 자본가들이 자본을 축적할 수 있었다는 사실을 알고 있다. 이 모든 것이 제로섬 게임이라는 부정성의 게임이라는 것이다.

이는 결국 전체적으로 볼 때에는 파괴적인 대립 또는 자살적인 대립에서 파괴와 자살로 가는 길이다. 이 과정에서 한 때 극소수가 권력과 재산을 잠시 가질 수는 있겠지만 전체가 자살한 상황에서 그 소수만이 살아있을 가능성은 없는 것이다.

그들 로마제국의 극소수의 부자들이 대다수의 빈곤층들과의 대립에서 승리하여 그 많은 재산을 소유할 수는 있었지만 바로 그 극소수의 과욕이 로마제국이라는 살아 있는 생명체로서의 생명줄을 영원히 끊어놓는 일이라는 사실을 그들이 알았을 리 없을 것이다. 하지만 우리가 존재했던 모든 나라가 망하는 원리는 바로 이 제로섬 게임, 다시 말해 부정성의 위력이라는 사실을 역사에서 배우지 못했다면 역사에서 아무것도 배우지 못한 것이다.

우리는 로마제국이 망할 때 그 내부에서 대부호들이 극빈자들을 부정성의 위력으로 대하는 경제구조를 가지고 있었음을 알 수 있다. 그것은 대부호가 부를 더 가지면 더 가질수록 더욱더 많이 가지게 되어 가난한 사람들을 가장 가난한 극빈자로 몰고 가는 부정성의 위력이 지배하는 구조였음을 알 수 있는 것이다.

마치 큰 고기가 작은 고기를 잡아먹어 작은 고기의 씨를 말림으로써 마침내 큰 고기도 멸종에 이르는 '너 죽고, 나 살자!'는 방식은 로마에만 적용된 것이 아니라 모든 문명에 공통적으로 적용된 것이며 그것이 곧 역사이다.

이러한 내적 자살적 구조는 반드시 외환을 부르는 것 또한 역사의 법칙이다. 그것을 우리는 알기 쉽게 역사적 어부지리漁父之利라고 부를 수 있을 것이다.

모든 부정성의 위력이 불러오는 내적 자살적 구조는 반드시 주변국가에서 외환을 통해 어부지리를 얻게 되는 것이다. 이런 상황에서 대부호들이 대를 이어 노력하여 얻은 부동산과 동산 그리고 심한 경우 목숨까지도 이 외환을 통해 한번에 잃어버리는 것이다.

내적인 부정성의 위력은 그 공동체를 자살에 이르게 하며 반드시 외적인 부정성의 위력에 의해 부정당하며 박탈당하는 것이다.

우리의 경우 남북한이 서로를 부정성의 위력으로 서로를 박멸하려 하는 한국전쟁의 기간 동안 제2차대전의 패전국이었던 일본이 어부

지리를 얻어 세계 제1위의 경제대국이 될 수 있는 발판을 마련하였다. 우리가 잃은 만큼 일본은 얻은 것이다. 우리는 현명했는가?

아니 그보다는 지금 우리는 현명한가라고 묻는 것이 보다 현실적인 문제일 것이다. 오늘날 우리는 주변 강대국 중 누구에게 절호의 기회를 주고 있으며 우리가 가진 소중한 무엇을 잃고 있으며 잃으려 하는가 라고 묻는 것이 보다 더 정확한 물음일 것이다.

역사가 이 원리를 수천 년 동안 가르쳐왔지만 아무도 배우려는 사람은 없고 가끔 그것을 안타까워하는 극소수의 사람만 있어온 것이다. 한철학은 더 이상 소극적인 자세로 안타까워만 하지 않는다. 한철학은 이 모든 부정성의 위력이 야기하는 문제를 해결하는 긍정성의 철학을 적극적으로 제시하는 것이다.

5장

생성적 존재

계층이론은 하나의 전체를 수직적인 계층으로
분리시킴으로써 그 전체에 생명력을 박탈한다.

1

계층이론 비판

서양문명의 환경에서 태어나 교육받고 살아가며 서양문명의 문제를 파헤치기는 불가능에 가까울 정도로 어려운 일이다. 그 일이 얼마나 어려운가 하는 점에 대하여 신사회주의자인 월러스틴은 다음과 같이 말한다.

> 나는 이 글을 쓰면서도 독신瀆神의 죄를 범하고 있다는 생각이 들어서 몸이 떨리는 느낌이다. 나는 신들이 노여워할까 두려움을 느낀다. 왜냐하면 내 자신이 나의 모든 동료들이 그랬던 것과 똑같은 이데올로기의 용광로 안에서 주조되었고 같은 신당神堂에서 예배를 드렸기 때문이다.[299]

오늘날 월러스틴만큼 기존의 서양사회의 지배논리를 근본적으로 뒤집는 학자도 드물며 그처럼 용기 있는 학자도 드물다. 그러나 그의 마음의 저변은 이처럼 큰 두려움이 자리 잡고 있는 것이다. 그 두려움은 무엇보다도 스스로가 스스로의 부정성을 인정해야 하는 일에서 마주치는 피할 수 없는 근본적인 두려움일 것이다.

오늘날 우리 사회에서도 초등학교에서 대학까지 서양식 교육을 받

---

299) 이매뉴얼 월러스틴『역사적 자본주의/ 자본주의 문명』나종일역 창작과 비평 103쪽.

는 입장에서 그 서양식 사고의 문제를 발견하고 비판하는 일은 쉽지 않을 것이다. 아니 스스로가 스스로를 비판하는 일은 고사하고 남이 올바르게 비판한 것을 수용하는 일마저도 쉽지 않을 것이다. 지금 우리가 이해하려고 하는 계층이론도 그런 것이다.

1) 계층이론의 시작

계층이론의 시초는 알타이어족의 신화에서 나타난다. 알타이어족의 신화가 언제나 다른 곳에서 뒤틀려 나타나듯 알타이어족의 계층이론은 지금의 뒤틀린 계층이론으로 말해지는 계층이론이 아니었다. 계층이론은 짜라투스트라에서 수직적인 계층이론으로 바뀌며 그것은 다시 전 세계로 파급되고 플라톤과 아리스토텔레스에 이른다.

> 우랄알타이 어족에 있어서 우주의 기둥은 일곱 개의 눈금을 가지고 있으며 일곱 가지를 가지고 있는 신화의 나무는 각각 하늘의 층을 상징하고 있다.[300]

우리 한겨레의 단군설화에 나타나는 우주의 나무 신단수神檀樹도 이 우랄알타이어족의 신화의 전체적 체계 안에서 우주나무의 한 형태로 존재하는 것이다. 이 우주나무는 일곱 가지[301]를 가지고 있고 이 단군설화의 나무는 각각 하늘의 층을 상징하는 것이다.

이 우랄알타이어족의 우주나무에서 말하는 계층이론은 수직적인

---

300) 미르치아 엘리아데『종교형태론』이은봉역 한길사 1996, 180쪽.
301) 이 우주나무의 계층이론은 백제가 일본에게 하사한 칠지도七支刀에 그 개념이 잘 나타나 있는 것이다. 백제는 어디까지나 유라시아대륙의 북방에 존재했던 우랄알타이어족의 정신세계를 그대로 이어가는 나라였음을 알게 한다. 우리 한겨레에게 신단수神檀樹로 상징되는 알타이어족의 신화체계가 얼마나 깊게 작용하고 있는지 잘 말해주는 것이다.

체제 안에서 어느 한 층이 다른 한 층을 부정하고 박멸하는 방식의 계층이론은 결코 아니다. 그것은 어디까지나 진리에 도달하는 단계를 말하는 것이다. 이 우랄알타이어족의 7개의 하늘에 대한 설이 짜라투스트라 이전에 존재했던 미트라의 비밀의식에서 7개의 금속으로 된 계단으로 만들어져 각각 행성을 상징하는 비유로 나타난다.

> 미트라의 비밀의식에서 의례의 사다리는 일곱 계단으로 되어 있는데, 각계단은 각각 다른 금속으로 되어 있다. 켈수스에 의하면 첫 계단은 납으로 되어 있어 토성의 하늘에 해당하고, 둘째 계단은 주석(금성), 셋째 계단은 청동(목성), 넷째 계단은 철(수성), 다섯째 계단은 화폐의 합금(화성), 여섯째 계단은 은(달), 일곱째 계단은 금(태양)이다. 여덟째 계단은 고정된 성좌의 반구를 나타낸다. 가입자는 이 사다리를 올라가는 의식을 통하여 사실상 일곱 개의 하늘을 거쳐 최고천에 이르는 것이다.[302]

짜라투스트라교의 이전에 있었던 이 미트라교의 입교의식은 우랄알타이어족의 일곱 개의 하늘의 신화와 그 근본개념을 공유하는 것이다.

우랄알타이어족의 신화와 미트라교의 의식에 나타난 계층의식은 그 개념상 차이가 없다. 이들의 계층의식에는 선악의 대립과 선이 악을 부정하는 개념이 없다. 단지 진리의 세계에 도달하는 과정을 단계적으로 설명하고 있을 따름이다.

2) 계층이론과 지옥론

계층이론이 짜라투스트라에 이르면 그 이전과 다른 내용으로 나타

---

302) 미르치아 엘리아데 『종교형태론』 이은봉역 한길사 1996, 179쪽.

나며 이 짜라투스트라의 계층이론이 사실상 오늘날까지도 각종 계층
이론을 지배하고 있는 것이다. 이 같은 내용은 짜라투스트라 본인보다
는 짜라투스트라 사후에 확고한 종교적 교단이 나타나면서 더욱 더
심화되는 경향을 보인다.

> 선행과 악행의 무게가 똑같은 사람의 영혼은 하메스타칸
> Hamestakan으로 보내진다고 한다. 이것은 땅과 별 사이에 있는 일
> 종의 감옥이다. 지옥에도 여러 등급이 있다고 믿어졌다. 그 중 가
> 장 낮은 것은 땅 속 한 가운데에 있다. 거기에는 손에 잡힐 만큼
> 짙은 어두움이 깔려 있고 도저히 배겨내지 못할 심한 악취로 가득
> 차 있다. 한편, 천국에도 여러 가지가 있다. 선한 생각과 선한 말,
> 선한 행실에 보답하는 천국이 각각 별과 달, 태양에 위치한다. [303]

사후의 세계를 선행과 악행의 정도에 따라 선행과 악행이 똑같은
경우와 악행이 많은 경우 선행이 많은 경우에 따라 각각 배속되는
세계가 따로 있다. 또한 그 각각의 세계는 선악에 의해 상하로 분류되
며 선악의 정도에 따라 다시 세분화되어 많은 등급이 정해진다는 것이
다. 짜라투스트라의 이 분류방법은 플라톤과 아리스토텔레스에서 발
견된다. 즉 선과 악을 상하로 나누는 것은 플라톤에서 발견되며 그
상하를 다시 세분하는 방법은 아리스토텔레스에게서 발견되는 것이
다. 오늘날 모든 것을 '분류하라!'는 구호는 아리스토텔레스의 것이
만 그 연원은 짜라투스트라이며 그 이전에 알타이어족의 사유체계에
서 발견되는 것이다. 짜라투스트라교의 계층이론을 한 가지 더 살펴보
자.

악인은 거짓말의 집에 살게 된다. 거짓말의 집이란 가타에서 말하

---

303) J.B.노스 『세계종교사』 윤이흠역 현음사 1986, 185쪽.

는 지옥으로, 최악의 상태이며 최악의 생각이 머무르는 곳, 지독한 악취가 나는 곳 등, 이란인이 생각해낼 수 있는 한 가장 무시무시한 곳으로 묘사되고 있다. 그 컴컴한 궁창 속에서는 슬픈 울부짖음이 터져 나온다. 그러나 그 속에 있는 사람들은 모두 혼자씩 떨어져 있다.

한편 의인들은 다리를 건너 노래의 집에 살게 된다. 노래의 집은 가타에서 말하는 낙원으로 최고의 상태이며 최선의 생각이 머무르는 곳, 태양이 언제나 빛나는 곳, 의인들의 영적인 축복을 즐기며 한상 기쁜 친교를 맺어 행복하게 사는 곳으로 묘사된다.[304]

짜라투스트라교에서는 선과 악 그리고 악인과 의인이 사후에 가는 두개의 서로 다른 나라가 극히 대조적으로 나타나기 시작한다.

짜라투스트라의 특징은 악惡과 지옥地獄에 대해 매우 정밀하게 다루었다는 점이다.

3) 지옥은 없다

한철학의 근거를 제공하는 천부경과 삼일신고, 366사에서 하늘의 세계에 대한 자세한 기술은 삼일신고에서 직접적으로 잘 나타나 있다. 삼일신고의 제3장 천궁天宮에는 신들의 나라神國에 대한 내용과 그 신국안의 천궁天宮에 대한 자세한 기술이 나타나 있다.

　하늘은 하나님의 나라로서
　하늘의 중심에 하나님의 궁전이 있으니
　만 가지 착함으로 계단을 오를 수 있고
　만 가지 덕으로 문을 열 수 있느니라.

---

304) J.B.노스 『세계종교사』 윤이흠역 현음사 1986, 173쪽.

하나님이 계시며 다스리는 곳을
뭇 신령과 밝은이들이 모시고 있으니
지극히 복되고 상서로우며
지극히 빛나는 곳으로서
오로지 성통공완(성통광명, 재세이화, 홍익인간)을
이룬 사람만이 하나님이 계신 궁전에 나아가
영원한 쾌락을 얻으리라.

천신국 유천궁 계만선 문만덕 일신유거 군령제철호시
天神國 有天宮 階萬善 門萬德 一神攸居 羣靈諸喆護侍

대길상 대광명처 유성통공완자 조영득쾌락
大吉詳 大光明處 惟性通功完者 朝永得快樂 305)

　삼일신고의 제3장 천궁天宮은 우랄알타이어족의 모든 신화를 하나
로 결집시켜 그것을 간결하게 정리하여 설명하고 있다. 삼일신고는
다섯 개의 장에서 신들의 나라 안의 천궁에 대해서는 하나의 장으로
이처럼 자세하게 설명하지만 지옥이나 연옥 같은 부정성의 개념의
것은 단 한마디의 언급도 없다. 지옥의 개념은 366개의 글자로 이루어
진 삼일신고의 원리를 366개의 항목으로 설명하는 366사306)에서도
마찬가지로 전혀 나타나 있지 않다. 물론 공포와 불안을 야기하는
그 어떤 요소나 내용도 일절 없다.
　그런데 지옥의 끔찍한 묘사는 삼일신고와 마찬가지로 알타이어족
에게서는 대개 나타나지 않는 것이다. 엘리아데는 이렇게 말하고 있
다.

305) 최동환 해설 『삼일신고』 지혜의 나무 2000, 340쪽.
306) 최동환 해설 『366사(참전계경)』 지혜의 나무 2000.

알타이어족의 퉁구스인이나 야쿠트인은 저승세계의 권역을 믿지
않는다.307)

이 보고는 한겨레의 경전인 삼일신고와 연결되면서 한겨레의 세계
관을 설명해주는 엄청나게 중요한 내용을 말해주고 있는 것이다. 또한

야쿠트인은 선한 자든 악한 자든 죽으면 천계로 올라가고 여기에
서 사자의 혼(쿳kut)은 새 모양이 된다고 믿는다308)

고 알려져 있다고 보고하고 있다. 결국 우리 한겨레를 비롯한 여러
알타이어족은 지옥地獄이라는 개념을 만들어내지 않았다고 볼 수 있
는 것이다. 악을 만들어내지 않은 사회에서 지옥을 만들어내지 않았음
은 당연한 일인 것이다. 부정성이 없는 사회에서 부정성의 상징인
지옥을 만들 필요는 없었을 것이다. 바로 이 지점에서 알타이어족의
정신세계와 짜라투스트라의 정신세계는 확연하게 갈라지는 것이다.
상대적 선악론이 없는 세계에는 지옥이 없다.

엘리아데는 "시베리아 타타르인이 지하세계에 아홉권역이 있다고
믿고 사모예드인이 해저에 여섯 권역이 있다고 믿는 것은 다른 문화권
의 소산인 것으로 보인다"309)고 말한다. 이는 엘리아데의 예리한 분
석인 것이다. 알타이어족들의 악이 없고 지옥이 없는 알타이어족의
고유한 정신세계에 악을 만든 문화권, 지옥을 만든 문화권의 문화가
역으로 침투하여 지하세계를 설정하게 된다는 것이다.

알타이어족의 고유한 정신세계에서 지하세계로 하강하는 경우를
설정하기도 하지만 어떤 경우에든 알타이인들은 짜라투스트라교의

---

307) 미르치아 엘리아데 『종교형태론』 이은봉역 한길사 1996, 197쪽.
308) 위의 책 197쪽.
309) 위의 책 197쪽.

그것처럼 악의 상징으로 설정하지도 않으며 사후세계의 지옥을 끔찍한 것으로 그리지도 않는 것이다. 알타이어족에 있어서의 지하세계와 신들은 대체로 수많은 신들의 사당에서 오랫동안 변질의 과정을 거쳐 오면서 그 지위가 떨어진 결과 토착적 또는 국지적 히에로파니[310]를 나타내게 된 것으로 보인다[311]는 것이다. 따라서 선이 악을 부정성의 위력으로 대하는 일도 없고 최후의 심판의 날에 죽은 자들을 모두 부활시켜 악인을 태워서 박멸해버리는 짜라투스트라식의 종말론은 더군다나 없다.

4) 탐라국의 삼성신화三姓神話와 지옥

"고기에 이르기를 태초에 사람이 없더니 세 신인이 땅에서 솟아나 왔다. 맏이를 양을나良乙那, 둘째를 고을나高乙那, 셋째를 부을나 夫乙那라 하였다."

其古記云 太初無人物 三神人 從地聳出 其主山北麓有穴日 毛興是其地也
長曰良乙那 次曰高乙那 三曰夫乙那[312]

우리 한겨레의 고대국가 중 탐라국耽羅國의 건국신화는 땅 속에서라는 3명의 신인神人이 용출湧出하여 나라를 세웠다. 그 세 명의 신인이 용출한 장소를 삼성혈三姓穴이라 하여 지금도 보존되어 있다. 탐라국은 수천 년을 독립왕국으로 존재하다 고려에 합병된다. 이 탐라국의 삼성신화三姓神話는 우리 한겨레의 마음속에 자리 잡은 지하세계가

---

310) hierophany [háiərəfæni] n. 성체시현(聖體示現).
311) 미르치아 엘리아데 『종교형태론』 이은봉역 한길사 1996, 179쪽.
312) "高麗史, 券11 志 地理2", 최진원 『韓國神話考釋』 성균관대 출판부 1994, 178쪽, 한국정신문화연구원 『한국민족문화대백과사전11』 1996, 339 쪽

짜라투스트라가 말하는 지옥이 아니라 성인聖人이 용출하는 장소이 기도 하다는 사실을 웅변으로 말해준다.

제주도에서 발견되는 지중용출시조신화地中湧出始祖神話313)는 시 조가 하늘에서 하강한다는 전통적인 알타이어족의 시조신화와 다르 다. 이 차이는 엘리아데가 "지하세계와 신들은 대체로 수많은 신들의 사당에서 오랫동안 변질의 과정을 거쳐 오면서 그 지위가 떨어진 결과 토착적 또는 국지적 히에로파니(성체시현聖體示現)을 나타내게 된 것 으로 보인다"314)라는 주장과 부합되는 것으로 보인다. 세명의 신인 즉 삼신인三神人은 삼신三神과 삼사三師(풍백, 우사, 운사315)), 고구려 주몽의 신화에서 개국을 보좌하는 삼인동행三人同行(오이, 마리, 협 보316))과 비슷한 유형을 보여주고 있다.

이 탐라국 신화에서 분명하게 보여주는 것은 시조신이 땅속에서 지상으로 용출하여 나라를 세우는 이 신화에서 천국과 지옥의 이원론 적 일원론은 자리 잡기가 불가능하다는 사실이다.

지상의 나라를 창조하여 천지개벽을 이룩한 삼신인三神人이 용출湧 出한 장소인 땅속을 지옥으로 설정하는 일이 조금이라도 가능할 수 있겠는가? 또 그러한 개념을 가진 사회가 하늘을 선으로 땅을 악으로 설정하여 선이 악을 박멸하는 부정성의 변증법이 자리 잡을 가능성이

---

313) 이러한 지중용출시조신화地中湧出始祖神話에 대해 제주도가 화산폭발 로 인해 생긴 섬이기 때문에 자연생성의 성격을 신화에 반영했다는 주장 (최진원『韓國神話考釋』성균관대 출판부 1994 182쪽) 과 대지의 품속에 생명이 산출된다는 원초적 사유의 반영(김승찬「龜旨歌攷」,『한국상고문 학연구』제일문화사 1978 34쪽, 최진원『韓國神話考釋』성균관대 출판부 1994 183쪽에서 재인용) 등의 연구결과가 있다. 또한 이러한 유형의 신화 는 제주도외에도 오끼나와의 이야코제도와 아에야마제도, 대만의 고시족, 타이의 묘족 등에서 발견된다고 하는데 이는 연구해 볼 가치가 있다고 생 각한다.(한국정신문화연구원 한국민족문화대백과사전11 1996, 339쪽 참고)
314) 미르치아 엘리아데『종교형태론』이은봉역 한길사 1996, 179쪽.
315) 계연수『한단고기』고구려국본기 임승국역 정신세계사 1986, 33쪽.
316) 위의 책, 259쪽.

있겠는가? 이러한 사회에 지옥개념 자체의 존재가 가능할까?

5) 지옥은 있다

여기서 우리는 신앙이 지옥을 발명하였던 것이지 사랑이나 이성이 발명하였던 것은 아니라는 주장을 하고 있는 포이에르 바하의 말을 들어볼 필요가 있다.

> 신앙은 사랑의 반대물이다. 사랑은 죄 안에서도 덕을 인식하고 오류 속에서조차 역시 진리를 인식한다. 사랑은 오직 이성과 동일할 뿐이며 신앙과 동일한 것은 아니다. 그러나 신앙은 소심하고 한정되어 있기 때문이다. 다만 이성이 지배하는 곳에서만 일반적으로 사랑이 지배한다. 이성 그 자체는 보편적인 사랑 이외에 다른 것은 아니다. 신앙이 지옥을 발명하였던 것이지 사랑이나 이성이 발명하였던 것은 아니다. 지옥은, 사랑에 있어서는 공포이며 이성에 있어서는 불합리이다. 지옥 안에서는 단지 신앙의 혼매나 그릇된 신앙만을 보려 한다면 측은한 일일 것이다.[317]

포이에르 바하는 신앙과 사랑은 반대되는 것이라고 말하고 있다. 사랑은 오로지 이성과 동일 할 뿐 신앙과는 다르다는 것이다. 신앙은 지옥을 발명했지만 지옥은 사랑에 있어서는 공포라는 것이다. 또한 이성에 있어서는 불합리라는 것이다. 지옥에서 보는 것은 신앙의 혼매나 그릇된 신앙이라는 것이다.

세계를 선과 악의 상하관계로 나누어 그것을 천국과 지옥으로 확연하게 나누는 것은 이성과 사랑과는 관계가 없는 것이라고 말하고 있는 것이다. 관계가 없는 정도가 아니라 지옥은 이성과 사랑과는 반대되는

---

317) 포이에르 바하 『기독교의 본질』 박순경역 종로서적 1982, 132쪽.

것이라고 포이에르 바하는 말하는 것이다. 지옥은 사랑으로 볼 때는 공포이며 이성으로 볼 때에는 불합리에 지나지 않는다는 것이다.

아메리카대륙으로 납치되어가며 200만 명 이상의 흑인들이 그 콩나물시루 같은 끔찍한 환경 속에서 고통받으며 죽어갔던 노예선 밑창이야말로 공포와 불안 그 자체로써의 지옥이 아니었는가? 죄 없는 여자들이 마녀로 낙인찍혀 상상하기조차 어려운 감금과 고문을 받으며 죽어갈 때 그곳이 곧 지옥이 아니겠는가? 유태인들이 죽어가던 그 강제수용소는? 스탈린치하의 구소련의 강제수용소는? 캄보디아의 킬링필드는? 부모와 자식이 함께 공동자살로 내몰릴 때 그들의 눈에 비친 우리 한겨레공동체는?

지옥은 다른 곳이 아닌 바로 이 땅 위의 현실에서 존재했으며 또한 여러 가지 모습으로 지금도 엄연히 존재하고 있다.

6) 계층이론과 공포와 불안

선과 악의 계층이론은 특히 서양문화권에서는 거의 절대적인 영향력을 가지고 있다. 우리는 저 덴마크의 철학자 키에르케고르가 공포와 불안에 대하여 얼마나 중요하게 다루었나를 알고 있다. 그는 바이블에서 야훼가 아브라함에게 "네 아들, 네 사랑하는 독자 이삭을 데리고 모리아 땅으로 가서 내가 네게 지시하는 한 산 거기에서 그를 번제燔祭로 드리라"[318]고 말한 대목으로 공포와 전율이라는 의미심장한 철학서 한권을 쓰고 있다. 그는 바이블의 '아브라함의 이야기에서 빠진 것이 불안不安이라는 것이다[319]'라고 주장한다. 아브라함이 자식인 이삭을 야훼에게 번제를 드리려 한다. 이에 대해 키에르케고르는 '그

---

318) 키에르케고르 『공포와 전율』 손재준역 삼성출판사 1982, 69쪽.
319) 키에르케고르 『공포와 전율』 손재준역 삼성출판사 1982, 66쪽.

러기에 아브라함은 나를 경탄하게 하면서도 나에게 무서움을 준다. 자기 자신을 부정하고 의무를 위해 몸을 바치는 사람은 무한한 것을 얻기 위해 유한한 것을 포기한다.'[320]는 것이다. 여기서 키에르케고르는 설명하기 어려운 부정성의 변증법의 본질을 정확하게 설명하고 있는 것이다. 공포恐怖와 전율戰慄은 부정성의 변증법의 필수적인 요소인 것이다. 키에르케고르는 이렇게 말한다.

> 이제 내가 의도하는 것은 아브라함에 관한 이야기 속에 있는 변증법적인 것을 가능한 문제의 형태로 추출하여, 신앙이라는 것이 얼마나 터무니없는 역설인가를 인식하려는 데에 있다. 다시 말하면 살인까지도 신을 위한 신성한 행위로 받아들여질 수 있는 역설, 이삭을 아브라함에게 돌려준 역설, 이 역설은 도저히 인간의 사고로는 이해할 수 없는 것이다. 신앙이란 사고가 끝나는 바로 그 지점에서 시작되는 것이기 때문이다.[321]

결국 키에르케고르는 포이에르 바하와 같은 결론에 이르게 된 것이다. 포이에르 바하는 신앙과 사랑은 반대되는 것이라고 말하고 있다. 그러면 사고가 끝나는 그 지점은 어떤 단계인가? 그것에 대하여 키에르케고르는 명쾌한 답을 내린다.

> 무한한 체념은 신앙에 선행하는 최후단계이다.[322]

라는 것이다. 무한한 체념 즉 무한하게 자신을 부정성의 위력으로 박멸하는 단계가 신앙에 선행하는 최후의 단계라고 말하고 있다.

---

320) 위의 책 98쪽.
321) 키에르케고르 『공포와 전율』 손재준역 삼성출판사 1982, 90쪽.
322) 키에르케고르 『공포와 전율』 손재준역 삼성출판사 1982, 83쪽.

그 점에 있어서는 하이데거도 결코 뒤지지 않는다. 하이데거는 "공포가 불안으로 불리며 불안의 성격을 가진 것이 공포로 불린다"[323]라고 말하며 불안과 공포를 같은 테두리로 설명한다.

> 불안의 대상에 있어서는 '그것은 무無로서 어디에도 없다'는 것이 노정되게 된다. 세계 내부적으로는 무無여서 어디에도 존재하지 않는다는 것, 이것이 저항해 온다는 것은 불안의 대상이 세계 자체라는 것을 현상적으로 의미하고 있다. [324]

하이데거는 불안의 대상이 세계 자체라고 말한다. 그런데 불안의 대상은 세계 자체가 아니라 오히려 그렇게 말하는 하이데거 자신이 아닌가 생각된다. 불안은 세계 자체에 대한 부정성이며 동시에 자기 자신에 대한 부정성이기 때문이다. 무無라는 것은 부정성의 위력에 의해 박멸된 것이다. 무無는 지옥에 갇혀 있는 악인이 다시 최후의 심판의 날에 끌려나와 불에 태워져 완전히 무화無化되는 짜라투스트라의 가르침에서 잘 설명되어 있는 것이다.

우리는 이들 냉철한 철학자들의 마음속 깊숙한 곳까지 공포가 그토록 크게 자리 잡고 있을 때 일반대중으로서의 서양인들의 마음속에 자리 잡은 공포가 얼마나 큰 것인지를 이해하기에는 어려움이 없는 것이다.

짜라투스트라는 현재 세계와 사후 세계를 모두 분명한 선악의 계층 이론으로서의 이원론으로 갈라놓은 것이다. 그것이 또한 현재 세계와 사후 세계를 분명하게 계층화시킨 것이다. 즉

> 모든 선은 신으로부터 비롯되고 모든 악은 악마로부터 비롯된다는

---

323) 하이데거 『존재와 시간』 정명오역 대양서적 1983, 252쪽.
324) 하이데거 『존재와 시간』 정명오역 대양서적 1983, 255쪽.

이야기이다. 그러나 악마가 진정으로 악의 주관자라면 악마는 태
초부터 신과 동등한 존재였다고 해야만 일관된 이야기가 될 것이
다. 그렇지 않으면 애초에 선이 악을 창조한 셈이 되기 때문이다.
자기들의 입장을 이렇게 논리적인 이론으로 제시할 수 있었던 것
은 후대의 조로아스터인들 뿐이었다.[325]

는 것이다. 이렇게 해서 짜라투스트라 이후 사후 세계는 여러 층으
로 설정되고 그것은 곧 현실 세계를 그와 똑같이 여러 개의 수직적인
층으로 나눌 수 있는 이론적 근거가 되는 것이다.

7) 계층이론과 플라톤의 거짓신화

이러한 내용은 서양철학의 비조인 플라톤에 의해 다시 각색됨으로
써 서양철학의 핵심적 철학이론에 자리 잡게 된다. 플라톤은 국가를
다스리기 위해서는 충성스러운 거짓말이 필요하며 그것은 신을 앞세
운 다음과 같은 신화이다.

신은 여러분을 만들면서, 여러분 중에서 능히 다스릴 수 있는 이들
에겐 황금을 섞었는데, 이들이 가장 존경받는 것은 이 때문입니다.
반면에 보조자에게는 은을 섞었습니다. 하지만 농부나 장인들에게
는 쇠와 청동(구리)을 섞었습니다. [326]

플라톤이 신을 앞세워 말하는 것은 계층이론이다. 국가를 다스리는
수호자 계급은 신이 황금을 섞어 만들었으며 그 보조자 계급들에게는
은을 섞었고 피지배 계급인 농부나 장인들에게는 쇠와 청동을 섞었다

---

325) J.B.노스『세계종교사』윤이흠역 현음사 1986, 182쪽.
326) 플라톤『국가』박종현역주 서광사 2001, 415a

는 것이다. 금속의 귀천으로 계층을 상징되게 설계함에는 다름이 없지만 우랄알타이어족과 미트라종교에서 말해지는 하늘을 상승하기 위해 올라야 하는 계층구조가 플라톤에 와서는 인간사회의 통치를 위한 계층구조로 바뀌어서 나타나는 것이다. 이 계층이론에서 정치권력을 잡는 것은 오로지 신이 황금을 섞어 만든 수호자 계급뿐이다.

플라톤은 이 신화를 충성스러운 거짓말이라고 말한다. 이 충성스러운 거짓말은 사회를 계급화하여 다스리는 일에 매우 필요하다는 것이다. 러셀은 이 대목에 대하여 이렇게 말한다.

현세대에 이러한 신화를 믿을 사람은 별로 없겠지만, 다음 세대나 그 후손들은 전혀 의심하지 않고 교육할 수 있을 것이다. 플라톤이 이 신화에 대한 신앙은 두 세대 사이에 이루어질 수 있다고 생각한 것은 정당하다. 일본사람들은 천황이 태양의 여신의 후예이며, 세계의 어느 나라보다도 일본이 먼저 세워졌다는 가르침을 받아왔다. 대학교수라고 하더라도 이 가르침에 대하여 의심하는 사람은 -그것이 설사 학문영역에 국한되더라도- 반국가적인 행위로 단정되어 왔었다. 플라톤은 이런 종류의 신화에 대한 신앙을 사람들에게 강요하는 것은, 철학에 합당치 않으며, 또한 지성을 저해하는 종류의 교육을 내포하고 있다는 사실을 깨달지 못하고 있는 것 같다.327)

러셀은 플라톤이 인위적으로 만들어진 거짓신화로 사회를 계층화하려는 시도가 우리의 이웃나라 일본에서 천황을 수호자로 하고 그 군대와 공무원을 보조자 계급으로 하고 국민을 피지배 계급으로 하는 계층구조로 실제로 일어났었다는 사실을 날카롭게 지적해내고 있다.

서양철학의 계층이론은 서양철학의 근본골격의 형성에 바탕이 되

---

327) 버트란트 러셀 『서양철학사』 최민홍역 집문당 149쪽.

는 이론이다. 물론 계층이론은 인도와 지나 등의 동양에서는 서양보다 훨씬 더 근본적인 바탕을 이루고 있다는 점에서 계층이론은 가히 범인류적이다. 이 이론은 만물이 아래와 위라는 계층으로 구성되어 있다고 생각하는 수직적 사고의 이론으로서 극히 정적靜的인 철학이다.

플라톤이 이데아의 세계가 실제의 세계이고, 인간이 실제의 세계라고 감각하는 이 현상 세계가 그림자의 세계라고 말했을 때 그는 세계를 두 개의 층으로 본 것이다. 그런데 그 그림자의 층은 존재하지 않으므로 실제로는 하나의 층만 존재하는 것이다. 플라톤의 이원론적 일원론과 짜라투스트라의 계층이론은 불가분의 관계에 있는 것이다.

아리스토텔레스는 세계를 이보다 더 세분화하여 사유했고 그것은 오늘날 세계의 모든 부분을 지배하고 있다. 그런데 이 계층이론은 그리스보다는 인도와 지나에서 사회를 지배하는 이념으로서 더 강력하게 나타난다.

8) 카스트제도와 윤회론의 계층이론

인도의 카스트제도는 계층이론이 보이지 않는 흉기가 되어 인간사회를 얼마나 철저하게 장악하고 억압할 수 있는가 하는 것을 보여주는 대표적인 사례인 것이다. 전통적으로 사농공상士農工商으로 나누어지는 지나족의 수직적인 사회체계도 인도의 카스트제도 못지 않은 숨막히는 계층이론으로서의 카스트제도이다.

인도사회는 인간사회를 완전하게 계층이론으로 구성하고 그것을 윤회론輪廻論이라는 종교철학적 장치에 의해 지탱하고 있다. 슈튀릭히는 카스트제도의 필연적 계기를 이렇게 설명한다.

카스트제도를 형성하여야만 할 필연적 계기가 된 것은 수적으로 원주민보다 열세에 놓여 있던 아리아적 지배 내지는 권력계급을 명확히 분리시킴으로써, 그들만의 순수성을 고수하여 원주민과의 혼합으로 인한 멸망의 길을 밟지 않으려는 것이었다. 더 정확히 말하면 이와 같은 분화현상은 새로 야기되었다기보다는 오히려 이미 그 틀이 잡혀 있던 분립상태가 카스트의 형성에 의하여 마침내 지속적이고도 다시는 돌이킬 수 없는 양분상태를 초래하였다고 보아야만 하겠다.[328]

이 카스트라는 뜻을 갖는 고대인도어인 바르나varna는 색채라는 말이며, 원래 카스트라는 말은 포르투갈어에서 전화되었다.[329] 카스트제도는 다음과 같이 분류된다.

바라문(Baramun, 婆羅門) : 승려
크사트리아(Ksatriya) : 왕후, 국왕 및 장군(거의 서양 중세기의 귀족과
　　　비길 수 있음)
바이쉬야(Vaisya) : 자유인(商人 등)
　이보다 하위에 있는 것이 츄수라스이고, 다시 그 아래에는 파리아스나 추방당한 자, 개종하지 않은 토착인, 전쟁포로, 노예 등이 있다. 현대 인도인 중 약 4천만 명 정도가 국외자로서의 이들 혈통을 이어받았다.

　카스트제도는 고대 베다시대만 해도 크사트리아의 전사계급이 사회적 영도계급의 위치를 점하고 있었으나 전쟁 위주의 사회체제로부터 점차 농업과 산업에 종사하는 평화적으로 고착화된 사회체제로 이행되면서부터 초자연적인 힘에 영향력을 행사할 수 있는 기

---

328) H.J 슈퇴릭히 임석진역 『서양철학사』 분도출판사 1987, 40쪽.
329) H.J 슈퇴릭히 임석진역 『서양철학사』 분도출판사 1987, 40쪽.

도나 봉헌이 지니는 가능성이 일반 백성에게 더욱더 큰 의의를 지니게끔 되었다.[330]

인류가 만든 계층이론의 대표적 실례인 카스트제도는 아리안족이 유목민이었을 때는 전사계급이 지도층이었고 그들이 인도를 장악하여 농경민이 되었을 때는 승려계급이 지도층이 되었다는 것이다.

카스트제도는 윤회론과 밀접하게 연결되며 계층이론으로 되돌릴 수 없을 만큼 강력하게 자리 잡게 된다. 야기나발키아가 표명한 그 유명한 윤회의 사상을 알아보자.

> 그리고는 지식과 사업, 그리고 또한 그가 이전에 쌓았던 경험까지도 그를 사로잡았다.- 마치 유충幼蟲이 잎사귀의 끝에까지 기어올라가고 나면 다시 또 하나의 잎사귀에 달라붙어서 그쪽으로 넘어가고 말듯이, 영혼이란 것도 또한 육신을 뿌리치고 무지도 떨쳐버리고 나면 또 다른 시초를 향하여 움직여 감으로써, 마침내는 그편으로 아예 옮겨가고 만다.- 마치 금세공사가 어떤 그림을 소재로 삼고 거기서 또 다른 새롭고도 더 아름다운 형상을 가꾸어 나가듯이 영혼도 또한 육신을 벗어나서 무지無知를 떨쳐버리고 나면 어떤 새롭고도 더 아름다운 형상- 그것이 부상父像에 관한 것이든 아니면 신상神像이나 혹은 그 밖의 존재에 관한 것이든 간에-을 창조하게 마련인 것이다. 말하자면 그가 어떠한 상태를 헤치면서 살아왔던가 하는 데 따라서 내세來世에서의 그의 운명도 좌우된다는 것이다. 즉 선을 행한 자는 성인으로 태어날 것이고, 악을 행한 자는 악인으로 태어날 것이며, 또한 성스러운 일을 한 사람은 성인으로, 그리고 그릇된 일을 한 사람은 그릇된 인간으로 태어날 것이다. [331]

---

330) H.J 슈퇴릭히 『서양철학사』 임석진역 분도출판사 1987, 41쪽.
331) H.J 슈퇴릭히 『서양철학사』 임석진역 분도출판사 1987, 50쪽.

윤회론은 하나의 이론이며 원리로서, 또는 종교론으로 존재할 때 살아 있는 사람으로서는 윤회론을 증명할 수도 부정할 수도 없는 이율배반적인 문제에 속한다. 그러나 윤회론이 카스트제도라는 계층이론과 결합하여 사회를 지배할 때 사후세계를 악용하여 기득권자가 소외된 자들을 지배하고 착취하는 '너 죽고, 나 살자!'는 방식의 무서운 흉기가 되고 만다.

이 카스트제도와 윤회론이 결합한 계층이론은 기득권자는 당연히 기득권자라고 말한다. 기득권자가 권력과 부를 독점하는 현실에 대하여 그 어떤 비판도 도전도 용납하지 않는다. 그것도 법이나 형벌이 아니라 종교와 철학이라는 이름으로 기득권자의 권력과 부가 담보되고 있는 것이다. 또 그들은 일생 동안 정당하지 않게 얻어진 권리를 정당하지 않게 소유하고 사용해도 전생에서 좋은 일을 했기 때문에 그 부와 권력은 종교와 철학에 의하여 자연스럽게 상쇄되며 유지될 수 있다. 다시 말하면 상층계급이 하층계급을 부정성의 위력으로 대하고 그들의 권리를 박멸하여 '너 죽고, 나 살자!'라고 하는 것은 당연한 권리라는 것이다.

물론 하층계급과 불가촉不可觸천민은 아무런 의문을 허용하지 않은 채 당연히 하층계급이며 불가촉천민이다. 그들은 전생에서 그렇게 태어날 만큼 나쁜 일을 했으므로 현생에서 그렇게 태어나 그렇게 살아가는 것은 정당하다는 것이다.

그들은 이와 같은 종교와 철학이라는 이름으로 태어나서 죽을 때까지 학대받고 착취당한다. 그들이 일생을 살며 아무리 고귀하고 보람 있는 일을 해도 그들은 전생에서 나쁜 일을 많이 했기 때문에 그들이 천대받고 착취당하는 것은 당연한 것이다. 그들이 상층계급에게 모든 것을 부정당하고 모든 권리를 박멸당하는 것은 당연하다는 것이다. 그들은 제도가 가장 무서운 폭군이 되어 아무 죄 없는 사람들을 대대로 죄를 뒤집어씌우며 또한 지옥에 가두는 것이다. 악이 존재함으로써 상대적으로 선이 보장되며 그 악인들이 현실의 지옥에서 고통을 심하게 받으면 받을수록 선으로 설정된 사람들은 확고한 권력을 갖는 것이다. 그것은 아메리카로 가는 흑인노예선에서도 나타난 것이며, 마녀재판에서도 나타난 것이며 그 외에 부정성의 변증법이 나타난 곳에는 대체로 나타나는 현상인 것이다.

인도의 카스트제도와 윤회론은 너무나 잘 짜여진 계층이론이기 때문에 그 사회 안에 사는 사람들은 그것을 악이라고 생각할 수조차 없을 정도이다. 월러스틴과 같이 현대문명에서 살고 있고 또한 예리하고 용기 있는 학자가 서양문명을 파헤치고 그것의 부정성을 폭로할 때 독신瀆神의 죄를 짓는 것 같아 몸이 떨린다는 고백을 할 때 과연 오늘날 카스트제도 안에 살고 있는 인도의 지식인들이 카스트제도를 어디까지 부정할 수 있을까?

상층계급이 하층계급을 마음대로 부정성의 위력으로 대하고 그들의 권리를 박멸할 수 있는 이러한 사회체계는 머리가 몸과 손발을 향해 '너 죽고, 나 살자!'라고 외치며 그렇게 행동함으로써 하층계급을 부정하고 그 권리를 박멸하는 논리와 다를 것이 조금도 없는 것이다. 그러한 사회가 절대로 생명력을 유지할 수 없다는 점에서 우리는 그것을 집단자살론이라고 부르지 않을 수 있을까?

오늘날에는 카스트제도가 문명세계에는 존재하지 않는다고 말해진다. 그러나 오늘날 문명사회를 지배하는 20:80의 사회는 새로운 카스트제도로 우리 앞에 다가와 있다는 사실을 숨길 수 있을까?

계층이론은 종교와 철학, 서양과 동양 그리고 고대와 현대에서 워낙 광범위하게 체계화되어 있어 그 중에서 누가 더 심하고 심하지 않다고 말하기가 어려울 정도이다.

9) 화장火葬의 변증법

선과 악 그리고 천국과 지옥의 변증법은 새로운 분야를 필연적으로 개척한다. 그것은 인도문화의 화장에 담겨 있는 변증법이다.

화장의 변증법은 육체는 악이고 영혼은 선이라고 주장한다. 따라서 인간이 죽은 다음 악인 육체를 태워서 재로 만듦으로써 선인 영혼이 악으로부터 해방되어 천국으로 간다는 것이다.

그런데 우리 한겨레에게서는 이 화장火葬이 선호되지 않았다. 이웃인 일본에서 화장이 전면적으로 받아들여지고 있는 현상을 볼 때 우리가 화장보다 매장을 선호하는 것은 무언가 죽음을 대하는 일에서 일본과는 차이가 있기 때문이다.

그 이유는 역시 근본적인 곳에서 찾아진다. 우리 한겨레는 악을 설정하지 않았고 지옥을 설정하지도 않았다. 따라서 육체가 악이고 영혼이 선이라는 변증법은 우리 한겨레로서는 도저히 이해할 수 없는 이데올로기이다. 한겨레에는 그런 선악이분법을 도저히 받아들일 수 없는 철학적 배경이 있는 것이다. 물론 필자가 오늘날의 현실에서 화장이 가지는 장점을 부정하려는 것은 아니다.

10) 헤겔의 인종론과 계층이론

이 계층이론은 학문분야에서는 광범위하게 사용된다. 근대에는 인종과 인종간에 이 계층이론을 적용하기도 했다. 헤겔은 이렇게 말한다.

동양인은 아직도 정신 또는 인간 그 자체가 그 자체로서 자유라는 것을 알지 못하였다. 그들은 그것을 모르기 때문에 (현실에 있어서) 자유롭지 않다. 그들은 단지 한사람만이 자유라는 것을 알고 있을 뿐이다. 그렇기 때문에 이와 같이 자유는 단순자의 횡포, 둔감, 또는 그 자신 단순한 하나의 자연적 우연, 또는 자의에 불과한 열정의 유화,순종이다. 그러므로 이 한사람은 전제군주이자 자유 성인은 아니다. - 그리스에 있어서 자유의 의식은 비로소 나타났다. 그리고 그 때문에 그리스인은 자유였다. 그러나 그리스인도 로마인도 다 같이 약간의 사람만이 자유라는 것을 알고 있었을 뿐이었고, 인간이 인간 그 자체로서 자유라는 것을 알지 못하였다. 플라톤도 아리스토텔레스도 이것을 알지 못하였다. 그러므로 그리스인은 노예를 소유하고, 그들의 생활과 그들의 아름다운 자유의 유지를 이 노예에 의지하고 있었을 뿐만 아니라, 그들의 자유 그 자체도 역시 일면에 있어서는 단순한 하나의 우연적이고 일시적이고 제한된 꽃이었고, 타면에 있어서는 자유는 동시에 인간적인 것, 인도적인 것에 가혹한 예속이었던 것이다. 게르만계 모든 민족에 있어서 비로소 기독교 안에서 인간이 인간으로서 자유이며, 정신의 자유가 인간의 가장 고유한 본성을 이루는 것이라고 하는 의식이 회복되었다.[332]

그는 동양인에 대해 게르만인의 절대적인 우월성을 말하고 있다. 게르만인은 최고의 자유인이며 동양인은 노예라는 식이다. 이 논리는 게르만인은 선으로서 상위계급이며 동양인은 악으로서 하위계급으로 설정되는 것이다. 그리고 헤겔의 계층이론에는 선은 악에게 부정성의 위력으로 대하여 박멸할 수 있다는 선악의 계층이론이 암암리에 숨어 있는 것이다.

헤겔이 말한 자유는 같은 게르만민족인 니체에 의해 양떼라는 가축들의 순종으로 가차 없이 혹평된 바가 있으므로 더 이상 논할 필요가

---

332) 헤겔 『역사철학』 대양서적 1972, 76쪽.

354

없을 것이다.

그런데 역사에 박식한 헤겔은 이 부분에서 게르만인이 가지고 있는 동양인에 대한 상대적 열등감을 절대적 우월감으로 표현한 것이 아닐까?

게르만민족은 그들의 정복자였던 앗틸라가 이끄는 훈족에 대한 엄청난 공포감과 열등감을 가지고 있다. 독일인들이 앗틸라의 훈족에 대한 상대적 열등감은 독일기사문학의 최대걸작이며 독일고전문학의 최고봉이라는 니벨룽의 노래에 잘 나타나 있다. 독일인들의 강점을 미화하고 있는 이 서사시는 모든 영웅설화와 같이 한 가지 역사적 사실을 근거로 하고 있다.

> 이 역사적 사실이란 훈족이 중부 라인지방에서 부르군트 왕국을 멸망시킨 일이 있으며, 453년에 훈족의 왕 아틸라가 갑자기 잠 자리에서 각혈喀血하고 게르만 계통의 왕비 곁에서 급사한 일이 있었다. 그런데 일반국민에게 이것은 왕비가 일족의 복수를 위하여 왕을 살해한 것으로 전승되었고, 부르군트 일족 멸망의 노래도 여기에 기원한 것이며, 이것이 니벨룽의 노래 속에 통합된 것으로 볼 수 있다.[333)

결국 훈족에게 정복당한 게르만인들은 그들의 사유체계로는 정복자인 훈족이 선이었고 피정복자인 게르만인들은 악이 되는 상황이었다. 그것은 견디기 어려운 것이었으므로 그 굴욕적이고 비참한 역사적 사실을 독일민족의 문학에서 반대로 표현한 것이다. 앗틸라의 훈족이 게르만민족을 정복하면서 게르만민족에게 준 정신적 영향은 막대한 것이다.

그 아틸라의 훈족은 투르크계로 알려지고 있으며 투르크민족은 몽

---

333) 야후백과사전.

골민족과 함께 한겨레와 같은 알타이어족으로서 바이칼 호수근처에서 함께 생활하던 한식구이다. 그 앗틸라는 헤겔이 말하는 단 한사람만이 자유를 아는 군주가 아니었다. 고대 알타이어족들의 사회에서 그런 독재는 없다. 고트족의 역사가 요르다네스는 앗틸라의 외모를 이렇게 묘사했다.

> 그는 전형적인 훈의 모습인 작은 키, 넓은 가슴, 큰 머리, 작고 움푹 파인 눈, 낮은 코 등의 특징을 보이고 있다.[334]

전형적인 한국인의 외모인 것이다. 그런데 이들 고대 서방의 역사가들은 앗틸라에 대해 다음과 같은 주목할 만한 기록을 남기고 있다.

> 그는 사람들에게 공평하고 깨끗한 판결을 내리고 그의 하인들에게 부드러우며, 여타 사람들이 황금접시로 식사를 할 때 나무로 된 접시를 이용하는 등 그의 부하들이 호사스럽게 지내는 것과는 달리 검소하게 사는 데 만족한 모습으로 묘사하고 있다.[335]

이 기록은 고대 한겨레의 지도자들의 전형적인 모습을 묘사하고 있다. 앗틸라는 우랄알타이어족의 관념체계를 가지고 있으며 그 안에는 짜라투스트라식의 계층이론이 조금도 없다는 사실을 이 기록만으로도 충분히 알 수 있는 것이다. 당시 유럽과 중동을 지배한 강력한 절대군주였던 앗틸라가 스스로는 나무접시를 사용하고 여타사람들은 황금접시를 사용했다는 사실만으로도 앗틸라는 모든 부와 귀를 신하와 백성들에게 나누어주고 자신은 선하고 깨끗하며 후함만을 소유한

---

334) 르네 크루쎄 『유라시아 유목제국사』 김호동/유원수/정재훈역 사계절 1999, 135쪽.
335) 위의 책 136쪽.

군주였다는 사실을 웅변으로 말해준다. 앗틸라가 이끄는 훈제국에서는 신하와 백성 간에 수직적으로 층을 이루는 사회체제를 볼 수 없는 것이다. 그러한 점을 짜라투스트라 이래의 수직적 계층이론의 세계에서 살아온 로마의 역사가들이 볼 때 의아하게 본 것은 무리가 아닌 것이다.

앗틸라가 왕으로서 이러한 검소하고 겸손한 자세를 가지고 신하와 백성을 대할 때 그 아래의 신하들이 백성에게 멋대로 판결을 내리고 백성들의 고혈을 짜서 자신의 배를 불리는 일은 있을 수 없는 것이다. 세계적인 제국을 창설했던 앗틸라와 같이 이렇게 검소하고 겸손한 태도는 오늘날 손바닥만한 도시의 시장에게서도 찾아보기 어렵다. 아틸라의 훈족은 결코 수직적인 사회가 아니었다. 분명히 훈족의 사회는 오늘날에도 보기 어려운 수평사회였던 것이다. 로마가 훈족으로 부르고 지나족이 돌궐족으로 부른 그들 투르크인들은 결코 야만인이 아니라 로마와 지나족의 수직적인 사회체계보다 훨씬 문명적인 수평적 사회체계를 가지고 있었음을 보여주는 것이다.

게르만의 정복자는 무엇보다도 게르만을 정복할 만큼 정신적·문화적으로 압도적인 우위에 있었던 것이다. 아무리 독일인들이 니벨룽의 노래에서 훈족에게 정복당한 치욕을 문학으로 해소한다고 해도, 또 헤겔이 아무리 게르만을 최고의 자유인으로 말하고 동양인을 노예로 말한다 해도 그들 게르만족은 노예에게 정복당한 것이 아니라 자유인에게 정복당한 것이다.

우리 한겨레를 비롯한 알타이어족은 처음부터 동적철학이 지배하며 지금도 그러하다. 계층이론이 아니라 살아서 움직이며 평등한 입장에서 대립하는 상태에서 하나의 전체를 구성하는 관계이다. 그렇기 때문에 그 대립은 '너 죽고, 나 살자!'는 파괴와 집단자살의 근원이 아니다. 그것은 '너와 나, 모두 함께 잘 살자!'는 창조의 근원이 되는 것이다. 그것에서 창조되는 자유의 힘이 극소수의 인원으로 세계사를 지배한 알타이어족들의 진정한 힘이다.

서양인들은 우리 한겨레를 지나족과 같이 보는 경향이 있다. 지금도 서양인들은 동북아를 유교권이라 하여 지나족의 정신과 문화의 영향권에 우리를 부분으로 본다. 이 무지막지한 견해는 서양인뿐만 아니라 한국인들도 부지불식간에 그렇게 인정하고 있는 경향이 있다.

지나족이 지나티베트어족일 때 우리는 우랄알타이어족이다. 지나티베트어족과 우랄알타이어족과는 근본적으로 언어체계와 사유체계는 물론 문화와 풍습 등이 완전히 다르다. 우리 한겨레공동체는 수직적인 계층이론이 지배하는 사회가 아니다. 자유인으로서 수평적인 평등개념이 어느 사회보다 강하게 작용하는 사회인 것이다.

2

계층이론의 철학화

계층이론의 철학화는 짜라투스트라와 플라톤 이래 끊임없이 그 모습을 바꾸며 출현했다. 그것은 오늘날에도 변함이 없다. 그러나 아무리 그 모습을 바꾸어도 그것이 가진 정적철학으로서의 근본까지는 바뀌지 않았다.

1) 아리스토텔레스의 계층이론

아리스토텔레스는 세계를

> 무생물, 식물, 동물, 생명, 정신, 신으로 구분한다. 이때 생명은 인간을 지칭하는 듯이 보인다. 그는 각 층의 특징을 중추적 기능에서 살피고 있는데, 식물은 영양섭취, 성장 등의 영靈, 동물은 감각, 생식, 본능 등의 영靈, 인간은 각각 정신적 사유의 영靈을 갖는다.[336]

라고 말한다. 이와 같이 세계를 분류하여 관찰하는 방법론은 서양철학에서는 움직이지 않는 진리와 같이 권위를 가지고 지금까지 끊임없이 지속되고 있다. 즉 '아우구스티누스처럼 암석적인 것·식물적인

---

336) 소광희외 2인 『철학의 제문제』 지학사 1983년 264쪽.

것·동물적인 것·천사적인 것·신으로 구분하기도 했다. 중세기 형이 상학에 있어서처럼 존재를 신·천사·인간·자연으로 구분하기도 했으 며, 야스퍼스에 있어서와 같이 자연·인간·절대자로 구분할 수도 있 다.'337)는 등의 방법으로 다양하게 말해지는 것이다. 이와 같은 계층 이론은 짜라투스트라 이래 그 근본원리에서 조금도 색다른 것은 아니 다.

그리고 현대에 와서 이 계층이론은 다시 하르트만에 의해 대대적인 형이상학으로 거듭나게 되고 그것은 다시 칼 포퍼와 캔 윌버에 의하여 다시 정리된다. 칼 포퍼와 캔 윌버의 계층이론은 하르트만의 계층이론 에서 큰 변화가 없는 것이다. 따라서 하르트만의 계층이론을 살펴보 자.

2) 하르트만의 계층이론

하르트만의 계층이론은 단순하게 설명될 수 없는 거대한 형이상학 적 체계를 구성하고 있다. 그의 거대한 철학이론은 그의 계층이론을 향하고 있다고 해도 과언은 아닌 것이다. 바로 그 점이 하르트만의 한계이며 아쉬운 점이다. 동시에 아리스토텔레스 이래 서양철학의 한 계이기도 한다.

하르트만이 설명하는 세계는 다음의 그림과 같이 물질(무기물), 유기 물, 영혼을 가진 것, 그리고 정신이라는 네 가지 층이 있다. 물질층의 외연이 가장 크고, 층이 높아질수록 외연이 좁아진다. 그래서 무기적 존재의 극히 일부분만이 유기적인 것이 되고 다시 최고로 발달된 유기 적 구성물에만 영혼적인 것이 있고, 영혼을 가진 생물 중에서 단지 한 종류에만 정신이 있다.338)

---

337) 소광희외 2인 『철학의 제문제』 지학사 1983년 264쪽.

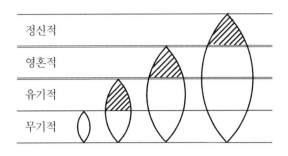

하르트만의 계층이론[339)]

하르트만의 계층이론에서 인간을 계층이론으로 설명한 내용을 통해 더 깊은 이해를 도모해보자.

인간은 물체적 존재요, 유기적 존재요, 영혼을 가진 존재요, 정신적인 존재이다. 즉 인간은 네 개의 층으로 형성되어 있다. 그리고 인간사회, 예를 들어 그리스의 도시 국가도 그 지리적인 상황 속에서 하나의 물질적 구조를 가지고 있으며, 또 유기적인 생명과 충동과 경제적인 세계가 자라나는 욕구를 가지고 있다. 그리고 이 도시 국가는 또한 영혼적인 생활과 정신적인 생명도 가지고 있다. 고등 동물과 선사시대의 단순한 인간의 의식은 세 가지 층을 가지고 있으나, 하등 동물과 식물은 두 가지 층만 가지고 있다.[340)]

하르트만은 인간이 네 가지 층을 동시에 가지고 있다고 생각한다. 그러나 이 방법의 문제는 이미 아리스토텔레스에게서 시작된 문제이지만 사물을 전체로서 파악하려 하지 않고 분류해서 파악하려는 점에서 드러난다. 그것은 그리스 철학의 장점이자 치명적인 약점인 계층이

---

338) 하르트만 『철학의 흐름과 문제들』 강성위역 서광사 1987, 163쪽.
339) 위의 책 163쪽.
340) 위의 책 162쪽.

론의 정적靜的인 철학으로 귀결될 수밖에 없는 문제를 안고 있다.

아리스토텔레스에서 하르트만까지 철학자들은 세계를 건축물로 본다. 즉 하르트만은 이 계층이론을 설명하면서도 "세계라는 건축물 안에서 근본범주들의 어떤 역할을 하는지…"라면서 세계를 건축물로 간주하고 있다. 건축물은 스스로 움직이지 못한다.

3) 포퍼의 계층이론

칼 포퍼는 세계를 물리적 또는 물리적 상태와 정신적 또는 정신적 상태, 가지적의 세계 또는 객관적의미의 관념의 세계라는 세 개로 구분한다.

> 세계는 적어도 존재론적으로 구분되는 세 개의 하위 세계들로 구성되어 있다. 또는 내가 말한 것처럼 세 세계가 있다. 첫째는 물리적 또는 물리적 상태의 세계이다. 둘째는 정신적 또는 정신적 상태의 세계이다. 그리고 셋째는 가지적可知的 존재intelligiable의 세계 또는 객관적 의미에서의 관념의 세계이다. 그것은 가능한 사유의 세계, 즉 이론들 그 자체, 그들의 논리적 관계, 논증들 그 자체, 문제상황 그 자체의 세계이다.
>
> 이 다원론적 철학에서 가장 중요한 문제들 가운데 하나는 이 세 세계들의 관계에 관한 것이다. 세 세계는 앞의 두 세계가 상호작용 하고, 뒤의 두 세계가 상호작용 하도록 관련되어 있다. 그래서 세계 2, 즉 주관적 또는 개인적 경험의 세계는 다른 두 세계와 상호작용 한다. 세계 1과 세계 3은 직접 상호작용 하지 않고 다만 세계 2의 매개를 통해서만 상호작용 한다.[341]

---

341) 조용현 『칼 포퍼의 과학철학』 서광사 1992, 183쪽.

포퍼의 이 세 세계는 하르트만의 계층이론과 큰 차이가 없다. 다만 그는 이 계층이론을 진화론적 논증에 의해 설명한다. 이른바 창발적 진화론이다. 이는 새로운 흥미를 주는 이론이다.

> 진화론은 그 물질적 기초(세계1)에서 생명과 의식(세계2)이 출현했으며 그 의식에서 제3의 존재인 지식(세계3)이 출현했나를 보여준다. 얼핏 보면 진화론은 포퍼의 세 세계의 환원불가능을 주장하는 독립성에 관한 논증과 양립할 수 없는 것처럼 여겨질지 모른다. 그러나 포퍼는 시간상으로는 물질적 기초가 의식을 출현시키고 (세계 1의 세계 2의 작용) 의식이 지식(세계 2의 세계 3에의 작용)을 출현시켰지만 일단 출현한 다음에는 그것이 그 내재적 원리에 따라 자립하며, 따라서 생성의 원초적 단초로 환원시킬 수 없는 '새로움'을 갖는다고 본다. 더 나아가 이것은 거꾸로 자신을 생성시킨 그 단초에 역작용하여 그것을 변화시킨다. 포퍼는 이것을 기계론적이고 환원론적인 진화론과 구분하여 창발적 진화론emergent evolution 이라고 부르는데 이 창발적 진화론은 세 세계가 성립되고, 자립하며, 그것을 통해 상호작용 하는 과정이라는 점에서 세 세계의 실재성에 대한 가장 설득력 있는 논거라고 생각된다.[342]

세계를 물리적 또는 물리적 상태인 물질적 기초에서 정신적 또는 정신적 상태인 생명과 의식이 출현했고, 그 의식에서 가지적 세계 또는 객관적 의미의 관념의 세계의 존재인 지식이 출현했다는 것이 포퍼의 주장이다. 포퍼는 상당한 유연함을 보이고 있다. 그러나 아무리 진화론이라는 동적개념을 동원했어도 근본적으로 계층이론을 출발점을 가지므로 해서 전체적인 생명철학으로 세계를 설명하는 일에는 무리가 있다.

---

342) 위의 책 199쪽.

4) 캔 윌버의 계층이론

캔 윌버의 주장은 아리스토텔레스에서부터 하르트만과 칼 포퍼의 주장과 거의 차이가 없다. 다만 그는 이 일련의 이론체계에 동양의 지식과 인류의 고대의 지식을 추가하는 모험을 하고 있다. 그는 다음 그림에 대해 이렇게 설명한다.

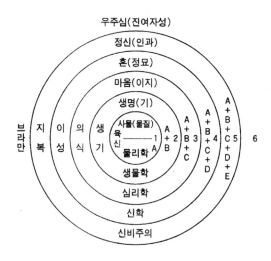

캔 윌버의 존재의 대원환[343]

대원환의 상위수준은 그보다 하위의 것을 포함하지만, 그러면서도 각 수준은 그보다 하위수준에서는 발견되지 않는 어떤 창발적創發 的/emergent 속성을 가지고 있다. 그래서 동물의 역동적 신체는 그 구성요소 내에 물질을 포함하고 있지만, 또한 그것에는 바위에서 는 찾아볼 수 없는 감각·느낌·감성 같은 것이 더해진다. 인간의

---

343) 캔 윌버 『감각과 영혼의 만남』 조효남역 2000, 28쪽.

343) 캔 윌버 『감각과 영혼의 만남』 조효남역 2000, 28쪽.

343) 캔 윌버 『감각과 영혼의 만남』 조효남역 2000, 28쪽.

343) 캔 윌버 『감각과 영혼의 만남』 조효남역 2000, 28쪽.

343) 캔 윌버 『감각과 영혼의 만남』 조효남역 2000, 28쪽.

마음은 그 구성요소 내에 신체적 감성을 포함하지만, 또한 그것에는 식물이나 다른 동물에서는 찾아볼 수 없는 이성·논리와 같은 더 상위의 인지 능력이 더해진다. 그리고 혼은 마음을 그 구성요소로 포함하지만, 또한 그것에는 합리적인 마음에서는 찾아볼 수 없는 원형적 각성의 비전 같은 그보다 더 상위의 인지가 더해진다. 그 위로도 이와 똑같은 방식으로 나아간다. 한마디로 요약하자면, 각 상위수준은 그보다 하위수준들의 중요한 특징들을 모두 소유하지만, 그러고 나서는 그보다 하위수준에서는 찾아볼 수 없는 요소들을 추가시킨다. 즉 각 상위의 수준들은 그보다 하위의 수준들을 초월하면서 내포한다. 그리고 말하자면 이것은 실재의 각 수준은 서로 상이한 구도를 가지고 있다는 것을 의미한다.[344]

캔 윌버의 주장은 하르트만의 성층법칙에서 설명된 내용과 큰 차이가 없는 것이다. 그는 물질, 생명, 마음, 혼, 정신, 우주심으로 다소 세분된 계층이론을 만들었고 우주심 즉 브라만이라는 내용을 추가했다. 그런데 그는 이 서양철학의 전통적인 정적인 사고방식이 인류의 보편적인 지식이며 적어도 데카르트와 뉴턴 이전에는 서양에서도 보편적이었다는 주장을 하고 있다.

이러한 주장은 지나친 것이다. 고대인들이 모두 이처럼 정적靜的인 사고를 하지 않았다. 심지어 우리는 이 책의 첫 장에서 인류가 지난 수십만 년간 생활해온 수렵채집시대에조차도 사건과 의미라는 현대철학의 초미의 관심사가 생활 그 자체였다는 사실을 확인했었다. 고대인이 석기를 사용했다고 해서 그들의 정신수준을 낮추어 보는 것은 현대인의 오만에 불과하다.

정적인 계층이론의 사고는 짜라투스트라 이래 약 3천 년간 인류가 사용해온 것에 불과한 것이다. 그것이 서양철학 특히 아리스토텔레스

---

344) 캔 윌버 『감각과 영혼의 만남』 조효남역 2000, 30쪽.

에서 발견되는 것은 이상할 것이 없는 것이다. 월버는 몸·마음·정신의 단순한 계층은 인류사의 초기시대에 무속적 전통에서 지地·인人·천天의 위계로서 그대로 나타나면서 그 기본 골간을 갖추고 있다고 주장한다.[345]

그런데 인류사의 초기에 나타난 것은 바로 우랄알타이어족의 사유체계이며 그것은 몸·마음·정신이 계층으로 나타나는 계층이론이 아니며 지地·인人·천天의 위계로 나타나지도 않는다. 그것은 지地·인人·천天이라는 계층적인 구조가 아니다. 그것은 천天·지地·인人이며 이는 아리스토텔레스 이래의 서양철학에서처럼 계층을 이루는 것이 아니다. 서로가 평등하게 어울리며 삼태극과 같이 하나를 이루는 것이다. 이는 근본적인 개념의 차이로서 조금도 비슷하지 않은 것이다.

캔 월버는 매우 중대한 오해를 한 것이다. 물론 서양의 사유체계에서 한철학의 사유체계를 상상하기는 거의 불가능한 것이므로 어쩔 수 없는 것이라고 볼 수밖에는 없을 것이다.

한철학은 이른바 하나가 셋이 되고 셋이 하나가 되는 것이며 이는 삼태극이라는 그림에서 더 이상 설명이 필요 없을 정도로 잘 나타나 있다. 그것은 절대로 짜라투스트라식의 계층이론이 아닌 것이다. 그런 의미에서 몸·마음·정신의 아리스토텔레스적 정적인 계층이론이 아니라 이들이 모두 하나가 되어 움직이는 생명이론이 한철학이다.

결국 우리는 아리스토텔레스에서 오랜 세월 동안 여러 철학자들을 거쳐 하르트만에 이르러 성층이론成層理論은 절정을 이루었고 이를 칼 포퍼와 캔 월버가 나름대로 발전시키려 했지만 아리스토텔레스의 기본구도 자체를 건드리지는 못하고 있는 것을 볼 수 있었다.

---

345) 캔 월버『감각과 영혼의 만남』조효남역 2000, 29쪽.

3

계층이론의 전도

계층이론의 역사에서 획기적인 인물은 마르크스이다. 그런데 정작 마르크스의 계급이론도 역시 이 고색창연한 계층이론에 근거한 것이다. 마르크스가 공산당선언에서

> 프롤레타리아가 이 혁명으로 잃을 것은 쇠사슬뿐이며 얻을 것은 전세계이다. 만국의 프롤레타리아여 단결하라![346]

라고 부르짖었을 때 그는 짜라투스트라 이래 인간사회에 존재하던 기존의 계층이론을 뒤엎어버린 것이다. 그러나 오늘날 그의 주장은 조금도 감동적이지 않다. 그가 만들어낸 것은 단지 옛날의 계층이론을 뒤집은 계층이론이기 때문이다.

필자는 계층이론을 이리저리 뒤집는 것에는 관심이 없다. 그것은 거울을 보는 일에 불과하다. 필자는 계층이론이 파괴한 생명철학을 다시금 되살려 인간과 자연이 생명의 생성과 그 과정으로 충만해지는 것을 보고 싶은 것이다.

마르크스는 계층이론을 가장 정확히 보았고 그것을 극도로 혐오했지만 그 계층이론 자체를 파괴하지는 못했다. 문제는 계층이론 그

---

346) 마르크스·엥겔스 『공산당선언』 서석연역 범우사 2000, 108쪽.

자체이지 그것을 거울에 비추어 거꾸로 나타나게 한다고 달라지는 것은 아무것도 없다. 그것은 마르크스의 한계라기보다는 서양철학의 한계점이 바로 그 계층이론 자체에 있기 때문이다.

또 한명의 강력한 파괴자 니체도 이 점에서는 마찬가지이다. 그는 하늘과 땅 그리고 마음과 육체의 이분법이 지니는 계층이론을 뒤집어 버렸다. 이 이분법은 이분법에 그치는 것이 아니라 아래와 위라는 층을 가지고 있는 계층이론이었기 때문이다. 그는 땅의 위대함을 노래했고 육체의 아름다움을 노래했다. 그에 의해 서양의 계층이론은 오히려 마르크스의 계층이론보다 더 광범위하게 파괴된 것이다. 그러나 그 역시 계층이론 자체를 파괴해야한다는 관념에는 한발자국도 도달하지 못했다.

따라서 가장 근본적인 발상의 전환은 칸트에게서 이루어졌다. 그는 이 위와 아래의 이분법을 서로 같은 힘이 대립하는 평등관계(50-50=0, 50+50=100)로 바꾸어버렸기 때문이다. 칸트는 계층이론이 가지고 있는 상하관계를 평등관계로 바꾸었다는 점에서 계층이론 자체를 파괴한 유일한 철학자이다. 칸트가 마르크스나 니체보다 이전에 살다간 인물임에도 칸트의 이 혁명적인 철학은 후세에 제대로 전해지지 않은 것이다. 파괴자? 칸트를 파괴자라고 부를 수도 있을 것이다. 과거를 기준으로 본다면 말이다. 그러나 미래를 기준으로 본다면 그의 철학이 생명과 생성을 설명한 것은 아니더라도 그는 발상의 대전환을 이룬 철학자일 것이다.

칼 포퍼나 캔 윌버에서 보듯 칸트의 순수이성비판에 담긴 철학의 핵심은 아직도 이해되지 않고 있는 것이다. 서양철학의 계층이론에서 칸트 만큼 결정적인 파괴자는 아직도 없는 것이다. 그리고 칸트는 인도와 지나의 수직적 계층이론의 동양철학도 동시에 파괴한 것이다.

4

생성 없는 생성이론

서 양철학은 생성을 말하지만 그것에서 생성을 발견하기는 어렵다. 생성이 제대로 이해되기 시작한 것은 긍정성의 변증법에서야 비로소 가능했다.

1) 아리스토텔레스의 가능태와 현실태

'사물들은 형상을 얻게 됨으로써 그 현실성이 증가된다. 형상을 갖지 않은 질료는 단지 가능태에 지나지 않는다.'[347) 다시 가능태[348)를 설명하면 '한 덩이의 대리석은 가능태에 있는 조각상이다. 또는 하나의 조각상은 적당한 행위에 의해 한 덩이의 대리석에서 산출된다.'[349)

---

347) 버트란트 럿셀『서양철학사』최민홍역 집문당 1979, 217쪽.
348) 뒤나미스dynamis(능력, 가능성, 가능태)
　　제일의적第一義的인 의미의 뒤나미스dynamis(능력, 가능성, 가능태)란 것은 (i) 타자 또는 타자로서의 자신 안에 어떤 변화를 일으킬 수 있는 원리를 의미한다. 여기서 파생되는 또 한 종류의 뒤나미스로는 (ii) 작용을 받아들일 수 있는 능력이란 의미의 뒤나미스가 있으니, 이것은 타자 또는 타자로서의 자신에 의한 변화의 원리가 작용받는 바로 그 사물 자신안에 있는 경우의 뒤나미스를 말한다. (iii) 이와 또 다른 한 종류의 뒤나미스는 어떤 변화의 원리로서의 타자나 또는 타자인 한의 자신에 의하여 나쁘게 되거나 파괴되지 않는 상태를 의미한다. -'아리스토텔레스 형이상학 제9권'
　　(소광희『철학의 제문제』지학사 1983 238)-
349) 버트란트 럿셀『서양철학사』최민홍역 집문당 1979, 219쪽.

는 것이다.

아리스토텔레스는 먼저 만물이 구성적 성질로서 질료와 형상으로 나뉘어 있다고 생각했다. 아폴론의 동상에서 아폴론의 형태는 형상이며 청동은 질료이다. 여기서 형상이라는 개념은 플라톤의 이데아의 개념에서 빌려온 것이라는 점은 잘 알려져 있다. 플라톤에게는 이데아가 먼저 있고 그 다음에 현상이 있으며 이데아가 본질이고 현상은 속성이며 이데아는 실재로 존재하는 세계이며 현상은 환영에 불과하다. 따라서 아폴론의 이데아가 먼저 있고 그 다음 그 이데아를 현실적 존재로 만들기 위해 질료가 다듬어진다. 마찬가지로 아리스토텔레스에게도 형상이 먼저이고 질료는 형상을 위한 재료일 뿐이다. 이와 같이 한번 정해진 정적인 계층이론으로서의 기본개념은 서양철학에서 내내 변치 않고 지속된다.

여기서 질료와 형상이론은 매우 정적靜的이라 동적動的인 현실, 다시 말해 생성과정과 운동성의 문제를 파악하기 어렵다. 따라서 생성과정에 있는 만물을 파악하기 위해 다시 새로운 개념을 도입해야 했다.

그런데 아리스토텔레스의 형상과 질료에는 이미 가능태(뒤나미스 dynamis)와 현실태350)(에네르게이아energeia)의 개념이 들어가 있었다는 것이다.

---

350) 에네르게이아energeia(현실태)
완전한 현실태entelecheia와 연관되는 현실태energeia라는 말은 주로 운동이란 의미로 확충되었다; 왜냐하면 현실태란 말은 주로 좁은 의미로는 운동의 의미로 사용되기 때문이다. … 현실태라는 말은 우리가 가능적으로 존재한다고 말하는 것과는 다른 방식으로 사태가 존재함을 의미한다; 예컨대 우리는 가능적으로 헤르메스의 상이 목재 안에 있으며, 또 선線의 전체 안에 그 반이 들어있다고 –왜냐하면 후자는 전자로부터 떼어낼 수 있으니까– 말한다. … 우리는 개개의 경우의 정의를 구할 것이 아니라 그 유비관계를 파악하는 것으로 만족해야 한다. 즉 건축할 수 있는 자에 대한 건축하고 있는 자, 자고 있는 자에 대한 깨어 있는 자, 눈을 감고 있거나 시력을 갖고 있는 자에 대한 지금 보고 있는 자, 재료에 대한 그 재료로부터 형성된 것, 미완성에 대한 완성된 것의 유비관계가 그것이다.–'아리스토텔레스 형이상학 제9권'(소광희 『철학의 제문제』 지학사 1983 238)–

형상·질료는 정태적 원리이다. 그것으로는 생성이 파악되지 않는다. 그런데 모든 실사자實事者는 생성하고 있는 것이다. 아리스토텔레스는 능동적으로 움직이는 원리는 형상이라고 생각했는데, 그러나 그렇게 생각함으로써 이미 형상의 의미를 넘어나가 에네르게이아(현세)의 계기를 삽입했으니, 이 계기의 대립자는 질료가 아니라 뒤나미스(잠세)이다. 구체적 실사자의 형상과 질료와의 공연共演에서 세우고자 했던 메타피지카 Z권의 이론이 θ권의 뒤나미스와 에네르게이아의 이론 없이는, 전자가 후자를 목표로 계획되었던 것은 결코 아니었지만, 성취될 수 없었다는 것은 우연이 아니다. 이 관계는 해석자들에 의해 일찍 인정되었지만, 그러나 충분히 평가되지는 못했다.[351]

우리는 이 분석을 뒤집어 생각할 때 중요한 사실을 파악할 수 있다. 즉 아리스토텔레스의 가능태와 현실태의 이론은 완전한 것은 아니지만 이미 형상과 질료의 이론 안에 들어있었다는 것이다. 이는 매우 핵심적인 사실을 알려주는 것이다. 아리스토텔레스는 그의 가능태와 현실태의 이론이 형상과 질료의 이론체계에서 크게 벗어나지 않은 가운데 만들어진 것이라는 점이다. 이를 다시 소급하면 플라톤의 이데아이론의 정적계층이론은 가능태와 현실태의 이론 저변에 깔려 있다는 것이다.

우리는 이제 아리스토텔레스가 현실태가 가능태보다 우위에 있다는 계층이론적인 말은 이데아가 현상보다 우위에 있다는 말과 그 근본개념에 있어 큰 차이가 없다는 사실을 발견할 수 있는 것이다. 따라서 아리스토텔레스는 현실태가 가능태보다 우위에 있다는 그로서는 당연한 주장을 펼친다.

---

351) 니콜라이 하르트만『존재학양상론』하기락역 형설출판사 1996, 25쪽.

현실태가 훌륭한 가능태보다 더 좋고 더 가치가 있다는 것은 다음의 예로 보아 명백하다. 어떤 것에 대한 가능성이 있다고 말해지는 것은 모두 그 어떤 것의 반대도 역시 가능한 것이다. 예컨대 건강할 수 있다고 말해지는 것은 동시에 병이 들 수도 있는 것이니, 그것은 두 가지 가능성을 동시에 갖고 있는 것이다. 왜냐하면 동일한 가능태가 건강과 질병의 가능태이며, 정지와 운동의 가능태이며, 건축과 파괴의 가능태이며, 건축되는 것과 파괴되는 것의 가능태이기 때문이다. 그러므로 그 반대되는 것으로서의 가능성이 동시에 있다. 그러나 반대되는 것은 동시에 현존할 수는 없으며, 또 그 현실태도 예컨대 건강과 질병이 동시에 현존할 수도 없다. 그러므로 필연적으로 양자 중 하나가 좋은 것이다. 그러나 가능태는 양자에 똑같이 속하거나 아무데도 속하지 않는다. 그러므로 현실태가 더 좋다.352)

이 사실을 매우 이해하기 어려운 개념이지만 우리는 다소 지루하게도 짜라투스트라와 플라톤에서부터 아리스토텔레스의 형상과 질료의 개념을 이끌고 오는 동안에 이 민감한 문제를 무리 없이 이해할 수 있는 것이다. 결국 가능태와 현실태는 아리스토텔레스가 정적이론의 문제에서 벗어나기 위해 동적이론을 만들려고 노력했음에도 불구하고 계층이론이라는 정적이론의 테두리 내에서 벗어나지 못하고 있는 것이다.

아리스토텔레스는 모든 가능성은 동시에 그 반대태 라고 말한다. 즉 A의 가능성은 동시에 non-A의 가능성이라고 한다. 이처럼 가능성을 A와 non-A의 이중가능성으로 생각하는 아리스토텔레스의 가능개념에서 본다면, 가능성은 현실태 안에서 소멸되어 버린다고 해야 할

---

352) 아리스토텔레스 『형이상학』 제9권(소광희 『철학의 제문제』 지학사 1983, 242쪽)

것이다. 왜냐하면 이중가능성 중 한 쪽의 가능성이 실현되면 다른 쪽의 가능성은 이미 배제된 것이므로 현실태 안에 포함될 수 없는데, non-A의 가능성이 부정된다는 것은 동시에 A의 가능성, 아니 가능성 전체가 이미 현실태에 있어서 극복됨을 의미하며, 따라서 가능성은 현실태 안에 포함될 수 없고 사라졌다고 봐야 하기 때문이다. 그러므로 아리스토텔레스는 가능태와 현실태는 분명히 다른 것이라고 한다.[353]

이 문제는 변증법과도 밀접한 관계가 있다. 헤겔이 "가능태는 현실태의 내용에 불과한 것이다."[354]라고 말했을 때 부정성의 변증법과 가능태와 현실태의 관계를 말하면서 그가 얼마나 충실한 아리스토텔레스의 제자인지를 말하는 것이다.

이제 우리는 아리스토텔레스가 가능태와 현실태를 설명하면서 두 개의 개체를 사용한 이유에 대해서도 검토할 수 있게 되었다. 이 문제 야말로 아리스토텔레스의 전 형이상학에 결정적인 영향을 미치는 문제 중의 문제이다. 하르트만은 이렇게 말한다.

> 그런데 생성상 먼저라 함은 ―아리스토텔레스는 시간상이라고 말한다― 에네르게이아가, 어른은 제 몸에서 나온 아들보다 먼저라는 의미에서 먼저이다. 물론 어른은 곧 아들이 잠세적으로 있는 것의 현실화이기는 하지만. 이 관계를 잠세와 현세가 부단히 교체하면서 진행되는 생성과정으로 옮겨 놓을 때에는, 아리스토텔레스의 명제에 도달한다. 즉 '언제나 하나의 에네르게이아는 다른 에네르게이아에 앞선다'. 뒤나미스는 그것이 나타나는 곳이면 어디서나, 에네르게이아와 에네르게이아와의 사이에 삽입되는, 하나의 이행에 불과하다. 이 명제를 또 순수한 상태적 의미로 부각시켜보면 그 것은 모든 가능성은 오직 어떤 현실적자現實的者를 근거로 해서만

---

353) 소광희 『철학의 제문제』 지학사 1983, 235쪽.
354) 헤겔 『논리학』 전원배역 서문당 1982, 304쪽.

가능성이 된다는 것이다.355)

위의 예와 같이 아리스토텔레스는 어른은 제 몸에서 나온 아들보다 먼저라는 식으로 두 개의 개체를 놓고 가능성과 현실성을 논하고 있는 것이다. 여기서 아리스토텔레스가 말하는 뒤나미스는 어떤 것이 되려는 내적인 경향이다. 또 현실태는 어떤 것의 완성이다. 아리스토텔레스의 가능태와 현실태는 계층이론적인 이원적인 것이다. 하르트만은 다음과 같이 날카롭게 지적한다.

> 아리스토텔레스의 세계에서는 가능자가 일종의 유령적 존재를 가진다. 아리스토텔레스가, 종자도 성장한 식물과 마찬가지로 어쨌든 실사實事이므로 종자에 대하여 독자적인 현실 성격을 허용한다면, 사정은 전혀 달라질 것이고, 이원론도 없어질 것이다. 그러나 그는 그렇게 하지 않는다. 그에게는 형상의 실현만이 현실적이라고 생각된 것이다. 종자는 그 자신의 형상을 가지지 않고 식물의 형상을 가졌을 뿐이다. 그런데 이것이 종자 속에는 실현되어 있지 않다는 것이다.356)

하르트만은 매우 중요한 말을 하고 있다. 쉬운 예를 들어보자. 아리스토텔레스는 어미 닭을 현실태라고 할 때 그 어미 닭이 이미 낳은 달걀을 가능태라 말하고 있는 것이다. 아리스토텔레스에게는 가능태인 달걀과 현실태인 닭만이 존재하고 그 중간에 존재하는 과정 자체는 끝내 비어 있는 것이다. 그나마 가능태도 현실태에 종속된 것으로 나타나 있는 것이다. 달걀과 닭은 분명히 다른 존재이다. 하르트만은 아리스토텔레스의 결정적인 문제를 드러낸다.

355) 니콜라이 하르트만 『존재학양상론』 하기락역 형설출판사 1996, 111쪽.
356) 니콜라이 하르트만 『존재학양상론』 하기락역 형설출판사 1996, 28쪽.

자세히 살펴보면 아리스토텔레스의 규정에서는 그 속에 본래의 생성에 대해서는 전혀 자리가 없는 세계상이 발견된다. 이것은 놀랄만한 사실이다. 아리스토텔레스의 관심사는 바로 생성의 규정에 있었다는 것은 부인할 수 없으니 말이다. 그러나 뒤나미스와 에네르게이아의 이원론에는 과정의 발전단계에 대한 상태와 종국단계에 대한 상태가 있을 뿐 —게다가 양자가 다 정적·상태적으로 파악되고 있다— 과정자체, 이행과 유동에 대한 상태가 없다는 데 유의하라. 뒤나미스 상태는 과정의 앞에 있고, 에네르게이아의 상태는 과정의 뒤에 있어, 과정 자체는 끝내 비어 있다. 여기에서는 중심 重心이 전적으로 이해된 형상 원리에 놓여져서 그 원리가 과정에서 실현되는 것으로 생각되고, 과정은 단지 이행의 역할을 하는 것으로 되고 있다. 과장의 이 파악이 유지될 수 없음은 자명하다. 이것은 아리스토텔레스 자신에 의해 벌써 깨지고 있다. 그러나 한번 인각된 규정은 체계의 뒤에까지 존속한다. 이들의 규정은 근대에 이르기까지 존재학적 사유의 영역에서 상태문제를 지배하여 가능성과 현실성의 보다 순수한 파악의 출현을 방해했다.[357]

이 내용은 아리스토텔레스의 생성문제에 대해 정확한 문제점을 짚어낸 것이다. 자세히 살펴보면 아리스토텔레스의 규정에서는 그 속에 본래의 생성에 대해서는 전혀 자리가 없는 세계상이 발견되며 그것은 놀랄만한 사실이라는 것이다.

정작 놀랄만한 사실이라고 말하고 싶은 것은 오늘날까지도 철학에 있어서 생성에 대해서는 전혀 자리가 없는 세계상이 발견된다는 것이다.

A라는 가능태로서의 달걀이 B라는 현실태로서의 닭의 자리에 대신 채워지는 것이 아리스토텔레스의 생성 이론이다. 그런데 도대체 이 과정 어디에서 생성이 찾아지는가? 가능태는 생성의 앞에 있고

---

357) 니콜라이 하르트만 『존재학양상론』 하기락역 형설출판사 1996, 28쪽.

현실태는 생성의 뒤에 있다. 그 중간에 생성과정이 있지만 그것은 결국 공백상태로 비어 있다는 것이다. 즉 A라는 가능태로서의 달걀은 부화가 되어 병아리가 되고 그것은 닭이라는 현실태로 될 것이다. 아리스토텔레스는 이 과정에 대하여 아무런 말이 없는 것이다. B라는 현실태로서의 닭은 닭으로서 세상을 살다가 모든 유기체가 그러하듯 수명을 다하여 소멸될 것이다. 그 과정도 아리스토텔레스는 전혀 언급이 없다. 단지 아리스토텔레스는 형상의 원리가 현실태에 있고 그것만이 중요한 것이다.

하나의 과정에 A라는 가능태로서의 달걀이 B라는 현실태로서의 닭의 자리에 교환되어 현실태로 되었다면 그것은 다른 존재가 다른 존재의 자리에 교환된 것에 불과하다. 여기에서 교환와 변화의 차이에 대하여 칸트의 논증을 들어보자.

변화란 대체로 변화하지 않고 한결같이 머물러 있는 그런 어떤 것에만 있을 수 있다. 즉 변화란 A라는 사물이 B라는 사물과 바꾸어진다는 것이 아니다. 만약에 하나의 사물이 단지 다른 것의 자리에 들어서기만 했다면 그것은 단순히 하나의 교환에 지나지 않는다. 그런 것이 아니라 A가 t1이라는 시점에는 그 어떤 규정들, 이를테면 b, c, d를 가지고 나타나지만 t2라는 시점에서는 다른 규정들, 이를테면 d, e, f를 가지고 나타나야만 한다. 이렇게 변화할 때에는 항상 어떤 것(예를 들어 A)은 한결같이 남아 있고, 변화할 수 있는 규정들만(b, c, d,…d, e, f)만 바뀔 뿐이다. 하나의 동일한 물체가 처음에는 고체, 그 다음에는 액체, 그리고 그 다음에는 기체로 될 때나, 또는 한 어린이가 어른이 될 때 이런 것이 변화이다. 변화는 오직 어떤 한결같은 것에서만 가능하다. 혹은 역설적으로 말하자면, 변화될 수 없는 것만 변화할 수 있고, 변화될 수 있는 것은 교환(바꿈)을 할 수 있을 뿐이다.358)

칸트의 논증이 설명하듯 어린아이가 어른이 되는 과정은 물론 칸트의 용어로 말해서 변화이지 그 순간순간의 교환은 아니다. 마찬가지로 달걀이 닭이 되는 것은 칸트의 용어로 변화이지 A가 B의 자리에 대신 채워지는 교환은 아닌 것이다. 그러나 어린아이가 어른이 되는 과정은 그 변화할 수 있는 규정들이 순간 순간 모두 다 드러나기 때문에 그것을 보는 사람은 누구나 알 수 있다.

여기서 우리는 이제 아리스토텔레스의 가능태와 현실태의 문제가 무엇인지 알 수 있게 되었다. 그것은 생성이 없는 생성을 주장하고 있는 것이다.

2) 플라톤과 생성

플라톤의 예를 들어보면 이 문제는 보다 분명해진다. 웅장한 철학 세계의 건설자에게 어울리지 않게 이 점에 있어서 플라톤은 허술한 면모를 보인다.

그는 파이돈에서 세계는 보이는 것과 보이지 않는 것으로 나누며 보이는 것은 변화하는 것이요 보이지 않는 것은 변화하지 않는 것이라고 주장한다. 그리고 보이지 않는 영혼은 영원한 것이라고 주장한다. 뿐만 아니라 우리들의 영혼은 육체에 깃들기 전에 이미 이데아들을 보았다는 것이다. 영혼이 육신과 결합할 때에, 즉 인간이 이 세상에 태어날 때에 영혼은 그전에 알았던 것을 잊어버리고 만다는 것이다.

> 케베스 오오 소크라테스, 당신이 자주 말씀하신 이론, 즉 안다는
> 것은 다름아닌 상기想起라는 이론이 옳다고 한다면 우리가 지금
> 상기하고 있는 것을 예전에 배운 일이 있었다는 것이 필연적으로

---

358) N.하르트만 『철학의 흐름과 문제들』 강성위역 서광사 1987, 74쪽.

나오는 귀결입니다. 그러나 이것은, 우리의 영혼이 사람의 형태를 가지고 생존하기에 앞서서 어떤 곳에 있지 않았다고 하면 불가능한 일일 겁니다. 여기에도 영혼불멸의 증거가 있을 것 같습니다. 소크라테스, 그러나 우리가 출생하기 전에 획득한 인식을 출생시에 잊어버리고, 나중에 감각을 사용하여 다시 그것을 회복하는 것이라고 하면, 우리가 배워서 안다고 하는 것은 바로 우리가 가지고 있던 지식을 회복하는 것이 아닌가? 그리고 그것을 상기라고 함은 옳은 호칭이 아닐까?[359]

플라톤이 말한 이 유명한 상기설想起說은 그가 말하려고 하는 주제와는 다른 방향에서 새로운 중요한 관점을 주고 있는 것이다. 플라톤은 파이돈에서 출생 시와 출생 전에 대하여 두 가지만의 관념을 알고 있었음을 드러낸다. 출생 시는 영혼과 육체의 결합이며 출생 전은 전생前生이다.

플라톤에게는 대단히 중요한 두 가지 개념이 존재하지 않았다. 그것은 출생하기 전에 태아상태라는 과정과 태아가 신생아가 되는 상태에 대한 과정이다. 놀랍게도 플라톤에게는 인간의 생성을 설명함에 있어 그 자체라고 해야 할 태아상태와 출생과정의 개념이 존재하지 않았던 것이다.

여기서 태아상태는 순수 가능적 존재이다. 그리고 태아가 신생아가 되려고 산모의 산도를 타고 나오는 순간은 생성적 존재이다.

플라톤이 자기 스스로를 발견하게 되는 불멸하는 영혼은 태어나는 순간 갑자기 인간과 결합되어 인식능력을 갖추는 것으로 설명된다. 그러나 그가 말하는 영혼불멸의 설에 대한 논증은 아마도 철학사에서 가장 정교한 것 중 하나라고 생각되지만 문제는 그 영혼이 일단 태아

---

359) 플라톤 『파이돈』 최명관역 을유문화사 1970년 115, 112쪽.

생성적 존재의 모습

옆의 그림은 달걀 안에 존재하는
병아리의 모습이다.
병아리가 달걀껍질을 깨고 나오는
순간의 그림에서 반은 병아리이고
반은 아직 달걀이다.
마찬가지로 인간도 태어날 때 반은
태아이고 반은 신생아인 과정을
필연적으로 거친다.
그때의 상태가 생성적 존재의
대표적인 상태이다.

상태를 거친 후 출산이라는 중요한 과정을 거쳐 세상에 나타는 것이다. 이 생성에 대한 부분은 아리스토텔레스와 마찬가지로 완전히 무시되어 있는 것이다. 생성과 변화라는 과정은 서양철학에서 처음부터 이렇게 철저히 무시되고 있는 것이다. 서양철학에 있어서 이 두 명의 철학자가 차지하는 위치로 볼 때 그 문제는 근본적인 것이다.

러셀은 "아리스토텔레스의 형이상학은 한마디로 플라톤의 상식화라고 할 수 있다. 그런데 플라톤과 상식은 좀처럼 뒤섞이지 않으므로 그의 철학은 난해하다."[360]고 했다.

아리스토텔레스는 현실성이라고는 조금도 없는 좀 더 정확히 말하자면 현실성이 뒤집어져서 나타나며 동시에 부정성의 위력으로 나타나는 플라톤의 이데아를 현실세계에 끌어들이려 함으로서 억지가 불가피했다는 말이 된다. 그리고 이 문제는 2500년간 계속되고 있지만 아직도 해결이 되지 않고 있는 것이다.

---

360) 버트란트 럿셀『서양철학사』최민홍역 집문당 1979, 212쪽.

5

역경 계사전의 계층이론

우 리가 철학을 연구한다는 것이 철학 자체를 의심하는 일에서 시작하여야 함은 동양의 철학과 서양의 철학에 있어서 조금도 차이를 두어서는 안 되는 일이다.

서양철학을 연구함에 플라톤 아리스토텔레스 그리고 짜라투스트라까지를 철저히 의심하고 그 근본문제를 밝히는 일에서 출발하지 않으면 철학의 연구가 곧 지난 문제를 계승하고 답습하는 결과를 가져올 따름인 것이다

동양의 철학을 연구함에 있어서 역경은 서양의 플라톤과 아리스토텔레스 그리고 짜라투스트라의 위치에 있는 것이다. 따라서 역경을 철저히 의심하고 그 근본문제를 비판하지 않는다면 동양철학의 연구는 제자리 걸음의 진부한 작업에 불과한 것이다.

역경은 고대의 지식이 담겨있는 책이지만 그것은 가장 미래적인 지식이 담겨 있는 책이기도 하다. 중요한 부분들은 아직도 미지의 세계에 남아있으며 그것은 이제부터 해결되어야 할 문제인 것이다. 심지어 역경의 근본원리가 하도낙서이며 그 하도낙서의 근본원리는 이 책이 설명하는 생성적 존재 '온'이다. 이 문제는 천부경과 삼일신고 그리고 366사의 원리에 숨어 있던 원리에 의해 이제야 겨우 그 모습을 드러낸 것에 불과하다.

동양사회가 인도의 카스트제도 못지않게 수직적인 상하관계로 구성되어 있음은 주지의 사실이다. 동양 특히 지나족의 사회에서 그 수직적인 관계는 국가에서는 관官은 존귀하고 민民은 비천한 것이다. 가정에서는 남男은 존귀한 것이며 여女는 비천한 것이다. 따라서 국가의 관리가 되는 일은 자신과 가문을 존귀한 층에 소속되게 하는 중요한 일이다. 또 남자가 많이 태어나는 일은 그 가문이 존귀하게 되는 일의 지름길이다. 또 태어난 남자아이는 존귀하게 취급되고 여자아이는 비천하게 취급된다.

이러한 관존민비官尊民卑와 남존여비男尊女卑의 사상은 지나족에게서는 거의 절대적인 영향을 가지고 전통사회에 있어서 지배이념으로 뿌리 깊게 내려 있던 것이다. 이 지배이념은 당연하게도 상명하복上命下服의 수직적인 계층의 사회질서를 말하는 것이다. 헤겔이 동양사회에 대하여 "단지 한사람만이 자유라는 것을 알고 있을 뿐이다."[361]라고 비웃은 것은 일리가 없다고 말하기는 어려운 것이다.

역경을 해설한 십익十翼 중 계사전繫辭傳의 한 문장에서 이러한 이데올로기를 설명하는 내용이 찾아진다. 물론 이 문장내용이 계사전 전체와 십익을 대표하는 것으로는 보이지 않는다.

천존지비 건곤정의 비고이진 귀천위의
天尊地卑 乾坤定矣 卑高以陳 貴賤位矣

하늘은 존귀하고 땅은 비천하니, 건과 곤은 이와 같이 정해졌다. 만물은 서로 높고 낮게 갈라지어, 귀함과 천함의 자리 잡았다.

Heaven is lofly and honourable; earth is low(Their symbols), Khien and Khwan,(with their respective meaning),were determined(in

361) 헤겔 『역사철학』 대양서적 1972, 76쪽.

accordance wih this). Things low and high appear displayed in a similar relation. The (upper and lower trigrams, and the relative position of indivisual lines,as) noble and mean, had their places assigned accordingly.[362]

이 문장은 하늘과 땅, 건과 곤, 높음과 낮음, 귀함과 천함을 분리하여 계층이론으로 설명하고 있는 것이다. 이 문장에서 천존지비天尊地卑가 관존민비官尊民卑 그리고 남존여비男尊女卑의 사상으로 그 대상을 바꾸어 나타나는 것을 살펴볼 수 있는 것이다. 이 사상을 논리학과 윤리학과 미학에 적용하면 천존天尊이 설명하는 하늘은 참이며 선이며 미이며. 반면에 지비地卑가 설명하는 땅은 거짓이며 악이며 추함이 되지 않는가? 계사전의 천존지비天尊地卑에는 하도와 낙서의 원리 즉 하도가 55로서 하늘을 상징하고 낙서가 45로서 땅을 상징하며 이 하늘과 땅이 45+55=100이라는 긍정성의 변증법을 사용하여 살아있는 생명체로서의 온을 조직한다는 역경의 근본원리가 하늘은 귀하고 땅은 비천하다는 수직적인 계층이론으로 나타나있는 것이다.

그런데 우리는 여기서 분명히 구분지어 생각해야 할 것을 구분 짓지 못하는 경향이 있다. 그것은 역경의 저자와 그 제작연대와 계사전의 저자와 그 제작연대이다. 역경의 근본원리는 이 책 온이 설명하는 45와 55의 원리 다시 말해 하도낙서의 원리에서 시작한다. 그리고 그 원리는 36과 64의 원리 즉 태극과 64괘의 원리를 일으키며 역경의 태극과 64괘의 상경 30괘와 하경 34괘의 원리가 된다. 이 원리에서 이미 역경의 근본원리가 설명되는 것이다. 그리고 그 역경 원리의 저자는 6000년 전 태호·복희씨로 알려져 있다.

그러나 계사전의 저자는 아무리 높게 올려 잡아도 지나 족의 춘추전

---

362) 沈仲濤 『中英對照易經』 文化圖書公司 七十五年 271쪽.

국시대 또는 한대漢代로서 2,500년 전 정도이다. 여기서 6000년 전의 태호·복희씨의 사회와 2,500년 전의 춘추전국시대의 사회는 엄청난 시공간의 차이가 있는 것이다. 계사전은 '자료가 상당히 후대에 형성된 이 주석에 넣어져 편집'363)되었다는 것이다. 계사전에 대한 학자들의 비판적 접근은 이토 토가이(1670-1736)에게서 찾아진다. 그는 계사전에 대해 이렇게 말한다.

> 몇몇 초기 유학자들은 이 주석을 설명적 텍스트라고 간주했지만, 이는 잘못이다. 사마천은 계사전을 선생님(공자)의 작품으로 여겼지만, 그의 주장은 근거가 전혀 없으므로, 우리는 그를 믿을 수도 좇아서도 안 된다.364)

슈츠스키는 이 이토 토카이의 견해에 대해 적극적으로 찬성하고 있다. 슈츠스키는 그것을 입증하는 자료를 다음과 같이 제시한다.

> 공자 자신이 스스로를 선생님(子曰)이라고 자칭한 예가 없다는 사실, 이 주석의 용어가 논어의 그것과 같지 않다는 점, 주석의 말투가 공자의 이름과 연결된 텍스트의 그것보다 상당히 후대의 것이라는 사실, 마지막으로 공자 자신이 강조하듯 그는 직접 창작하기보다는 단순한 전달자라는 점.(논어 제7장 술이述而편)365)

이 설명에 의하면 역경의 본문을 저술한 인물과 계사전을 저술한 인물이 같은 정신세계를 공유한 세력이라고 보는 선입관을 가질 필요가 없는 것이며 공자와도 연결시킬 이유가 없다는 것이다. 그것은

---

363) 슈츠스키『주역연구』오진탁역 한겨레 1988, 31쪽.
364) 위의 책 75쪽.
365) 위의 책 74쪽.

단지 역경의 본문에 대한 문자 그대로의 주석이라는 것이다.

오히려 태호·복희씨가 남긴 역경의 원리는 천부경, 삼일신고, 366사의 원리와 그 수론數論에서 단 1의 차이도 없이 정확하게 맞아 떨어지는 놀라움이 있다. 따라서 태호·복희씨는 천부경, 삼일신고, 366사를 남긴 고대 한겨레공동체인 배달국의 한웅할아버지와 같은 공동체의 인물이라는 사실을 분명히 말해주고 있다.

이 부분에 대하여 한단고기는 한웅할아버지께서 중앙아시아의 천산天山(Mt.Hantengri) 아래서 일어난 한국桓國을 계승하여 배달국倍達國을 세웠음을 말하고 있다. 그리고 그 배달국의 "한웅·천황으로부터 다섯 번 전하여 태우의太虞儀한웅이 아들 열둘을 두었으니 맏이를 다의 발한웅이라 하고 막내를 태호라고 하니 또한 복희씨라고 한다."366)라고 기록하고 있다. 그리고 "복희는 신시神市에서 태어나 우사雨師의 자리를 세습했다"367)고 말하고 있으며 최초의 역을 '한역桓易'368)이라고 기록하고 있다.

이러한 일련의 기록은 역경의 저자 태호·복희씨가 우리 한겨레공동체의 일원이었음을 말해주고 있다. 그것은 오늘날 천부경, 삼일신고, 366사의 원리와 역경의 원리가 일치함으로써 그 원리의 전체적인 윤곽을 드러내고 있는 것이다.

우리가 오늘날 역경易經을 생각함에 있어서 6000년 전 역경의 저자 태호·복희씨에게서 발견되는 고대 알타이어족과의 친연성을 놓쳐버린다면 지난날의 동양철학이 빠졌던 수직적인 계층이론의 함정에 다시 빠짐으로써 아무런 발전도 기대할 수 없게 되는 것이다.

태호·복희씨가 남긴 역경의 원리는 한겨레공동체의 삼대경전인 천부경, 삼일신고, 366사와의 불가분성이 있다는 사실은 이미 수론數論

---

366) 계연수 『한단고기』 임승국역 정신세계사 1986, 176쪽.
367) 위의 책 177쪽.
368) 위의 책 231쪽.

과 천부도天符圖의 도형圖形에서 충분히 논증된 바 있다. 이러한 불가분성이야말로 지난 2500년간 동양에서 한번도 다루어지지 않았던 새롭지만 가장 오래된 이론이다.

이 모든 경전을 하나로 관통하는 원리는 결코 천존지비天尊地卑, 남존여비男尊女卑, 관존민비官尊民卑, 상명하복上命下服의 계층이론이 아니다. 이 모든 경전을 하나로 묶는 원리는 45+55=100의 '온' 이론이며 그것이 곧 생명을 생성하는 창조이론이다. 45와 55는 결코 상하의 계층으로 구성되는 것이 아니다. 45의 낙서이론과 55의 하도이론이 상하의 계층으로 설명될 수 있는 성질의 것이 아니라는 것에 대래 우리는 이미 알고 있는 것이다.

이제 우리는 6000년 전의 태호·복희씨와 2500년 전의 계사전의 저자 사이에 보이는 3500년이라는 엄청난 간격을 메울 수 있는 자가 곧 동서양 철학을 하나로 통일하는 자이며, 그가 곧 역경의 저자 태호·복희씨를 낳은 한겨레공동체이며 또한 한겨레공동체의 철학인 한철학이라는 사실에 의문을 가질 수 있을 것인가?

6

한겨레의 윤리철학

⟨꽃무늬 장식⟩

우 리 한겨레공동체는 수천 년 동안 다른 곳에서는 찾을 수
없는 성스러운 풍속을 유지해왔다. 그 풍속은 언뜻 보면 지
나 족의 윤리와 비슷하고 또한 서양인의 것들과도 비슷하다.

그러나 그 근본은 한철학의 기본이론을 바탕으로 하는 한겨레만의
것이라는 사실은 아직 알려지지 않고 있다. 다만 그 현상을 보고 놀란
서양의 학자들만이 우리 한겨레가 가진 풍속 특히 효孝에 대해 경이로
운 눈으로 보아왔다.

우리 한겨레의 윤리학을 잘 설명하는 경전은 중일경中一經369)이다.
그 윤리철학의 내용 중 일부분을 옮겨보면 이러하다.

> 부모는 마땅히 자식에게 자애로워야 하며,
> 자식은 마땅히 부모에게 효성을 다해야 하는 것이다.
> 또한 군주는 마땅히 신하된 자에게 의로워야 하며
> 신하는 마땅히 군주에게 충성스러워야 한다.
> 부부는 서로를 존중하고….

---

369) 최동환 『삼일신고』 초판 180-231쪽의 '중일경' 설명부분. 하남 1991.
최동환 『천부경』 개정판" 421-424쪽의 '중일경' 설명부분. 지혜의 나무
2000.

위부당자 위부당효   위군당의 위신당충
爲父當慈 爲子當孝   爲君當義 爲臣當忠

위부부당상경
爲夫婦當相敬

이 내용을 살펴보자.

1) 한겨레의 효철학

중일경의 내용에서 효철학孝哲學의 내용은 우리 한겨레의 효도사
상의 철학적 배경이 잘 나타나 있다. 그것은 다음의 중일경[370]의 8글
자로 요약되는 것이다.

부모는 마땅히 자식에게 자애로워야 하며,
자식은 마땅히 부모에게 효성을 다해야하는 것이다.

위부당자   위부당효
爲父當慈 爲子當孝

여기서 부모와 자식간의 변증법을 살펴보면 우리 한겨레의 효철학
은 짜라투스트라 이후 3천 년간의 철학사에서 찾아볼 수 없는 특별한
것이다.

즉 부정성의 변증법을 부모와 자식의 대립에 적용하면 부모는 55

---

370) 최동환『삼일신고』초판" 180-231쪽의 '중일경' 설명부분. 하남 1991.
    최동환『천부경』개정판" 421-424쪽의 '중일경' 설명부분. 지혜의 나무
    2000.

로서 선이며 자식은 45로서 악이다. 부정성의 변증법은 하나의 전체를 두 개로 나누어 대립시킨다. 그 중 하나가 나머지를 부정하고 박멸하는 것을 합습이며 통일統一이라고 말하는 것이다. 부모와 자식도 대립시킬 수밖에 없는 철학이라는 점에서 우리 한겨레의 입장에서는 도저히 받아들여지기 어려운 것이다.

이러한 부정성의 변증법이 존재하는 사회에서 부모가 힘을 가지고 일을 하는 동안 부모는 현실태이며 자식은 가능태로서 단지 부속물에 지나지 않는다. 또 부모가 일을 하지 못할 정도로 늙었다면 이미 그 늙은 부모는 가능태도 못되는 인간 퇴물에 지나지 않는 것이며 그 자식은 이미 현실태가 되어 힘을 가지고 군림한다. 이러한 가치관이 지배하는 사회에서 우리 한겨레공동체가 창조해낸 효도철학과 효도에 대한 아름다운 관습이 존재하길 바란다면 그것은 쓰레기통에서 장미가 피기를 바라는 것과 같지 않을까?

우리 한겨레의 효도철학을 설명하는 중일경의 여덟 글자를 살펴보면 부모된 자가 자식에게 자애로워야 하는 것이 먼저이며 그 다음 자식된 자는 마땅히 부모에게 효성을 다해야 하는 것이다.

우리가 이미 살펴본 계사전의 시작부분의

천존지비 건곤정의 비고이진 귀천위의
天尊地卑 乾坤定矣 卑高以陳 貴賤位矣

라는 내용에서 천존지비는 남존여비, 관존민비가 되며 또한 이를 부모와 자식의 관계에 적용시키면 부존자비父尊子卑가 되는 것이다. 즉 부모는 하늘과 같이 존귀하고 자식은 상대적으로 땅과 같이 비천하다는 수직적인 내용이 된다. 즉 부모=55, 자식=45가 되어 55-45=10이 되는 변증법인 것이다. 그러나 우리 한겨레의 효철학이 말하는 바는 이와는 근원적으로 다른 것이다.

한겨레의 윤리철학에서 먼저 부모된 자가 자식에게 자애로워야 하며, 자식된 자는 마땅히 부모에게 효성을 다해야 하는 것이라는 내용은 부모=55, 자식=45이되 그 변증법은 45+55=100이 되는 긍정성의 변증법이다. 특히 먼저 부모된 자가 자애로워야 한다는 내용에서 부모는 이 변증법을 주도적으로 이끄는 55이다. 자식이 마땅히 효도를 한다는 것은 그 부모에게 감화되어 부모와 자식이 하나의 전체를 조직한다는 내용이 된다.

이것이 부모가 자식을 가르치고 이끌며 가정을 발전시켜 나가는 지도력의 근원이다. 우리 한겨레의 부모 중 부존자비父尊子卑와 같은 부정성의 변증법으로 행동하며 부모대접을 받으려는 부모는 거의 존재하지 않을 것이다. 우리 방식의 부모는 자식을 위해 모든 것을 능동적으로 희생하는 부모인 것이다. 즉 먼저 부모가 자식에게 자애로움으로써 자식이 자발적으로 효도를 하게끔 이끄는 지도력인 것이다.

우리 한겨레의 효철학은 부모가 자식에게 효도하도록 강요하는 일이 없다. 다만 부모가 부모노릇을 제대로 하고 있는가 하는 점을 묻는 것이다. 특히 해방이후 서양의 부정성의 변증법에서 파생된 문화가 들어오면서 전통적인 한겨레의 부모역할에 치명적인 손상을 입었고 그것은 갈수록 더 심해진다. 우리는 젊은 세대들이 전통적인 효를 잊었다고 생각한다. 그러나 필자는 우리들 부모들이 부모역할을 하는 방법을 잊었다고 생각한다.

생각해보라. 해방이후 밀려든 서양식 가정윤리에 물든 부모들이 자식들에게 부모는 존귀하고 자식은 비천하다는 동양식 수직적인 관념을 자식들에게 요구했을 때 그것이 이루어질 가능성이 조금이라도 있는 것일까?

한철학이 설명하는 효철학의 관점에서는 부모다운 부모가 되는 교육을 제대로 하는 것이 자식다운 자식이 되는 교육만큼이나 중요하다. 아니 그보다 10% 더 중요하다.

서양식의 부정성의 변증법은 우리의 이성에게 아무런 호소력이 없음은 물론 나아가 우리의 이성을 매우 화나게 하는 것이다. 부모가 자식에게 희생을 강요하는 가정이 전통적 우리 사회에 존재할 수 있을까? 자식이 부모에게 희생을 강요하는 가정이 전통적 우리 사회에 존재할 수 있을까? 이와 같은 부모와 자식의 관계에서는 아무런 생명력이 없으며 생명력이 없는 곳에 지도력이 있을 리 없는 것이다.

또한 칸트철학처럼 50+50=100이 되어 부모와 자식의 힘의 평등하여 같을 때 그것이 부모와 자식간에 영구평화를 가져다주는가? 인간은 모두 평등하므로 부모와 자식이 똑같이 주고받아야 한다는 서양식의 상업적 계산방법이 우리의 이성에 어떤 설득력이 있는가? 동적 철학에서 50+50=100일 때에도 달라지는 것은 없는 것이다. 주체와 객체가 완전히 평등하여 서로가 팽팽할 때 그것이 정적세계의 평등이든 동적세계의 평등이든 그것에서 생명력이 존재하기는 불가능하다.

생명력과 지도력은 인간의 이성이 100% 납득하는 곳에서만 발생하는 것이며 그것의 상징이 곧 한겨레의 효철학이며 그것이 중일경371)의 '위부당자 위부당효爲父當慈 爲子當孝'이다.

서양의 철학자들 중에서 우리의 한철학이 설명하는 효철학이 무엇인지 알지 못하는 사람들이라 해도 우리의 풍습을 아는 사람이라면 효철학의 가치는 알 수 있다. 서양철학자들 중에서 우리 한겨레의 효도에 대하여 아는 사람들이 감탄을 금치 못하는 이유는 그들의 부정성의 변증법으로는 절대로 나타나지 못하는 현상이 우리의 효도이기

---

371) 최동환『삼일신고』초판" 180-231쪽의 '중일경' 설명부분. 하남 1991.
　　최동환『천부경』개정판 421-424쪽의 '중일경' 설명부분. 지혜의 나무 2000.

때문이다.

물고기가 그 자신의 눈을 보지 못하듯 우리는 우리의 효철학이 가지는 그 엄청난 철학적 가치를 조금도 인식하지 못하는 것이다. 그러다가 서양의 철학자들이 우리의 효에 대해 감탄을 하는 것을 보고 그때서야 우리의 효가 위대하다고 주장하는 것이 우리 한겨레의 진취적인 기질을 만족시키는가? 그것으로는 부족하다. 우리는 이제부터 우리의 효철학을 우리 자신에게는 물론 서양인들에게도 객관적 지식으로서의 철학이론으로 명명백백하게 설명을 해주어야 하는 것이다.

효사상은 우리 한겨레공동체 안에서 존재하는 여러 가지 효의 현상을 취합한다. 효철학은 효사상과 다른 것이다. 효철학은 효의 여러 가지 현상에 대해 접근하지 않는다. 대신 그 근원에 존재하는 불변하는 원리를 객관적인 지식으로 전환해서 설명하는 것이다. 그것은 한철학이라는 근원을 효도라는 관점에서 접근한 것에 다름이 아닌 것이다.

2) 한겨레의 경영철학

어느 집단이든 그 집단이 생명력을 가진 생명체로서 세상을 살아나가기 위해서는 반드시 필요한 윤리가 있다. 그것이 과거의 국가에서는 군주와 신하 간의 관계이지만 지금은 경영주체와 경영객체와의 관계가 될 것이다. 경영주체가 국가의 지도층이든 군대의 수뇌부 또는 기업의 경영자든 마찬가지이며 객체가 국민이든 군 장병이든 기업의 임직원이든 마찬가지이다.

그 조직이 살아 있는 생명체로서 존재하기 위해 가장 기본적인 것은 조직을 이끄는 주체가 먼저 그 조직의 객체에 대해 의로워야 한다는 것이 우리 한겨레의 경영철학의 핵심이다. 그럴 때 그 조직의 객체가 주체가 이끄는 바에 따라주어 하나의 전체가 구성된다는 것이다. 즉

중일경[372)]에서 말하는

군주는 신하된 자에게 의로워야 하며
신하는 군주에게 충성스러워야 한다.

위군당의 위신당충
爲君當義 爲臣當忠

는 내용이 그것이다. 우리가 지금까지 살펴본 지난 3천 년간의 동서양의 부정성의 변증법에 의하면 절대로 이러한 경영철학은 존재할 수 없다.

부정성의 변증법에 의하면 그것이 국가이든 군대이든 회사이든 그 경영주체는 무조건 천존天尊이며 객체는 지비地卑이다. 따라서 객체는 주체를 무조건 따름으로써 구원을 받을 수 있다는 것이다. 이 역시 55-45=10, 45-55=-10, 50-50=0 의 부정성의 변증법 외에 다른 것이 아니다. 동양적 사고에서도 다를 것은 없다. 계사전에서 살펴본 바와 같이

천존지비 건곤정의 비고이진 귀천위의
天尊地卑 乾坤定矣 卑高以陳 貴賤位矣

를 적용하면 군존신비君尊臣卑로서 군주는 무조건 존귀하고 신하는 상대적으로 천한 것이다. 군주가 누구이든 어떤 방법으로 군주가 되었던 일단 군주가 된 자는 무조건 선이라는 것이다. 따라서 무조건

---

372) 최동환『삼일신고』초판 180-231쪽의 '중일경' 설명부분. 하남 1991.
  최동환『천부경』개정판" 421-424쪽의 '중일경' 설명부분. 지혜의 나무 2000.

군주의 명령을 신하는 따르는 상명하복上命下服이 절대적으로 이루어져야 하는 것이다.

이러한 경영철학이 우리의 이성에 대하여 조금의 설득력이라도 갖는 것일까? 이러한 경영철학이 적용된 국가나 군대나 회사에서 그 구성원 모두의 이성이 납득시키는 강력한 지도력이 나타날 가능성이 1%라도 있는 것일까?

또한 경영주체와 경영객체가 칸트의 50+50=100이 되었거나 동적철학에서 50+50=100이 되었을 때 그것이 경영주체와 경영객체 간에 영구평화를 가져다주는가? 주체와 객체가 완전히 평등하여 서로가 팽팽할 때 그것이 정적세계의 평등이든 동적세계의 평등이든 그것에서 생명력이 존재하기는 불가능하다.

여기서 부정성의 변증법이 보여주는 55-10=10, 45-55=-10, 50-50=0, 50+50=100과 긍정성의 변증법인 보여주는 45+55=100이라는 차이는 숫자가 말하는 것 이상의 것이다.

그 차이는 죽은 시체와 살아 있는 생명체와의 차이이며 존재하지 않는 것과 존재하는 것의 차이이다.

그것은 이것이 긍정성의 변증법이 말하는 경영철학과 부정성의 변증법이 말하는 경영철학이 보여주는 지도력의 차이인 것이다.

3) 한겨레의 부부철학夫婦哲學

중일경373)에서

부부는 서로를 존경한다

---

373) 최동환 『삼일신고』 초판” 180-231쪽의 '중일경' 설명부분. 하남 1991.
 최동환 『천부경』 개정판” 421-424쪽의 '중일경' 설명부분. 지혜의 나무
 2000.

위부부당상경

爲夫婦當相敬

는 내용이 오늘날 우리사회를 구성하는 최소단위의 사회인 가정에
얼마나 소중한 철학인가 하는 말할 나위가 없을 것이다. 우리가 살펴
본 서양의 철학전통에서 부부가 서로 존경한다는 철학적 배경은 없다.
하나의 전체에서 힘센 자가 선이며 약한 자가 악이 되는 부정성의
변증법에서 부부가 서로 평등하여 서로가 존경한다는 철학을 도대체
어디서 얻어올 수 있단 말인가? 우리는 이미 남성과 여성 사이에 부정
성의 변증법이 적용된 마녀사냥이라는 실제 예를 살펴보았다. 부정성
의 변증법이라는 철학이 지배하는 사회에서 마녀사냥이라는 현상이
나타난 것은 조금도 놀라운 일이 아닌 것이다.

부부가 서로를 존경한다는 철학은 동양에서도 나타나기 어렵기는
마찬가지인 것이다. 계사전에서 살펴본 바와 같이

천존지비 건곤정의 비고이진 귀천위의

天尊地卑 乾坤定矣 卑高以陳 貴賤位矣

의 내용을 남성과 여성에 대입할 때 남성은 존귀하고 여성은 상대적
으로 비천하다는 남존여비男尊女卑가 나타나는 것은 너무도 당연한
현상인 것이다. 또 여자는 시집가기 전에는 부모를 따르고 시집가서는
남편을 따르고 노후에는 자식을 따르라는 삼종지도三從之道도 당연한
현상인 것이다. 심지어 지나족은 여성의 발을 전족으로 만들었다.

그러나 이러한 현상에서 우리 한겨레의 고유한 경전인 중일경에서
말하는 부부가 서로 존경한다는 내용이 나올 수 있겠는가? 이와 같은
예는 결국 55는 남자요 45는 여자로서 55-45=10, 45-55=-10, 50-

50＝0으로서 가정의 자살철학이외에 다른 무엇이란 말인가?

원래 우리 한겨레의 풍속에서 남녀의 관계는 세계 어느 나라와도 비교가 안될 만큼 평등하다. 우리는 고구려를 세운 고주몽이 소서노召西奴라는 여성의 힘에 크게 의지했음을 안다. 그리고 그 소서노는 또한 자식인 비류와 온조를 데리고 백제를 건설했음을 안다. 신채호 선생은 소서노를 소서노여대왕召西奴女大王라 부르며 백제의 시조로 설정하고 있다374). 또한 일본을 백제유민이 건설했을 때 소서노라는 여성은 결국 고구려와 백제와 일본의 창업에 결정적인 역할을 한 것이 된다. 또한 신라에는 여왕이 존재했음을 안다. 세계의 모든 고대국가 중에서 이처럼 여성의 힘이 강력했던 역사를 가진 나라가 또 어디에 있었던가? 오랫동안 섬나라로 격리되어 고대 한국의 사회를 비교적 온전하게 간직하고 있는 제주도는 여신女神의 천국이다. 마녀사냥이 발생한 곳에서는 그것을 촉발시킬 철학이 존재한다. 마찬가지로 인류 역사상 가장 강력한 여권이 존재하는 우리 한겨레공동체에서는 그것을 촉발시킬 철학이 존재하는 것이다.

우리의 고대국가의 창립과정에서 세워진 이러한 전통은 그 후세의 국가에 알게 모르게 작용하기 마련이다. 이러한 전통으로 세워지고 유지된 한겨레공동체에서 우리 한겨레의 남성들은 아직도 장가杖家를 간다고 말한다. 장가를 가는 것은 결혼할 때 여성의 집으로 남성이 가서 사는 데릴사위 제도를 말하는 것이다. 이는 모계사회 전통에 가까울 정도로 여성의 힘이 강력한 사회가 아니면 나올 수 없는 말이다. 지금도 어느 가정이든 가정의 모든 실권이 여성의 손에 있지 않은 가정이 우리 한국사회안에 과연 존재할 수 있는가? 한국남성들은 젊을 때는 이 사회적환경의 차이를 잘 모르지만 나이를 먹으면서 더욱더 이 사실을 절실하게 깨닫게 된다.

---

374) 신채호『조선상고사』일신서적 1992, 122쪽.

우리나라에서는 예로부터 부인에게 '너'라고 부르거나, 부인의 이름을 부르거나, 욕설을 하는 법이 없다. 항상 최대한의 존경하는 말로 부인을 부르며 대우한다. 그리고 남편은 그 이상으로 대우받는다.

부부가 서로를 존중한다는 전통은 그 철학적 배경이 명명백백하게 존재할 때 비로소 나타날 수 있는 것이다. 그리고 그 철학적 배경 이전에 풍속에서 충분히 설명되는 것이다. 우리는 남성이 55이고 여성이 45이되 55와 45가 하나가 되어 100을 이룸으로서 그 가정은 생명체가 된다. 여기서 남성이 55로서 여성 45보다 더 크다는 것은 그만큼 더 노력을 하여 지도력을 갖는다는 것이다. 결코 여성보다 우월하다는 것이 아니다.

지난 3천년간 동서양의 철학에서 이와 같은 가정철학이 존재한 경우는 없었다. 그러나 우리 한겨레공동체에서는 마치 공기나 물처럼 존재해온 철학이다.

우리의 남녀사이에 서양의 미美의 관념은 또 다른 문제를 일으킨다. 즉 계사전의 천존지비天尊地卑에 서양의 미美의 관념이 적용되면 미존추비美尊醜卑가 된다. 여기서 미추美醜의 기준이 마음에 있다면 얼마나 좋겠느냐마는 서양식 미추美醜의 기준은 외모에 있는 것이다. 이 기준에 따르면 외적인 아름다움은 존귀한 것이며 외적인 추함은 상대적으로 비천한 것이다. 서양철학의 부정성의 변증법에 의하면 외적인 아름다움을 가진 여성은 선善이며 추한여성은 악惡이다. 또한 외적으로 아름다운 여성은 현실태이며 추한 여성은 가능태이다. 아름다운 여성은 모든 것을 가질 권리가 있고 추한 여성은 그 반대이다.

이 아름다움에 대한 부정성의 변증법은 남녀사이에도 적용된다. 아름다운 여성은 그것을 사모하는 남성에게 선善이며 현실태이고 그 남성은 상대적으로 악惡이며 가능태이다. 따라서 그 여성이 아름다움을 유지하고 있는 한 그 여성은 남성에게 권력을 가지고 군림하며 모든 것을 마음대로 할 수 있는 주인이다. 그 아름다움을 탐하는 남성은 악惡이며 노예이다. 이러한 선과 악의 부정성의 변증법, 주인과 노예의 부정성의 변증법이 서양에서는 상식에 속하는 것이되 우리 한겨레공동체의 구성원에게 이러한 야만적인 부정성의 변증법이 조금이라도 이해될 수 있는 것인가? 부부가 서로를 존경한다는 부부상경夫婦相敬은 이러한 부정성의 변증법과는 조금도 관계가 없는 긍정성의 변증법이다.

그리고 부부상경은 서로가 존경하고 존중하는 것으로서 져준다는 것과는 다른 것이다. 부부가 어느 편에게 져준다는 것은 위험하다. 서로에게 져주어서는 결코 안 되는 것이다. 져준다는 것은 상대를 당당한 한사람의 연격체로 보지 않는다는 말이다. 그리고 상대편에게 부정성의 변증법을 사용하도록 조장하는 것이다.

상대방을 남자나 여자로 보기 전에 한사람의 인간으로 보라, 그러면 서로가 하나의 전체로서의 생명체를 구성할 수 있는 것이다. 남자가 여자를 이기는 순간 $55-45=10$이며 여자가 남자를 이기는 순간 $45-55=-10$이다. $45+55=100$이 되려면 서로에게 져주는 것으로는 불가능하다. 남자는 여자를 자신과 동등한 인격체로보고 그 여자를 위해 10%의 노력을 더 하는 것이다. 그 때 비로소 남자와 여자는 하나가되어 두 사람이 발휘할 수 있는 최대한의 힘을 가진 생명체를 조직할 수 있는 것이다.

흔히 남자는 여자에게 져주는 것이 대범하고 높은 인격을 가진 것으로 말하지만 그것은 생명체로서 서로가 존중하고 존경하는 부부관계를 스스로 파괴하는 것이며 포기하는 것이다.

또한 $50+50=100$으로 영원히 대립할 때 그것이 남녀간에 영구평화를 가져다주는가? 남녀가 완전히 평등하여 서로가 한 치의 양보없이 팽팽하게 대립할 때 그것이 정적세계의 평등이든 양자역학적 동적세계의 평등이든 그것이 생성을 일으키는 온적 존재가 되기는 불가능하다.

생명체로서의 온적 존재의 조직은 45+55=100으로서 어느 한쪽이 약간의 우세를 보일 때이며 그 우세란 어느 한쪽이 조금 더 노력을 한다는 의미이다. 그 어느 한쪽이 우리의 보편적인 풍속에 의지한다면 주로 남성이었다고 이해할 수 있는 것이다. 그래야 생성적 존재가 이루어지면서 과정이 존재하는 것이다. 남녀를 막론하고 우리의 현실과 이성이 이 원리를 받아들이지 않을 수 있는가?

이러한 한철학의 긍정성의 변증법을 바탕으로 한 가정철학이 사라지고 그 대신 서양식의 부정성의 변증법이 대신 우리 한겨레공동체를 지배할 때 우리 사회에서 가정들이 단말마의 비명을 지르며 자살하는 것은 정해진 순서가 아니겠는가?

또한 무서운 속도로 무너져가는 우리 한겨레공동체의 기본단위인 가정은 한겨레공동체 전체를 위기로 몰고 가는 중대한 문제이다. 이 문제를 해결할 방법도 또한 동서양의 모든 부정성의 변증법적 사고를 한겨레의 한철학이 제공하는 긍정성의 변증법적 사고로 전환하여 자살을 생명으로 전환해야 한다는 사실에 조금이라도 의심의 여지가 있는 것일까?

7

새로운 생성론

〜〜

서 양철학에 있어서 양자역학은 생성이 말해지는 첫 번째 경험으로 나타난다. 그리고 그것은 여러 분야에서 파급효과를 낳는다.

1) 양자론과 생성적 존재

데모크리토스가

흔히 애기하기는 색체나 또는 단맛 쓴맛이 나는 것이 있는 것으로 생각되지만, 실제로 존재하는 것은 오직 원자와 텅빈 공간뿐이다.[375]

라고 말한 순간 서양철학은 세계를 보는 새로운 눈을 가지게 되었고 그것은 철학의 정신적 원자론과 과학의 물질적 원자론의 맹아가 되었다.

그런데 그리스 이후 서양의 사유체계에 엄청난 영향을 주던 이 원자론이 완전히 파괴되고 새로운 세계가 열리는 그야말로 경천동지할

---

375) H.J. 슈퇴릭히 『서양철학사』상 임석진역 분도출판사 1987, 176쪽.

사건이 발생했다.

금세기 초의 원자에 대한 실험적 연구는 깜짝 놀랄 전혀 의외의 결과를 초래하였다. 원자는 경고한 고체 입자라는 오랜 이론과는 동떨어진 것으로 극히 미세한 입자-전자-가 핵 주위를 돌고 있는 광대한 공간으로 구성되어 있는 것으로 밝혀졌다. 수년 후 양자론에 의해 아원자 입자-전자 및 원자핵 내의 중성자-까지도 고전물리학의 고체가 아니라는 것이 밝혀졌다. 물질의 이 아원자적 단위는 양면성을 가지고 있는 대단히 추상적 실체이다. 우리가 보는 관점에 따라 때로는 입자로 때로는 파동으로 나타나며, 이 양면성은 빛에서도 나타나는데 전자기 파동의 형태를 취하기도 하고 입자의 형태를 취하기도 한다. 이 광입자를 아인슈타인은 처음 양자-양자론은 여기서 유래되었음-라고 불렀으며 지금은 광자라고 불리우고 있다.376)

원자의 내부에는 또 다시 광활한 공간이 존재하며 보다 더 작은 아원자의 세계가 존재하고 있다는 것이다. 그리고 그것들은 놀랍게도 고체가 아니라는 것이다. 또한 아원자의 세계는 입자와 파동으로 나타난다는 것이다.

여기에 대해 드 브로이는 고전적 견해의 잔재를 궤멸시키는 폭탄을 떨어뜨렸다. 그의 제의에 따르면 ,"파동은 입자일 뿐 아니라 입자들 역시 파동이다."377)라고 주장한 것이다. 이 말은 곧 소립자가 가지는 온적 존재성을 말해주는 것이다. 하이젠베르크는 이에 대해

파동과 입자에 대한 양자론적 이중성은 동일한 실체를 물질로서

376) F .카프라『새로운 과학과 문명의 전환』이성범역 범양사출판부 1993, 74쪽.
377) G.쥬커브『춤추는 물리』범양사출판부 김영덕역 1996, 161쪽.

그리고 에너지로서 표현한 결과라고 볼 수도 있다.[378]

라고 말한다. 결국 입자물리학에서 보는 세계는 '물질 없는 세계이며, '존재하는 것=일어나는 사건'의 세계이고, 생성, 소멸, 변환의 끝없는 과정을 여러 보존법칙과 확률을 제어하는 테두리 속에서 행해지는 세계[379]라는 것이다.

드디어 플라톤과 아리스토텔레스가 몰랐거나 숨겼던 유령의 세계가 철학이 아닌 과학에서 먼저 등장한 것이다. 또한 변증법의 원래의 모습인 이중성이 다시 과학으로 그 모습을 드러낸 것이다. 사유가 실측보다 늦었다는 것은 인간이 지니는 장점인 상상력이 이 부분에서 제대로 작동을 하지 못한 것이다. 닐스 보아Niels Bohr는 소립자의 세계가 온적 존재로서 입자와 파동을 가지고 있다는 사실을 설명하기 위해 상보성相補性이란 개념을 도입하였다.

> 우리들이 원자현상을 기술하기 위해 고전적 용어 -입자, 파동, 위치, 속도-를 사용할 때마다 서로 연관되어 있고, 동시에는 명확히 정의 될 수 없는 한 쌍의 개념 또는 양면이 있다는 것을 발견하게 된다. 우리가 기술하는 데 있어서 어느 한 면만 강조하면 할수록 다른 면이 불확실해지며 양자사이의 정밀한 관계는 불확정성의 원리로 주어지는 것이다. 고전적 개념이 이 양면성의 관계를 더 잘 이해하기 위해서 닐스 보아Niels Bohr는 상보성相補性이란 개념을 도입하였다. 그는 입자상粒子像과 파동상波動像은 같은 실재의 두 가지 상보적 기술記述로, 각자는 오직 한 부분으로만 정확하고 적용의 한계성을 갖고 있다고 보았다. 원자적 실체를 충분히 설명하기 위해서는 두 가지가 다 필요하되 둘 다 불확정성 원리에 의해

---

378) 하이젠베르크『철학과 물리학의 만남』한겨레 최종덕역 1994년 144쪽.
379) G.쥬커브『춤추는 물리』범양사출판부 김영덕역 1996, 292쪽.

규정된 한계 내에서만 적용되어야 한다. 상보성 개념은 물리학자들의 세계관의 본질의 하나가 되었으며, 이 개념은 물리학 이외에서도 또한 유용한 개념이 될 수 있다고 보이는 자주 시사했다.[380]

원자현상에서 발견된 것은 동시에는 명확히 정의 될 수 없는 한 쌍의 개념 또는 양면이 있다는 사실이다. 그리고 그 한 쌍의 개념과 양면이 있다는 사실은 영원한 것이다. '두 개의 실체는 동시에 같은 공간을 점유할 수 없다!'는 믿음은 여지없이 깨지고 만 것이다. 지난 3천 년간 인류를 지배해온 기존의 이원론적 일원론을 바탕으로 하는 논리학과 윤리학과 미학은 이제 시효가 다한 운명에 처한 것이다. 이제 새로운 진선미의 등장은 필연적인 사실이 되었다.

상보성의 원리로 소립자의 세계가 생성적 존재로서 온적 존재라는 사실이 갖는 특징을 분명히 설명할 수 있게 된 것이다. 이제 물리학에서는 이 원리가 세계관의 본질 중 하나이며 이는 물리학 이외에도 유용한 개념이 될 수 있다고 주장한 것이다.

그러나 이 말은 과거의 이원론적 일원론의 세계관에서는 혁명적인 말이 될 수 있겠지만 미래의 세계에서는 대단히 부족한 말이 될 것이다. 이 온적 존재는 유용한 개념에 멈추는 것이 아니라 근본적인 진리성이기 때문이다.

아인슈타인은 이 새로운 물리학적 개념에 직면했을 때의 충격을 다음과 같이 말했다.

물리학의 이론적 기반을 이 새로운 지식에 적용시키려는 나의 모든 노력은 완전히 실패하였다. 이것은 마치 땅이 꺼져나간 것 같았고 새로 세울 확고한 기반은 아무 데에도 보이지 않는 것 같았

---

380) F.카프라『새로운 과학과 문명의 전환』이성범역 범양사출판부 1993, 74쪽.

다.[381)

그러나 아인슈타인은 끝내 양자론을 받아들이지 않았다. 그는 양자론의 확률의 근본적인 본질을 받아들일 수 없었다.

> 아인슈타인이 그의 초기의 연구의 도움을 받아서 수립된 이론의 결과를 받아들이려 하지 않은 것은 과학사상 가장 재미있는 일화의 하나이다. 그가 보아와 일치할 수 없었던 본질은, 독립적이며, 공간적으로 분리된 요소로 구성된 어떤 외부의 실재에 대한 그의 깊은 신념 때문이었다. 이것은 아인슈타인의 철학이 본질적으로 데카르트적이었음을 보여준다.[382)

이것은 1920년 유명한 보어와의 논쟁이다. 결국 아인슈타인의 철학이 본질적으로 데카르트적이었다는 것은 이원론적 일원론이었다는 말이 되며 그것은 서양식의 전통적인 정적사고에 머물러 있다는 것이다. 그러나 아인슈타인은 양자론의 보어적 해석을 반대하며 "신은 주사위를 던지지 않는다!"[383)는 말을 했다.

2) 하이젠베르크의 불확정성의 원리와 생성원리

하이젠베르크는

> 우리가 아원자의 세계를 깊이 파고들면 들수록 우리들의 자연상自然像의 어느 한 부분 또는 다른 부분이 몽롱해지는 지경에 도달하

---

381) F.카프라『새로운 과학과 문명의 전환』이성범역 범양사출판부 1993, 73쪽.
382) 위의 책 78쪽.
383) 위의 책 78쪽.

며, 그 부분을 다시 분명하게 하려면 반드시 또 다른 부분을 모호하게 해야 한다는 사실을 밝히고 있다.[384]

라고 불확정성의 원리를 설명한다.

하이젠베르크의 불확정성의 원리는 생성적 존재가 갖는 특징을 우리가 완전히 파악할 수 없다는 말과 같다. 우리가 현실적 존재로 존재하면서 동시에 생성적 존재를 파악한다는 것은 경우에 따라 가능할 수도 있고 불가능할 수도 있다.

가령 우리는 과거로 시간여행을 할 수 없으므로 현실적 존재에서 생성적 존재로 시간을 되돌릴 수 없다. 그러나 다른 존재들이 생성적 존재에서 현실적 존재로 변화하는 모습을 관찰할 수는 있을 것이다. 이 때에도 정확한 관찰은 사실상 불가능하다. 즉

아원자 수준에서 우리는 그 대상을 변화시키지 않고 관찰할 수 없다. 그 대상에 영향을 주지 않고 자연스레 제 길을 달리는 광경을 바깥에서 지켜볼 수 있는 독립된 관찰자는 있을 수 없다.[385]

라는 것이 그것인데 이 원리는 아원자의 세계에 국한하는 것이 결코 아니다. 그것은 생성적 존재 전체에 해당하는 일반적인 현상이다.

예를 들어 달걀 안의 병아리라는 생성적 존재는 달걀과 닭의 온적 존재이다. 이 생성적 존재를 우리가 관찰하기 위해서 달걀을 깨서 그 달걀 안에 존재하는 닭을 확인해야 한다. 그러나 우리가 달걀을 깨는 순간 이 존재는 이미 달걀 안의 병아리가 아닌 것이며 생성적 존재 또한 아니다. 달걀을 깨는 순간 이는 타살된 병아리이며 타살된 달걀인 것이다.

---

384) 하이젠베르크『철학과 물리학의 만남』한겨레 최종덕역 1994년 181쪽.
385) G.쥬커브『춤추는 물리』범양사출판부 김영덕역 1996, 183쪽.

인간은 태어날 때 누구나 생성적 존재로서 태아와 신생아의 생성적 존재이다. 그러나 이를 관찰할 수 있는 산파의 경우에도 이 생성적 존재의 확인은 불가능하다.

생성적 존재로서의 아이가 세상에 노출된 상태는 신생아의 상태이고 아직 산모의 몸속에 있는 상태는 태아이다. 산파가 확인할 수 있는 부분은 오로지 세상에 노출되어 있는 신생아에 한에서이다. 그리고 산모는 오로지 아직 산모의 몸 속에 있는 태아부분만 확인이 가능하다. 이 생성적 존재의 생성적 과정은 아이가 반은 태아이고 반은 신생아인 상태로 존재한다. 그러나 그 생성적 존재로서의 아이는 태아상태와 신생아 상태를 동시에 관찰할 수 있도록 허용하지 않고 있는 것이다.

하이젠베르크의 불확정성의 원리가 동시에는 명확히 정의될 수 없는 한 쌍의 개념 또는 양면이 있다는 것을 발견하게 된다는 것은 한철학의 생성적 존재를 확인한 것과 거의 같다.

우리가 기술하는 데 있어서 어느 한 면만 강조하면 할수록 다른 면이 불확실해지며 양자 사이의 정밀한 관계는 불확정성의 원리로 주어지는 것이라는 말은 곧 산파와 산모의 관계와 같다. 산파와 산모는 각각 신생아와 태아만을 확인할 수 있을 뿐이다.

이제 하이젠베르크의 불확정성 원리는 원래의 입자의 위치를 보다 정확히 알수록 운동량에 대해서는 그만큼 모르게 되고 마찬가지로 운동량을 보다 확실히 알면 위치는 그만큼 불확실해진다고 말한다. 즉 위치를 정확하게 알 수 있지만 그러면 운동량을 완전히 모르게 된다. 운동량이 정확히 관측되면 위치를 모르게[386] 된다는 말이 무엇을 의미하는 것인가에 대하여 우리는 알 수 있는 것이다.

산모는 태아가 세상 밖으로 나가면 나갈수록 그만큼 태아에 대하여

---

386) G.쥬커브 『춤추는 물리』 범양사출판부 김영덕역 1996, 324쪽.

감각할 수 없게 된다. 산파는 신생아가 산모의 몸 안에 나오면 나올수록 신생아에 대하여 자세히 확인할 수 있게 되지만 태아에 대해서는 조금도 아는 바가 없는 것이다.

산모가 태아를 정확히 인식하면 할수록 산파는 신생아를 인식할 수 없고, 산모가 태아를 인식하기 어려우면 어려울수록 산파는 신생아를 인식하기 쉬워진다. 산모와 산파가 동시에 태아와 신생아를 인식하기는 불가능한 것이다.

3) 영자론量子論과 생성원리

양자론은 결국 대립하는 두 개의 존재가 하나의 전체로 사실 세계에 존재한다는 사실을 서양철학에 분명히 각인시켜준 혁명적인 사건이다.

> 이것은 지상명령과 같은, 어떤 것이 이것 아니면 저것이어야 하고, 동시에 둘이 될 수 없다는 생각에 정면으로 도전한다. 서양사상에 대한 양자역학의 중요한 공헌은, 우리가 우리의 개념을 구축하는, 인위적 개념에 치명적인 타격을 준 것이다. 이러한 고질화된 개념의 테두리 속에 우리는 구속되어 있는 것이다. 양자장이론은 어떤 무엇이 동시에 이것과 저것이(파동과 입자)될 수 있다고 과감히 선언한다. 이 중에 어떤 것이 진정한 기술인지 알려고 하는 것은 무의미하다. 완전한 이해를 위해서는 둘 다 필요하다.387)

서양철학은 플라톤과 아리스토텔레스 이래 이원론이며 그 이원론은 부정성에 의해 일원론으로 향한다. 그런데 이러한 서양철학이 양자역학이라는 과학적 발견을 만나면서 대대적인 지각변동을 일으키게

---

387) 위의 책 299쪽.

되는 것이다. 만물의 근원인 양자가 입자와 파동이라는 이원론으로 구성되어 있다는 것은 서양철학 전체를 파괴하는 것이기 때문이다. 이원론에서 둘 중의 하나가 다른 하나를 부정하여 박멸하는 입장이 그동안의 불문율이었다면 새로운 양자장 원리는 둘 중의 하나가 아니라 둘 다 반드시 필요하다는 것이다.

이제야 비로소 서양철학은 한철학의 긍정성의 원리를 이해할 준비가 된 것이며 한철학의 첫 번째 단계인 생성적 존재인 온적 존재를 받아들일 기초적인 지식을 갖추게 된 것이다.

양자론이 하나의 실체가 입자와 파동이라는 이중적 존재로 이루어졌다는 사실을 발견한 것은 한철학의 생성적 존재가 응축적 존재와 확산적 존재로 이루어졌다는 사실을 말하는 것과 그 개념에서 거의 일치하는 것이다. 다만 한철학은 이 사실이 적어도 1만 년 전 알타이어족들이 축적했던 경험의 세계라는 사실과 그 내용을 전반적인 사실세계에 적용한 것이 한겨레의 천부경, 삼일신고, 366사라는 사실을 밝히고 있다는 점이 다른 것이다.

그리고 이 긍정성의 철학이 설명하는 생성적 존재가 아원자의 세계만을 지배하는 것이 아니라 현실세계를 지배하는 가장 큰 법칙이라는 점을 강조하는 것이다.

3) 양자역학과 동적철학

화이트헤드는 존재를 물리적인 극과 정신적인 극으로 분할한다.

어떠한 현실적 존재도 양극 가운데 어느 하나를 결여하고 있을 수 없다. 비록 상이한 현실적 존재에서 그들의 상대적 중요성이 달라질 수는 있다 해도. 따라서 현실적 존재는 본질적으로 양극적인 것으로서 물리적인 극과 정신적인 극을 가지고 있다. 그리고 물리적 세계조차도 정신적 작용들의 온체인 반대쪽 측면과의 관련을 떠나서는 올바르게 이해될 수 없다.[388]

화이트헤드의 현실적 존재는 물리적인 극과 정신적인 극을 하나의 전체로 구성하고 있다. 그의 현실적 존재는 만물뿐 아니라 신도 양극적이라고 말한다. 이는 아원자의 세계가 입자와 파동으로 이루어진 것을 철학화한 것이다. 다만 그 비율은 50:50이다.

모든 현실적 존재와 마찬가지로 신의 본성은 양극적dipolar이다.[389]

이와 같은 화이트헤드의 신관神觀은 알타이어족의 신화에 등장하는 감과 밝의 대립과 같은 개념의 세계를 설명하는 것이다. 화이트헤드가 만물의 양극성을 말하는 것은 칸트의 50:50의 세계를 말하는 것과 다르다고 보기 어렵다. 그러나 화이트헤드는 칸트의 50:50의 세계를 다시 반복하는 것은 아니다. 그 상태는 칸트와 전혀 다른 것이다.

칸트가 사유한 세계의 상태는 뉴턴의 과학이 설명하는 정적인 세계이며 화이트헤드가 사유한 세계의 상태는 양자역학이 설명하는 동적인 세계라는 근본적인 차이가 있다. 뉴턴의 과학이 정적인 세계의 평형상태를 만고불변의 원리로 설명했을 때 칸트는 그것을 철학에 도입하여 순수이성의 이율배반으로 설명했다. 양자역학에서 입자와 파동이 동적세계의 만고불변의 원리를 설명했을 때 화이트헤드는 그것을 철학에 도입하여 양극적인 세계를 설명했다.

---

388) 화이트헤드 『과정과 실제』 오영환역 민음사 433쪽.
389) 위의 책 593쪽.

물리학은 양자역학에서 생성을 발견한다. 그러나 이 물리학적 생성은 살아 있는 생명체로서의 생성은 아니다. 물리학적 생성은 결코 생명체로서의 과정을 다룰 수 없는 것이다.

그런데 불확정성원리를 발견한 하이젠베르크는 양자역학의 미묘한 문제에 대해 이렇게 말했다.

> 실제로 원자나 소립자와 같은 것들은 그 자체로서 실제적인 것이 아니다. 원자세계는 사물과 사실로 구성된 세계가 아니라, 잠세태 혹은 가능태로 이루어진 존재세계를 형성하고 있다.[390]

하이젠베르크가 말하는 사물과 사실로 구성된 세계란 한철학에서 말하는 현실적 존재로서의 세계이며 그 세계 안에 살고 있는 현실적 존재로서의 인간이다. 그런데 원자나 소립자는 이러한 현실적 존재로서의 존재가 아니라는 것이다.

물리학은 여기서 한계를 보여주고 있는 것이다. 그러나 철학은 그보다 더 큰 테두리를 언제나 추구한다.

---

390) 하이젠베르크『철학과 물리학의 만남』한겨레 최종덕역 1994년 164쪽.

8
새로운 접근 제3의 길

이 원론적 일원론이 지배하던 서양의 지식계는 양자역학 이후 두 개의 서로 다른 존재를 하나로 묶는 작업에 관심을 보이고 있다. 그것은 서양으로서는 새로운 접근인 제3의 길이다. 쿠시넨[391]은

> 철학의 전 역사는 유물론과 관념론 외에 제3의 노선은 있을 수 없다는 것을 증명하고 있다.[392]

라고 말했다. 쿠시넨이 이렇게 주장할 때 그가 진정으로 하고 싶은 말은 '그러나 관념론은 존재할 수 없으므로 유물론만이 존재한다'라고 말하려 하는 것임은 그의 말을 듣지 않아도 미루어 짐작할 수 있는 이원론적 일원론에 바탕을 둔 독선적인 주장이다.

그런데 그가 무심코 던진 '제3의 노선은 없다'라는 말에서 제3의 노선이라는 개념을 언급했다는 점에서 그는 심상치 않은 말을 한 것이

---

391) 핀란드 출신의 열렬한 공산주의 이론가이며 혁명가로서 핀란드공산당의 창립과 코민테른의 서기를 담당하고 소련군점령지 테리오키 인민정부의 수반, 소련최고회의 부의장, 소련공산당 제19차 당대회에서 중앙위원회 간부위원, 일본공산당 체제기초에 참여 등 화려한 경력의 공산주의자.
392) 쿠시넨『변증법적 유물론 입문』서진영역 동녘 1997, 47쪽.

다.

유물론과 관념론은 우리가 이미 다루었던 팔상태에서 정적전체적원기와 정적전체적원체를 말하는 것이다. 우리가 팔상태를 통해 알았던 것은 쿠시넨이 없다고 주장하는 제3의 노선의 숫자가 8! 이라는 다양한 상태로 나타나는 것이다.

1) 앤서니 기든스의 제3의 길

최근 우리는 앤서니 기든스의 제3의 길이라는 방법론이 특히 우리나라에서 상당히 비중 있게 받아들여지고 있다는 것을 알고 있다. 제3의 길이 흥미를 끄는 이유는 서구의 산업사회가 그동안 이원론적 일원론이라는 방법론으로 인해 두 개의 존재가 있다면 하나의 존재로 나머지 하나의 존재를 박멸하고 부정성의 위력을 보여주는 것이 방법이었기 때문이다. 제3의 방법은 우리나라에 만연한 부정성의 대립을 대체할 무언가 새로운 철학적 해결을 가지고 있으리라 믿기 때문일 것이다. 앤서니 기든스는

> 제가 말하는 제3의 길은 이런 전통적인 스타일의 구식사회민주주의와 신자유주의를 다같이 초월하려는 것입니다.[393]

라고 말한다. 그의 주장이 획기적인 것은 대립되는 양자를 전통적인 서양철학의 결함인 이원론적 일원론의 관점을 전혀 취하지 않았다는 점이다. 그는 제3의 길을 이루는 여섯 가지 중심과제를 1998년 동아일보사 회의실에서 열린 한상진 교수와의 대담에서 이렇게 강조했다.

---

393) 앤서니 기든스『제3의 길』한상진/박찬욱역 생각의 나무 1998, 261쪽.

첫째는 정부의 재창출입니다. 정부의 비대한 몸체를 줄이면서 투명하고 효율적인 정부기구를 만드는 작업이 중요하지요.

둘째는 시민사회를 재구성하는 것이며

셋째는 정부규제의 완화와 민영화를 통하여 시장 중심적인 신혼합경제를 이끄는 과제입니다.

넷째는 인적자원의 개발과 위험 사회에 대한 적극적인 처방으로 복지 체제를 개편하는 것입니다. 제3의 길은 산업근대화가 주축을 이루는 단계로부터 친환경적 생산력을 구축하는, 보다 입체적이고 성찰적인 근대화로의 전환을 뜻합니다.

다섯째는 세계적 민주주의를 관철할 수 있는 범세계적 관할체제를 준비하는 것입니다.394)

기든스가 구식사회민주주의와 신자유주의를 다 함께 초월하는 방법이라고 했을 때 그것은 이 두 가지 상태를 대립시켜 하나의 살아 있는 생명체로서의 전체로 조직한다는 의미라고 보기는 불가능하다.

우리가 이해하는 긍정성의 변증법이 아니면서 제3의 길을 제시한다면 그것은 쌍방을 모두 부정하거나 50:50으로 대립시키거나 그것도 아니라면 두 개의 대립에서 서로 좋은 점만을 골라 적당히 절충하는 방법일 수밖에 없다. 물론 절충식 방법은 아무런 철학적 원칙도 없는 최악의 방법론이다. 우리는 대립하는 쌍방이 무엇이든 그 대립이 하나의 살아 있는 생명체로 조직하는 창조에 관심이 있다.

팔상태에서 구식사회주의는 정적전체적원체이며 신자유주의는 동적다원적원체이다. 원체와 원기의 대립에서 하나의 전체가 이루어진다. 기든스는 대립하는 양자를 정적전체적 테두리와 동적다원적 테두리의 대립으로 설정하고 있다. 기든스의 방법이 비극적인 것은 그가

394) 앤서니 기든스 『제3의 길』 한상진/박찬욱역 생각의 나무 을유문화사 1998, 266쪽.

대립시키고 있는 서로 다른 테두리의 원체들의 반대편에 원기들이 자동적으로 대립하고 있는 상태의 복합성을 전혀 인식하지 못하고 있다는 사실에 있다. 구식사회주의가 정적전체적원체일 때 그와 대립하는 정적전체적원기는 문화나 종교, 민족주의 등이 될 것이다.(물론 문화나 종교, 민족주의가 단순히 정적전체적원기에만 해당한다는 것은 아니다.) 과거 스탈린은 독일과의 전쟁시에 러시아민족주의라는 정적전체적원기를 구식사회주의라는 정적전체적원체와 대립시켜 이를 하나의 전체로 구성하여 국가를 이끌었다. 또 평상시에는 공산혁명으로 악인 모든 자본가는 멸망하고 선인 노동자들의 천국인 이상세계가 도래한다는 종교로서의 정적전체적원기를 대립시켜 전체를 구성하여 국가를 이끌었다. 신자유주의가 동적다원적원체일 때 동적다원적원기는 그에 따른 문화와 종교, 지적자본 등이 해당될 것이다.

이처럼 구식사회주의와 신자유주의는 모두 혼자서는 존재할 수 없고 반드시 대립되며 각각 하나의 전체를 이룬다. 그런데 기든스의 논리에는 대립되는 반대편의 것이 고려되지 않는 근본적인 결함이 있다. 물론 그의 방법론은 긍정성의 방법론으로 지금까지의 빈곤한 철학적 배경에서는 획기적인 것이다. 지금까지는 사회주의의 비효율성과 자본주의의 불평등을 해소할 방법이 전혀 없었으므로 공존의 방법론을 모색한 기든스의 시도는 큰 가치가 있는 것이다.

그러나 기든스의 사회학적 실험이 적용된 곳이 영국이든 한국이든 시작조차 할 수 없는 논리로 여러 가지 결론을 내릴 때 문제는 해결보다는 오히려 시작에서부터 새롭게 만들어질 수 있는 것이다.

2) 탕구Tangu족과 제3의 길

뉴기니아의 외딴 지역에 살고 있는 탕구족은 현대의 그 어떤 사상가

보다도 사실세계에서 부딪치고 있는 이원론의 문제에 대해 문명적으로 해결하고 있다. 현대문명이 맞고 있으며 또한 해결하지 못하는 문제는 이원론적 일원론의 문제이다. 대립하는 양자가 한편이 선이고 나머지 한편이 악이 되면서 한편이 다른 한편에 대하여 부정성의 위력으로 박멸하는 그 문제가 철학에서 가장 어려운 난제 중의 난제인 것이다.

> 탕구족은 동등성의 가치를 존중한다. 한 개인 혹은 집단이 승리하고 다른 편이 패한다는 관념은 그들을 성가시게 만든다. 왜냐하면 그들은 이기는 것이 나쁜 의지를 생기게 한다고 믿기 때문이다. 사실상 유럽인들은 탕구족에게 축구를 가져다주었을 때 그들은 규칙을 바꾸어 게임의 목적을 두 팀이 같은 점수를 얻는 것으로 만들었다. 때로 그들의 축구시합은 양 팀이 같은 점수를 얻을 때까지 몇일 동안 계속되기도 하였다. 그와 대조적으로 미국인의 시합은 매우 경쟁적이어서 항상 승자와 패자가 있기 마련이다.[395]

우리는 이 대립하는 양자를 하나로 묶는 방법에 대하여 앤서니 기든스가 제시하는 제3의 길을 검토했지만 그는 테두리 건너뜀이라는 오류를 범하고 있었다. 이런데 우리가 야만족으로 생각하는 탕구족에게 오히려 올바른 제3의 길이 있는 것이다. 탕구족은 대립하는 양자가 한 쪽이 다른 한 쪽에 대하여 부정성과 박멸의 의지를 전혀 가지고 있지 않다. 그리고 상대방을 이기는 것에 대하여 나쁜 의지가 생기게 하는 것이라고 생각한다. 그들이 말하는 나쁜 의지라는 용어보다 더 의미심장한 철학적인 용어가 또 있을까?

탕구족이 말하는 나쁜 의지가 우리가 지금까지 논의해온 '너 죽고, 나 살자!'는 부정성의 위력이요 박멸의 의지인 것이다. 지난 삼천 년

---

395) D.라이트 S.켈러『사회학입문』노치준/길태근역 한울 1987, 101쪽.

동안 세계의 기라성 같은 철학자들이 감히 생각해내지 못한 철학의 깊은 개념을 그들이 뉴기니아의 정글에서 발견한 것이다. 그들은 동등성의 가치를 생활에서 활용하고 있는 것이다. 바로 여기에 진정한 제3의 길이 시작될 수 있는 것이다.

그들이 축구게임의 규칙을 바꾸어 이기고 지는 게임이 아니라 서로의 동등성을 확인하는 게임으로 만들었다는 사실은 그야말로 새로운 문명을 여는 등불의 역할을 하는 것이다. 그들이 말하는 동등성은 '너와 나, 모두 함께 잘 살자!'는 긍정성으로 향하는 것이다. 우리는 이 탕구족이 생활에서 보여주는 동등성이 갖는 문명성을 찬양할 수 있는 용기가 있는가? 그리고 현대문명이 그 내면에 품고 있는 부정성의 위력과 박멸의 의지를 야만이라고 말할 수 있는 올바른 용기가 있는가? 문명과 야만은 사용하는 물리적 도구로 정해지는 것이 아니라 사용하는 정신적 도구에 의해 정해져야 마땅한 것이다.

다만 엄밀하게 생각해 볼 때 탕구족이 둘 중에 하나를 승자로 만드는 것이 아니라 동점에 이르는 게임을 만든다고 할 때 그 동점을 목표로 하는 것만으로 생성이라고 말할 수는 없다. 탕구족이 말하는 동점이 곧 칸트의 변증법과 같이 50:50을 의미하는 것이라고 할 수는 없겠지만 동점으로 생성이 이루어지지 않는다는 것은 분명한 것이다.

3) 시너지효과와 제3의 길

스트븐 코비는 시너지효과를 설명한다. 그는 탕구족의 동등성의 가치를 최대한 활용한 훌륭한 예를 보여주는 것이다. 그는 이렇게 말한다.

많은 사람들은 이것 아니면 저것이라는 이분법적 관점을 가지고 있다. 즉 사람들은 당신이 관대하다면, 강인한 사람이 아니라고 생각한다. 그러나 승/승 사고방식은 관대하면서도 강인한 것이다. 다시 말하면 승/패적 사고보다 두 배나 강인한 것이다. 승/승적이 되기 위해서는 관대하면서도 용기가 있어야 한다. 공감적이면서도 자신감을 갖고 있어야 한다. 또한 사려 깊고 분별력이 있어야 할 뿐만 아니라 용감해야 한다. 따라서 이렇게 용기와 배려 간에 균형을 이루는 것이 진정한 성숙의 본질이 되고 승/승에 바탕이 된다.[396]

스트븐 코비는 이원론적 일원론에 대한 올바른 비판을 하고 있다. 그는 '너 죽고, 나 살자!'는 패러다임을 '너와 나, 모두 함께 잘 살자!'는 상호협력의 패러다임으로 바꾸는 방법론을 말하고 있는 것이다.

그런데 그가 말하는 승/승이 승/패보다 두 배로 강인하다는 계산은 크게 틀린 계산이다. 승/승은 $45+55=100$이며 승/패는 $45-55=10$ 또는 $55-45=-10$이다. 이는 수론적 계산상으로 볼 때 두 배가 아니라 약 열배의 질과 양의 차이이다. 그리고 실제로는 100배 1000배의 효과로도 말하기 어려운 효과가 있다. 그것은 죽은 것과 살아 있는 것의 차이이기 때문이다. 그의 계산이 얼마나 크게 틀렸는가 하는 것을 안다면 그가 무언가 제대로 접근은 했지만 제대로 설명을 하지는 못하고 있다는 사실을 발견할 수 있을 것이다. 또한 그는 이원론적 대립을 관대한 것과 강인한 것의 대립에 대하여 관대하면서도 강인한 것이라는 것을 승/승적인 관점이라고 말한다. 그것을 틀렸다고 말할 수는 없지만 그가 말하는 승/승적인 관점에는 과정과 생성이라는 개념이 전혀 고려되어 있지 않다. 8!의 다양한 상태에서 좋은 것만을 골라 사용한다고 해서 그것이 곧 생성과 과정으로 연결되는 것은 아니

396) 스티븐 코비 『성공하는 사람들의 7가지 습관』 김경섭/김원석역 2002, 300쪽.

기 때문이다. 그는 다시 이렇게 말한다.

두 사람의 의견이 불일치할 때, 두 사람 모두 옳을 수 있다는 것이
논리적으로 가능한가? 이것은 논리적이 아니다. 그 대신 심리적인
것이다. 그리고 이것이야말로 아주 현실적인 것이다. 인생이란 이
것 아니면 저것이라는 이분법적이 아니고 거의 항상 제3의 대안이
있다는 사실을 믿지 않는다면, 우리는 이러한 조절됨의 한계를 결
코 극복하지 못할 것이다.[397]

두 사람의 의견이 불일치할 때 두 사람 모두 옳을 수 있다는 것이
논리적이지 않다는 것에 대해서는 우리는 이미 아리스토텔레스의 논
리학이 문제가 있다는 사실을 통해 알았다. 그런데 아리스토텔레스의
논리학은 논리학적으로 볼 때 조금도 논리적이지 않은 것이다. 그러나
코비는 한철학의 논리학으로는 가장 가깝게 접근을 한 것이다.

그런데 스티븐 코비가 그것이 심리학이라고 말했을 때 심리학이
이 현상에 대해 설명할 수 있으리라는 기대를 한 것은 옳은 것이라고
보기 어렵다. 왜냐하면 반 쪽을 전체라고 믿는 오류를 벌써 범하고
있기 때문이다.

예를 들면 진정한 쌍방이 옳을 수 있다는 것은 심리적인 내용과
그 반대편의 물질적인 면이 결합할 때 가능하기 때문이다. 심리적인
것과 심리적인 것의 결합은 관념론으로 흐르기 쉬우며 그것은 이미
수천 년간 보아온 독선이기 때문이다. 진정한 결합이 이루어지는 과정
은 현실적이라기보다는 현실적인 것이 되기 위한 과정 즉, 생성적이라
고 보는 것이 옳을 것이다.

---

397) 스티븐 코비 『성공하는 사람들의 7가지 습관』 김경섭/김원석역 2002,
388쪽.

그러면 시너지란 무엇인가? 간단히 정의한다면 시너지는 전체가 각 부분들의 합보다 더 크다는 것을 의미한다. 다시 말하면 각 부분들 상호간에 갖는 관계는 전체의 일부분이고, 또 그 자체가 전체의 역할을 한다는 것을 의미한다. 따라서 이것은 한 부분이지만, 동시에 최대의 촉매작용을 하고, 최고의 역량이 있으며, 가장 큰 통합을 이룩하게 하는 멋진 부분이다.[398]

스티븐 코비가 말하는 시너지의 개념이 전체가 각 부분들의 합보다 더 크다면, 그리고 그것이 전체라면 그 전체는 어떤 상태들의 합인가가 설명되어야 한다. 50:50의 합은 생명력이 없는 것이다.

또 대립하는 상태는 팔상태로 나뉘며 그것이 합을 이루는 경우의 수는 8!이다. 이 엄청난 경우의 수가 만드는 합에서 나타나는 수많은 상태를 단순하게 각 부분의 합이라는 시너지라고 말하기는 불가능하다. 팔상태가 결합하는 그 많은 경우에서 최고의 역량과 가장 큰 통합을 이룩하게 하는 멋진 부분도 있겠지만 최악의 역량과 가장 작은 통합을 이루게 하는 이글어진 부분도 분명히 존재하는 것이다.

스티븐 코비는 팔상태의 각 부분들이 결합하여 만들어내는 8! 라는 경우의 수가 설명하는 다양성의 세계를 조금도 인식하지 못하고 어린 아이처럼 그 결과에 대해 지나칠 정도로 낙관적으로 생각하고 있는 것이다.

그가 "그는 생태학이란 기본적으로 자연에서의 시너지즘synergism, 즉 상조작용을 설명해주는 어휘이다. 즉 이 세상 만물은 모든 다른 것과 서로 연결이 되어 있다는 것이다."[399] 라고 말할 때 생물철학적 유기체철학을 말하고 있다. 그러나 자연은 상조작용 즉 상생작용만

---

398) 스티븐 코비 『성공하는 사람들의 7가지 습관』 김경섭/김원석역 2002, 366쪽.
399) 스티븐 코비 『성공하는 사람들의 7가지 습관』 김경섭/김원석역 2002, 396쪽.

있는 것이 아니며 상극작용도 있는 것이다.

이왕에 그의 용어대로 말하자면 시너지즘은 상극작용과 상생작용의 합으로만 이루어지는 것이지 상생작용만으로 이루어지는 것은 전혀 아닌 것이다.

이 부분은 가장 오해하기 쉬운 부분으로 이미 동양의 많은 철학자들과 종교인들이 상생의 시대를 이상시대라는 것처럼 오해한 것을 그역시 답습하고 있는 것이다. 그의 경우 말하자면 플라톤의 덫에 걸린 것이다.

우리는 스티븐 코비가 제3의 길의 방법론에 옳게 접근하고 있음을 알 수 있다. 그러나 스티븐 코비가 설명하는 제3의 길은 거의 아무런 구조와 체계 그리고 조직론을 가지고 있지 않다. 그는 탕구족과 마찬가지의 오류를 범하고 있는 것이다. 즉 과정을 이끌 변화와 혁신의 논리는 고사하고 기본적인 조직적 사고의 도구도 없는 것이다.

4) 케인즈 제3의 길

케인즈는 하이예크와 미제스 그리고 프리드만 등의 신자유주의자들에 의해 오래 전부터 집중적인 공격을 받았고 이제는 거의 잊혀지는 듯 보인다. 그러나 위대한 천재들이 갖는 유일한 문제는 너무 일찍 태어난다는 점에 있는 것처럼 그 역시 그가 가진 진면목을 이해하기에는 너무 이른 시기에 태어나 활동했다고 볼 수 있다.

케인즈가 가지고 있는 중요한 정신적 바탕을 가장 잘 보여준 것은 그가 31세였던 1919년 베르사이유 강화회의에 대한 입장표명에서 잘 나타나 있다. 당시 독일은 제1차대전의 패전국이었고 승전국인 미국과 영국, 프랑스 등은 전쟁비용에 대해 배상을 요구할 권리가 있었고 가능하면 많은 액수를 독일에게 배상하도록 요구하려 하였다.

그 결과 독일이 배상해야 할 배상액은 400억 달러였으며 그것은 1992년 가치로 4000억 달러에 달하는 막대한 돈이었다. '너 죽고, 나 살자!'는 철학이론을 이보다 더 잘 설명한 경우도 드물다. 이에 대한 케인즈의 논거는

> 베르사이유 조약의 기본계획은 먼저 독일과 독일의 지불능력을 파탄시키고 난 다음에 지불을 요구하게 되어 있다.[400]

는 것이다. 케인즈의 이 주장은 제1차대전을 일으킨 부정성의 위력에 대한 처리방법을 똑같은 부정성의 위력으로 대하려는 연합국의 지도자들에 대한 통렬한 비판이었다. 케인즈의 이 주장이 고도의 철학적 사고에 의한 의미심장한 주장이라는 사실은 아직도 평가되지 못하고 있는 것이다. 베르사이유 조약에 대한 그의 사려 깊은 주장을 직접 들어보자.

> 이 조약에는 유럽의 경제적 재건을 위한 조항이 없다. 다시 말해 패배한 중앙연합 제국을 선린으로 만들 조항, 유럽의 신생국들을 안정화하기 위한 조항, 러시아 개발을 위한 조항이 없다. 또 연합국 자신들 사이의 경제적 연대를 위한 계약도 규정하고 있지 않다. 프랑스와 이탈리아의 혼란한 금융질서를 회복하기 위한, 혹은 구세계와 신세계의 체제를 조정하기 위한 합의가 파리에서는 이루어지지 못했다. 4자회담은 이들 문제에 대해 아무런 주의도 돌리지 않았다. 눈앞에서 굶주리며 와해되어가는 유럽의 근본적인 경제적 과제들이 4자회담의 관심을 끌지 못했다는 사실이 신기할 뿐이었다. 그들이 경제 분야로 일탈한 주된 목적은 배상 때문이었으며, 배상의 문제를 종교와 정치 및 선거용 문제로 다루었다. 이렇게 볼

---

400) 갤브레이스『경제사여행』조규하역 고려원 1994, 58쪽.

때, 그들이 운명을 좌우하고 있던 나라들의 경제적인 전망을 제외한 모든 관점에서 다루어졌다고 볼 수 있다.[401]

케인즈와 승전국 지도자들과의 관점의 차이는 명맥하다. 승전국 지도자들은 독일을 부정성의 위력의 대상, 박멸의 대상으로 보는 것이다. 다시 말해 유럽전체를 집단자살로 몰고 갈 '너 죽고, 나 살자!'는 논리를 전개하고 있는 것이었다. 그에 반해 케인즈는 독일을 장차 유럽과 세계를 함께 꾸려나갈 선린의 대상으로 보고 있는 것이다. 즉 '너와 나, 모두 함께 잘 살자!'고 말하고 있는 것이다. 이 차이는 살아 있는 것과 죽은 것과의 차이이며 있는 것과 없는 것의 차이이다. 패전국 독일의 참상은

> 1923년 내내 독일에 있는 인쇄기의 절반가량이 돈을 찍어내고 있었다고 한다. 그래서 1923년 여름에 미국 국회의원 앤드류A.P. Andrew는 7달러를 주고 40억 마르크를 받았으며, 나중에 식사 한 끼에 10억 5000만 마르크를 지불하고 4억 마르크의 팁을 줌으로써 역사서에 달 조그만 각주를 성취했다.[402]

라는 기록에서 잘 나타난다. 이러한 상황에서 그 자존심 강한 독일의 가장들은 그들의 아내와 딸들이 승전국 병사들에게 웃음을 팔아 벌어온 빵을 눈물로 씹어 삼켜야 했을 것이다. 그 때 그 마음이 어떠했나 하는 것을 생각해보는 일은 2차 세계대전을 이해하는 일에 큰 도움이 될 것이다. 그 부정성이 야기할 광란의 집단자살 문제에 대하여 케인즈는 이미 파악한 것으로 판단할 수 있는 것이다.

결국 베르사이유 조약은 승전국의 무자비한 부정성의 위력의 야만

---

401) 갤브레이스 『경제사여행』 조규하역 고려원 1994, 60쪽.
402) 갤브레이스 『경제사여행』 조규하역 고려원 1994, 62쪽.

성만 만천하에 들어냈을 뿐 정작 그들은 원하는 배상을 전혀 얻지 못하였다. 히틀러는 1920년 2월 그의 나치스당 강령의 제2조를 이렇게 만들었다

2. 우리는 타민족에 대한 독일민족의 평등권을 요구하며 베르사이 유조약 및 생제르맹 평화조약의 파기를 요구한다.[403]

그리고 그것을 종식시킨 인물은 히틀러였다. 베르사이유 조약의 부정성의 위력은 그에 못지않게 무자비한 부정성의 위력의 소유자인 히틀러에 의해 부정되고 박멸된 것이다. 드디어 사상최대의 집단자살은 진행되기 시작한 것이다. 이것이 부정성의 위력을 부정성의 위력으로 부정하고 박멸한 표본이다. 히틀러는 베르사이유 조약에 대해 이렇게 말한다.

1919년에 평화조약이 독일민족에게 강요되었을 때, 바로 무자비한 억압을 위한 이 도구에 의해서 독일의 자유를 구하는 외침이 강력히 촉진되기를 희망한다는 것은 정당한 일임에 틀림없다. 그렇다. 그와 같은 평화조약은 이러한 일에 봉사할 수 있다. 그 엄청난 억압, 그 파렴치한 요구 가운데, 국민 안에 잠든 활력을 일깨우기 위한 최대의 선전 무기가 있는 것이다.[404]

히틀러가 히틀러일 수 있었던 가장 큰 배경을 마련해준 것은 다름 아닌 승전국의 그 무자비한 부정성에 있었음을 히틀러는 밝히고 있는 것이다.

---

403) 와타히끼 히로시 『세계사 큰 줄기 작은 줄기』 이희건/이선아역 가서원 386쪽.
404) 히틀러 『나의 투쟁』 이명성역 홍신문화사 1988, 320쪽.

결국 베르사이유조약은 단 한사람만의 위대한 사상가의 이름을 역사에 남기게 해준 것이다. 그가 곧 케인즈인 것이다. 오직 케인즈 한사람만이 베르사이유조약에 깔려 있는 부정성과 박멸의 의지로 응축된 집단자살의 광란을 평화와 사랑의 긍정성의 위력으로 바꿀 최선의 방법론을 제시했다. 그 만이 전 인류적인 차원에서 가동시킬 수 있는 위대한 긍정성의 방법론을 제시한 것이다. 그리고 그 방법론은 제2차 세계대전은 물론 그 이후의 냉전과 현재의 남북한의 대립까지도 미연에 방지할 수 있는 위대한 것이었다.

그런데 왜 그의 정책은 효력을 발휘하지 못했을까? 그것은 당시 승전국의 학자들과 정치가들이 케인즈가 바로 그들의 이익을 위해 말하고 있다는 사실을 이해할 지적능력을 갖추지 못했거나 그의 주장에 대한 확신이 없었을 것이다. 혹은 케인즈의 주장을 이해하고 그것이 옳다고 확신한 학자나 정치가가 있었다 해도 그것을 추진할 용기가 없었을 것이다.

그렇다 해도 당시 학자들이나 정치가들에게만 문제가 있다고 말해서는 안 된다. 문제는 역시 케인즈 자신에게 있었다고 해야 하는 것이다. 우리가 케인즈에게 왜 모든 문제를 해결할 완전한 내용을 철학화하지 못했냐고 그를 원망할 수는 없지만 그것을 안타까워할 권리는 얼마든지 있는 것이다.

그는 단지 현상으로써의 베르사이유조약의 문제를 다루었을 뿐이다. 그가 베르사이유조약을 긍정성의 위력으로 해결하려는 차원을 넘어 긍정성의 철학원리 다시 말해 긍정성의 변증법을 조직한 다음 그 원리가 모든 부정성의 변증법이 가진 문제를 해결할 수 있는 원리임을 논증했다고 하자. 그러한 작업을 마친 후에 베르사이유조약이라는 현상을 한철학 원리로 설명하고 그 문제를 해결할 긍정성의 위력을 설명했다면 그것을 당시 학자들과 정치가들이 거부할 수 있었을까? 만일 케인즈가 이러한 과정을 성공적으로 거쳐 베르사이유조약을 비판했다면 히틀러는 세계사에 등장하지도 못했을 것이고 2차대전도 없었을 것이며 우리나라가 억울하게 남북으로 분단되는 일도 없었을 것이다.

케인즈는 현상으로서 긍정성의 철학을 충분히 이해했지만 그 원리를 철학으로 조직하지는 못하였다. 그리고 2차대전과 그에 부속된 모든 비극적사건의 연쇄가 일어난 후에 더구나 우리 한겨레가 분단되고 그에 따른 비극이 계속해서 일어나는 상황에서 이제야 겨우 긍정성의 철학인 한철학은 조직되어 설명되고 있는 것이다.

더구나 철학의 빈곤이 야기한 비극의 연쇄로 인해 말할 수 없이 억울한 피해를 당했으며 또한 당하고 있는 우리 한겨레공동체에서 그 철학의 빈곤을 해결할 긍정성의 변증법까지 조직하여 제시하고 있는 것이다. 한철학은 이처럼 모든 현상이 드러날 대로 드러난 듯 보이는 상황에서야 겨우 그 모습을 드러내는 것이다.

케인즈의 사고에는 기본적으로 이와 같은 '너와 나, 모두 함께 잘 살자!'는 긍정성의 철학을 엿볼 수 있다. 그의 경제학도 역시 마찬가지이다. 우리는 케인즈의 경제학을 미제스나 하이예크 등의 신자유주의 학자들이 신날하게 비판할 때 그것에 충분한 이유가 있음을 부정할 이유는 없다. 그러나 우리가 관심을 가지는 것은 비록 철학이론으로 조직되지는 않았다 하더라도 그의 경제학의 저변에 깔려있는 위대한 긍정성의 위력인 것이다.

그의 경제학을 그의 유명한 '고용 이자 및 화폐에 관한 일반 이론'으로 설명하기는 지나치게 전문적이어서 비전문가로서는 어려운 일이다. 그러나 전문가가 설명한 쉬운 내용으로 이해할 수는 있다.

케인즈는, 인간이 자신의 사리만을 추구한다면 보이지 않는 손이 인간을 올바른 길로 인도한다는 환상을 전혀 가지지 않았다. 그는 일찍이 자유방임주의를 지워버렸다. 케인즈는 해야 할 일을 우리들이 한다면 우리들의 자유를 상실하기 때문에, 그 일을 할 수 없다고 말하는 것 같은 사람들과 의견을 달리 했다. 그러한 견해는 자유 및 대의정치를 옹호한다기보다도, 오히려 그것들에 대한 신념의 결핍을 보여주는 것 같았다. 케인즈가 정부의 행동을 필요하다고 원한 이유는, 교통규칙이 있으면 모든 사람들이 혜택을 받지만, 그것 없이는 사람들이 저마다 다른 사람의 길에 들어가서 서로 방해를 일으켜 결국 아무도 목적지에 도착하지 못하므로, 교통규칙이 필요한 것을 알았기 때문이다.[405)

케인즈는 보이지 않는 손이라는 신비주의 종교의 수상스러운 유일신에 대해 조금도 환상을 가지지 않았다는 것이다. 자유방임주의에서의 경쟁에서 자본가가 노동자와 빈민들에게 절대적으로 유리한 것은 불문가지이다. 따라서 정부가 나서서 불리한 위치에 있는 노동자와 빈민들에게 일자리와 최소한의 복지를 보장해주는 것은 사회전체를 위해 반드시 필요하다는 주장인 것이다.

케인즈의 이와 같은 주장은 베르사이유 조약에서 패전국인 독일의 배상금을 갚을 능력을 기준으로 해야 한다는 주장과 맥락을 같이 하는 것이다. 제1차대전 승전국들이 독일에게 엄청난 배상금을 요구했지만 거의 받지 못하고 히틀러라는 괴물의 등장에 필연성을 부여했다.

마찬가지로 케인즈는 노동자와 빈민이 자본가들에 의해 '너 죽고, 나 살자!'는 식으로 부정성의 위력으로 착취당하는 것은 저 스탈린이라는 괴물의 등장에 필연성을 제공하는 것과 같다는 주장을 하고 있는 것이다.

케인즈의 경제학의 긍정성의 위력은 파시즘과 공산주의를 동시에

---

405) D.딜라드 『케인즈 경제학의 이해』 허창무역 지식산업사 1988, 40쪽.

겨냥하는 강력한 것임을 우리는 알 수 있는 것이다. 이것은 칸트의 50:50의 이율배반과는 다른 차원의 것이다. 서로 대립하는 관계를 넘어 대립하는 양자가 하나의 전체를 구성하여 살아있는 생명체로 이끄는 관계를 설정한 것이다. 그는 앤서니 기든스나 탕구족이나 스티븐 코비가 인식하지 못한 과정의 논리를 전개하고 있는 것이다.

노동자와 자본가가 서로를 부정성의 위력으로 대하지 않고 서로를 긍정적으로 대함으로써 하나의 전체로 생성적인 존재로 만들어나가려는 긍정적인 의지가 보이는 것이다.

이러한 케인즈의 방법론은 그에게서만 발견되는 독특한 것이다. 그러나 케인즈의 경제이론에 대하여 평가할 입장에 있는 전문가가 아니더라도 케인즈는 자기 자신의 방법으로 자기의 사상에 도달하였다는 의미에서 독창적인 사상가였다[406]는 평은 부족한 말로 들린다. 케인즈의 '너와 나, 모두 함께 잘 살자!'는 긍정성의 철학을 독창적이라고 말하는 것은 적지 않은 무리이다. 왜냐하면 모처럼 나타난 진리는 종종 독창적이라는 말로 적당히 얼버무려지면서 사라져버리기 때문이다.

그 독창적이라는 말에는 그것과 동일하거나 우월한 일반적인 가치가 존중되어야한다는 음모가 숨어 있는 것이다. 문제의 초점은 그 기존의 일반적이라는 이론이 조금도 일반적인 내용을 담고 있지 않다는 사실이 독창적이라는 애매한 용어에 의해 음험하게 가려지기 때문이다.

---

406) D.딜라드 『케인즈 경제학의 이해』 허창무역 지식산업사 1988, 7쪽.

9

하르트만과 과정의 원동력으로서의 수준의 차이

나의 전체가 두 개의 상반되는 힘이 서로 마주치며 확산하려는 힘, 다시 말해 생성적 존재를 유지하려는 힘이 생성적 존재를 파괴하려는 힘보다 우세할 때 생성적 존재는 살아서 존재할 수 있다는 사실이 얼마나 파악하기 어려운 개념인가를 우리는 알았다. 그것을 우리는 온힘이라고 불렀다.

철학자들이 두 개의 대립이 합할 때 큰 힘이 생기는 것을 생각하기 시작한 것은 최근의 일이다. 그리고 그들 대부분은 생성이 그 부호가 반대인 것 예를 들면 상극과 상생이 합하여 이루어진다는 사실에 눈을 뜨지 못했다.

더구나 생성을 이루는 감이 45 밝이 55로 이루어질 때 그것은 밝이 감보다 10이 더 많다는 차이에 의해 성립이 되는 것이다. 이 부분에 대해 눈을 뜬 철학자는 하르트만이다. 그는 이렇게 말한다.

모든 물리적 과정은 역학적 균형의 방향을 취한다. 잠재적 에너지는 본래 낙차落差 즉 불균형을 가지고 있으며, 그럼으로써 운동에너지로 변한다. 과정은 결국 낙차가 있는 곳에서 진행될 뿐이다. 낙차가 없어지면 과정도 멈춰진다. 낙차 있는 곳에서만이 과정의 진행이 있다고 한다면 이는 균형을 잃은 곳에서만이, 혹은 적어도 일반적인 균형 가운데 불균형의 계기가 나타나는 곳만이, 과정의 진행이 있을 수 있다는 것을 의미하게 될 것이다. 낙차란 그 자체 다름 아닌 불균형이다. 그것은 수준의 차이를, 공간적 고저의 수준 이건 압력 또는 온도 기타 어떤 종류의 수준이든지 간에 수준의 차이를 의미한다. 과정은 곧 불균형의 균형화이고, 과정의 한계는 균형에 있다.[407]

하르트만은 과정은 수준의 차이 즉, 낙차가 있는 곳에서 진행될 뿐이라는 의미심장한 말을 했다. 낙차는 불균형이며 그 불균형이 운동 에너지로 변한다는 것이다. 이 수준의 차이로서의 불균형이 없다면 과정도 없다는 것이다. 즉 과정은 곧 불균형의 균형화라는 것이다.

그는 "만일 세계 내의 모든 것이 이미 완전한 균형을 이루고 있다고 한다면, 세계가 절대적 안정상태에 도달하여 일체의 낙차가 사라짐으로써 과정의 진행은 완전히 멈추어질 것이다. 그러나 물리적 세계에 있어서 그와 같은 상태는 하나의 극한의 가정일 뿐 완전한 절대적 균형상태란 실제로 이루어지는 것이 아니다"라고 말하고 있다.

놀랄만한 일이 벌어진 것이다. 하르트만은 칸트의 50:50의 균형의 철학을 넘어선 것이다. 이것은 실로 철학의 진보이다. 하르트만의 철학은 비로소 정적 철학을 넘어서 동적 철학으로 넘어갈 바탕을 얻은 것이다. 과정은 곧 불균형의 균형화이고, 과정의 한계는 균형에 있다는 말에서 칸트의 철학은 극복된 것이다.

우리는 과정의 원동력인 불균형을 온힘이라고 불렀다. 그가 말하는 역학적 균형은 곧 45:45이며 불균형은 10으로 이루어진다. 따라서 45+55=100이라는 수식은 역학적 불균형을 가져오며 그 10이라는 차이에서 과정은 발생한다. 하르트만은 한철학의 한변증법 제1법칙

---

407) 하르트만『자연철학』하기락역 신명 1993, 219쪽.

에 상당한 근접거리에 도달했던 것이다.

아이가 생성적 존재로서 태어나는 과정의 원동력은 10이라는 온힘이며 그것이 곧 하르트만이 말하는 수준의 차이로서의 불균형과 다르지 않다. 하르트만은 한철학의 가장 바탕이 되는 이론에 접근하고 있는 것이다. 과정을 발생시키는 존재를 우리는 생성적 존재라고 말하고 있는 것이다.

하르트만의 수준의 차이는 아원자의 세계가 아닌 현실적 세계에서 한철학의 원리에 포함되는 것이다. 둘 다 필요하다는 사유는 시작에 지나지 않는다. 중요한 것은 그 둘이 어떤 체계를 갖는가 하는 것이며 그것이 어떻게 생명을 조직하는가 하는 점이다. 그것을 하르트만은 설명한 것이며 또한 그것은 한철학의 $45+55=100$이라는 범위 안에서 벗어나지 않은 것이다.

10

헤라클레이토스의 재발견

서양철학사에서 진정으로 기이한 것은 아직도 헤라클레이토스는 그 진면목이 조금도 이해되지 못하고 있다는 것이다. 헤라클레이토스의 옷을 입은 변증법의 철학자들이 아무리 헤라클레이토스의 변화를 도입한다고 해도 그것은 한계가 있다.

헤겔과 마르크스와 니체에서 본 것처럼 그들은 헤라클레이토스를 제대로 받아들이지 못한 것이다. 따라서 여전히 헤라클레이토스는 헤라클레이토스로 남아 있는 것이다.

헤라클레이토스가 "신은 낮과 밤, 겨울과 여름, 전쟁과 평화, 그리고 과잉과 기근 등 이 모든 것을 뜻한다"[408]라고 말할 때 그것은 대립하는 양 쪽의 한편 이 다른 한 편을 부정하고 박멸함으로써 질서가 이루어진다고 가르친 것으로 받아들이기는 불가능하다. 그는 이 대립하는 쌍방이 하나의 전체로 이루어진 것을 신이라고 본 것이다. 이러한 견해는 알타이어족의 신화나 천부경·삼일신고·366사 또는 양자론 이후에서나 이해되기 시작한 것이다. 헤라클레이토스가

당신들은 그것이 분립되어 있으면서도 어떻게 하여 자기 자체의 의미 연관성을 상실하지 않는가, 마치 활과 시위의 관계에서와 마

---

408) H.J. 슈퇴릭히 『세계철학사』 임석진역 분도출판사 1987, 169쪽.

찬가지로 상반되는 양자간의 융합을 지향하는가를 이해하지 못하고 있다.409)

　라고 말할 때 그는 분립된 상황에서 하나의 전체를 이루며 자기 자체의 의미 연관성을 유지하고 있는 존재를 말하고 있다. 이는 부정성의 이원론적 일원론이 개입할 여지가 조금도 없는 이원론인 것이다.
　헤라클레이토스가 그것이 분립되어 있으면서 어떻게 하여 자기 자체와의 의미 연관성을 상실하지 않는가 라고 물었을 때 그는 생성과 생성적 존재가 과정에 있으면서 동일성을 유지하는 비밀을 물은 것이다. 즉 분립되어 대립하는 45:55가 하나의 전체를 이루어 생성적 존재가 되었을 때 그것이 어떻게 동일성을 유지할 수 있는가 라고 물은 것이다. 이 말은 생성이 가능하다면 그것은 어떤 조건인가를 물은 동시에 생성은 반드시 과정을 갖는 것인데 그것은 어떻게 가능한가를 사람들은 도무지 이해하지 못하고 있다는 말을 하는 것이다. 우리는 헤라클레이토스의 시대뿐 아니라 지금 시대의 사람들도 도무지 이것을 이해하지 못하고 있다고 말할 수 있는 것이다.
　그가 "만물은 유전할 뿐, 정지된 것이라고는 하나도 없다"410)고 말할 때 바로 그 생성과 과정에 대한 정당한 대답을 하고 있다. 즉 과정은 원동력을 필요로 하며 그것은 10이라는 온힘이라는 사실을 이미 배경에 깔고 있는 것이다. 불균형 없이 50:50의 균형상태라면 만물은 결코 유전할 수 없고 정지되는 것이다.
　헤라클레이토스가 말하는 존재의 상태는 결코 정적인 원기와 원체의 결합이 아니다. 그는 동적인 원기와 원체의 결합을 말하는 것이다. 헤라클레이토스의 동적 철학을 서양철학의 특징인 정적 철학으로 해석하려 한 데서 생성과 과정은 질식하여 죽을 수밖에 없었던 것이다.

409) H.J. 슈퇴릭히 『세계철학사』 임석진역 분도출판사 1987, 170쪽.
410) H.J. 슈퇴릭히 『세계철학사』 임석진역 분도출판사 1987, 169쪽.

헤라클레이토스는 근본적으로 플라톤과 아리스토텔레스와는 다른 차원의 철학을 전개한 것이다.

투쟁이 만물의 근본을 이룬다는 헤라클레이토스의 주장만큼 철저하게 오해된 개념이 철학사에서 다시 있을까? 우리는 원체 45와 원기 55가 서로 대립하는 관계에서 100이 온으로서 다시 말해 생성적 존재로서 성립한다는 것을 알고 있다. 만물이 생성적 존재가 되기 위해서는 서로 반대되는 것들의 전면적인 대립이 필수불가결의 요소라는 것은 생성의 근본적인 원리이다. 헤라클레이토스는 바로 이 말을 하고 있는 것이다. 투쟁이야말로 생성적 존재의 존재 원인이자 존재의 원동력인 것이다.

물론 생성적 존재의 근원인 투쟁은 부정성의 위력이 아니라 긍정성의 위력으로서의 투쟁을 말한다. 즉 대립하는 쌍방간에 어느 한 쪽이 다른 한 쪽을 부정하여 생성을 파괴하는 것이 아니라 대립하는 쌍방이 서로를 긍정하여 대립하는 상태에서 하나의 전체를 이루어낸다는 것이다. 한철학의 생성적 존재를 이해하는 철학자는 과거에도 헤라클레이토스였고 지금도 역시 헤라클레이토스인 것이다.

11

과정은 긍정성의 위력으로 이루어진다

부 정성의 변증법이 그 자체에서 진리성을 가지고 있다는 것은
명백한 것이다. 그 진리성은 확연하기 때문에 부정될 수 없
다. 그것은 어떤 연유인가?

우리는 세계가 스스로 과정을 이루며 그 과정에는 여러 테두리가
있고 그 테두리는 그 자체적으로 진리를 가지고 있다는 것을 알고
있다. 이 부정성의 변증법들은 그에 맞는 테두리를 가지고 있고 그
테두리 내에서만은 의문의 여지가 없는 명백한 진리이다.

그렇다면 마르크스와 헤겔의 업적과 문제가 무엇인지가 드러난다.
이들은 각각 다른 테두리의 법칙을 발견했다는 업적이 있는 것이며
동시에 그 하나의 테두리에 해당하는 법칙을 모든 테두리에 강제로
적용하려 했다는 오류를 보여주었다는 것이 또한 드러나는 것이다.
그런데 그 테두리는 과정의 테두리들의 밖의 테두리로 머문다.

> 헤겔 철학은 그 자체가 하나의 거대한 유산流産이었다. 그러나 이
> 러한 종류의 유산으로는 최후의 것이었다. 즉 한편에서 그것은 인
> 간의 역사를 하나의 발전과정으로 보는 역사관을 근본적인 전제로
> 삼고 있었으므로, 이 발전과정은 그 성질상 소위 절대진리의 발견
> 을 통해서 그 지적 종결에 도달하기란 불가능한 것이었다. 자연 및

역사에 관한 완전하고 궁극적인 체계라는 것은 변증법적 사유의
제원칙과는 영원히 모순되는 것이다. 그러나 이 원칙은 외적세계
전체에 관한 체계적인 인식이 세대에서 세대로 거대한 진보를 하
고 있다는 견해를 배제하는 것이 아니라 오히려 그것을 내포하고
있는 것이다. 이제까지 독일관념론이 전부 전도되었음이 간파되자
마자, 필연적으로 유물론으로 나갈 수밖에 없었다.411)

헤겔 철학이 유산인 것은 사실이지만 그것은 엥겔스가 말하는 것처
럼 결코 마지막이 아니었다. 그러한 종류의 철학에서 아마도 큰 주류
로서의 마지막은 다름 아닌 마르크스와 엥겔스의 유물론 철학의 유산
流産인 것이다.

마르크스가 헤겔의 관념론을 부정함으로써 유물론을 세웠지만 그
유물론을 세운 순간 그것은 이미 죽은 헤겔의 관념론에 의해 자동적으
로 부정되는 것임을 마르크스는 알지 못한 것이다. 죽은 헤겔에 의해
살아 있는 마르크스 자신이 부정당한 사실은 마르크스도 전혀 알지
못한 것이다. 부정성의 변증법은 그 부정성의 변증법 자체가 최종적으
로 부정된다. 그러나 긍정의 변증법은 처음부터 부정의 변증법 두
가지를 다 긍정하는 것에서 출발한다. 따라서 부정성의 변증법 두
가지는 모두 다 이 긍정성의 변증법에 포함되지 않을 수 없는 것이다.

엥겔스가 헤겔의 철학이 유산되었다고 주장한 순간 마르크스의 철
학도 유산된 것이다. 상극의 시대가 유산되었다고 주장하는 것은 상생
의 시대가 유산되었다는 것과 같은 것처럼.

상생은 상극을 부정하고 상극은 상생을 부정한다. 그러나 이 양자를
모두 긍정할 때 생명은 태동한다. 이것이 부정성에 대한 긍정성의
위력이다. 그리고 박멸의 의지에 대한 필생공존必生共存의 위력이다.

---

411) 프리드리히 엥겔스 『반듀링론』 김민석역 새길 1988, 32쪽.

12

생성적 존재

生성적 존재는 부정성의 변증법으로는 발생할 수 없다. 그런 점에서 지금까지 생성적 존재는 지금까지의 지배와 복종을 요구하는 사회에서는 존재해서는 안돼는 철학이었다. 대신 자발적인 참여와 주권의 행사를 필요로 하는 능동적사회의 구성원들에게는 필수불가결한 것이다. 사회가 인간의 이성에 의해 조직되고 운영된다면 그 사회의 출발은 생성적 존재에서 시작되는 것이다. 그러나 인간의 이성 대신 폭력과 기만과 억압으로 구성되고 운영된다면 생성적 존재는 반드시 말살해야 하는 존재인 것이다.

생성적 존재는 정적이든 동적이든 상관없이 평형상태에서는 발생할 수 없다. 즉 칸트나 양자철학이 보여주는 평등은 그것이 기존의 이론으로는 가장 이상적으로 보일지 모르지만 그 평등은 반드시 생성적 존재를 죽이는 것이다.

생성적 존재는 전체를 조직하는 대립하는 양자가 존재함으로서 존재한다. 대립하는 양자는 팔상태八狀態로 존재하며 그 것은 다시 오행의 상극과 상생으로 나누어진다.

생성적 존재는 아직까지 철학에서 설명되지 않았을 뿐 모든 생명체를 조직하는 기본원리이다. 어떤 생명체이든 생성적 존재로서 시작하며 생성적 존재가 그 바탕을 이루는 과정에서 변화와 혁신이 일어난다. 생성적 존재가 아니고는 생명체로서의 변화와 혁신은 발생할 수 없는 것이다.

생성적 존재는 대립하는 양자가 서로를 존중하되 반드시 이끄는 쪽 55와 그것에 기꺼이 하나가 되어 전체를 구성하려는 45가 존재할 때 조직되는 것이다. 우리는 전통적인 가정의 관점에서 그 이끄는 쪽을 남편이라고 하고 그 남편과 기꺼이 하나가 되어 전체를 구성하는 사람을 부인이라고 말하는 것이다.

생성적 존재는 가정은 물론 기업과 국가와 인류전체 등 모든 조직체에 적용되는 것이다. 그것이 물리적인 존재가 아니라 생명을 가진 이성적 존재로서의 생명체이어야 한다면 말이다.

우리는 생성적 존재를 이렇게 간단한 예를 들어 이해할 수 있지만 그것이 생성적 존재를 모두 설명할 수 있는 것은 결코 아니다. 생성적 존재는 팔상태八狀態가 설명하는 8! 즉 $8×7×6×5×4×3×2×1=40,320$ 이라는 경우의 수에 해당하는 많은 상태를 가지고 있기 때문이다. 또한 이는 내부적으로 오행상극과 오행상생이 존재함으로서 그 특이성들에 해당하는 경우의 수가 또 발생한다. 그리고 그것은 다시 여러 가지 변화와 혁신을 겪으며 다시 수많은 경우의 수를 발생시킨다. 따라서 우리가 이 가능한 상태를 모두 이해하기는 사실상 불가능에 가깝다.

우리는 생성적 존재가 존재하지 않는다면 과정은 존재하지 않는 것에 대하여 동의하지 않을 수 없다. 진실한 과정은 생명체로서 존재하는 과정에서 발생하기 때문이다. 그리고 이 생성적 존재는 과정철학의 시작점에 있는 것이지 그것이 과정철학의 전부는 결코 아니다. 우리는 대자연에서 생성적 존재가 발생할 때 그것을 감각으로 알기는 매우 어렵다. 왜냐하면 생성적 존재는 매우 짧은 시간에 존재하며 그것은 현실적 존재나 기타의 존재로 변화와 혁신을 일으키기 때문이다. 따라서 인간은 지난 3천 년간 이 모든 것의 근원인 생성적 존재에 대해 알지 못한 것이다.

이 한철학의 제1권은 생성적 존재 '온'을 설명한다. 그것은 생명체로서 한철학의 시작이지 전부가 아닌 것이다. 물론 생성적 존재 '온'이 존재하지 않는 세계와 철학에 생명체로서의 과정이 존재할리 없고 또한 그에 따른 변화와 혁신이 존재할리 없는 것이다. 여러 가지 변화와 혁신들을 설명하는 자세한 이론은 한철학 시리즈의 다음 책에서부터 설명된다.

온힘 10

칸트의 이율배반은 해결할 수 없는 모순을 나타낼 수밖에 없었다. 그것은 정립과 반정립이 부호만 다를 뿐 서로 같은 량의 힘이 반대방향에서 대립하는 상황을 모델로 삼은 철학이기 때문이다. 양자역학을 배경으로 하는 동적철학도 시공간 상에서 동적인 존재들의 대립을 대상으로 할 뿐 전체가 50:50의 대립상태를 이루기는 칸트의 철학과 마찬가지이다.

한철학의 온이 설명하는 긍정성의 변증법은 서로 반대방향에서 대립하는 정립과 반정립을 객체로 하는 주체가 존재한다. 필자는 이 주체를 온힘 10이라고 부른다. 이 온힘 10은 같은 양의 대립에 차이를 주게 하며 이 차이로 인해 생명철학으로서 시공간상에서 과정을 가지게 되는 것이다. 물론 우리는 팔상태가 이루어내는 다양한 상태를 대상으로 다양한 온힘 10를 찾아낼 수 있다. 또한 팔상태에 오행이 주어진 상태에서 더욱더 다양한 온힘 10을 찾아낼 수 있다. 긍정성의 변증법을 창조하는 온힘은 그것이 만들어내는 온 만큼의 다양한 모습을 가지고 있는 것이다.

온힘 10을 이해함에 가장 쉬운 예는 우리 한겨레공동체이다. 우리 사회는 노동자와 자본가, 동과 서, 남과 북, 세대와 세대, 남과 여를 비롯하여 대립할 수 있는 모든 분야가 첨예하게 대립하고 있다. 이 대립은 모두 부정성의 변증법적 대립으로 이른바 '너 죽고 나 살자'는 자살적인 대립인 것이다. 이 대립의 전체를 100으로 보고 그 대립을 45:45로 본다면 그 가운데에 존재하는 10은 이 모든 대립과 갈등과 전쟁의 자살적인 대립을 객체화하여 전체를 생명체로 전환하는 대화와 타협과 화합과 통일로 이끄는 세력인 것이다. 이 존재가 온힘이다.

온힘이라는 대화세력, 화합세력, 통일세력으로서의 생명력이 존재함으로써 상생과 상극은 하나의 전체로서 조직되어 생명체로서 창조

주체로서의 온힘 10%

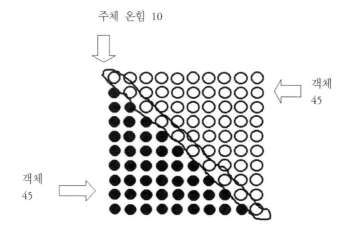

되는 과정을 가지게 되는 것이다. 온힘은 단지 전체의 10%에 불과하는 소수이지만 대립하는 전체를 객체화하여 자살의 상태에서 생명의 상태로 전환하는 강력한 주체가 되는 것이다.

어린아이가 태어나는 상황을 예로 들어보자. 칸트의 사유에 의한다면 상생 즉 아이를 태어나려는 힘과 상극 즉, 아이를 태어나지 못하게 하려는 힘은 50:50으로 팽팽하게 이율배반적으로 대립되는 것이라고 말할 수 있다. 이와 같은 관계가 생성에 대입된다면 그 태어나는 아이는 반드시 사산死産하고 만다. 물론 산모의 생명까지도 위험한 것이다. 이 철학을 적용한 문명도 마찬가지로 반드시 사산死産하고 마는 운명에 처하는 것이다.

동적철학에서 아이가 태어나는 순간을 시공간상의 과정으로 보는 것은 당연한 것이다. 그러나 그 대립이 50:50이라면 정적에서 동적으로 관찰한다고 해도 아이의 생명을 탄생하게 하는 일에는 아무런 도움을 주지 못한다. 그것이 국가라면 국가가, 민족이라면 민족이,

442

기업이라면 기업이, 가정이라면 가정이, 개인이라면 개인이 생성적 존재로 태어나지도 못하고 사산死産하고 마는 것이다.

전체를 100이라고 본다면 아이가 태어나려는 힘을 45, 태어나지 못하게 하려는 힘을 45로 볼 수 있다. 그리고 태어나려는 힘 45와 태어나지 못하게 하려는 힘 45를 객체로 하여 생명을 탄생시키는 창조력 10을 우리는 온힘이라고 부르는 것이다. 그리고 그렇게 해서 창조되는 생명체로서의 전체를 온이라고 부르며 수론으로는 100, 도형은 천부도天符圖가 설명하는 것이다.

부정성의 변증법은 생명체로서의 전체를 주체와 객체로 분리하여 해체함으로서 생성을 정지시켜 과정을 파괴하고 자기죽음에 이르게 한다. 다른 몇 가지 부정성의 변증법도 결과는 다를 바가 없다. 자기죽음의 철학에서는 그 어떤 창의력도 창조성도 찾아보기 어렵다.

반면에 한철학의 긍정성의 변증법은 생명체로서의 전체인 100 온은 그 전체의 가운데에 주체인 온힘 10이 존재한다. 주체인 온힘 10은 45:45로서 서로 다른 부호 자세히 말하자면 대립하는 상생과 상극으로서의 쌍방을 객체로 하여 생명체인 온을 조직하여 생성적 존재를 스스로 창조한다. 즉 주체인 온힘 10은 말하자면 서로 대립하는 주체와 객체가 분리가 되어 해체상태에서 죽음으로 끌려가는 존재에게 생성과정을 제공하는 창조적 존재인 것이다.

온힘 10은 부정성의 변증법이 만들어내는 인간사회의 모든 주체와 객체의 대립으로 해체되고 죽어가는 생명체에게 생명력을 불어넣어 다시금 생명력을 회복하는 창조성인 것이다. 온힘 10이 적용된 모든 사회는 주인과 노예라는 수직적인 계층논리를 45:55라는 생명논리로 전환한다. 그리고 생명체로서 스스로 과정이 되는 것이다.

생성적 존재 온을 창조하는 주체인 온힘 10을 설명하는 말로 증폭적, 폭발적이라는 말은 부족하다. 온힘 10이 창조하는 온 100은 죽음과 같은 정지상태 또는 죽음 직전의 해체상태에서 창조되는 생명체이기 때문이다. 따라서 온힘10을 설명하는 말로 생명력이라는 용어를 사용한다면 필자가 설명하려는 것을 적절히 표현했다고 할 수 있을 것이다. 또는 긍정성의 변증법을 이끄는 온힘을 생명력으로서의 진선미眞善美라고 부른다면 알기 쉽고 편리한 설명이 될 것이다. 인간사회에서 해체의 논리인 대립과 갈등과 전쟁을 생명의 논리인 대화와 타협과 화합과 통일로 이끌어주는 창조력이 바로 온힘이며 또한 창조력으로서의 진선미眞善美가 아니라고 부정할 사람은 없을 것이다.

누가 승리자이며 누가 영웅인가? 그동안 역사는 대립하는 다른 모습의 자신을 부정성의 위력으로 박멸하는 일에 앞장섬으로써 살아 있는 생명체로서의 사회의 생명력을 정지시키는 사람들을 승리자이며 영웅이라고 기록해왔다. 그러나 이제부터는 대립하는 다른 모습의 자신에게 긍정성의 위력으로 대하여 대화와 타협과 화합과 통일을 이루어내는 진선미眞善美로서의 온힘 10에 해당하는 사람들을 승리자요 영웅이라고 기록하는 것이 인류의 떳떳한 진보가 아니겠는가?

철학은 악惡을 무지無智라고 주장할 용기가 있어야 한다. 그런데 악惡을 무지無智라고 주장할 수 있는 정당한 권리를 가지고 있는 사람들이 바로 한철학을 가지고 있는 한겨레공동체라고 말할 때 이 주장에 조금이라도 무리가 있을까?

444

1
온힘 10과 역사

역사를 움직이는 것이 힘이라고 본 것은 만물을 움직이는 것이 힘이라고 보는 것과 같다. 그럼에도 불구하고 역사에서 힘을 창조하려는 세력은 지난 삼천 년간 거의 없었다고 말해도 무방할 것이다. 힘을 얻으려는 주체가 전체적인 세력이든 개인이든 막론하고 힘을 잃으려고 가지고 있는 모든 노력을 기울였다는 사실이 모든 역사에서 발견된다. 특히 철학이 그 일에 앞장서왔다.

역사는 55-45=10 또는 45-55=-10이라는 '너 죽고, 나 살자!'는 극단적인 이기주의의 등식을 빈틈없이 빽빽하게 채우고 있다. 극히 희귀하게 50+50=100의 등식을 적용한 때가 있기는 하다. 그러나 이 역시 양자가 가진 힘을 하나로 결합하는 것은 아니다. 이 경우는 서로가 '너는 죽을 수도, 살 수도 없다!'면서 서로가 시간을 무시하면서 버티고 있는 것이다. 또는 50-50=0의 등식을 사용하는 경우 '너도 죽고, 나도 죽자!'는 것이다. 그것은 無무를 향하여 집단자살을 강행하는 것이다. 그러고 난 다음의 無무에서 과연 무엇이 나타날까?

'너와 나, 모두 함께 잘 살자!'는 철학이론이 모든 구성원에게 힘을 준다는 명백한 사실이다. 그럼에도 불구하고 우리 역사는 한겨레의 더불어 살기라는 상식과 반대로 실행된 아픈 역사를 이끌어왔다.

고구려, 백제, 신라는 고조선의 후예로서 삼한三韓에 이어 역사의 무대에 등장했다. 이들 고대의 한겨레공동체는 농경 알타이문명이라는 세계사에서 매우 중요한 위치를 차지하는 오래되고도 강력한 문명과 진지한 인간적인 문화를 계승하고 발전시킨 세력이었다. 그러나 신라의 통일이란 그 세계사적으로 중요한 농경 알타이문명이라는 거대한 한겨레공동체의 파멸적인 집단자살이었다.

그리고 우리나라의 사대주의학자들은 이 상황을 설명하면서 신라에 선을 적용함으로써 백제와 고구려가 악으로 설정했다. 김유신은 당나라 장수 소정방에게 다음과 같이 말했다고 삼국사기의 저자 김부식은 적고 있다.

> 대장군이 천병天兵을 거느리고 와서 우리 임금의 소망을 이루어
> 소국의 원수를 없애주었소.[412]

김부식은 김유신이 백제를 악惡으로 생각하고 신라를 선善으로 설정하여 그 악惡을 부정성의 위력으로 박멸하기 위해 천병天兵을 보내온 하늘나라인 당나라의 왕은 곧 신神이 되는 상황으로 묘사하고 있는 것이다. 김부식은 부정성의 변증법을 우리 한겨레의 삼국에 적용하고 있는 것이다.

사대주의事大主義란 아리스토텔레스의 주장과 같이 큰 나라가 현실태이고 작은 나라는 가능태이다. 또한 플라톤의 주장처럼 큰 나라는 실재하지만 작은 나라는 그림자에 불과한 것이다. 사대주의란 스스로에게 스스로가 부정성의 변증법을 적용하는 것이며 스스로가 스스로에게 계층이론을 적용하는 것이다.

물론 화랑출신의 김유신이 김부식이 삼국사기에서 묘사한 것처럼 말했다고 보는 것은 상상하기가 불가능한 일이다. 그러나 당나라를

---

412) 김부식 『삼국사기』 열전 제3 김유신전 홍신문화사 최호역 318쪽.

하늘나라로 보고 당나라의 왕을 신으로 보고 당나라의 군대를 하늘나라의 군대로 보는 사대주의자의 입장에서 본다면 김유신은 반드시 그렇게 말했어야 했을 것이다. 따라서 김유신이 삼국사기에서 당나라 군대를 하늘나라 군대라고 말하고 있는 것이다.

그런데 당나라 군대를 서슴없이 하늘나라의 군대 즉 천병天兵이라고 부르는 역사서인 삼국사기에서 방대한 분량으로 다루어지는 김유신에 대한 기록에서조차 김유신은 이렇게 말한다.

> 왕의 밝으심에 의지하여 조그만 공을 이루어 삼한三韓이 한 집안이 되고 백성은 두 마음이 없으니 비록 태평에는 이르지 못하였다 할지라도 소강小康이라고 할 수 있습니다.[413]

여기서 김유신이 말하는 삼한三韓이 한 집안이 되었다는 말에서 고구려·백제·신라가 비록 나뉘어 싸웠지만 삼한三韓을 전체로 하는 고조선의 후예로써 하나의 피붙이인 한겨레로 인식하고 있었음은 명백한 것이다. 이 삼한이 고조선이라는 하나의 집안으로 존재했던 역사적인 상황을 신라가 다시금 회복하였노라고 삼국사기의 저자는 말하고 있는 것이다. 즉 신라가 다시 고조선을 회복하여 계승했다고 주장하고 있는 것이다. 그것을 주장하기 위해 고구려, 신라, 백제가 하나의 가족이며 겨레라는 사실을 김부식조차도 자랑스럽게 말하고 있는 것이다.

김부식이 대동사상大同思想을 인용하여 삼국통일을 태평에 이르지는 못했더라도 소강小康에는 이르렀다고 주장한 상황은 농경알타이 문명인 삼한三韓 즉, 고구려와 백제, 신라의 한겨레공동체 전체에서 볼 때는 조금도 이치에 닿지 않는 것이다. 그 사건은 동북아 전체에서

---

413) 김부식『삼국사기』열전 제3 김유신전 홍신문화사 최호역 330쪽.

강력한 영향력을 오랜 세월 동안 행사했던 독자적인 농경알타이문명권으로서의 한겨레공동체가 사라지고 단지 지나족의 영향권에 복속되는 한겨레공동체 최악의 집단자살의 상황에 불과한 것이다. 이는 최악의 부정성의 위력이며 박멸의 의지가 우리 한겨레의 역사에 작용했다. 물론 고구려의 유민의 저항과 발해의 건설은 이를 상쇄한다.

그러나 우리 한겨레공동체의 일원으로서 고조선의 후예인 고구려, 백제, 신라가 농경알타이문명권의 일원으로 하나의 전체가 되어 외적을 막아내고 한겨레공동체의 공동번영을 이루지 못한 것에 대하여 천추의 한을 느끼지 않을 사람이 있을까?

그리고 역사가 고구려와 백제의 모든 가능성을 박멸하는 상황으로 갔다 해도 한겨레공동체의 역사를 적은 역사가라면 다시는 그러한 상황이 오지 않도록 경계하는 방향으로 역사를 쓰는 것이 정당한 일일 것이다.

그러나 한겨레공동체를 선과 악으로 나누어 선이 악을 부정성의 위력으로 대하여 박멸하는 상황으로 설정하고 침략군대를 하늘나라의 군대로 묘사한 것은 한겨레공동체의 일원으로 볼 때는 그 역사보다 더 치욕적인 사건을 역사의 이름으로 남긴 것이다.

사대주의는 비난할 가치조차도 없다. 비난해야 할 대상이 있다면 세계사에서 농경 알타이문명을 창조한 한겨레공동체, 그리고 그에 적합한 거대한 정신적 대국으로서의 우리를 우리가 알지 못한 무지無知이다.

2
온힘 10과 정치

◌⟨⟨❀⟩⟩◌

정치를 예로 들어보자. 어느 정권이든 그 정권을 찬성하는 세력과 반대하는 세력이 하나의 전체를 이루어 끌고 나간다고 할 수 있을 것이다. 이때 그 정권을 주도하는 세력은 의욕을 가지고 꿈을 이루고자 야망을 마음껏 확산하려고 할 것이며 반대하는 세력은 그것을 감시하고 억제하려는 세력이 될 것이다. 이때 세력의 균형은 반대함으로써 억제하려는 세력이 45이며 찬성함으로써 확산하려는 세력이 55가 될 때 그 국가는 살아 있는 생명체로서의 정당한 생성적인 존재 온이 될 것이다.

그리고 그 찬성과 반대의 팽팽한 균형인 45:45의 경계면에서 찬성의 세력을 이끄는 세력은 온힘으로써의 10이다. 온힘이 흩어지는 순간 그 정권은 해체의 길로 접어드는 것이다.

따라서 그 정권 또는 국가의 온힘인 10이야말로 정권과 국가를 생성적 존재를 만들고 이끄는 실질적인 힘이라고 말할 수 있는 것이다.

온힘은 서로 부호가 다른 대립하는 두 개의 세력들의 중간에 위치하여 두개의 세력을 하나의 전체로 조직하는 것이다. 그리고 그에 그치지 않고 두 개의 세력이 부분으로 있었을 때보다 하나의 전체가 됨으로서 그 두 개의 세력이 가지고 있었던 전체의 힘보다 더 강력한 폭발적인 생명력을 가지게 해주는 역할을 하고 있음을 알 수 있는 것이다.

따라서 이 온힘이야말로 생성적 존재 온의 창조력이라고 말할 수 있는 것이다. 물론 없는 것에서 있는 것으로 되는 창조는 없다.

창조는 정적인 것에서 동적인 것으로 되는 것이며 그것은 작은 것이 비약적으로 크게 되는 것, 약한 것이 결정적으로 강하게 되는 것이다.

3

적정이익 10%

⁓⁓⁓

만 물은 어떤 의미에서는 모두가 경제활동을 하고 있다고 말할 수 있을 것이다. 즉 생명활동을 위해서 수입과 지출이 항상 이루어지고 있는 것이다.

이 수입과 지출에 있어서 수입과 지출이 같다면 그 생명체는 더 이상 생명활동을 지속해 나갈 수 없을 것이다. 수입이 지출보다 조금은 많아야 생명활동은 유지가 된다.

그 생명체가 개인이든 가정이든 기업이든 국가든 인류전체이든 살아 있는 생명체로서 존재하기 위한 적정이익을 10%로 잡는 것은 지출이 45%이며 수입이 45%일 때 적정이익이 10% 차이가 존재할 때 그 생명체가 살아서 존재할 수 있다는 말이다.

이는 한철학의 한변증법 제1법칙을 있는 그대로 정확하게 설명하는 예이며 또한 천부도天符圖를 있는 그대로 설명하는 예가 된다. 한철학의 한변증법 제1법칙은 이미 생활인으로서의 모든 주체가 그것을 알고 활용해온 것이다. 진리는 이처럼 가까운 곳에 늘 있었다.

동서고금을 막론하고 평범한 생활인들은 철학에 있어서 가장 근본적인 원리를 일상생활에서 이미 사용하고 있었다. 이 중요한 철학적 원리를 까맣게 몰랐던 사람들은 동서고금을 막론하고 철학자와 종교인 그리고 정치가, 경제인 등이었다. 학교에서 공부를 많이 하면 할수록, 오래하면 오래할수록 생활 속에서 늘 존재하는 이 만고불변의 진리에 대해 더욱더 멀어져 가는 것이다. 그리고 대신 부정성의 변증법이 여러 가지로 변형된 것을 마치 진리처럼 떠받들게 되는 것이 아닐까?

적정이익 10%와 온힘

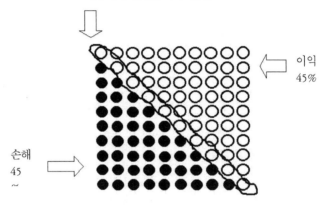

4

이익사회와 공동사회의 변증법

~c•ა?~

퇴 니스가 이익사회와 공동사회를 말했을 때 농경사회가 갖는 공동사회적인 성격은 산업사회가 갖는 이익사회가 갖는 부정성의 위력에 의해 박멸되는 부정성의 변증법적 운명에 처할 수밖에 없다는 논리를 펼친 것이다. 서양철학의 흐름으로 볼 때 새로운 것이 조금도 없는 진부한 논리였다.

퇴니스는 인간의 의지를 고의성이 없는 행동의 의지를 일컬어 본질의지라고 하고, 합리적·의식적 의지를 선택의지[414]라고 했다. 그리고 본질의지에서 나타나는 사회를 공동사회라고 부르고, 선택의지에 의해 나타나는 사회를 이익사회라고 하였다. 퇴니스는 공동사회와 이익사회를 이렇게 구분 짓는다.

신뢰에 찬, 은밀하고 배타적인 모든 공동생활(우리들이 보기에는)은 공동사회 속에서의 생활로 이해될 수 있다. 그러나 이익사회는 공공사회이며 또한 세계이다. 사람들은 출생과 더불어 그 자신의 모든 것, 모든 즐거움과 슬픔을 가지고 공동사회 내에 존재한다. 사람들은 이익사회에 들어가는 것을 마치 미지의 세계에 들어가는 것과 같이 생각한다. 젊은 사람들은 공동사회가 좋은 사회가 아니

---

414) 퇴니스『공동사회와 이익사회』황성모역 삼성출판사 1983, 17쪽.

라는 경고를 받기도 한다.[415]

퇴니스는 '공동사회는 오래된 것이며 이익사회는 새로운 것'[416]으로 규정한다. 따라서 퇴니스는 지금까지의 역사의 진행이 공동사회로부터 차차 이익사회로 변천해가는 과정으로 본 것이다. 공동사회와 이익사회의 개념을 보다 분명하게 정의한다면 다음과 같다.

공동사회란 취향, 습관 또는 신념에서 의지된 형성체를 말한다. 그 원형을 말한다면 부모와 자식과의 관계, 형제간의 촌락공동체에서의 이웃관계, 자율적인 포리스polis, 그리고 신조협동체信條協同體, 신앙단체 등을 들 수 있다.
반면에 이익사회의 개념이란 서로 결합되어 있는 개인들이 각기 다만 일정한 목적을 위한 수단이라고 생각되는 그러한 사회적 실체를 말하는 것이다. 그러니까 그 목적 자체가 없어진다든지 변질할 때는 이러한 사회적실체도 따라서 없어지든지 변질하든지 한다. 이러한 사회질서의 원형을 말한다면, 사회생활에서 거의 대부분의 결합이 그것이며, 정치생활에 있어서의 그것도 마찬가지이다. 그러니까 이 사회적 실체를 지배하는 것은 이해관계이다.[417]

이러한 관계로 퇴니스는 공동사회가 유기적 생활로 이루어지고 이익사회는 기계론적 형성체라는 것이다. 우리는 이제 퇴니스가 말하는 공동사회와 이익사회는 서양철학의 그 오래된 이분법의 유형이라는 사실을 알 수 있다.
즉 공동사회는 마음의 개념이요, 이익사회는 몸의 개념으로 분리하여 생각하는 것이 그것이다. 그리고 그것이 변증법으로 설명될 때

415) 퇴니스『공동사회와 이익사회』 황성모역 삼성출판사 1983, 32쪽.
416) 위의 책 32쪽.
417) 위의 책 18쪽.

마음으로 이루어지는 공동사회는 몸으로 이루어지는 이익사회의 부정성에 의해 박멸되는 운명에 처해 있다는 변증법적 과정이 그의 이론의 설계원리라는 사실을 알 수 있다. 마음이 몸에 대해 '너 죽고, 나 살자!'라며 부정하고 박멸하는 것은 곧 관념론이 유물론을 부정하는 것으로서 이는 고전적인 변증법이며 서양철학이 이를 대대적으로 부활시켰다. 그리고 몸이 마음에 대해 '너 죽고, 나 살자!'라고 부정하는 변증법 즉, 유물론이 관념론을 박멸하는 변증법은 니체와 마르크스가 각각 짜라투스트라와 플라톤과 헤겔을 뒤집으며 만든 변증법이다. 퇴니스는 의도적이던 아니던 간에 니체와 마르크스의 변증법을 사용하고 있는 것이다.

우리는 이미 퇴니스가 사용한 변증법의 문제를 알고 있다. 그의 변증법은 과정을 주장하지만 그것은 결코 과정이 되지 못한다. 그의 공동사회와 이익사회가 자살의 과정을 밟는다는 것은 명백한 것이다.

우리는 공동사회를 박멸하는 이익사회가 정상적인 사회일 수 없다는 것을 이미 알고 있다. 그것은 끊임없는 부정성의 악순환에 놓이게 되는 변증법이다. 이를 정상적인 과정으로 이끄는 방법은 긍정성이다. 즉 양자를 모두 긍정하는 방법이다.

아무리 원시적인 공동사회라 할지라도 그것은 본질적으로 이익사회이다. 또한 아무리 현대적인 이익사회라 할지라도 그것은 본질적으로 공동사회이다.

공동사회는 이익사회이지 않으면 존재할 수 없고, 이익사회는 공동사회이지 않으면 존재할 수 없다. 공동사회는 동시에 이익사회이며, 이익사회는 동시에 공동사회인 것이다. 즉 공동사회와 이익사회는 언제나 '너와 나, 모두 함께 잘 살자!'라고 부르짖고 있는 것이다.

우리는 사회란 과거이든 미래이든 또 어느 사회이든 공동사회와 이익사회의 온적 존재라고 말할 수 있으며 그 순간부터 공동사회와 이익사회는 새로운 생명을 가지고 과정에 참여할 수 있게 되는 것이다. 퇴니스는 공동사회의 예로 언어공동체, 관습공동체, 신앙공동체가 있을 수 있는 반면에 이익사회로서 사업이익체, 여행사, 학문협회가 있을 수 있다고 말한다.

> 상사공동사회라 칭하는 일은 별로 없다. 주식공동사회라는 구성체가 성립한다는 일은 완전히 우스운 일이다.418)

퇴니스가 상사공동사회라 칭하는 일은 별로 없다고 말하지만 그의 주장은 말라서 바닥을 드러낸 썰렁한 우물과 같다. 오늘날 그가 말하는 상사공동사회와 주식공동사회는 다음의 설명과 같이 일반적인 현상이다.

> 오늘날은 이익사회인 상사가 가족을 표방하는 일은 지극히 일반적이다. 현재 확산되고 있는 팀 형성 세미나에서는 종업원들이 서로를 동료가 아닌 완전한 인격체로 인식해야 한다는 것을 강조한다. 오늘날 사회의 핵은 가족과 직장으로 이분화 되어 직장의 가치가 가족만큼이나 분명해지고 있다. 419)

오늘날 이익사회인 상사가 가족을 표방하는 일은 일반적이라고 말한다. 과연 그것은 상사의 내부조직이나 그 상사의 고객들에게나 마찬가지로 적용되고 있다. 오늘날 우리나라의 기업체들에도 어깨에 '고객님을 가족으로 모시겠습니다!'라는 띠를 두르고 소비자를 맞는 모습을 어렵지 않게 볼 수 있다. 그들이 주장하려는 것은 '우리는 기업이라는 이익사회지만 소비자들과 함께 가족과 같은 공동사회를 구성하

---

418) 퇴니스『공동사회와 이익사회』황성모역 삼성출판사 1983, 33쪽.
419) 롤프 옌센『드림소사이어티』서정환역 2002년 210, 211쪽.

고 있습니다!' 라는 말과 다르지 않다. 다시 말해 기업과 소비자가 하나의 전체를 구성하여 '너와 나, 모두 함께 잘 살자!'고 말하고 있는 것이며 동시에 '우리 회사는 온힘이 존재하는 생명체입니다.'라고 주장하는 것과 같다. 즉 '우리 회사는 생성적 존재로서의 '온'의 과정에 있습니다'라는 말과 같다.

   이러한 구호만을 보고 모든 것이 달라졌다고 말하기는 이를 것이다. 그러나 오늘날의 자본주의는 과거의 자본주의와 추구하는 바가 달라지고 있음은 분명하다.

한변증법적 사회

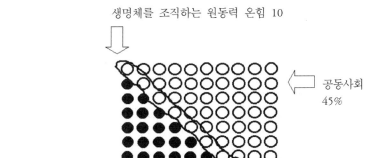

생명체를 조직하는 원동력 온힘 10

공동사회
45%

이익사회
45%

   퇴니스는 주식공동사회라는 구성체가 성립한다는 일은 완전히 우스운 일이라고 말했지만 오늘날은 전사원주주화라는 말, 다시 말해 주식공동사회라는 말은 조금도 우스운 말이 아니며 오히려 바람직스러운 개념이며 자연스러운 말이 되고 있다.

   미국 대기업의 30%가 과반수 이상의 종업원에게 스톡옵션을 제공할 계획을 가지고 있다. 이 비중은 5년 전보다 17% 증가한 것이다. 포브스지는 다음과 같이 결론을 내리고 있다. "스톡옵션, 그리고 주식을 바탕을 둔 다른 형태의 동기유발계획은 불안한 종업원들을 일하게 하는 데 놀랄 만큼 성공적이다."[420]

이러한 변화는 조직이 이익사회와 공동사회를 하나의 온적 존재인 생성적 사회로 구성할 때 가장 효과적인 결과를 가져올 수 있다는 사실을 설명하고 있는 것이다. 그리고 이러한 사실은 퇴니스가 말하는 상사공동사회, 주식공동사회라는 구성체가 성립한다는 일이 완전히 우스운 말이라는 주장을 완전히 우습게 만들고 있는 것이다. 퇴니스는 이렇게 말한다.

공동사회는 연속적이며 진정한 공동생활이며, 이익사회는 다만 임시적이며 외양적인 생활이다. 그러므로 공동생활을 위해서는 공동체자체가 하나의 살아 있는 유기체로서, 반면에 이익사회는 하나의 기계론적 집합체로서 이해되어야 할 것이다.[421]

오늘날 소위 기업은 여전히 이익사회이며 과거보다 보다 더 치열한 경쟁이 따르는 이익사회이다. 그러나 그러한 이익사회로서 살아남기 위해서는 살아 있는 유기체로서의 공동사회가 아니면 안 된다. 오늘날 기업이 기계론적 집합체라면 그 기업체는 기업으로서의 생명은 오래 가지 못할 것이다. 다시 말해 이익만을 추구하는 기업은 소비자들에게 외면당할 것은 명약관화한 것이다.

과거 자본주의의 초창기에 유럽인들이 아프리카인들을 납치해서 노예로 부려먹고 아메리카 원주민들을 몰살시켜버리고 또한 노동자

---

420) 롤프 예센 『드림소사이어티』 서정환역 2002, 214쪽.
421) 퇴니스 『공동사회와 이익사회』 황성모역 삼성출판사 1983, 34쪽.

의 이익을 한없이 착취하며 '너 죽고, 나 살자!'는 식의 그 뻔뻔스럽고 무도한 극단적 이기주의를 바탕으로 하는 부정성의 자본주의와 부정성의 이익사회는 이제 더 이상 설 곳이 없어져 가고 있다.

그 부정성의 자본주의 대신 우리 한철학의 긍정성의 철학의 원리만이 설명할 수 있는 새로운 긍정성의 한Han변증법의 이념으로 누가 시키거나 주동하지 않아도 자연스럽게 접근하고 있음을 확인할 수 있는 것이다.

또한 어떤 공동사회든 이익사회로서의 기능을 가지지 못하는 공동사회는 그 공동사회로서의 생명을 유지하지 못하는 것이다. 이 부분은 기업과 반대편의 개념으로 운영되는 오늘날의 종교단체들이 잘 설명하고 있다. 신념공동체라 할 수 있는 종교단체들은 기업 뺨치는 경영수완을 가지고 공동체를 운영하고 있으며 그렇지 못한 종교공동체는 아무리 높은 이상을 가지고 있어도 살아남기 어려운 것이다. 바람직한 현상은 전혀 아니지만 현실은 그러한 것이다.

살아서 생명을 유지하는 공동사회는 이익사회로서의 기계론적 집합체의 면모가 반드시 보이지 않는 곳에 엄연히 자리 잡고 있는 것이다.

'너 죽고, 나 살자!'는 부정성의 변증법에서 '나'가 이익사회가 되고 '너'가 공동사회가 되는 부정성의 변증법은 원래부터 존재할 수 없다. 그것은 단지 문명의 집단적인 자살론에 불과한 것이다. 이제 문제는 명확한 것이다. 무엇이 사회의 온힘이 되어 그 사회를 살아있는 생명체로 조직하여 과정에 참여하는가 하는 점이다. 즉 어떻게 하는 것이 긍정성의 변증법인 한변증법을 사회에 적용시킬 수 있는가 하는 점이다.

5

진보와 보수의 변증법

어 느 사회든 그것을 유지하려는 보수세력이 존재하고 그것을
  발전시키려는 진보세력이 존재하기 마련이다. 다른 말로 이
상황을 묘사하자면 그 사회를 확산하려는 세력이 존재한다면 그 사회
를 현 상태에서 응축하려는 세력이 존재한다고 말할 수 있는 것이다.
그리고 그 사회가 생명적 존재로서 삶을 정상적으로 꾸려나가고 있다
면 그것은 현 상태를 응축하려는 보수세력이 45%인 것이다. 그리고
현 상태를 확산하려하는 진보세력이 45%가 되고 있음을 말해주고
있는 것이다.

이 세력의 분포가 뒤바뀌는 경우 그 사회는 생명적 존재가 갖는
활력을 잃어버리고 해체의 길을 걸을 수밖에 없는 것이다. 보수가
45%를 지나치게 넘는다거나 진보가 45%를 지나치게 넘는다면 그
사회는 생성적 존재로서의 존재를 유지하기 어려우며 그 상태가 지속
될 경우 그 사회는 해체로 접어들게 되는 것이다.

물론 진보세력이 보수세력을 또는 반대로 보수세력이 진보세력을
무화無化시키려 하거나 비존재非存在로 만들려 하는 부정성의 위력을
보인다면 이러한 상태에서 생성적 존재를 조직하는 당사자로서의 보
수가 존재할 가능성은 전혀 없는 것이며 또한 진보가 존재할 가능성도
전혀 없는 것이다.

이 경우 단지 투쟁을 위한 투쟁의 연속에서 그 사회를 자살로 이끄는 주체로서의 진보와 보수만이 존재하는 것이다. 당연하지만 이 경우 상대방이 거짓이며 악이며 추하다는 주장을 얼마나 선명하게 하는가에 따라 자신이 선이 되는 것이다.

진보 45와 보수45의 대립이 만들어내는 대립과 갈등과 전쟁의 상황은 진보와 보수의 중간에 온힘10이 존재할 때 진보와 보수는 비로소 전체로서의 생명체를 조직할 수 있는 것이다. 온힘 10이야말로 진보와 보수의 자살적인 대립을 전체로서의 생명체로 대화와 타협과 화합과 통일로 이끄는 주체세력인 것이다. 온힘 10%는 비록 작은 것이지만 나머지 90%를 이끌어 전체 100%를 생명체로 전환하는 놀라운 능력이 있는 것이다.

6

경계면으로서의 온힘과 대기권

러브록은 지구는 그 자체가 하나의 거대한 생명체로서 그 위에 살고 있는 생물들의 생존에 최적조건을 유지해주기 위해 언제나 자기 조정하며 스스로 변화하는 것이라고 주장하고 있다. 그러한 지구를 러브록은 가이아라고 부르며 이렇게 말한다.

> 우리는 가이아를 지구의 생물권, 대기권, 대양, 그리고 토양까지를 포함하는 하나의 복합적 실체를 정의하기 시작했다. 가이아는 이 지구상의 모든 생물을 위하여 스스로 적당한 물리적 화학적 환경을 조성할 수 있도록 피드백 장치나 사이버네틱 시스템을 구성한 종합체라고 할수 있다. 능동적 조절에 의한 비교적 균일한 상태의 유지라는 것은 항상성이란 단어로 편리하게 표현할 수 있다.[422]

지구가 살아 있는 생명체라고 생각한 것은 러브록이 처음은 결코 아니다. 산업사회 이전만 해도 거의 대부분의 문명에서 지구를 살아 있는 생명으로 생각했던 것이 일반적이었다.

그런데 지구가 생명체이기 위해 가장 필요한 것은 무엇일까?

생명이 없는 다른 행성에는 존재하지 않는데 지구에는 존재하는

---

422) J.E.러브록 『가이아』 홍욱희역 범양사출판부 2001, 34쪽

것이 무엇일까? 그것은 생명의 대기권이다. 지구의 대기권 안에는 물과 공기와 적당한 온도가 존재함으로써 모든 생명이 살아갈 수 있다.

우리는 알타이어족의 신화에서 감이 땅으로 45로, 밝이 하늘55로 설정되고 있음을 보았다. 왜 하늘이 땅보다 10%가 많으며 그 온힘인 10%는 과연 무엇인가 하는 의문은 한변증법 제1법칙을 구성하는 원리에 대한 의문이기도 한 것이다.

경계면으로서의 온힘과 대기권

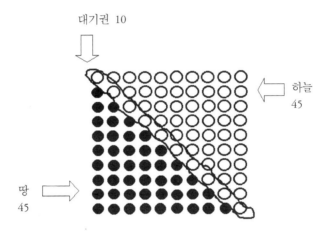

우리는 이 한철학의 기본원리를 천부도天符圖라는 도형으로 설명할 수 있음을 알고 있다. 이 천부도에서 감인 45는 땅으로서 55인 하늘과 대립하고 있다. 이 때 온힘인 10은 땅과 하늘의 경계면에 위치하고 있다는 사실을 쉽게 발견할 수 있다. 즉 온힘 10은 하늘과 땅의 경계면이라는 사실을 알 수 있는 것이다.

우리는 온힘이 단지 대립하는 양자를 연결하는 역할을 하는 것이 아니라 대립하는 양자의 존재의미가 창조되는 원동력이며 작은 것을 큰 것으로 전환하며, 약한 것을 강하게 전환하는 원동력이라는 사실을 알고 있다.

이 경우 하늘과 땅의 경계면에서의 온힘 10은 그동안 우리가 대기권이라는 이름으로 불러온 것이다. 지구의 경우 대기권은 땅과 하늘의 경계면에 있지만 하늘과 땅을 생명적 존재가 되도록 만들어주는 원동력이다. 대기권이 존재함으로써 땅과 하늘은 하나의 전체가 되어 생성적 존재가 창조되는 것이다. 대기권이 이루는 10%의 차이야말로 창조력의 근원인 것이다.

천부도天符圖에 나타난 하늘과 땅은 상하관계가 아니라 수평관계이다. 그 대립의 경계면에 온힘 10이 대기권으로 자리 잡고 있다.

대기권에 물과 공기와 적당한 온도가 없는 다른 행성의 경우 그것은 단지 무의미한 하늘과 땅에 불과하여 전체로서의 생명적 존재가 창조되지 않는다. 즉, 다른 행성의 경우 하늘과 땅은 하나의 전체로 조직화되지 못하는 것이다. 이는 곧 50+50=100 또는 50-50=0의 형국인 것이다.

우리가 사는 이 지구는 적절한 대기권이 있음으로써 땅과 하늘이 하나의 생명적 존재로 결합하고 그 안에 무수한 생명들이 깃들여 살 수 있는 것이다. 즉 인간과 만물이 땅을 딛고 숨을 쉬며 삶을 영위하는 이 시공간이 바로 하늘과 땅의 경계면으로서의 차이인 온힘 10인 것이다. 즉 하늘과 땅과 대기권이 하나의 전체를 이룰 때 비로소 동적 생명체로서의 지구가 존재하게 되는 것이다.

우리가 지구라는 땅덩이만을 전체로 보고 있는 것은 부당한 것이다. 지구라는 땅과 대기권 그리고 하늘을 하나의 전체로서의 생명적 존재로 보는 것이 옳은 것이다. 즉 지구 45+대기권 10+하늘 45=온100으로서의 전체가 우리가 사는 이 생명체인 것이다.

이러한 관점에서 하늘과 땅에 대한 긍정성의 변증법이 설명될 수 있는 것이다. 하늘과 땅은 어느 한 쪽이 귀하고 어느 한 쪽이 천하여 귀한 것이 천한 것을 부정성의 위력으로 박멸하는 부정성의 변증법이 적용되는 대상이 결코 아닌 것이다. 즉 계사전의 천존지비天尊地卑라는 계층이론이 하늘과 땅에 적용되는 것이 아니다.

하늘과 땅은 긍정성의 변증법으로 하나의 전체를 이루어 살아 있는 생명체로서의 우주를 조직하는 것이다. 그 원주체가 대기권이라는 온힘으로서의 10인 것이다.

7

한반도 내부의 온힘과 정감록변증법

한반도의 내부에는 또 다른 형태의 온힘적 창조력이 설계되어 있다. 한반도의 뼈대는 백두산에서 시작하여 동해 쪽으로 뻗어 내려와 태백산에서 멈추며 소백산에서 지리산에 이르는 거대한 산맥이 경상도와 전라도를 가로 지르며 내려간다.

온힘으로서의 백두대간의 소백산맥

소백산에서 지리산에 이르는
소백산맥은 전라도와 충청도와
경상도와 강원도 일부의 경계면으로
위치하고 있다.
전라도와 충청도 45와
경상도와 강원도 일부 45에서
소백산맥은 10이라는
온힘으로서 경계면이
되고 있는 것이다.

이것이 민간에 전승해온
十勝地십승지의 비밀이다.

南朝鮮之秘藏之文

태백산

소백산

사변의 흰점 열개
=십승지(十勝地)

이 한반도 전체의 뼈대를 이루는 가장 큰 산맥의 흐름을 백두대간이라고 부른다.

그 중에서 한반도 남쪽을 가로지르는 태백산에서 지리산에 이르는 백두대간은 경상도 및 강원도 일부와 전라도 및 충청도 일부의 중간에 위치하고 있다. 이러한 형국은 우리가 이미 살펴본 천부도의 45와 55의 대립이 한반도 남부지방에 그대로 펼쳐지고 있음을 알게 한다. 즉 전라도와 충청도 일부가 45가 됨으로써 검은 점 45가 되어 소백이 되며 경상도와 강원도 일부가 55가 됨으로써 흰 점 55가 되어 태백이 되는 것이다.

이 그림을 남조선지비장지문南朝鮮之秘藏之文이라고 하는 것이다. 이 천부도에서 백두대간의 소백산에서 지리산에 이르는 이른바 소백산맥이 차지하는 창조력이 온힘인 10인 것이다. 그리고 그 45와 55의 합을 남조선423)이라고 하는 것이다.

주로 충청도와 전라도 그리고 강원도 일부와 경상도를 하나의 전체로 본 남조선 사상은 우리 한겨레의 한철학의 근본원리에서 출발한 것은 분명한 사실인 것이다.

그러나 한겨레의 한철학을 창조하고 계승하던 세력은 한겨레의 고대국가인 한국, 배달국, 고조선과 고구려, 백제, 신라와 발해를 끊임없이 계승했지만 통일신라이후 외래종교와 철학이 우리의 지배이념으

---

423) 신채호 선생은 조선상고사에서 한韓은 나라이름이 아니라 왕이란 뜻이니, 삼한이한 삼조선을 나누어 통치한 세 대왕을 말함이고, 삼조선이란 삼한 곧 세왕이 통치한 세 지방이라고 했다. 즉 신조선, 불조선, 막조선이 삼조선이라는 것이다. 그 삼조선의 도읍은 지금의 하얼빈과 개평현 북쪽의 안시성터 그리고 지금의 평양이라는 것이다.
　훗날 말조선이 국호를 마한으로 고치고 남쪽으로 이동하여 월지국으로 수도를 옮겨 임진강 이남의 70개국을 통솔했다. 이 때 마한이 낙동 오른쪽을 1백리땅을 신조선의 유민에게 나누어주고 이름을 진한부辰韓府라 하고 또한 불조선 유민에게 다시 낙동강연안의 땅을 나누어주어 변한부弁韓部라 했으니 이로서 마한,진한,변한이 생기니 이를 남삼한南三韓이라했다. 이 남삼한南三韓을 예언서의 저자들은 남조선으로 생각한 듯하다.

로 자리 잡으면서 사라지기 시작하여 고려와 조선에서는 거의 자취를 감추게 되었다.

소위 고려와 조선의 예언가들은 그 태백산과 지리산으로 이어지는 백두대간의 뼈대의 10군데를 정하여 십승지라고 부른 것이다.

최남선은 이렇게 말한다.

> 국가적불안과 사회적불평을 조연助緣으로 하여 종종種種의 신앙현상信仰現像(宗教的行爲)이 정감鄭鑑의 서書 등에 결부되어 일어나고, 남조선南朝鮮이란 이상세계理想世界를 그 가운데 그려서 대소각양大小各樣의 파문波紋을 역사상에 전달하게 되었다.424)

최남선은 정감록과 당시의 여러 종교현상과 남조선 사상을 하나의 테두리에서 다루고 있다. 최남선이 말하는 그 시대의 각종 종교적 현상이 정감록과 결부되어 나타나는 남조선南朝鮮이라는 이상세계는 그림에서 보는 것과 같이 천부도天符圖를 남조선에 적용시킨 것이다. 그 중에서 핵심사상인 십승지가 곧 전라도와 충청도 그리고 경상도와 강원도의 일부 사이에 경계면으로 위치한 백두대간인 것이다.

춥고 메마른 땅의 만주와 몽골 그리고 시베리아에서 출발한 우리 한겨레에게 이 백두대간을 경계면으로 하는 남조선의 땅은 따뜻하며 바다와 인접하고 물이 마르지 않는 기름진 땅으로서 동북아에서 다시 찾기 어려운 천혜의 이상세계라는 사실은 분명한 것이다.

백두대간을 경계면으로 한 전라도와 경상도 지역은 이미 청동기 시대부터 고인돌 문화의 세계적인 중심지역으로 확인되고 있는 것은 결코 우연이 아닌 것이다. 최소한 고인돌 문화가 꽃 피워졌던 청동기

---

424) 최남선 「불함문화론」 최남선전집2 현암사 59쪽.

시대부터 남조선은 북방의 시베리아와 중앙아시아와 만주와 몽골 등 그 거친 환경에서 살아야 했던 알타이어족들에게 둘도 없는 현실적인 이상세계로 존재했던 것이다.

그림에서 보는 바와 같이 십승지 사상 원리를 처음으로 설명한 사람은 백두대간의 그 창조력이 이 땅에 사는 한겨레에게 재세이화, 홍익인간하는 힘의 원동력을 부여한다는 의미에서 설명한 것이다.

그것은 재세이화, 홍익인간의 적극적인 삶으로 만민에게 삶다운 삶을 살 수 있도록 하는 한철학적 사상이다.

또한 남조선의 남南이 우리말로 '앞'이라고 할 때 남조선南朝鮮은 앞조선[425]으로 이는 앞의 조선이며 미래의 조선이다. 즉 '너 죽고, 나 살자!'는 이원론적 일원론적인 조선이 아니라 '너와 나, 모두 함께 잘 살자!'는 45+55=100의 생성적 존재로서 '온'을 이루는 미래의 조선을 말하는 것이다.

우리는 어느 한 쪽이 나머지 한 쪽을 부정하고 박멸하는 사상이 악의 원천일 수 있으며, 그 행동이 범죄적인 행위일 수 있다는 것을 이미 알고 있다. 정감록류의 책인 삼한삼림비기에서는 이렇게 말한다.

영남지방 칠십 개 주는 땅이 두텁고 산이 수려하여
인재들의 창고와 같은 곳이며
호남지방은 산이 거슬려 달리는 까닭에 역적과
간사한 무리들의 소굴이므로
나라의 권한을 쥔 사람들은 호남지방 사람들을 쓰기를
즐겨하지 말라.

영지남 칠십주 토후산수 인재부고
호지남 산다배주 적자간구지혈 사국병자 물희인용기인

425) 최남선 『조선상식문답』 삼성문화재단 1972, 164쪽.

嶺之南 七十洲 土厚山秀 人材府庫

湖之南 山多背走 賊子姦宄之穴 司國柄者 勿喜引用其人[426]

이 삼한삼림비기는 남조선을 다시 영남과 호남으로 나누어 영남이 선이며 호남은 악으로 설정하는 부정성의 변증법을 주장하고 있다. 이에 따르면 선인 영남지방사람들은 악인 호남지방사람들을 부정성의 위력으로 대하여 모든 재산과 권리를 박탈해도 좋다는 이원론적 일원론의 부정성의 변증법적 이데올로기를 제시하고 있다는 사실에 의심의 여지가 있는 것일까?

정감록류의 예언서의 핵심 중 하나인 이 동서대립의 이데올로기는 백인이 흑인과 인디언을 부정성의 위력으로 대하여 모든 것을 박멸할 수 있다고 주장하는 몽테스키외와 같은 이원론적 일원론을 주장하고 있는 것이다. 또한 죄 없는 여성을 마녀로 몰아세울 이론을 제시한 프랜시스 베이컨의 주장과도 같은 맥락이며, 악인 유태인을 말살함으로서 선인 아리안민족의 정통성을 빛낼 수 있다는 저 히틀러의 주장과도 같은 주장을 하고 있는 것이다. 또한 조선시대의 남존여비에서 보여주는 남과 여의 변증법, 관존민비에서 보여주는 양반과 상놈의 변증법 등의 부정성의 변증법을 능가하는 변증법이 이미 우리 한겨레 공동체에 존재했음을 알게 한다. 그리고 그 부정성의 변증법은 다른 어느 것 못지않게 앞장서서 우리 사회를 자살로 이끌고 있는 것이다.

정감록은 핍박받는 민간의 염원을 담아 피지배이데올로기로서 궁정적인 면이 많았다. 그러나 부정적인 면이 우리 한겨레공동체에 끼치는 문제의 핵심은 다름 아닌 이원론적 일원론을 우리 한겨레에게 본격적으로 도입했다는 사실에 있는 것이다.

악과 지옥을 만들지 않은 한겨레공동체에서 악은 호남인이며 지옥

---

426) 이병도외 삼성출판사 「삼한삼림비기」 『한국의 민속종교사상』 1983, 295
쪽.

은 호남 땅으로 설정되어 있는 것이다. 영남인과 영남 땅은 그와 반대로 설정되어 있다. 이제 이 정감록변증법은 호남인은 조선 땅 안에서 만인의 적이며 부정성의 위력으로 박멸되어야만 하는 비존재요 무화無化의 대상이라고 선언하는 것이다. 이러한 부정성의 변증법적 지역 감정은 고려태조가 전했다는 훈요십조의 제8조에 나타나 있다.

차현(車峴:車嶺)이남, 공주강(公州江:錦江)밖의 산형지세가 모두 본주(本主)를 배역(背逆:금강의 유역이 남에서 북으로 역류함을 말함인 듯)하여 인심도 또한 그러하니, 저 아랫녘의 군민이 조정에 참여하여 왕후(王侯),국척(國戚)과 혼인을 맺고 국권을 잡으면 혹 나라를 어지럽게 하거나, 혹 통합(후백제의 합병)의 원한을 품고 반역을 감행할 것이다.[427]

호남과 영남을 이간시켜 갈등과 대립과 분열시켜온 이 부정성의 변증법이 우리 한겨레공동체 구성원의 이성을 조금이라도 설득시키고 있는 것이 있는가? 아무런 설득력도 없는 이 흉악한 이론이 우리의 마음을 지배해온 이유는 무엇인가?

그런데 한반도는 전 세계에서 가장 많은 고인돌 유적을 가지고 있으며 그중에서 대다수의 유적은 호남지방에 존재하고 있다. 이 사실은 고조선 시대 이래 남조선은 오히려 호남지방 즉 차령이남 금강이외의 지역을 중심으로 깊게 뿌리를 내리고 있었음을 웅변으로 증명한다. 따라서 정감록의 엉뚱한 부정성의 변증법이 말하는 괴기스러운 부정

427) 이병도「훈요십조」한국정신문화연구원『한국민족문화대백과사전 25』1996, 699쪽 (이병도「고려사, 고려사절요, 고려시대의 연구」을유문화사 1948, 김성준「십훈요와 고려태조의 정치사상」『한국사상대계 Ⅲ』대동문화연구원 1979) 이병도는 일본인 학자 가운데 훈요십조가 후인의 위조라는 주장을 소개하고 있다. 즉 병란에 분실되었다가 최항의 집에서 얻어 바침으로써 세상에 알려지게 되었다는 것이며 그 과정에 의심의 소지가 있다는 것이다.

성의 변증법적 풍수지리는 우리 한겨레의 역사와 철학과는 모든 면에서 정면으로 다른 엉뚱한 주장을 한철학의 내용을 빌려 말하고 있는 것이다.

하나의 전체를 둘로 분열시켜 대립하게 함으로써 서로 싸우게 만든 자는 얻는 것이 있다. 그것은 권력이며 재물이다. 지금 50대 이상의 세대들은 학교를 다니면서 교실에서 교사가 제자 둘을 앞에다 불러놓고 서로 뺨을 때리게 하는 벌을 주는 것을 본적이 있을 것이다. 이런 방식은 우리의 고유한 방식이 아니다. 학생 두 사람은 처음에는 웃으며 장난스럽게 뺨을 때리기 시작하지만 나중에는 죽기 살기로 서로 악이 받쳐 뺨을 때린다. 그 싸움을 부추긴 교사는 두 학생에게 성공적으로 벌을 줌으로써 그 교실에서 권력을 쟁취한다. 교사가 권력을 쟁취하는 과정에서 뺨을 때리던 두 학생은 서로를 증오하며 서로의 인간관계는 자기부정과 자기죽음의 상태로 파괴되어 버린다.

정감록 변증법은 이보다 훨씬 악의적이며 교활한 것이다. 한겨레 공동체의 남쪽에 영남과 호남이라는 다수의 지방 사람들이 서로가 서로를 증오하고 죽기 살기로 싸우게 만들고 서로를 완전히 파괴하게 만든 것이다. 그리고 대립하되 하나의 전체를 조직하고 있었던 호남과 영남이라는 양자 중에서 영남의 편을 들어 영남을 선이라고 부추기고 호남을 악이라고 몰아 영남으로 하여금 호남을 부정성의 위력으로 박멸하게 만든 것이다. 이로써 대립하면서 하나의 전체를 조직하던 생명체로서의 남조선은 자기부정과 자기죽음의 상태로 파괴된 것이다. 대신 선악대립의 싸움을 부추긴 선생은 영남 편에 기생하여 권력을 쟁취한 것이다. 그 교사는 이렇게 말한다.

백제의 옛 땅은 풍속이 사납고 기운이 굳세니 마땅히 큰 난을 꾸밀 것이나, 또한 도깨비 불 일 따름이다.

백제고양 풍한기경 당작대란 역귀화이

百濟古壤 風悍氣勁 當作大亂 亦鬼火耳[428]

서로 뺨을 때리던 두 학생이 증오해야 할 사람은 부정성의 변증법을 친구사이에 적용시킨 그 교활하고 질이 나쁜 교사이다. 마찬가지로 아무 죄 없는 호남인을 악으로 몰아세움으로서 아무런 노력 없이 영남인은 선이 되게 한 것이다. 따라서 그 교사는 이렇게 말하는 것이다.

무릇 삼한의 산맥이 모두 서산에 등지고 있기 때문에 나라를 망치는 일이 반드시 서쪽으로부터 온다.

범삼한지산 개배어지산 고망국필자서방

凡三韓之山 皆背於之山 故亡國必自西方[429]

우리 한겨레공동체를 철저하게 파괴한 수단으로서 이보다 더 효과적인 방법이 있었을까? 우리 한겨레공동체를 분열시키고 약화시켜 한겨레공동체를 지배하려는 주변국가가 있었다면 바로 그 나라가 이 부정성의 변증법을 은밀하게 사용하지 않았을까? 정감록의 첫 문장은 "감은 사마휘나 제갈량보다 낫다 鑑愈於司馬徽諸葛亮"로 시작한다. 이 문장을 어떻게 이해하는가 하는 문제는 이 문장을 받아들이는 입장에 따라 여러 가지로 달라질 것이다. 정감록을 종교나 피난을 목적으로 받아들이는 입장에서는 정감록의 내용이 사마휘나 제갈량의 지혜보다 월등하게 생각될 것이며 그 일에는 나름대로의 타당성이 있을 것이다. 그러나 정감록에서 동서분열을 조장하는 부정성의 변증법을

---

428) 이병도외 「삼한삼림비기」『한국의 민속종교사상』삼성출판사 1983, 294쪽.
429) 이병도외 「삼한삼림비기」『한국의 민속종교사상』삼성출판사 1983, 293쪽.

대상으로 할 때는 전혀 다르게 이해되는 것이다. 즉 우리 한겨레공동체를 분열시키고 이간시킴으로서 천년이상 힘을 쓰지 못하게 만든 이 부정성의 변증법에 사마휘나 제갈량이 감히 비교조차 되지 못하는 것은 너무나 당연하다. 과거 지나족에 한 뛰어난 전략가가 있어서 계획적으로 이 부정성의 변증법을 우리나라에 사용했다면 그는 세계 역사상 가장 성공한 전략가인 것이다. 그에 비하면 사마휘나 제갈량은 어린아이에 불과하다. 그러나 이 일을 만든 사람이 지나족이 아니라 우리 한겨레공동체의 일원이었다면 우리는 그를 어떻게 불러야 하는가?

영남인과 호남인이 서로를 증오한다면 그것은 그 대상을 잘못 고른 것이다. 그리고 만일 영남인과 호남인이 증오해야 할 대상을 찾는다면 그 대상을 그들을 그렇게 오랜 세월 동안 반목과 질시를 하게 한 악질적인 선생이라고 말해서는 안 된다. 왜냐하면 그 역시 한겨레의 일원이기 때문이다.

우리가 주변을 돌아보면 호남과 영남을 서로 싸우게 한 정감록변증법은 우리 한겨레를 빈사상태로 몰고 간 부정성의 변증법 중 극히 일부라는 사실을 알게 될 것이다. 우리는 우리를 이 모든 대립하고 갈등하던 쌍방중 하나로 만든 그 철학원리가 무엇인지를 정확히 알아야한다. 그리고 우리의 근본정신인 긍정성의 철학으로 다시 돌아간다면 모든 대립과 갈등과 분열과 질투와 전쟁의 논리를 대화와 타협과 화합과 통일을 이루는 일에 무슨 어려움이 있겠는가?

우리가 지난날을 거울삼고 싶다면 서로 싸워야 할 적을 필요로 하게 만든 부정성의 변증법에 대한 충분한 이해를 갖는 것이며 그것을 극복하는 긍정성의 변증법을 이해하는 일이라고 말해야 하지 않을까?

영남과 호남 그리고 남한과 북한이 하나의 전체가 되어 그 세력이 전 세계로 뻗어 나갈 때 저 부정성의 변증법론자들이 발붙일 여지는 조금도 없다. 그러나 하나의 전체로서의 한겨레공동체가 영남과 호남으로 찢어져 서로 죽기 살기로 싸우고, 남한과 북한이 죽기 살기로 싸우고, 부자와 가난한자가 죽기 살기로 싸우는 등 대립하는 모든 대상이 서로 싸울 때 부정성의 변증법론자들은 비로소 그 싸움을 부추기고 조장하며 그 싸움에 개입함으로써 권력과 재물을 가질 수 있다. 한겨레공동체가 자살하는 문제는 조금도 그들의 관심사일 수 없는 것이다. 그들은 오로지 지금 당장 자신의 권력과 재물만이 절체절명의 관심사일 따름이다.

한철학의 한변증법 제1법칙은 이러한 자살적인 대립을 창조적 최적화로 이끄는 것이다. 이것은 우리 한겨레의 정신이 가지고 있는 가장 기본적인 이념이다. 우리의 철학은 당연히 그것을 구체화한다.

정감록 류의 부정성의 변증법을 원래의 한철학의 온힘의 철학으로 전환하면 태백산에서 지리산에 이르는 백두대간은 영남과 호남을 분리하는 경계면의 외딴 지역이 아니다. 그곳은 영남과 호남을 하나의 전체로서 묶는 강력한 힘을 가진 온힘 10인 것이다. 또한 지리적인 온힘 10으로써의 백두대간만이 중요한 것이 아니라 영호남을 남북한을 그리고 모든 대립하는 쌍방을 하나로 묶는 정신적인 백두대간으로서의 한철학이 더욱더 중요한 것이다. 그리고 호남인과 영남인은 물론 한겨레의 모든 대립하는 쌍방에 속한 모든 사람들은 하나의 전체로서의 남조선, 다시 말해 앞조선430)으로서의 미래의 조선의 역사를 창조할 주체인 것이다.

그럼으로써 우리는 우주의 창조력으로서의 대기권이라는 온힘과 태평양과 지구의 창조력이며 유라시아대륙의 창조력으로서의 한반도의 외적인 온힘과 열대와 한대의 중심으로서의 온힘과 한반도 내부의

---

430) 앞조선은 뒷조선에 대비되는 말로써 앞조선은 미래의 조선, 뒷조선은 과거의 조선이다.

백두대간이라는 온힘이라는 창조력들이 인류 전체를 생성적 존재로 만드는 일을 이루어낼 수 있는 것이다.

이른바 동북아의 허브는 이러한 창조력들이 한반도를 생성적 존재로 다시 태어나게 되고 다시 현실적 존재로 혁신革新함으로서 가능한 것이다.

한철학 제1법칙은 우리 한겨레의 터전과 한겨레의 정신을 집단자 살논리로부터 벗어날 하나의 생명으로 설정하고 있는 것이다.

8

동서양의 온힘 10으로서의 한겨레
그리고 한철학

～〜っ♪〜～

이 세계의 언어는 크게 우랄알타이언어권과 인도유럽어권 그리고 인도지나어권으로 나눌 수 있을 것이다. 여기서 유럽과 중동, 인도인은 인도유럽어권이며 인도지나반도의 여러 나라와 중국 대륙의 지나인들은 인도지나어권이다. 그리고 한국과 일본을 거쳐 만주와 몽골, 시베리아와 중앙아시아에서 터키에 이르는 지역에 살고 있는 투르크와 몽골 그리고 한겨레와 일본 민족 등이 알타이어족들이다.

일찍이 냉철한 통찰력의 철학자 니체는 하나의 언어권에서는 거의 동일한 철학과 가치판단이 나올 수밖에 없다고 주장하면서 인도유럽어족과 우랄알타이어족을 대비하고 있다. 그는 다음과 같이 말한다.

인디아·그리스·독일의 모든 철학이 이상하리만큼 혈연의 유사성을 갖고 있는 것은 매우 간단히 설명된다. 다름 아닌 언어의 유사성이 있는 곳에, 문법의 공통된 철학에 의하여 ―다시 말하면, 똑같은 문법의 기능에 의한 무의식적인 지배와 지도에 의해서― 처음부터 이미 모두가 철학적 체계의 똑같은 전개와 배열을 가져오게끔 되어 있었다는 것은 도저히 어쩔 수 없는 것이다. 동시에 또한 거기서는 세계

해석의 다른 가능성에 향한 길이 막혀 있는 것처럼 보이는 것이다. 우랄알타이 언어권에 속하는 철학자들(이 언어권에 있어서는 주어개념의 발달이 매우 늦어지고 있다)은 아마도 인도게르만족이나 회교도와는 다르게 세계를 바라볼 것이며, 그들과는 다른 길을 걷고 있을 것이다. 어떤 특정한 문법적 기능의 금제禁制는 궁극에 있어서 생리학적生理學的 가치판단價値判斷과 인종적 조건의 금제禁制이기도 한 것이다.431)

니체가 언어와 철학과 가치판단은 서로 밀접한 관계에 있다고 주장하는 것은 설득력이 크다. 같은 어족끼리는 세계 해석에 공통점이 있고 다른 세계 해석의 가능성에 대한 길이 막혀 있다는 주장은 눈여겨 볼만한 것이다. 틸리히가

> 불교와 기독교는 다 같이 이 세상 존재에 대해 부정적인 기초위에 서 있다.432)

라고 말할 때 그는 니체의 사유의 연장선상에 서 있는 것이며 동서양의 종교가 핵심적인 교리에서 이미 공통점을 가지고 있음을 단번에 설명하고 있는 것이다.

그리고 니체가 인도유럽어족과 알타이어족을 예로 들어 이 두 어족은 다르게 세계를 바라볼 것이며 서로 다른 길을 갈 것이라고 생각한 것은 역시 투명하게 세상을 바라보는 눈을 가졌던 니체다운 통찰력이라고 할 수 있는 것이다.

니체가 어떤 착안점을 가지고 인도유럽어족과 우랄알타이어족과 비교했는지는 알 길이 없지만 인도유럽어족과 우랄알타이어족과 비

---

431) 니체 『선악의 피안』 박준택역 박영사 1985, 40쪽.
432) Paul Tillich, *Christianity and Encounter of the World Religions*, pp. 33-76. 유동식 『한국종교와 기독교』 1986, 대한기독교서회 65쪽에서 재인용.

교되는 것은 극히 드문 예이다. 우리가 주로 동양과 서양이라고 말할 때 서양은 인도유럽어족으로 상징되고 동양은 인도지나어족으로 상징된다. 이 동서양의 양대 세력 가운데 알타이어족은 그 중간의 경계면에 위치하며 온힘으로서 작용해왔다는 사실은 이제부터 관심을 가지고 연구해야 할 문제이다.

알타이어족은 투르크족과 몽골족 그리고 우리 한겨레 등으로 나누어 볼 수 있다. 이들이 활동했던 터키에서 중앙아시아와 시베리아와 몽골과 만주 그리고 한반도에 걸치는 유라시아대륙의 북방평원지대는 지리적으로 동양과 서양을 걸치는 경계면에 위치하는 것이다. 이른바 실크로드로 알려진 몇 개의 길을 포함하는 거대한 지역이다.

겨울에는 혹독한 추위가 살을 에고 여름에는 또 타듯이 더워 살기에 극히 부적당한 지역이었음에도 불구하고 이 지리적인 이점은 알타이어족이 동양과 서양의 역사에서 강력한 힘을 가진 세력으로 존재했던 것이다.

다시 말해 이 경계면으로서의 온힘적 존재였던 알타이어족들은 동양과 서양을 하나의 전체로 아우르는 원동력이었고 동양과 서양의 작은 힘을 하나로 크게 강화시키는 원동력으로 역사에서 존재했던 것이다. 이 투르크·몽골 그리고 한겨레의 발상지는 이른바 대륙아시아라고 불린 지역이며 민족들의 자궁이라고 불리는 몽골지역과 그 주변지역이다. 르네 크루세는 이 지역에서 발생한 민족은

> 민족이동을 통해 고대문명 제국들에게 술탄이나 천자를 제공해주도록 운명지워져 있었다. 초원의 유목민들이 이렇게 주기적으로 내려와서 그들의 칸들이 장안, 낙양, 개봉, 북경, 사마르칸드, 이스파한, 타브리스, 코냐, 콘스탄티노플의 왕좌에 오르는 것은 역사의 지리적 법칙이 되었다.[433)]

라고 말한다. 이 알타이어족이 동서양의 기름진 땅을 차지하고 그 것을 지배하며 술탄이 되고 칸이 되고 황제가 되는 것은 역사의 지리적 법칙이라는 것이다.

그런데 르네 크루세는 지리적 법칙만을 알았지 그 안에 존재하고 있는 철학적 법칙은 알지 못했다. 알타이어족이 중국대륙과 인도 그리고 유럽을 지배한 것은 지리적인 원인도 중요하지만 철학적 법칙도 그에 못지않게 중요하다. 즉 이 알타이어족들은 이미 집단적 자살논리로 스스로 자살해버려서 모든 힘을 주기적으로 잃어버린 중국과 인도와 중동과 유럽에 살아 있는 생명의 철학으로 무장된 정신으로 쳐들어가 천자가 되고 칸이 되고 술탄이 된 것이다. 그 문명들이 주기적으로 집단적 자살논리에 의한 자멸이 없었다면 알타이어족이 아무리 생명력이 강력하다해도 그 문명들을 지배할 수 없었던 것이다.

우리는 몽골민족의 징기스칸이 세운 몽골제국만 알고 있지만, 같은 알타이어족인 투르크 민족이 더 오래전부터 동서양을 통해 더 많은 세계제국과 작은 나라들을 세웠다는 사실은 잘 모르고 있다. 투르크민족은 '역사상 16개의 제국帝國과 100개가 넘는 소국가를 건설하여, 철과 말을 기본으로 한 수준 높은 스텝문화를 이룩'[434]한 실크로드의 전통적인 지배자였다.

우리 한겨레는 알타이어족 가운데에서 대단히 특별한 알타이어족이었다. 한겨레가 세운 고조선과 부여, 고구려, 백제, 신라와 고려, 신라 등은 모두 이 알타이어족의 전통에서부터 세워진 농경국가로서 강력한 무력과 찬란한 문화를 꽃피운 나라들이다. 르네 크루세가

지배하는 종족, 제국을 만드는 민족은 많지 않았다. 투르크-몽골인

---

433) 르네 크루세 『유라시아 유목제국사』 김호동/유원수/정재훈역 사계절 1999, 32쪽.
434) 이희수 『터키사』 대한교과서주식회사 1996, 2쪽.

들도 로마인들처럼 얼마 안 되는 그들 중 하나였던 것이다.[435]

라고 말할 때 그것은 옳게 본 것이다. 이탈리아반도에 일어난 로마는 동양과 서양의 경계면에서 온힘으로 존재함으로써 세계제국을 세울 수 있었고, 이들 알타이어족들은 마찬가지로 동양과 서양의 경계면에서 온힘적 존재로서 세계제국들을 세울 수 있었던 것이다. 이 내용에는 오늘날 동양과 서양의 온힘적 존재로서의 한겨레의 위상에 대한 과거와 미래가 중첩되고 있는 것이다.

그러나 역사에서 도시都市를 스스로 건설한 경험이 거의 없는 유목 알타이민족인 투르크·몽골민족과는 달리 농경민족으로서의 한겨레는 전통적인 알타이어족으로서 무력도 강대했지만 그와 동시에 농경문명을 꽃 피우고 유라시아대륙의 북방을 지배하고 한상 세계사의 변수였던 알타이어족들의 정신세계를 체계화한 주체적 민족으로 큰 의미가 있는 것이다.

즉 한문화권이라고 부르는 오끼나와에서 일본을 거쳐 한반도와 몽골, 만주 그리고 중앙아시아와 시베리아를 넘어 유럽의 발칸반도에 이르는 그 넓은 지역에 걸쳐 살고 있는 알타이어족의 고유한 정신세계를 철학화하고 그 철학화한 정신을 지금까지 정당하게 계승한 주체는 우리 한겨레라는 사실이다.

우리 한겨레가 보유하고 있는 천부경, 삼일신고, 366사, 단군팔조교 등은 바로 이 알타이어족 전체의 정신세계를 체계화한 경전인 것이다. 그리고 이 한철학은 그것을 철학으로 조직화한 것이다.

이 한철학은 오래전부터 동양과 서양 철학의 경계면에 위치하여 온힘 10으로서 존재해온 것이다. 한겨레는 동양과 서양의 철학을 하나의 전체로 구성하며 그 힘을 강화하는 역할을 하도록 이미 오래

---

435) 르네 크루세『유라시아 유목제국사』김호동/유원수/정재훈사계절 1999, 34쪽.

전부터 준비되어온 것이다.

투르크와 몽골민족은 유목민족으로서 철학을 체계화하기에는 다소 무리가 있었다. 그것은 도시를 건설하고 강물을 다스리며 치산치수를 하는 동안 얻어진 세련된 추상력으로 가능한 것이다. 많은 알타이어족들 중에서 고대로부터 그 일을 할 수 있었던 민족은 전통적인 농경알타이민족인 우리 한겨레의 몫이었다.

그리고 투르크족은 대체로 이슬람으로 개종했다. 몽골족은 티베트 불교인 라마교로 개종했다. 그럼으로써 그들은 알타이어족으로서의 고유한 정신세계를 체계화하는 일과는 점차 멀어져갔다.

따라서 유라시아대륙의 북방에 위치한 그 광대한 한문화권에 사는 알타이어족들의 한문화를 한철학으로 조직하는 일은 고대에서나 현재에서나 우리 한겨레의 일이 분명한 것이다. 특히 오늘날은 우리 한겨레가 아니고서는 수만 년 동안 알타이어족들이 살아오며 축적해온 정신세계를 다듬고 그것을 인류를 위한 철학으로 발전시킬 민족은 지구상에 거의 없다. 있다면 일본이 있지만 그들은 아직 이 분야에 대하여 관심이 없는 것으로 보인다.

우리 한겨레가 동서양 전체의 넓이로 볼 때 그 국토의 면적은 매우 협소하고 그나마 반쪽으로 나뉘어 있지만 우리 한겨레가 동양과 서양의 북방지역의 그 광활한 영토에서 경계면으로서 세계사를 주름잡아온 알타이어족 전체의 정신세계를 가장 정당하게 대표하는 것이다. 아니 오늘날에 있어서는 우리 한겨레만이 그 정신세계를 떳떳하게 대표하고 있다고 말할 수 있는 것이다.

한겨레만이 그 알타이어족 전체의 정신세계를 철학화해 왔고 지금 이 순간에도 한겨레만이 이 한철학을 체계화하고 있는 것이다.

왜곡된 동서양의 철학을 하나의 전체로 연결하고 집단자살 논리를 불식시키고 그 하나가 된 전체의 힘을 강화하는 생명력으로서의 철학은 과거에나 지금이나 미래에도 오로지 한철학 외에는 없는 것이다.

이 점에 대해 잘못 이해하는 사람들이 많으므로 다시 한번 말하자면 동서양의 철학을 하나로 결합하고 그 힘을 강화하는 방법은 현존하는 동양과 서양의 철학을 연구하여 그것을 하나로 결합하는 일이 결코 아니다. 그렇게 일을 추진한다면 그 일은 절망적인 것이라고 볼 수 있다. 왜냐하면 우리가 알고 있는 대부분의 동서양 철학은 이미 삼천 년 전부터 하나의 뿌리에서 시작했기 때문이다. 이미 우리는 그 사실을 알고 있지 않은가?

대신 동서양의 철학을 하나로 결합하고 그 힘을 강화하는 일은 수십만 년 동안 수렵채집기간 동안의 지혜를 지난 만년 동안의 농경문명이 제대로 흡수하고 독자적인 농경문명으로 다시 발전시키고 또한 동서양의 문명에 영향을 주고받으며 일으켜 세운 한겨레의 정신세계 그 자체를 복원하여 오늘날에 맞게 해석하는 일에 있는 것이다.

한겨레의 한철학은 그 자체가 이미 동서양의 철학을 하나로 결합하고 그것이 가진 힘을 최대한으로 증폭시키는 주체로 존재하기 때문이다. 이 사실 또한 우리는 이미 알고 있지 않은가?

9

백범 김구 선생의 온힘과 긍정성의 위력

∽⟨ᜫ⟩∽

긍정성의 위력이 부정성의 위력이 갖는 파괴력을 대체하는 창
조력이라는 사실을 알고 긍정성의 위력을 말한 사람은 세계
사에서 극소수이다. 우리나라의 김구 선생은 근대사에서 그 극소수에
속하는 대표적인 인물이라고 말할 수 있는 것이다. 김구 선생은 이렇
게 말한다.

> 내가 원하는 우리민족의 사업은 결코 세계를 무력으로 정복하거나
> 지배하려는 것이 아니다. 오직 사랑과 평화의 문화로 우리 스스로
> 잘살고 인류 전체가 의좋게 즐겁게 살도록 하는 일을 하자는 것이
> 다. 어느 민족도 일찍 그러한 일을 한 이가 없었으니 그것은 공상
> 이라고 하지 말라. 일찍이 아무도 한 자가 없길래 우리가 하자는
> 것이다. 이 큰 일은 하늘이 우리를 위하여 남겨 놓으신 것임을 깨
> 달을 때에 우리 민족은 비로소 제 길을 찾고 제 일을 알아본 것이
> 다. 나는 우리나라의 청년 남녀가 모두 과거의 조그맣고 좁은 생각
> 을 버리고 우리 민족의 큰 사명에 눈을 떠서 제 마음을 닦고 제
> 힘을 기르기로 낙을 삼기 바란다. 젊은 사람들이 모두 이 정신을
> 가지고 이 방향으로 힘을 쓸진대 30년이 못하여 우리 민족은 괄목
> 상대(刮目相對:눈을 비비고 다시 봄)하게 될 것을 나는 확신하는 바
> 이다.436)

김구 선생은 부정성의 위력을 배제하고 긍정성의 위력을 설명하고 있는 것이다. 김구 선생은 우리 한겨레의 공동체를 이끌어온 그 핵심 정신인 생명철학을 정확히 읽어내고 그것을 설파한 것이다. 다시 말하자면 한겨레라면 누구나 가지고 있는 심성을 김구 선생은 마음으로 읽어낸 것이다.

김구 선생이 "오직 사랑과 평화의 문화로 우리 스스로 잘살고 인류 전체가 의좋고 즐겁게 살도록 하는 일을 하자는 것이다. 어느 민족도 일찍 그러한 일을 한 이가 없었으니 그것은 공상이라고 하지 말라. 일찍이 아무도 한 자가 없기에 우리가 하자는 것이다"고 할 때 그것은 오늘날의 우리에게 절실한 말이 되고 있다. 그것은 필자가 한철학에 대하여 긍정성의 위력으로 생명의 철학으로 우리가 먼저 깨달고 또한 잘 살아서 인류를 모두 깨달게 하고 또한 그들 모두를 잘 살게 하자고 말하는 것과 같은 맥락의 말이기 때문이다. 이 순서가 우리 한겨레의 한철학이 말하는 성통광명, 재세이화, 홍익인간의 법칙에 의한 논리 전개와 맥을 같이하는 것이다.

또 "아무도 이 일을 한일이 없으니까 우리가 하자"는 말에서 나타난 용기는 바로 과거 우리 한겨레가 그 험난한 역사 속에서도 버리지 않고 간직했던 독자성 속에 숨어 있는 용기이며 오늘날 긍정성의 변증법을 바탕으로 한 한철학을 추구하는 사람들이 반드시 가져야 할 용기이다.

"이 큰일은 하늘이 우리를 위하여 남겨 놓으신 것임을 깨달을 때에 우리 민족은 비로소 제 길을 찾고 제 일을 알아본 것이다"라는 말에서 하늘이 우리를 위하여 남겨 놓은 큰 일이 곧 한철학을 현실에서 실현하는 일이다. 한겨레의 역사적 천명론天命論이다.

철학을 철학적으로 설명하는 사람을 철학자라고 말한다면 김구 선

---

436) 김구 『백범일지』 학민사 1997, 372쪽.

생은 철학자이다. 철학을 가장 올바르게 설명하고 또 그것을 일생을
통해 실천하는 철학자가 훌륭한 철학자라고 말한다면 김구 선생은
훌륭한 철학자이다.

김구 선생은 일평생 동안 실천을 통해 대의大義의 실천을 통해 피와
땀과 눈물의 진정한 의미를 깨달은 분이기 때문에 그 철학은 철학이
시작해야 할 곳에서 시작하고 진행되어야 할 곳에서 진행한다. 그런
철학은 동서고금의 철학에서 극히 드문 것이다.

김구 선생은 사사로운 이기심을 조금도 가지지 않고 한겨레공동체
의 대의에 대해 한겨레공동체의 대의에 입각해서 말하고 행동한 극소
수의 인물이라는 사실에 반대할 사람이 있을까? 그런 차원에서만이
다음과 같은 대국적인 생각을 하고 그것을 한겨레 앞에 제시할 수
있는 것이다.

> 지금 인류에게 부족한 것은 무력도 아니오,
> 경제력도 아니다. 자연과학의 힘은 아무리 많아도 좋으나
> 인류전체로 보면 현재의 자연과학만 가지고도 편안히
> 살아가기에 넉넉하다.
>
> 인류가 현재 불행한 근본 이유는 인의가 부족하고,
> 자비가 부족하고, 사랑이 부족한 이유이다.
> 이 마음만 발달이 되면 현재의 물질력으로도 20억이
> 살아가기에 넉넉하다.
>
> 인류가 이 정신을 배양하는 것은 오직 문화이다.
> 나는 우리나라가 남의 것을 모방하는 나라가 되지 말고
> 이러한 높고 새로운 문화의 근원이 되고
> 목표가 되고 모범이 되기 바란다.

그래서 진정한 세계의 평화가 우리나라에서,
우리나라로 말미암아 세계에 실현되기를 원한다.
홍익인간弘益人間이라는 우리 국조 단군의 이상理想이
이것이라고 믿는다.

또 민족의 재주와 정신과 과거의 단련이
이 사명을 달하기에 넉넉하고
우리 국토의 위치와 기타의 지리적 조건이 그러하며,
또 1차 2차의 세계대전을 치른 인류의 요구가 그러하며,
이러한 시대에 새로 나라를 고쳐 세우는 우리의 탄 시기가
그러하다고 믿는다.

우리민족이 주연배우로 세계의 무대에 등장할 날이
눈앞에 보이지 아니하는가?[437]

이 글은 극히 감동스러운 내용이다. 신라의 고운 최치원 선생은
난랑비서에서 우리나라에 현묘한 도가 있으니 유불선 삼교를 포함한
다고 했다. 백범 김구 선생은 오늘날 세상이 어지러운 것은 인의와
자비와 사랑이 부족하기 때문이라고 말한다. 완전히 같은 맥락이다.
따라서 이 마음만 발전시켜 우리나라가 남의 것을 모방하는 나라가
되지 말고 이러한 높고 새로운 문화의 근원이 되고 목표가 되고 모범
이 되기 바란다고 말하고 있다. 그래서 진정한 세계의 평화가 우리나
라에서, 우리나라로 말미암아 세계에 실현되기를 원한다고 말한다.
그리고 우리에게 주어진 모든 조건으로 볼 때 우리민족이 주연배우로
세계의 무대에 등장할 날이 눈앞에 보이지 아니하는가 라고 말하고
있는 것이다.

---

437) 김구 『백범일지』 학민사 1997, 377쪽.

이 말은 한겨레가 세계사에서 짊어질 온힘으로서의 창조력을 설명하고 있다. 놀랍지 않은가? 김구 선생의 글은 이 대목에 이르러 신라의 최치원 선생의 난랑비서를 새롭게 쓰고 있는 것이다. 그리고 신라의 최치원 선생의 난랑비서는 고구려의 을밀선인의 다물흥방가[438]의 내용과 연결되며 다물흥방가는 천부경, 삼일신고[439], 366사[440], 단군팔조교[441]를 바탕으로 한다. 김구 선생의 감동스러운 글은 이 장대한 한겨레공동체의 철학적 행렬의 한 부분이 되어 역사의 공백을 메우며 오늘날까지 이어주고 있는 것이다.

철학은 아직은 정해진 형식이 단 하나도 없는 학문이다. 그럼에도 만일 지금 철학에 형식이 있다고 생각하고 그것을 따른다면 그것이 직업으로서는 좋은 직업일 수 있을 것이다. 그러나 그것은 뱀이 벗어 놓고 빠져나간 허물 안에 집을 짓고 안주하는 것과 같은 것이다.

철학의 형식은 이제부터 만들어야 하는 것이다. 처음으로 만들어지는 철학의 형식은 반드시 현실세계의 피와 땀과 눈물과 직결되는 내용으로 구성되는 형식이어야 함은 말할 나위가 없다.

김구 선생은 철학자로서는 지나치게 일찍 태어났고 정치가로서는 더욱더 그러하다. 부정성의 위력과 집단자살 논리는 남북한에서 마치 대단한 신통력을 가진 새로운 진리라도 되는 것처럼 신봉되었다. 그리고 그 부정성의 위력으로 남북한이 팽팽하게 대립하던 그 암울했던 시절에 김구 선생의 긍정성의 위력과 생명의 철학은 이해되지 못했다. 아니 오늘날에도 김구 선생이 설파하는 긍정성의 위력에 대해 설명할 수 있는 철학적 이론이 도대체 어디에 있는가?

그러나 김구 선생은 단군 이래 전해지고 신라 때 최치원 선생이

---

438) 최동환 해설 『천부경』 개정판 지혜의 나무 2000, 430-433쪽.
439) 최동환 해설 『삼일신고』 개정판 지혜의 나무 2000.
440) 최동환 해설 『366사』(참전계경) 지혜의 나무 2000.
441) 최동환 해설 『천부경』개정판 지혜의 나무 2000, 417-421쪽.

설파한 우리의 고유한 한철학의 생명철학의 전통에서 엄격하게 사유하고 행동한 것이다. 김구 선생은 한겨레공동체가 이끌어온 한철학의 도도한 흐름의 연장선상에 있는 것이며 스스로 한겨레공동체의 온힘10이 되었고, 젊은이들에게 한겨레공동체의 온힘이 되어달라고 말한 것이다.

한Han변증법은 긍정성의 위대한 위력을 주장한다. 그것을 김구 선생은 한철학을 보지 않고도 한철학을 꿰뚫고 그것으로 평생을 살았듯 한겨레의 일원이라면 누구나 자신의 철학적 안목을 가리고 있는 사사로운 이익을 버리고 조금만 주의 깊게 살펴보면 한철학이 우리 한겨레공동체 그 자체를 이루고 있는 기본 원리임을 아는 일에 어려움이 없다.

진리가 그 무엇보다 가치 있는 것이라고 생각하는 사람이라면 인류의 온힘으로 존재했고 존재할 한겨레의 일원으로 태어나 살고 있는 것보다 더 큰 행운이 과연 또 있을까?

10

통일과 온힘

우 리는 케인즈가 왜 위대한 사상가였는가를 살펴보았다. 그는
결코 부정성의 변증법을 사용하지 않았다. 대신 그는 1차
세계대전의 승전국들이 패전국 독일을 박멸하려는 무시무시한 부정
성의 위력에 대항하여 독일을 함께 돕고 살아가야 할 동등한 인격체로
보았다. 그것은 긍정성의 철학이었다. 만일 연합국들이 케인즈의 주장
에 담긴 긍정성의 철학을 조금만이라도 이해했다면 최소한 2차 세계
대전이라는 인류 차원의 광란의 집단자살행위는 일어나지 않았을 것
이다. 물론 히틀러라는 괴물이 세계사에 그 엄청난 부정성의 위력을
드러내지도 못했을 것이다.

우리는 김구 선생이 왜 위대한 사상가였는가를 살펴보았다. 해방
후 남한과 북한의 정치가들이 김구 선생의 가슴속에 담긴 그 위대한
긍정성의 위력이 얼마나 우리 한겨레공동체에게 절실한 것이라는 조
금만이라도 이해했다면 지난 50년간의 비극은 없었을 것이다. 또한
김구 선생의 한철학을 조금만 이해했더라도 우리 한겨레공동체가 집
단자살적인 한국전쟁을 벌이는 동안 우리를 침략한 일본이 우리끼리
벌이는 전쟁을 이용해 패전국의 입장에서 다시 일어나 세계 제1의
경제대국으로 일어날 기회를 주지 않았을 것이다. 김구 선생이 주장한
긍정성의 위력이 50년 전 우리에게 주어졌던 극한 상황을 해결할 수

있는 강력한 방법이라는 사실에 대해 아직도 인식하지 못하는 사람이 있을까? 김구 선생이 주장한 긍정성의 위력이 동북아의 힘의 균형을 우리가 주도하여 강력한 한겨레공동체를 건설할 수 있었다는 사실을 아직도 이해하지 못하는 사람이 있을까?

그러나 오늘날 남북한이 서로 외국에서 수입해온 외래사상으로 서로 총칼을 겨누며 가장 심각한 부정성의 위력이 서로 맞부딪치며 박멸의 의지를 숨기지 않고 있는 상황이다. 이 살벌한 사실을 인정하지 않고 허황된 도덕론을 주장하는 사람처럼 어리석은 사람은 없을 것이다. 서로 총칼을 겨누는 상황을 전제로 하지 않고서 이루어질 수 있는 논의는 아무것도 없을 것이다.

그러나 그러한 상황에서도 남북한이 하나의 전체로서 한겨레공동체를 이룬다는 사실은 불변하는 원칙인 것이다. 전쟁이 통일을 가져올 수도 있을 것이다. 또 외세의 힘을 빌려 통일을 이룰 수도 있을 것이다. 또 어떤 다른 방법으로 통일을 이룰 수도 있을 것이다.

그 방법이 어떤 것이든 외국에서 수입한 부정성의 위력이 동원되어 상대방을 박멸하는 부정성의 변증법이라면 그것으로 통일을 이룬다 해도 심한 부작용을 가져올 것은 명약관화한 일이다.

우리의 통일은 전쟁을 통하지 않고 남북한이 서로 부정성의 위력과 박멸의 의지를 버리고 그것을 긍정성의 위력으로 전환했을 때 남북한이 가지고 있던 그 대립과 갈등은 폭발적인 생명력으로 전환될 수 있을 것이다.

그것은 너무나 분명한 것이며 또한 우리가 스스로의 한겨레라는 사실을 인식하고 한겨레의 철학으로 돌아가 생각하고 행동하면 이루어낼 수 있는 일이다. 역사에 이처럼 떳떳한 일도 없으며 가장 적은 비용으로 이처럼 큰 효과를 낼 수 있는 일도 다시 없을 것이다.

김구 선생은 "오직 사랑과 평화의 문화로 우리 스스로 잘살고 인류

전체가 의좋고 즐겁게 살도록 하는 일을 하자는 것이다. 어느 민족도 일찍 그러한 일을 한 이가 없었으니 그것은 공상이라고 하지 말라. 일찍이 아무도 한 자가 없기에 우리가 하자는 것이다." 라고 말했다.

필자는 이 말을 한철학의 용어로 바꾸어 똑같이 말한다. 일찍이 아무도 긍정성의 위력을 실천한 자가 없기에 우리 한겨레공동체가 먼저 실천하자는 것이다. 그것을 공상이라 말하는 자가 생각하는 공상이란 과연 어떤 철학에 근거한 것이냐고 묻는 것이다.

오늘날 한겨레공동체 안에서 대립하는 모든 대립의 근거가 되는 이념은 모두 외국에서 수입된 외래사상이라는 것이다. 이점에 대해 아니라고 말할 사람이 있을까? 모든 대립할 수 있는 서로 다른 이념이 45:45로 팽팽하게 대립할 때 그 중간에 존재하며 대립을 하나의 전체로 조직할 온힘 10은 반드시 한겨레공동체의 순수한 철학인 한철학이라는 사실에 대해 한겨레공동체의 구성원 중 불만을 가질 사람이 한사람이라도 있을까?

우리 한겨레 공동체의 구성원 모두의 마음속에 존재하는 긍정성의 위력은 위대한 것이다. 그것이 실제현실에서 실천으로 나타날 때 그것은 단순히 남북과 동서와 빈부와 노사 등의 문제가 아니다. 그것은 세계사적 차원에 있어서 삼천 년만의 대혁명이라는 사실에 대해 의심을 품을 사람이 있을까?

김구 선생이 "우리민족이 주연배우로 세계의 무대에 등장할 날이 눈앞에 보이지 아니하는가?" 하고 말하는 것은 바로 이 삼천 년만의 철학혁명에 성공한 세계사의 주연배우로서의 한겨레를 말하는 것이라고 이해하고 있다.

통일을 이루는 것도 중요하지만 그것을 이루는 방법도 중요하며 특히 통일을 이루고 난 다음의 통일이 더욱더 중요하다. 왜냐하면 우리는 이 삼천 년만의 대혁명의 주연배우로서 등장할 모든 자격과 그 놓칠 수 없는 절호의 기회를 갖추고 있기 때문이다.

우리가 우리를 회복하려면 통일의 시작부터 한철학의 긍정성의 위력을 사용하여 45+55=100의 상태에서 시작하는 것이다. 그리고 그것을 보다 더 중요한 통일의 과정에 적용하는 것이다.

11

그림자 없는 철학

서양철학을 살펴보면 철학자들마다 중요한 한 가지 공통점이 드러난다. 거의 모든 철학자들은 적대적인 대상을 가진다. 마치 그 적대적인 대상을 성공적으로 공격함으로써 자신의 이론이 성립하는 것처럼 그 적대적인 대상이 가지고 있는 문제점에 대하여 집중적으로 공격한다. 이 철학을 받아들인 개인이나 단체나 국가도 똑같은 적대적인 대상을 가진다.

마르크스가 자본주의를 적대적인 대상을 삼아 공격하는 것과 마르크스가 주장하는 공산주의의 성립과는 전혀 별개의 것이다. 마르크스는 공산주의자로서 공산주의의 이론을 설계하고 그것을 설명하는 일에 주력하지 않았다. 대신 그 어느 자본주의자보다 더 자본주의에 대하여 자세히 설명하고 그것이 가진 문제점을 드러냈다. 마치 가장 뛰어난 자본주의자처럼.

미제스를 비롯한 신자유주의자들도 그 점에서 동일하다. 공산주의와 사회주의, 파시즘에 대하여 그들은 자세하게 설명했지만 정작 그들이 주장한 신자유주의에 대하여 설명한 것은 지극히 초라하다.

니체도 마찬가지이다. 니체는 기독교에 대하여 역사상 최대의 공격을 퍼부었지만 니체가 주장하고자 한 힘의 의지와 초인 등에 대한 구체적인 설명도 그가 공격한 기독교에 비하면 지극히 초라하다.

부정성의 변증법을 사용하는 이점은 자신의 이론을 제시하지 않아도 된다는 점이다. 대신 적대해야할 상대방을 공격하는 일에 성공한다면 그것으로 충분하다. 왜냐하면 상대방을 악으로 몰아세운 이상 상대방이 악이 된 질과 량만큼 자신은 자동적으로 선이 되기 때문이다.

서양철학자들은 크고 작은 차이뿐 대부분 이러한 흐름에서 벗어나지 않는다. 그 점은 동양도 크게 다르지는 않다.

부정성의 변증법을 사용하는 사람들에게 가장 중요한 것은 자신의 이론을 연구하고 발전시키는 일이 아니다. 그것은 사실상 조금도 필요한 일이 아니다. 대신 남의 이론을 연구하고 그것을 부정성의 위력으로 박멸하는 일이 절대적으로 필요한 일이 된다.

대신 부정성의 변증법을 사용하는 사람들에게 가장 중요한 것은 철학을 어렵게 위장하여 스스로의 이론에 단어와 문장의 철옹성을 쌓아 자신을 방어하는 일이다. 왜냐하면 남을 공격할 뿐 자신이 내세우는 것은 거의 없기 때문에 남이 그것을 공격할 경우 그의 모든 허구가 너무나 허무하게 무너진다는 사실을 알기 때문이다. 논증? 부정성의 변증법에 논증이 필요하지 않다는 것은 소위 위대한 철학자들에게서 너무나 뚜렷하게 보이는 현상이다.

부정성의 변증법은 결국 그 부정적인 방법이 자기 자신을 부정하게 되는 결과를 피할 수 없는 것이다. 따라서 스스로는 존립하기가 불가능한 그림자의 논리이다. 남을 비판하는 것과 자신이 서야할 자리를 스스로 만드는 일은 전혀 관계가 없으므로 아무리 남을 성공적으로 공격했다 해도 그것이 자신이 서야 할 자리를 만들어주는 것은 조금도 아니다.

긍정성의 철학은 부정성의 철학이 가지고 있는 그림자 논리의 이점利點이 하나도 없다. 남을 부정성의 위력으로 박멸하려는 의지가 조금도 없기 때문에 남을 부정함으로써 자신이 서야 할 자리를 만들겠다는 그림자의 논리를 처음부터 전개할 수 없는 것이다.

따라서 긍정성의 변증법을 사용하려는 사람은 그 시작에서부터 자신의 주장을 자기 스스로 피와 땀과 눈물로 만들어야만 한다. 부정성의 변증법처럼 논리의 거울을 사용하여 쉽게 이론을 만들려는 생각은 처음부터 성립되지 않는 것이다. 따라서 긍정성의 변증법을 사용하는 사람들에게는 스스로 세운 이론이 아무리 작은 것이라도 그것을 이루어내는 일에는 어마어마한 노력과 시간이 걸리는 것이다.

긍정성은 스스로 자신의 내부를 관찰하고 그것을 긍정함으로써 대립하는 상대를 긍정하는 것이다. 다시 말해 스스로 서야 할 자리를 스스로 만든 다음 상대가 서 있는 자리도 인정하는 것이다. 그럼으로써 대립하는 쌍방은 하나의 전체가 되는 것이다. 그 일에는 그림자도 거울도 필요하지 않다.

부정성의 변증법은 논리의 거울만 준비하면 어떤 논리이든 그것을 거꾸로 비침으로써 논쟁의 상대를 설복하여 이길 수 있다. 물론 그럼으로써 지난 3천 년간의 철학은 대체로 나아가지 못하고 그 자리에 그대로 머물러 있어야 했다.

긍정성의 변증법은 스스로 피와 땀과 눈물로 각고의 노력을 하고 또 상대방을 인정하며 나아가 상대방이 자리를 잡지 못하면 자리를 잡도록 도와주기까지 해야 한다.

부정성의 변증법은 자신의 피와 땀과 눈물이 아니라 남의 피와 땀과 눈물을 요구하는 것이다.

긍정성의 변증법은 스스로의 피와 땀과 눈물로 스스로를 희생하며 필요하다면 자신의 피와 땀과 눈물로 남의 일도 함께 나누어 짊어져야 한다.

부정성의 변증법은 간단하고 쉬운 것이며 스스로의 마음을 자살할 만큼의 수준으로 독하게 먹으면 언제든 가능하다. 그러나 긍정성의 변증법은 심신이 고달프고 복잡하며 시간도 많이 걸린다. 부정성의 변증법을 사용하는 사람은 현명해보이고 긍정성의 변증법을 사용하는 사람은 바보와 같다.

그러나 부정성의 변증법은 결국 부정하는 대상으로부터 부정당하는 것으로서 살아 있는 생명의 철학과 과정의 철학에 이를 가능성은 조금도 없다. 그러나 긍정성의 변증법은 서로를 긍정함으로써 대립하는 양자가 하나의 전체를 이루어 살아 있는 생명체로서 창조되는 것이다. 긍정성의 철학이 곧 창조의 철학이며, 생명의 철학이며, 과정의 철학인 것이다.

대립하는 양자를 모두 부정하는 변증법 논리를 이길 수 있는 부정성의 변증법은 있을 수 없다. 그러나 대립하는 양자를 모두 긍정하는 변증법 논리에는 싸워야 할 그 어떤 적도 없다. 긍정성의 변증법은 구태여 단 한번이라도 싸울 필요 없이 자체적으로 천하天下의 무적無敵인 것이다.

긍정성은 부정성에 의해 부정되지 않는다. 왜냐하면 거울의 논리에 의해 부정되는 것은 언제나 그 피사체의 부정성이며 그 피사체가 거울에 비치는 순간 그 거울의 논리도 동시에 부정되는 것이다.

긍정성의 변증법은 그림자를 자체에 내포하는 그림자가 없는 철학이기 때문이다. 진실로 살아 있는 생명론은 그림자를 자체에 내포함으로써 그림자가 없는 무영철학無影哲學인 것이다.

7장

한 변증법

1 한 변증법 제 1법칙

1

한 변증법 제1법칙

1) 한Han변증법 제1법칙의 19항의 원리

한Han변증법은 한철학이 생명체로서 과정을 통해 가지는 여러 테두리들이 설명하는 긍정성의 변증법들이다. 한변증법은 과정에 있어서 변화變化와 혁신革新을 능동적으로 가능하게 하는 법칙을 말한다. 과정은 무수한 변화變化와 여럿의 혁신革新을 가지므로 그에 따라 한변증법은 여러 법칙을 가진다. 한변증법의 여러 법칙은 긍정적인 변증법으로서 그 모두는 차이를 가짐으로써 과정을 가능하게 하며 최종적으로는 차이가 극복된다. 이 책은 한변증법의 여러 법칙 중 그 첫 번째의 법칙을 설명하며 그것은 다음의 수론數論으로 정리된다.

① 한변증법 제1법칙

한Han변증법 제1법칙   100＝45＋55

이 간단한 하나의 수론數論을 한 권의 책으로 설명했지만 그것이 한 권의 책으로는 충분하다고는 할 수 없을 정도로 가늠하기 어려운 무진장한 진리를 담고 있다는 사실을 우리는 지금까지의 논의를 통해 확인 할 수 있었다.

또 이 수론에 담겨 있는 철학은 지난 3천년 이래 모든 전문분야를 지배하는 $45-55=-10$, $55-45=10$, $50-50=0$, $50+50=100$이라는 기존의 철학을 전혀 새로운 긍정성의 생명철학으로 바꾸어주는 것이다.

서양철학에 길들여진 사람들은 한철학에서 수론과 도형이 논리와 함께 사용되는 것을 이상하게 생각할지 모르겠다. 그러나 철학에는 아직 정해진 형식이 존재하지 않는다. 지난 3천년간의 철학이 불변하는 진리이며 그것이 설명된 방법이 불변하는 형식이라고 감히 주장할 사람이 있을까?

한철학은 수렵시대와 농경유목시대를 거치면서 지식이 축적되는 과정에서 신화 등에서 찾아지는 수론과 도형과 부호와 논리를 바탕으로 한다. 또한 그것은 한겨레의 고유한 경전인 천부경, 삼일신고, 366사에 공통적으로 사용된 수론이며 도형이며 부호이며 논리인 것이다. 한철학은 그 신화와 경전에 공통적으로 작용된 일관된 형식을 사용하는 것이다. 지난 3천년의 철학역사로 본다면 이형식이 최초로 사용된 방법일 것이다. 그러나 지난 만년간의 철학역사로 본다면 한철학에서 사용하는 철학형식이 가장 전통적인 형식이라는 사실에 반대할 사람이 있을까?

이 긍정성의 생명철학은 생명을 가진 전체 안에서 대립하는 양자가 그 대립 속에서 이루어낼 수 있는 최대한의 창조력을 이끌어낼 수 있도록 최적화한 생명의 생성원리를 추상화한다. 그것이 긍정성의 위력이며 또한 생명원리로서의 '온'이다.

우리는 한철학의 한변증법 제1법칙만으로도 이미 인간과 세상은 지금까지 생각해온 것과는 전혀 다른 원리로 이루어졌고 그 원리를 현실에 구현할 수 있음을 알기에 부족하지 않을 것이다.

한철학의 한변증법은 다수의 혁신革新의 변증법으로 구성하여 과정을 창조한다. 그리고 그 여러 개의 변증법 각각은 다양하고 전체적이며 깊이 있고 광활한 전혀 새로운 세계를 설명한다. 한변증법은 세계철학사에서 철학자들이 거의 사유해보지 못한 내용들로만 설명되는 것이다. 그런데 철학자들이 사유하지 못했을 뿐 세상은 언제나 이 한변증법의 법칙으로 움직여온 것이다. 한변증법은 다수의 법칙으로 과정을 이루어 전체과정을 치밀하게 조직하며 한변증법의 여러 변화와 혁신의 법칙들은 하나의 생명체를 조직하는 것이다. 한변증법의 여러 법칙들은 각각 한권씩의 책으로 설명되면서 그 여러 권의 책들 안에서 그 변화와 혁신이 각각 설명될 것이다.

처음으로 조직화되는 철학법칙에 이름을 붙이는 일은 부담스러운 일이다. 필자는 오랜 생각 끝에 한철학을 구성하는 이 변증법에 대해 한Han 변증법이라는 이름을 붙이기로 했다.

철학의 연구도 노동이다. 철학자도 한사람의 노동자로서 누구보다도 더 열심히 일할 수 있고, 가장 생산적인 노동력으로 그 어느 노동자보다도 크게는 인류에게 작게는 국익에 도움이 될 수 있다.

이 한Han변증법의 무한한 진리성이 우리 한겨레의 명칭인 한Han으로 표현되는 것은 당연한 일이다. 알타이어족들에게 수만 년 전부터 존재해온 한변증법을 철학차원에서 조직화한 주체가 한겨레이기 때문이다.

그리고 장차 한변증법을 배우고 익힐 인류에게 우리 한겨레공동체는 스승의 나라로 인식되는 일도 당연하다. 한변증법은 최소한 만년이상 한겨레의 성인들과 현철들이 갈고 닦은 것이며 그 오랜 세월 동안 우리 한겨레공동체에서 한번도 단절됨 없이 사용해온 것이기 때문이다.

또한 진리의 계승 및 재창조와 그것의 활용 그리고 그것의 수출이 다른 그 어떤 생산 활동보다 더 큰 생산적 가치를 창출한다는 나의 확고한 믿음이 현실에서 실증되는 날이 가까운 미래에 반드시 올 것으로 믿는다. 따라서 필자는 이 새로운 변증법을 사용해왔고 또한 다시 사용하고 주도할 주인공인 한겨레공동체의 첫머리를 따서 한Han변증법이라고 명명했다.

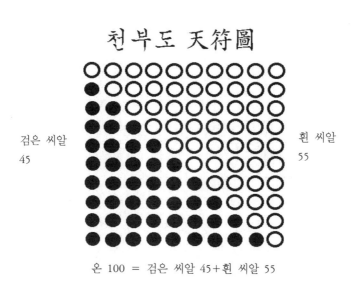

온 100 = 검은 씨알 45+흰 씨알 55

한Han변증법 제1법칙은 알타이어족의 신화에서 나타나는 역사상 최초의 변증법이다. 이는 음양오행의 상극과 상생을 하나의 원리로 묶는 전체적 원리이며, 천부경 81자 가운데 네 글자인 일적십거一積十鉅[442]의 원리로써 천부도天符圖로 도형화되는 것이기도 하다.

가장 오래전부터 가장 널리 알려져 온 개념임에도 불구하고 이 변증법은 철학에서 실체로서 존재한 적이 없다. 한변증법 제1법칙의 부분

---

442) 최동환 해설 『천부경』, 『삼일신고』, 『366사』등의 경전들의 기본구조를 이루는 원리.

들이 여러 가지 이름으로 동서고금에서 사용되었지만 철학에서는 한 번도 전체로서 존재한 적이 없는 것이다.

이 변증법은 생성적 존재의 과정원리로서 생성적 존재 '온'이라는 자체가 철학사에서 처음 등장하는 개념이지만 알고 보면 그것보다 오래된 개념도 없는 것이다.

생성적 존재가 현실적 존재 등으로 혁신革新하는 과정원리인 이 변증법에 대하여 우리는 생소하지 않지만 매우 생소한 것이다. 한변증법 제1법칙은 생성적 존재 온을 조직하는 다음과 같은 19개 항의 원리를 갖는다.

1) 한Han변증법 제1법칙의 19항의 원리

1 ► 생성적 존재生成的存在 온은 시공간적 존재가 되어 과정으로서 잠시도 정지하지 않는다.

2 ► 생성적 존재生成的存在 온은 비가역성非可逆性을 갖는다.

3 ► 생성적 존재生成的存在 온은 원체 감과 원기 밝으로 구성된다. 이 양자는 대립하지만 서로를 긍정함으로써 하나의 전체를 이룬다. 즉 우주삼라만상 중에서 더불어 살기라는 한겨레의 상식에서 벗어난 존재는 하나도 없는 것이다.

4 ► 생성적 존재生成的存在 온100＝ 감45＋밝55이다. 감55는 응축적 존재이며 밝55는 확산적 존재이다. 생성적 존재는 대립하는 응축적 존재와 확산적 존재가 하나가 됨으로써 생명체의 생성과정을 창조한다.

5 ▸ 생성적 존재生成的存在 온을 구성하는 원체 감과 원기 밝은 팔상
태八狀態를 가진다. 팔상태八狀態의 여덟 개의 상태는 어느 경우
에도 그 중 한가지만으로 존재할 수 없다.

6 ▸ 팔상태가 하나의 전체로서 구성될 수 있는 존재의 가능성을 경우
의 수로 표현하면 8!이다. 그렇게 해서 구성되는 8!의 다양성의
세계는 또다시 숫자로 계산되기 불가능할 정도로 끊임없는 다양
성의 세계를 무한히 거듭거듭 창조해나감으로써 스스로 창조적
이고 발전적인 다양성이 세계를 조직한다. 그러나 만물이 아무리
다양한 외적상태를 만들어나간다 해도 그 내부는 동일한 수론의
체계인 감45와 밝55로 조직되는 동일한 원리로 조직되어 있을
뿐이다.

7 ▸ 생성적 존재生成的存在의 내부를 조직하는 감45와 밝55는 각각
오행상극과 오행상생의 원리로 구성된다. 이 상극과 상생의 오행
도 역시 팔상태의 여덟 가지의 다양성을 갖으며 8!의 가능성의
세계를 갖는다.

8 ▸ 생성적 존재生成的存在 온이 100이라는 것은 생명을 가진 존재로
서의 100이다. 따라서 이것은 하나의 생명체로서의 전체를 말하
는 것이다. 하나의 전체 안에는 무한소로 작아지는 과정 안에서
부분으로서의 생성적 존재 100이 있고 그것은 다시 무한대로 커
지는 과정 안에서 전체로서의 생성적 존재 100의 부분이 된다.
따라서 만물은 생명체가 아닌 것은 없는 것이다.

9 ▸ 생성적 존재生成的存在 온은 전체를 조직화하여 존재한다. 그것은

전체조직을 구성하는 각 부분과 그 각 부분의 부분들이 모두 생성적 존재로서 전체를 조직화하여 존재한다. 이것은 생성적 존재 '온'은 생명적 존재로서 하나의 우주이며 그 우주 안에는 무한한 생명으로서의 우주가 거듭거듭 존재하며 그 우주밖에도 무한한 생명으로서의 우주가 거듭거듭 존재한다. 그러나 이 모두는 변함없이 45＋55＝100으로서의 '온'이다.

10 ▸ 존재는 끊임없는 재조직의 과정에 있다. 하나의 존재 '가'가 있을 때 그에 대립되는 존재 '나'가 맞서게 된다. 여기서 '가'만을 참이라고 생각했지만 다른 입장에서 볼 때 '나'가 참일 수도 있다. 따라서 '가'를 감1이라고 할 때 '나'는 밝1이 된다.
이와 같이 대립하는 양자가 서로를 긍정함으로써 하나의 전체를 이룰 때 비로소 그 존재는 생성되는 것이다. 이 생성적 존재는 그 자체가 과정으로서 변화와 혁신을 할 수 있는 것이다. 이렇게 해서 새로운 전체로서의 온1의 존재가 창조되었지만 새롭게 창조한 온1의 존재가 포함하지 못하는 전혀 새로운 존재 '다'가 나타나 서로 대립할 수 있다. 그런데 이 새로운 존재 '다' 또한 참일 수 있다는 결론에 도달할 수 있다. 그런데 이 새로운 존재는 감과 밝 중의 하나일 것이다. 특별한 경우이지만 이 새로운 '다'는 새로운 온의 형태일수도 있을 것이다.
먼저 이 새로운 존재가 감이나 밝의 내용일 때 그것은 팔상태 중 어느 하나일 것이며 그 경우에 따라 온1은 그 전체가 보다 새롭고 다양한 전체로 구성되며 온2로 발전한다.
또한 새로운 존재 '다'는 역시 팔상태 중에서 각각 감과 밝을 구성했을 것이며 이것은 온1과 하나로 결합하며 보다 다양한 온2로 발전하는 것이다.

한변증법 제1법칙에 있어서 대립하는 양자는 이와 같은 방법으로 끊임없이 서로를 긍정하면서 새로운 전체로 태어나기 위한 변화를 하고 있으며 또한 새롭고 다양하며 차원 높은 생성적 존재로 재조직되고 있다.

하나의 존재가 대립되는 존재를 만나 새롭게 하나가 되는 끝없는 과정을 거치더라도 존재는 하나의 내적형태와 외적형태를 전혀 잃지 않는다. 하나의 존재는 100의 수로서 설명되며 대립되는 또 하나의 존재도 100의 수로 설명된다. 그 양자가 합하면 200이 되는 것이 결코 아니다. 그것은 다시 100이 된다. 아무리 많은 과정을 거쳐도 하나의 존재가 100보다 모자라지도 넘치지도 않는다.

11 ▸ 생성적 존재生成的存在 온은 끝없는 부정으로서의 감과 끝없는 긍정으로서의 밝을 하나의 전체로서 구성한다. 이때 끝없는 부정과 끝없는 긍정은 끝없는 경쟁과 끝없는 협력이다. 이 부정과 긍정은 서로 대립하는 상황에서 먼저 긍정은 긍정을 긍정하고 부정은 부정을 긍정한다. 그리고 부정은 긍정을 긍정하고 긍정은 부정을 긍정함으로서 하나의 생명체로서의 전체가 조직되는 것이다. 이 양자는 서로가 서로를 긍정하며 최적화된 하나의 생명체로서의 생성적 존재가 구성되는 것.

무화無化는 불안과 공포의 대상도 아니며, 무화無化된 세계는 이상세계도 아니다. 무화無化는 단지 부정否定되어야 할 것으로 존재한다. 무화無化와 비존재非存在는 인간의 인위적인 상상속에서만 존재할 뿐이다.

12 ▸ 생성적 존재生成的存在 온 그 자체는 인간의 감각으로 인지할

수 없을 정도로 짧은 시간 동안에 존재한다. 그러나 만물의 모든 변화와 혁신의 과정은 생성적 존재 온이 동일성을 유지하는 바탕에서 일어난다.

13 ▸ 생성적 존재生成的 存在 온의 창조성인 온힘 10은 과정을 유지하는 결정적인 원동력이다. 즉 온힘 10이 서로 반대의 부호를 가지고 대립하는 감45와 밝45의 중간에 주체로서 존재하며 대립하는 양자를 객체화하고 밝을 55로 만듦으로서 이율배반으로서의 대립은 시공간에서의 생명체로 전체를 조직하게 되는 것이다. 온힘이라는 차이로서의 10이라는 주체에 의해 생명체로서의 온이 창조되며 스스로 과정 그 자체가 되는 것이다. 온힘은 생명력 그 자체로서의 원동력이며 창조력 그 자체로서의 원동력이다. 따라서 온힘은 해체의 논리인 대립과 갈등과 전쟁을 생명의 논리인 대화와 타협과 화합과 통일로 이끄는 주체이다.

14 ▸ 생성적 존재生成的 存在 온은 원초적 정적 존재인 원정적 존재元靜的 存在에 시작과 끝이 주어지며 창조된다. 여기서 시작은 9로 끝은 10으로 규정되면서 전체로서의 온 100은 10+9+81로 설명되는 것이다.

15 ▸ 원정적 존재元靜的 存在에 주어진 시작과 끝은 생성적 존재의 조직에 각각 다르게 힘을 부여한다. 즉 시작은 원체적 운동원리이며 끝은 원기적 운동원리라고 말할 수 있다. 이 두 가지의 합인 원기원체적 운동원리가 각각 주어지면서 원정적 존재元靜的 存在는 그 시공간에서의 일생동안의 할 수 있는 모든 잠재력이 주어지며 생성적 존재가 되는 것이다.

16 ▸ 원정적 존재元靜的 存在도 시간에서 완전히 자유로운 공간적
　　존재는 아니다. 이 원정적 존재元靜的 存在도 역시 시공간상의
　　존재인 것이다. 그런데 시공간상의 존재에도 시작과 끝이 주어
　　진 존재와 주어지지 않은 혹은 제거한 존재와의 차이는 근본적
　　인 것이다.
　　시작과 끝이 주어진다는 것은 질서의 세계의 삶에서 정해진 규
　　칙이 주어진다는 것과 같은 것이다. 그것을 우리는 생성의 과정
　　의 창조라고 부를 수 있는 것이다.

17 ▸ 생성적 존재生成的 存在 온은 원초적인 정적 존재인 원정적 존재
　　元靜的 存在가 동적 존재인 현실적 존재로 혁신하는 과정을 연
　　결하는 과정상에 존재하는 존재이다.

18 ▸ 반복되는 긍정성의 변증법의 결과로 존재의 질이 향상된다면
　　생성적 존재는 새로운 존재로의 혁신을 위한 창조적 도약의 가
　　능성을 가지게 된다.

19 ▸ 원정적 존재元靜的 存在와 현실적 존재現實的 存在의 연결이
　　전체과정에서 시작을 이룰 때 생성적 존재生成的 存在이며 그
　　연결이 전체과정에서 끝을 이룰 때 해체적 존재解體的 存在인
　　것이다.

▌후기

그 쇳물은 스무 해 전
용광로에 뛰어든 돌덩어리였습니다.

거푸집에 채워진 그 쇳물
열 해 풍설에 단단하게 굳었습니다.

거푸집을 벗고 모습을 드러낸 그대
오늘 무엇이 되어 나왔습니까?

참고문헌

강신항, 『계림유사 고려방언 연구』 서울 성균관대학출판부 1980

강연안, 『주체는 죽었는가』 서울 문예출판사 1996

고이즈미 요시유키, 『들뢰즈의 생명철학』 이정우역 서울 동녘 2003

니체, 『권력에의 의지』 강수남역 서울 청하 1988

니체, 『도덕의 계보』 박준택역 서울 박영사 1981

니체, 『선악의 피안』 박준택역 서울 박영사 1985

니체, 『인간적인 너무나 인간적인』 최혁순역 서울 인문출판사 1988

루드비히 『포이에르바하, 기독교의 본질』 박순경역 서울 종로서적 1982

마르크스, 『경제학-철학 수고』 김태경역 서울 이론과 실천 1987

마르크스, 『자본 1-1』, 『자본 1-2』 김영민역 서울 이론과 실천 1987

마르크스, 『철학의 빈곤』 강민철/김진영역 아침 1989

마르크스, 『헤겔 법철학 비판』 홍영두역 아침 1989

마르크스/엥겔스, 『독일이데올로기1』 박재희역 서울 청년사 2001

말론 호글랜드, 『생명과학이야기』 강혜묵/김경진역 서울 진솔서적

베르그송, 『도덕과 종교의 두 원천』 강영계역 서울 삼중당 1976

베르그송, 『시간과 자유의지』 정석해역 서울 삼성출판사 1983

베르그송, 『창조적진화』 서정철/조풍연역 서울 을유문화사 1992

소광희, 이석윤, 김정선, 『철학의 제문제』 서울 지학사 1983

소광희외, 『고전형이상학의 전개』 서울 철학과 현실사 1995

엥겔스, 『자연변증법』 윤형식/한승완/이재영역 서울 중원문화 1989

엥겔스, 『루드비히 포이에르바하와 독일고전철학의 종말』 남상일역 서울 백
　　　산서당 1989

엥겔스, 『반듀링론』 김민석역 서울 새길 1988

존 B.캅, 『과정신학과 목회신학』 이기춘역 서울 대한기독교출판사 1983

질 들뢰즈, 『니체, 철학의 주사위』 신범순/조영복역 서울 인간사랑 1996

질 들뢰즈, 『의미의 논리』 이정우역 서울 한길사 2002

최동환, 『천부경』 개정판 부천 삼일 1995, 서울 지혜의 나무 2000

최동환, 『366사(참전계경)』 부천 삼일 1996, 서울 지혜의 나무 2000

최동환, 『천부경의 예언론1』 부천 삼일 1993, 지혜의 나무 2000(예언의 열쇠)

최동환, 『한역』 서울 강천 1992, 지혜의 나무 2000

최동환, 『혼돈과 파천황』 부천 삼일 1997,지혜의 나무 2000

최동환, 『삼일신고』 개정판 서울 지혜의 나무 2000

최동환, 『삼일신고』 초판 서울 하남출판사 1991

최동환, 『천부경』 초판 서울 하남출판사 1991

칸트, 『순수이성비판』 대양서적 1972

칸트, 『실천이성비판』 최영희역 서울 박영사 2001

칸트, 『판단력비판』 이석윤역 서울 박영사 2001

칸트, 「프로레고메나」, 「영원한 평화를 위하여」 서동익 편역, 『칸트』 휘문출
    판사, 1986.

하르트만, 『인식과 윤리』 허재윤/금교영역 서울 형설출판사 1994

하르트만, 『자연철학』 하기락역 부산 신명 1993

하르트만, 『존재학 상태론』 하기락역 서울 형설출판사 1996

하르트만, 『존재학원론』 하기락역 서울 형설출판사 1983

헤겔, 『논리학』 전원배역 서울 서문당 1982

헤겔, 『법철학강요』 권응호역 서울 홍신문화사 1997

헤겔, 『정신현상학 1,2』 임석진역 서울 지식산업사 1997

헤겔, 『철학강요』 서동익역 서울 을유문화사 1983

화이트 헤드, 『과정과 실제』 오영환역 서울 민음사 2001

화이트 헤드, 『과학과 근대사상』 서울 오영환역 삼성출판사 1982

화이트 헤드, 『이성의 기능』 정연홍역 대구 이문출판사 1988

이외의 각주에 사용된 문헌들

찾아보기

520

522

526